알레고리와 역사
귄터 그라스의 문학과 사상

GÜNTER GRASS

알레고리와 역사
귄터 그라스의 문학과 사상

GÜNTER GRASS

김누리 지음

민음사

책머리에

　수상한 풍문들이 떠돌고 있다. '죽음'에 관한 풍문들이다. 한동안 문학이 죽었다는 소문으로 떠들썩하더니, 언제부턴가 역사도 제명을 다했다는 목소리가 요란하고, 급기야 철학의 임종에 입회했다는 사람들이 속출하고 있다. 좀더 사변적인 똑똑이들에 따르면 이데올로기도 유토피아도 죽었으며, 의미도 주체도 사망했다고 한다. 혹은 요즘 유행하는 점잖은 말로 '해체'되었다고 한다. 지식인의 죽음을 알리는 부고가 발송된 것은 언제였던가. 마르크시즘과 모더니즘이 죽음의 목록에 빠지지 않은 것은 차라리 자연스럽다. 이 죽음의 시대, 문학과 역사와 철학을 붙잡고 씨름하는 인문학은 장의학으로 변해 버렸고, 이들의 토론장은 시체공시장이 되어버렸다.
　행인지 불행인지, 무릇 죽음에는 새로운 탄생이 따르는 법, 죽음의 폐허 속에서 새로운 것들이 기어 나온다. 그것들은 '신' 혹은 '탈', 때론 고상한 서양말로 '네오' 혹은 '포스트' 자를 마빡에 붙이고는 시대를 규정하려 나선다. 우리 시대는 '탈'이데올로기, '포스트'모더니즘의 시대이고, '신'자유주의의 시대이며, 우리는 '탈'역사의 빈 공간을 약삭빠르게 살아남는 '신'지식인이 되어야 한다고 새된 목소리들이 핏대를 올린다. 그들에겐 시장이 시대의 원칙이요, 황금이 시대의 정신이다. '부자 되세요'가 시대의 당당한 구호이며, '졸부 따라하기'가 시대의 어엿한 대세이다.

문학도, 의미도 다 사망하셨다는 이 시대에 작가론을 쓴다는 것이 도대체 무슨 의미가 있을까? 주체도, 지식인도 모두 돌아가셨다는 이 시절에 악착같이 '주체'이고자 했던 한 고집불통 지식인의 삶의 궤적을 뒤쫓는 일이 과연 누구에게 도움이 될까? 그렇다, 인정한다. 그것은 이 시대에 아무런 의미도, 아무런 도움도 제공하지 못할지도 모른다. 그러나 바로 이 무의미성과 무용성에 대한 자각이야말로 필자가 이 책을 내야겠다고 작심한 이유이다. 이 책은 시대의 정신에 맞서고, 시대의 원칙을 범하며, 시대의 유행을 거스르려는 반란자들을 위한 것이다. 죽음에서 부활을 보고, 옛것에서 전망을 찾으려는 사람들에게 그라스는 분명 '할 말'이 많다.

귄터 그라스는 현대 독일 문학을 대표하는 작가이다. 그는 토마스 만 이후 쇠락의 길을 걷던 독일 문학을 다시 세계 문학의 반열에 올려놓았을 뿐 아니라, 독일 문학에 새로운 바람을 몰고 왔다. 현대 독일 작가 중에서 그라스만큼 많은 독자와 연구자를 사로잡은 작가는 없으며, 그의 작품만큼 발표 때마다 뜨거운 주목을 받고 치열한 논쟁을 촉발시킨 작품도 드물다. 그러니 그가 '현대 독일 문학의 문장(紋章)'이라고 불리는 것도 과장된 찬사만은 아니다.

그러나 그라스의 '대표성'이 곧 그의 '정통성'을 의미하지는 않는다. 오히려 그라스는 전통적인 독일 문학의 계승자라기보다는 전복자요, 파괴자이다. 엔첸스베르거의 말처럼 그는 "잘 길들여진 독일 문단에 나타난 야생의 괴물"이다. 그라스는 도발적인 시각과 폭발적인 필치로 지난 두 세기 동안 독일 문학에서 철저히 무시되거나 억압되어 온 세계를 보여주었다. 그것은 감각성의 세계, 소시민의 세계, 알레고리의 세계이다. 애오라지 정신성과 내면성에 탐닉해 온 전통적인 독일 문학에 그라스는 감각의 세계, '오감(五感)의 카오스'를 펼쳐 보인다. 괴테에서 토마스 만, 헤세에 이르기까지 교양 시민의 의식 세계를 맴돌던 전통적인 독일 소설이 그라스에 이르러 소시민 세계의 무진장한 파노라마에 눈뜬다. 형상과 의미 사이의 조화로운 일치에 기초한 전통적인 '상징 문학'이 그라스에 의해 양자간의 불일치와 자의성(恣意性)에 뿌리를 둔 '알레고리 문학'으로 변모한다.

한국의 독어독문학자로서 필자는 무엇보다도 두 가지 점에서 귄터 그라스에 주목하였다. 하나는 그라스 문학의 핵심적인 형상화 원리인 '알레고리'이고, 또 하나는 '지식인 그라스'를 견인해 온 독특한 참여의 논리인 '시민작가론'이다.

귄터 그라스의 문학은 문학적 형상화라는 차원에서 보면 한마디로 알레고리의 문학이다. 그의 작품의 표층에서 서술된 것은 항상 무언가 다른 것을 뜻하는 우의(寓意)이다. 분명 그의 작품은 20세기의 비극적 역사에 대한 '항의의 절규'이지만, 이러한 역사의 형상과 절규의 음성은 서술의 표면에 그대로 드러나는 법이 없고, 언제나 알레고리를 통해 지극히 미학적으로 암호화되어 있다. 따라서 알레고리의 암호를 풀어야만 역사의 의미가 노정된다. 그런데 이때 암호의 해독은 역사적, 사회적 맥락 속에서만 가능하기 때문에, 그의 작품에서는 사회적 차원이 심미적 차원과 모순되지 않고, 오히려 텍스트의 미적 구조를 밝히는 열쇠가 된다. 그라스는 알레고리를 통해 문학의 심미성만을 고집하는 '순수문학'과 문학의 정치성을 강조하는 '참여문학'의 전통적인 이분법적 대립을 지양한다. 그의 작품은 알레고리와 역사가 정교하게 직조된 한 편의 모자이크이다.

귄터 그라스는 문학과 정치의 관계를 '시민작가론'이라고 부를 수 있는 독특한 관점에서 바라본다. 그는 자타가 공인하는 '독일의 대표적인 참여작가'이지만, 그의 문학론은 문학을 정치 현실의 변혁을 위한 수단으로 동원한다는 전통적인 의미의 참여문학론과는 거리가 멀다. 그것은 오히려 '비타협적인' 문학과 '타협적인' 정치 사이의 긴장을 인정하면서 작가 자신이 현실의 변혁에 직접 몸을 던져 참여한다는 의미에서 '참여작가론'이며, 또한 이때 작가의 참여는 '민족의 양심'이라는 권위주의적, 엘리트주의적 소명 의식에서 나온 것이 아니라, '시민으로서 자명한 일을 행하는 것'이라는 민주적 시민 의식에서 나온 것이라는 의미에서 '시민작가론'이라고 할 수 있다.

이 책은 귄터 그라스와 관련하여 그동안 필자가 써놓은 아홉 편의 논문과 두 편의 대담을 묶은 것이다. 중복되는 부분은 일부 삭제하였고, 현재의 시점에서 보완이 필요한 부분은 제한적으로 보충 설명을 첨가하였다. 그 밖에는 가능한 한 원래의 텍스트를 그대로 살렸다.

이 책은 글의 성격에 맞추어 전체가 4부로 나누어져 있다. 제1부에는 개설적 성격을 지닌 두 편의 글을 실었다. 한 편은 그라스의 문학과 사상을 개괄적으로 스케치한 글이고, 또 한 편은 1990년대 이후 그라스 문학의 변모 양상을 추적한 글이다. 제2부는 본격적인 작품론이다. 그라스 문학의 발전 과정에서 변화의 조짐을 특징적으로 보여주는 세 편의 작품을 다루었다. 그라스의 첫 번째 소설이자 대표작인 『양철북(*Die Blechtrommel*)』(1959), 주제나 서술 기법에 있어 이전의 '단치히 삼부작'과는 확연한 단층을 보이는 『국부마취를 당하고(*örtlich betäubt*)』(1968), 마지막으로 최근에 발표되어 지대한 관심을 모은 화제작 『게걸음으로 가다(*Im Krebsgang*)』(2002)를 분석해 보았다. 제3부에는 '참여작가' 그라스의 이채로운 면모를 살피는 글들을 모았다. '문학'이 저주가 되고 '지식인'이 욕이 되어버린 현대의 상황에서 '작가'로서, 또 '지식인'으로서 그라스는 자신의 정체성을 어떻게 정립했으며, 문학의 현실 참여를 어떻게 보았고, 그 자신은 그것을 어떻게 실천하였는가——이런 문제 의식에서 그라스의 '참여문학론'을 다룬 논문과 '독일 민주주의의 스승'이라 불리는 그라스의 정치 참여 양상을 정리한 글을 실었다. 또한 그라스의 정치적 참여와 역사적 안목을 구체적으로 보여주는 사례로서, 그라스의 통일관을 다룬 글과 그라스가 중심에 섰던 통일 공간의 문학 논쟁을 다룬 글을 포함시켰다. 마지막으로 제4부에는 2000년, 2002년 두 번에 걸쳐 필자가 독일과 한국에서 그라스와 나눈 대담을 실었다. 이 대담에서 그라스는 자신의 문학 세계를 소상히 설명하고 있을 뿐 아니라, '세계화 시대' 문학의 역할, 독일 통일의 문제점과 한국 통일의 전망 등 시의성 강한 주제들에 대해 매우 흥미로운 견해를 밝히고 있다. 책의 말미에 제법 방대한 참고문헌 목록을 붙였다. 이제 국내외의 그라스 연구를 한번 정리할 때가 되었다는 생각에서이다. 그라스 연구자들에게 길잡이 구실을 할 수 있으면 좋겠다.

이 책에 실린 논문과 대담의 출처는 다음과 같다. 「알레고리로 짜인 시시포스의 세계」(≪현대문학≫ 1999년 11월), 「패자의 입장에서 바라본 역사」(≪실천문학≫ 2002년 가을), 「알레고리와 역사」(≪독일문학≫ 1998년 제65집), 「변증법적 알레고리 소설의 가능성」(≪독일문학≫ 2000년 제75집), 「역사적 터부의 문학적 형상화」(≪독일문학≫ 2003년 제85집), 「귄터 그라스의 참여문학론」(≪독일어문학≫ 2000년 제13집), 「지식인 그라스」(≪FES-Series≫ 2000년 제1호), 「귄터 그라스의 독일통일관」, (≪독어교육≫ 2003년 제24집), 「통일독일의 문학논쟁」(≪창작과비평≫ 1993년 여름), 「세계화 시대의 문학」(≪현대문학≫ 2001년 10월), 「통일과 문학」(≪문학사상≫ 2002년 7월).

이 책은 개인적으로는 그라스와의 이별 의식이다. 지난 15년, 나는 귄터 그라스를 통해 문학과 세계를 '해독'하는 법을 배웠다. 그의 작품과 씨름하면서 글과 삶을 '읽어내는' 안목을 키웠고, 그의 정신과 겨루면서 문학사와 시대사에 밴 '독을 씻어내는' 처방을 익혔다. 하지만 그에 대한 관심이 고착의 질곡이 아니라 비상의 도약대가 되려면 언젠간 그를 떠나야 하리라. 이제 작별의 시간이 된 것 같다. 나는 옛 사랑의 연서를 모아 불사르는 심정으로 이 책을 묶었다.

글쓰기는 밀실에서 행해지는 고독한 개인적 작업이지만, 글은 광장에서 이루어지는 집단적 논의의 산물이다. 여기에 실린 글도 예외는 아니다. 문학과 역사와 사회에 대해서 그간 필자의 안목과 지혜를 키워준 많은 분들은 말할 것도 없고, 때론 논쟁을 통해 반론을 벼르게 한 분들도 암암리에 이 책의 출간에 도움을 주신 셈이다. 이 모든 분들에게 이 자리를 빌려 감사드린다. 또한 어려운 시절 묵묵히 학문에 정진하는 동학들과 선배님들께도 존경의 마음을 금할 수 없다.

독일 현대문학에 눈길을 틔워준 독일 브레멘 대학의 볼프강 엠머리히 교수에게도 고마움을 표하고 싶다. 그는 박사 과정에 있던 필자를 언제나 동등한 학자로 대해 주었고, 조언을 주기보다는 논쟁을 벌이기를 좋아했다. 필자의 글이 다소 논쟁적 성격을 지니게 된 것은 전적으로 그의 덕이다. 특히 고등학생 시절 필자에게 독문학에 관심을 갖도록 '유혹'하였고, 지금도 여전히 왕성한 작품 활동으로 필자를 '고문'하고 있는 필자의 '정신적인 아버지' 귄터 그라스에게 각별한 감사의 말을 전한다. 마지막으로 언제나 우정 어린 관심과 논평으로 필자를 이끌어준 노영돈, 안성찬, 오성균 선생, 교정과 편집 작업을 군말 없이 도와준 정지혜 양, 그리고 이렇게 근사한 책을 만들어주신 민음사 여러분에게도 감사드린다.

2003년 11월
흑석동 산꼭대기에서 김누리

차 례

책머리에 5

제1부 귄터 그라스의 문학과 사상
1 알레고리로 짜인 시시포스의 세계 15
2 패자의 입장에서 바라본 역사 36

제2부 귄터 그라스의 작품 세계
1 『양철북』: 알레고리와 역사 55
2 『국부마취를 당하고』: 변증법적 알레고리 소설의 가능성 78
3 『게걸음으로 가다』: 역사적 터부의 문학적 형상화 113

제3부 문학과 참여
1 귄터 그라스의 참여문학론 141
2 참여지식인 귄터 그라스 173
3 귄터 그라스의 독일통일관 190
4 통일독일의 문학논쟁 205

4부 귄터 그라스와의 대화
1 세계화 시대의 문학 231
2 통일과 문학 253

귄터 그라스 연보 289
참고문헌 292

일러두기

* 본문에서 표기된 약어들의 출전은 다음과 같다.

『양철북』 Günter Grass: *Die Blechtrommel*. Werkausgabe in zehn Bänden. Band II. Hrsg. von Volker Neuhaus. Darstadt/Neuwied 1987.

『국부마취를 당하고』 Günter Grass: *örtlich betäubt*. Werkausgabe in zehn Bänden. Band IV. a.a.O. 5-264쪽.

『달팽이의 일기』 Günter Grass: Aus dem Tagebuch einer Schnecke. Werkausgabe in zehn Bänden. Band IV. a.a.O. 265-588쪽.

『전집』 8권(희곡) Günter Grass: Theaterspiele. Werkausgabe in zehn Bänden. Band VIII. a.a.O.

『전집』 9권(논문) Günter Grass: Essays, Reden, Briefe, Kommentare. Werkausgabe in zehn Bänden. Band IX. a.a.O.

『전집』 10권(대담) Günter Grass: Gespäche. Werkausgabe in zehn Bänden. Band X. a.a.O.

** 1 **

귄터 그라스의 문학과 사상
GÜNTER GRASS

> "나는 멜랑콜리를 옹호한다. 진보 속의 정지(靜止)를 알고 존중하는 사람만이, 한번 아니 여러 번 좌절해 본 사람만이, 텅 빈 달팽이의 집에 앉아보고 유토피아의 그늘 속에서 살아본 사람만이 진보를 가늠할 수 있다."
>
> ─『달팽이의 일기』중에서

1 알레고리로 짜인 시시포스의 세계

1 그라스의 삶과 문학

1) 노벨상 작가 귄터 그라스

1999년, 귄터 그라스가 독일 작가로는 아홉 번째로 노벨 문학상의 주인공이 되었다. 1999년은 20세기를 마감하는 해이기도 하지만, 서독이 건국된 지 오십 년, 그라스의 대표작 『양철북』이 출판된 지 사십 년이 되는 해인지라, 그의 노벨상 수상은 그라스 개인으로 보나 독일 문학계 전체로 보나 그 의미가 자못 각별하다고 하겠다.

노벨상 위원회는 그라스의 전 작품을 선정의 대상으로 삼았다고 하면서도, 『양철북』의 독보적 위상을 도드라지게 강조하였다. 선정 이유의 첫 부분에서부터 "1959년 『양철북』이 나왔을 때, 독일 문학은 수십 년에 걸친 언어적, 도덕적 파괴 이후 실로 새로운 출발을 시작하는 것 같았다"고 하면서 『양철북』을 "20세기의 가장 위대한 작품 중 하나"라고 격찬하였다. "『양철북』이 불러일으킨 소용돌이는 전후 독일 문학을 잠깨운 자명종이었고, 그 시작이었으며, 또한 절정이었다"는 ≪슈피겔(*Der Spiegel*)≫의 폴커 하게의 평가를 받아들인다면, 그라스의 노벨 문학상 수상은 지난 오십 년간 독일 문학이 이룬 최고의 성과에 대한 국제적 인정을 뜻한다고 할 수 있다.

그라스의 노벨상 수상은 이미 이십 년 전부터 '예고'되어 온 탓인지 내외의 반응은 대체로 '당연하다'는 분위기였다. 한편에서는 그라스 문학의 특수성과 탁월성이, 다른 한편에서는 그의 정치적 참여의 도덕적 의미가 상찬되었다.

노벨 문학상 수상 작가인 나딘 고디머는 "소설의 죽음이 고지되었을 때, 그라스는 소설이라는 문학 형식을 더욱 확장시키는 데 성공했다. 삶의 복잡성을 묘사하려는 시도에 있어 그라스는 비범한 독창성을 보여주었다"고 하였고, 샐먼 루시디는 그라스를 "20세기 후반 유럽의 가장 위대한 소설가"로 자리매김하였다. 이들이 주로 '소설가 그라스'의 문학적 위상을 평가한 반면, 이탈리아의 노벨 문학상 수상 작가인 다리오 포는 "1997년엔 내가, 다음 해엔 포르투갈의 사라마구가, 그리고 올해엔 독일의 귄터 그라스가 노벨상을 받았다. 좌파 지식인들이 스톡홀름에 속속 도착하고 있다"라고 하여 그라스의 수상을 주로 유럽 좌파 지식인의 부상으로 보았고, 폴란드의 노벨 문학상 작가 체슬라프 밀로츠는 그라스의 문학 창작을 "20세기에 일어난 사건들에 대한 항의의 절규"라고 하면서 그의 수상을 "참여문학의 승리"라고 평가했다. 한편 1998년 노벨 문학상 수상자인 주제 사라마구는 그라스에게 있어 문학 창작과 정치 참여가 통일성을 이루고 있음을 강조하였다. "그라스는 늘 도덕적 용기를 보여주었다. 이 점을 나는 깊이 경탄한다. 그의 문학은 그의 이러한 개성을 늘어놓은 것과 같다."

그라스는 분명 위대한 작가다. 그의 작품은 어느 누구도 흉내 낼 수 없는 그만의 독특한 예술적 경지를 구축하는 데 성공했다. 독창성을 '대가'의 첫 번째 조건으로 꼽는다면 토마스 만과 프란츠 카프카, 제임스 조이스와 가브리엘 마르케스와 함께 귄터 그라스도 대가의 반열에 들어서는 데 손색이 없다. 샐먼 루시디와 존 어빙 같은 세계적인 작가들까지

진작부터 그라스의 '제자'임을 자처하고 있지 않은가.

2) 그라스의 이채로운 삶

그라스의 문학에 접근하기 위해서는 먼저 작가 이전에 '인간 그라스'가 지닌 일련의 이채로운 이력들에 주목해야 한다. 왜냐하면 그라스 문학의 독창성은 상당 부분 바로 '인간 그라스'의 독특한 이력에서 연원하기 때문이다.

그라스는 특이한 인물이다. 우선 그는 생김새와 분위기부터 다른 독일 작가와 다르다. 토마스 만의 세련된 단정함도 헤르만 헤세의 수줍은 번민도 그에게선 찾아볼 수 없다. 그는 거칠고 분방하며, 파괴적이고 폭발적이다. 이것은 전통적인 독일 시민 지식인의 모습과는 거리가 멀다. 독일의 대표적인 시인 한스 마그누스 엔첸스베르거의 말처럼 그는 "잘 길들여진 독일 문단에 나타난 야생의 괴물"이다.

그라스의 이러한 모습은 그의 가계 및 성장 환경과 깊은 관계가 있다. 그라스는 1927년 지금은 폴란드에 속하는 단치히(현재의 그단스크)에서 독일인 아버지와 슬라브계 폴란드인 어머니 사이에서 태어났다. 독일, 폴란드, 슬라브가 얽힌 그의 혈통은 평생에 걸쳐 그의 문학관과 세계관에 결정적인 영향을 미쳤다. 독일적 깊이와 슬라브적 폭, 폴란드적 리듬은 그의 문학 세계를 구성하는 주요 인자로서 그의 독창성 혹은 '야생성'의 근원이다. 그가 독일 작가이면서도 편협한 민족주의에 함몰되지 않고 언제나 동서를 아우르는 전 지구적 시야에서 시대적 현안들을 평가하는 세계시민의 태도를 견지했던 것도 그의 가계와 무관하지 않다.

그의 부모는 단치히에서 조그만 식료품 가게를 운영하는 소상인이었다. 그라스는 전형적인 소시민적 환경에서 성장했고, 그의 작품도 주로 이 소시민 세계를 무대로 하였다. 그는 '소시민 세계의 대변자'로서, 독일 문학에서 독점적 지위를 누려온 '교양 시민'의 세계 저편에 소시민 세계의 '광대함'과 소시민적 일상의 '악취'를 파노라마처럼 펼쳐보였다.

소시민 세계가 무진장한 미학적 소재의 원천일 수 있음을 그라스만큼 설득력 있게 보여준 작가는 세계 문학사에도 흔치 않다.

그라스가 자신의 직업을 늘 '조각가'라고 소개하는 점도 이채롭다. 그의 자기 인식에 따르면 글쓰기는 일종의 '부업'이다. 그는 하루 중 대부분의 시간을 조각실에서 보낸다. 징과 정으로 열심히 돌을 쪼다가 불현듯 지휘대처럼 생긴 책상으로 달려가 선 채로 글을 쓰는 것이 그의 전형적인 글쓰기 모습이다. 전후에 뒤셀도르프와 베를린 미대에서 조각을 공부한 전문 조각가로서 그는 평생 조각과 글쓰기를 병행하고 있다. 회화 및 펜화에 있어서도 탁월한 솜씨를 보여, 자신이 쓴 작품의 표지 그림은 모두 그가 직접 그린 것이다. 또한 전후 한때는 재즈 음악가로서 '호구'할 정도의 음악적 재능도 지녔고, 작가 회의가 있을 때마다 동료 작가들이 '간절히 청할' 만큼 빼어난 요리사로도 유명하다. 그러니 예술적 재능의 다재다능함에 있어 그라스에 필적하는 작가를 찾으려면 적어도 200년 이상은 거슬러 올라가야 한다——물론 거기서 만나게 되는 인물은 괴테일 터이다——는 어느 비평가의 말도 과장만은 아니다.

그라스가 작가이면서 동시에 조각가요, 화가요, 소묘가요, 음악가요, 요리사라는 사실은 그의 문학을 이해하는 데 중요한 단서가 된다. 그의 작품에서는 전통적인 독일 문학에서 자주 조우하는 세계, 즉 내면성과 심리 분석과 정신성의 세계를 찾아보기 어렵다. 그의 작품을 압도적으로 지배하는 것은 예민한 감각적 인상들이다. 그는 보고, 듣고, 냄새 맡고, 맛보고, 만질 수 있는 것들을 치밀하게 묘사한다. 그의 작품의 표층은 거대한 오감(五感)의 카오스이다.

3) '독일 정체성의 생산 공장'

그라스는 또한 현대 독일 작가 중 가장 적극적으로 시대적 현안과 대결한 인물이고, 정치적 입장을 가장 일관되게 견지한 지식인이다. 여기서 주목을 요하는 것은 그의 정치적 일관성이 어떤 이데올로기에 대한 확신에서 나왔다기보다는, 오히려 이데올로기에 대한 철저한 회의에서 나왔다는 점이다. 이것은 좌우를 넘나들며 이념적 변신을 거듭한 작가들, 특히 한때 '신좌파의 기수'였던 한스 마그누스 엔첸스베르거나, '공산당원'이었던 마르틴 발저가 지금은 모두 보수주의의 충실한 대변자가 되어 버린 현실에 비추어 매우 흥미로운 점이다.

그라스의 정치적 참여는 참으로 거침이 없어서 1960년대 이후 파란의 독일 현대사의 정치적 굽이마다 그의 자취가 배어 있지 않은 곳은 거의 없다. 그의 신조에 따르면 '침묵은 죄악'이다. 그는 에어하르트와 키징어 총리의 나치 전력, 언론 재벌 슈프링어의 '파쇼적 행태', '68학생운동의 폭력화, 소련의 체코 침공을 강도 높게 비판하였고, 노동자 경영 참여, 동방 정책을 지지하고 관철시켰으며, 반핵 평화 운동, 환경 운동, 제3세계 지원 운동의 선두에 서서 싸웠다. 1990년대를 전후한 통일 공간에서는 독일의 저명한 철학자 하버마스와 함께 민족 통일보다는 유럽 통합이 우선해야 한다는 주장을 대표하여 통일론자들의 미움을 사기도 했다. 샐먼 루시디, 김지하, 황석영 등 정치적, 종교적 이유로 박해받는 작가들에 대한 그의 국제적인 연대 활동은 이미 널리 알려진 바이다. 그라스는 이러한 줄기찬 참여를 통해 나치에 의해 실추된 독일의 도덕적 위상을 국제적으로 복원하는 데 결정적인 기여를 하였다. 그러니 그가 '독일 정체성의 생산공장'이라고 불리는 것도 과장만은 아니다.

4) 알레고리의 문학

귄터 그라스의 문학은 한마디로 알레고리의 문학이다. 그의 문학 세계를 떠다니는 형상들은 광대한 알레고리의 우주를 이룬다. 그러므로 그의 문학을 이해하려면 알레고리의 세계에 친숙해져야 한다. 그렇다면 알레고리란 무엇인가. 알레고리는 원래 '다르게 말하다'라는 어원에서 나온 말이지만, 메타포나 상징, 직유와 같은 다른 전의적(轉義的) 술화들과는 구별되는 특징을 갖는다. 알레고리는 형상과 의미의 관계가 자의적(恣意

的)이라는 점에서 양자의 일치를 기반으로 하는 메타포와 다르고, 이미지 영역과 사물 영역이 가능한 한 많은 개별적 특성에서 맞아떨어진다는 점에서 이 두 영역 사이에 단 하나의 비교 계기만을 갖는 직유와도 다르다. 또한 알레고리는 '추상적인 개념을 형상적으로 기술한다'는 점에서 기호와 의미 사이의 '형이상학적인 근원적 친화성'을 전제하는 상징과도 다르다.[1]

알레고리적 작품에 있어서는 형상과 의미의 관계가 자의적인 까닭에 텍스트를 세부까지 논리적 이성적으로 해석할 수 있지만, 그러기 위해서는 독자의 이지적인 성찰이 요구된다. 상황과 가시적인 것의 역할이 중요하고, 서술 구조에의 의존도가 높으며, 정신사적으로 보면 한편으로는 현대 미학과, 다른 한편으론 존재론적 위기 의식과 깊은 관계가 있다. 알레고리의 이런 특징들은 그대로 그라스 문학의 형상화 원리와 일치한다.[2]

2 그라스의 의식세계

그라스의 의식 세계를 이해하기 위해서는 무엇보다도 그가 나치 시대에 유년기와 청년기를 보냈다는 사실에 주목해야 한다. 그는 "나치가 되기에는, 혹은 죄를 짓기에는 너무 어리고, 이 시대를 모르는 척 지나치기에는 너무 나이가 든"(『전집』10권, 28쪽) 세대에 속한다. 나치 시대의 충격적인 체험이 그에게는 평생에 걸친 트라우마(심리적 외상)가 되어, 이후 그의 세계관을 지배한다. 그가 가치판단의 준거로 삼는 것은 어떤

---

1) Hans-Georg Gadamer, *Wahrheit und Methode. Grundzüge einer philosophischen Hermeneutik* (Tübingen, 1965), 68쪽(번역본: 『진리와 방법 1』, 이길우 외 옮김, 문학동네, 2000)을 참조.
2) 알레고리 개념과 그 적용에 대한 자세한 논의는 『양철북』을 분석한 이 책 2부 1장을 참조.

과학적 이론이나 계급적 신념이 아니라, 몸소 체험한 나치 과거에 대한 끔찍한 기억이다. 이 악몽 같은 기억과 심리적 상처가 평생에 걸쳐 그의 세계관을 규정하고 나아가 그의 정치적 참여를 촉발한 결정적인 요인이다. 그라스의 의식은 곧 나치가 남긴 정신적 상처다.

 1927년에 태어난 그라스는 히틀러가 집권한 해인 1933년에 초등학교에 입학하였고, 제2차 세계대전이 종막으로 치닫던 1944년에 고등학생 신분으로 징집당하였다. 그러니까 그의 학창 시절은 공교롭게도 나치의 집권기와 정확히 일치한다. 따라서 그라스는 나치 시대를 '눈뜨는 의식을 가지고' 체험했지만, 이 의식이란 전적으로 나치에 의해 조작된 의식이었다. 나치에 의해 '기만당한 세대'에 속하는 그는 이러한 기만의 체험에 의해 심각한 정신적 상처를 입었다. 그는 종전 후 서방 점령군에 의해 시행된 '재교육' 이후에도 어떤 안정된 자아를 지니지 못하였다. 예컨대 그는 의식 세계에 있어서 그의 이전 세대인 토마스 만이나 안나 제거스와 달랐고, 또한 그보다 한 세대 이후에 태어난 페터 한트케나 우베 콜베와도 달랐다. 만과 제거스를 길러냈던 이상주의적이고 인문주의적인 전통도, 한트케와 콜베를 규정지었던 미국식 혹은 소비에트식 '민주주의'도 그에게는 낯선 대상에 불과했다. 그라스는 고전적 휴머니즘 교육도, 현대의 민주적 교육도 결여된 세대에 속한다.

 그가 속했던 '문턱 세대'의 이런 치명적인 상황이 그의 작품에 그대로 반영되어 나타난다. 토마스 만과 안나 제거스의 작중인물들이 유럽 인문주의의 전통 '안'에 서 있다면, 예컨대 그라스가 만들어낸 가장 대표적인 인물인 『양철북』의 오스카 마체라트는 이 전통의 '밖'에 서 있는 것이다. 오스카는 카오스적 시대의 희생자로, 그의 내면은 야만적인 시대사에 의해 날카롭게 할퀴어져 있다. 그라스 세대의 심각하게 손상당한 내면은 오스카를 통해 내면성의 완전한 부재라는 극단적인 모습으로 표현된다. 이 '잃어버린 세대'는 인문주의적, 민주적 전통의 '문밖에서' 서성거리고 있었던 것이다.

이처럼 그라스는 나치즘의 '불에 댄 아이'이다. 그래서 그는 나치 이데올로기처럼 전체 혹은 총체성에서 출발하는 이데올로기, 아무리 성스러운 것이라 해도 설정된 목표를 절대화하고 이상화하는 일체의 이데올로기에 대해 지극히 회의적이다. 그는 총체적인 것, 추상적인 것, 집단적인 것, 형이상학적인 것을 의심하고, 개별적인 것, 구체적인 것, 개인적인 것, 감각적인 것을 신뢰한다. 그의 사상적 출발점은 몸소 겪은 체험이지, 머릿속에서 구성된 이론이 아니다.

1) 개인의 책임 의식

그라스는 역사 과정에서 개인이 짊어져야 할 책임을 강조한다. 그는 역사가 자신의 고유한 법칙성에 따라 발전한다는 논리로 개인에게는 역사 발전의 객체나 희생자의 역할만을 부여하는 일체의 '이론'에 회의적이다.

이러한 태도는 나치 시대에 '역사의 객체'가 되었던 쓰라린 체험의 결과이지만, 또한 나치즘의 원인에 대해 서독에서 제시한 지배적인 설명 모델, 즉 '연대책임론'에 대한 불신에서 나온 것이다. 그라스는 나치즘의 원인을 '전형적으로 독일적인 것', 즉 독일의 특수한 민족사에서 찾는 연대책임론에 반대한다. 그 이유는 무엇보다도 '독일성'이라는 추상적 논거의 등 뒤에서 개인의 구체적 책임이라는 문제가 슬며시 빠져버리기 때문이다. 개인이 범죄자로, 동조자로 혹은 단순한 방관자로 저지른 아주 개인적인 죄가 여기서는 집단적인 죄로 둔갑한다. 모두가 죄인이라는 말은 결국 아무도 죄인이 아니라는 말과 같지 않은가. 그라스는 집단적인 죄를 다시 나누어 개개인에게 응분의 죗값을 돌려주어야 한다고 주장한다.

이처럼 그라스가 파시즘에 대한 민족사적 설명 모델이 적절하지 못하다고 보는 이유는 여기엔 개인의 구체적인 책임을 물을 공간이 전적으로 결여되어 있기 때문이다. 개인이 민족적 특수성의 이름으로 역사적 비극에 대한 죄를 용서받는다면, 이러한 죄는 언제라도 또다시 반복될 수 있다는 것이다. 왜냐하면 역사를 만들어가는 주체는 '세계정신'이라는 추상적 관념이나 '프롤레타리아'라는 규범적 계급이 아니라, 결국 하나하나의 개인들이기 때문이다.

> 중요한 것은 역사적 사건들이 인간에 의해서 만들어진다는 점을 강조하는 것이다. 어떤 사건의 진행이나 그 과정이 대중에 의해 추동되는 때조차도 결국 역사란 개인들에 의해 이루어지는 것이다. 역사적 사건에 부화뇌동하거나 동조하거나 당원으로 참여하는 자들은 결국 언제나 하나하나의 개인들이다. (『전집』 10권, 116쪽)

개인과 개인의 책임에 대한 강조는 그의 전 작품에 나타나는 주도적인 테마이다. 이러한 문제 의식은 특히 『양철북』에서 다양한 방식으로 구체화된다. 소설의 주인공이자 화자인 오스카는 자신의 개인적인 죄를 철저하게 의식하고 자신의 과거를 잊지 않으려 한다. 바로 이러한 이유로 그는 부끄러운 과거와 진지하게 대결하려고 하지 않는 사회와 첨예하게 대립한다. 그는 이 '자기 최면에 걸린 사회'에서 정신병자로 취급되고 결국 정신병원에 수용된다. 죄의식과 책임의식은 복고적이고 자기 망각적인 서독 사회에서는 그저 정신병적 상태와 다름 없는 것이다. 자신의 개인적인 죄를 의식하는 주인공이 아무런 죄가 없는 듯이 행세하는 사회와 겪는 대립과 마찰이 이 소설의 서술 구조를 결정짓고 있다.

그라스는 자신의 개인적 체험을 어떤 일반적 '이론'이나 절대적 이데올로기보다 중요시한다. 자신의 문학적, 정치적 입장을 표명할 때면 그는 언제나 나치 시대와 전후 시대의 개인적 경험을 근거로 든다. 그의 문학 텍스트에 자전적 성격이 강한 것 또한 그의 문학이 일차적으로 극히 개인적인 경험에 기대고 있다는 것을 보여준다.

2) 총체성에 대한 거부

가장 감수성이 예민한 청년기에 개인을 철저히 전체에 종속시키는 나치즘의 전체주의를 온몸으로 체험했던 그라스는 개체를 경시하고 전체를 절대시하는 일체의 총체화하는 사유 방식에 강한 거부감을 지니게 되었다.

'총체성 사유'에 대한 그라스의 거부는 무엇보다도 독일 관념론 비판에서 신랄한 형태로 표현된다. 그에 따르면 독일의 "근본적인 불행은 관념론 때문"(『전집』 9권, 392쪽)이다.

> 우리 '조국'의 근본적인 불행은 내가 보기엔 독일 관념론이 한번도 중단되지 않고 계승되어 왔다는 데 있다. 좌우를 막론하고 총체적인 주장들은 예나 지금이나 독일 관념론의 영향을 받고 있다. 그러한 주장들의 초인간적 차원이 근거하고 있는 것도 독일 관념론이다. (『전집』 9권, 393쪽)

그라스에게 독일 관념론은 모든 총체화하는 주장들의 원천이다. 그는 자신의 문학적, 정치적 활동의 핵심 과제를 "곧 시들어버리긴 하지만 늘 또다시 새로운 꽃을 피우는 독일 관념론의 뿌리를 뽑아버리는"(『전집』 9권, 437쪽) 데 있다고 천명한다. 그에게 있어 독일 관념론은 독일 비합리주의와 함께 독일 정신사의 늪에 핀 '악의 꽃'이다.

그라스가 독일 관념론을 비판할 때 항상 염두에 두고 있는 것은 헤겔, 특히 역사를 '세계정신'의 구현 과정으로 보는 그의 역사철학이다. 그라스에게 헤겔은 무엇보다도 "객관적 정신의 이론, 자신을 변호하려는 국가를 위하여 개인의 책임을 제거해 버리고 개인의 의식적 참여와 상관없이 진행되는 역사의 목적을 설파하는 이론"[3]을 뜻한다. 그러나 그라스에게 역사는 인간에게 어떤 숭고한 과제를 부여하는 과정도 아니요, 어

---

3) Gertrude Cepl-Kaufmann, *Günter Grass. Eine Analyse des Gesamtwerkes unter dem Aspekt von Literatur und Politik* (Kronberg, 1975), 118쪽.

떤 목적을 향하여 전개되는 과정도 아니다. 역사는 오히려 부조리한 과정이다. 역사를 추진시키고 역사의 의미를 채우는 것은 세계정신이 아니라 개인들의 작은 정치적 행위들이다.

> 나는 헤겔의 추종자가 아니다. 역사가 어떤 과제를 부여해 준다는 주장을 나는 믿을 수 없다. (……) 헤겔이 우리에게 제시하였고, 오늘날까지도 역사와 역사 이론에 영향을 미치고 있는 '세계정신'이라는 말은 나에게는 별로 의미가 없다. 사회민주주의자들에게 소임을 맡기는 것은 역사가 아니라 유권자들이다. 그것도 4년마다 말이다. (『전집』 10권, 100쪽)

그라스는 헤겔의 세계정신에 대한 반명제로서 달팽이의 상을 제시한다. 달팽이는 그라스가 자신의 가장 고백적인 소설 『달팽이의 일기(Aus dem Tagebuch einer Schnecke)』에서 그리듯이 "지극히 힘들고, 지극히 개인적인 전진 운동, 자기 운동의 상징"[4]이다.

그라스는 헤겔의 국가이론도 철저히 거부한다. 헤겔이 설파하는 "국가의 절대화"가 "독재에 적합한 도구"(『전집』 10권, 115쪽)로 언제든지 악용될 소지가 있다고 우려하기 때문이다. 그는 총체성과 전체성이라는 범주를 불신하면서 이러한 범주가 독일의 민족사와 밀접하게 연관되어 있다고 본다.

> 투기꾼들을 믿지 말지어다. 그들은 자세히 보지 않기 때문에, 모든 것을 총체적으로 보고, 모든 것을 총체적으로 판단한다. 그들의 속임수는 총체성이다. 그들은 그렇게 소명을 품고 독일적인 모습으로 서 있다. (『달팽이의 일기』, 435쪽)

---

4) 앞의 책, 118쪽.

그라스는 오늘날까지도 독일 관념론과 헤겔의 총체성 철학에 대해 비판적인 입장을 견지하고 있다. 그렇지만 그는 동시에 "관념론 없이 살아가면서도 냉소적이지 않은 하나의 태도를 찾으려고"[5] 부심하였다. 그 결과 그는 카뮈의 시시포스(Sisyphos)에서 관념론적 역사관을 대체하는 구상을 발견한다. 그가 카뮈의 입장을 지지하는 이유는 무엇보다도, 그것이 "반관념론적 입장"(『전집』 10권, 279쪽)이기 때문이다. 그는 시시포스 신화에서 최종 목표와 폐쇄된 체계, 궁극적인 상태의 도래라는 관념론적 구상을 부정하는 빛나는 상징을 본다. 카뮈의 『시시포스의 신화』에 대해 그라스는 이렇게 쓰고 있다.

돌이 정상에 머물지 않으리라는 것을 알면서도 돌을 굴려야 한다는 인식에서 이 책은 구상되었고, 집필되었다. 이것은 궁극적인 목표의 부정이다. 즉 우리에게 어떤 하나의 상태를 찬양하거나 인간을 어떤 하나의 방향으로 이끌어가려는 모든 폐쇄된 이데올로기 체계에 대한 거부다. 돌이 정상에 머물러 있는 상태, 이러한 갈구가 실현되는 상태에 우리가 도달할 수 있다고 믿게 하는 그런 체계를 거부하는 것이다. (『전집』 10권, 279~280쪽)

이러한 시시포스의 이미지를 그라스는 "달팽이는 결코 '도달'하지 않는다."(『전집』 10권, 280쪽)라는 말로 정식화한다. 그라스는 카뮈의 회의적인 태도에서 자신이 찾던 세계관을 발견한다. 그에게 "이데올로기와 자본주의, 그리고 마르크스주의적 공산주의가 떨이로 다 팔려나간 상황에 처하여 인간 존재의 이미지로 점점 더 설득력 있게 떠오른"(『전집』 10권, 327쪽) 것이 바로 『시시포스의 신화』였다. 그라스는 카뮈의 세계관에서 "유토피아적 희망과 체념이라는 양 극단"(『전집』 10권, 327쪽)을 동시에 극복할 수 있는 가능성을 보는 것이다.

---

5) Heinrich Vormweg, "Günter Grass im Gespräch mit Heinrich Vormweg", *Günter Grass* (Hamburg, 1986), 32쪽.

총체성 사유에 대한 그라스의 비판적 입장은 그의 소설에서 다양한 시학적 문제로 나타난다. 그라스는 글쓰기를 조화로운 전체를 목표로 하는 자기 완결적인 과정으로 보지 않는다. 글쓰기란 정해진 목적을 좇아가는, 따라서 애초부터 결말이 결정되어 있는 과정이 아니라 작가가 그 속에서 새로운 인식을 얻고 자신을 변화시키는 개방적인 과정이다. 글쓰기를 개방적인 자기 인식 과정으로 보는 이러한 입장은 총체성을 지향하는 헤겔적 미학과는 족보가 다른 미학적 입장이다.

그라스의 글쓰기는 감각적 경험에 크게 의존한다. 그는 주어진 특정 이념이나 이론에서 출발하는 문학 창작을 불신한다. 그의 문학의 출발점은 감각적인 것이다. 감각성에 대한 그라스의 집착 또한 총체성에 대한 저항의 한 방식이다.

> 그는 창백한 보편성 대신에 감각적인 내용을 제시하는데, 이것은 일반적인 메타포적 언어의 사용에서 그 원천을 찾을 수 없고, 그런 점에서 보편성의 소멸을 선언하는 것이다.[6]

그라스는 감각적인 것에 기대어 어떤 목표 지향적 일반화도 거부하는데, 이는 "진술과 이미지를 이데올로기적 덧칠과 날조에서 해방시키려는"[7] 의도에서 나온 것이다.

그라스 소설의 중요한 특징인 '디테일 리얼리즘'도 총체성 사유에 대한 거부의 소설시학적 표현이다. 그라스는 예컨대 『양철북』에서 나치즘의 정치적, 사회경제적 전체상을 다루지 않고 다만 단치히의 소시민적 일상을 지루할 정도로 자세히 묘사한다. 서술의 전면에는 무수히 많은 이질적 세부 사항들만 떠오를 뿐, 결코 하나의 동질적인 전체가 모습을 드러내지 않는다. 중요한 정치적 사건들도 이런 식으로 하잘 것 없어 보이는 개인

---

6) Rolf Geißler, *Günter Grass. Materialienbuch* (Darmstadt und Neuwied, 1980), 174쪽.
7) 같은 책, 176쪽.

적 사건들의 묘사 속에 통합되어, 더 정확하게는 알레고리로서 '비유되어' 나타난다. 이들은 문체상으로 보면 단지 작은 조각들로 암시적으로만 나타날 뿐이다. 이러한 디테일 리얼리즘적 기술 방식은 전체에서, 총체성에서, 모든 것을 포괄하는 체계에서 출발하는 자는 개별적인 것, 세부적인 것을 날조하고 압살할 위험이 있다는 인식에서 나온 것이다.

그라스의 총체성 거부와 관련지어 보면, 서독 전후문학의 미학적 절정이 정신사적으로 보면 '전형적으로 독일적인' 총체성 사유를 부정한 결과 달성되었다는 역사적 역설은 흥미롭다.

3) 진보 속의 멜랑콜리

그라스는 전후 자신의 세대가 처해 있던 상황을 이렇게 묘사한다. "착색된 유니폼 조각을 걸치고 우리는 폐허 사이에 조숙하게 서 있었다. 우리는 회의를 품었고, 이제부터는 단어 하나도 낱낱이 따져보고, 더 이상 맹목적으로 믿지는 않을 심산이었다. 어떤 이데올로기도 귀에 들어오지 않았다."(『전집』 9권, 134쪽) 이데올로기에 대한 이러한 회의는 그 후 평생 그를 그림자처럼 따라다녔다.

> 그것이 시작된 건 1945년이었다. 그러니까 그 유명한 역사적 사건들을 통해 내 머리가 제자리를 찾게 된 그때 말이다. 본래 삶을 즐기는 천성이지만 그때부터는 또한 대책 없는 냉소주의가 내 평생의 동반자가 되었다. 그 결과는 절대적인 척도를 내세우는 일체의 이데올로기에 대한 저항이었고, 또한 종종 그런 이데올로기에 대한 공격이었다. 나는 간단히 말하면 인간을 넘어서는 일체의 목표 설정에 반대한다. (『전집』 9권, 392쪽)

이러한 회의에서 그라스의 독특한 정치적 태도가 연유하는데, 그는 이것을 『달팽이의 일기』에서 '진보 속의 멜랑콜리'라고 정식화한다. 이는 역사에 있어 궁극적인 유토피아적 목표 설정과 역사의 목적론적, 합법칙적 발전을 회의하면서도, 동시에 염세주의적, 허무주의적 세계관에 빠지지 않고, '그럼에도 불구하고'——달팽이의 행보처럼 느리고 힘겹게 진행되긴 하지만——역사의 진보를 믿는 태도이다.

나는 멜랑콜리를 옹호한다. 진보 속의 정지(靜止)를 알고 존중하는 사람만이, 한 번 아니 여러 번 좌절해 본 사람만이, 텅 빈 달팽이의 집에 앉아보고 유토피아의 그늘 속에서 살아본 사람만이 진보를 가늠할 수 있다. (『달팽이의 일기』, 567쪽)

그라스가 여기서 말하는 것은 정지와 진보, 절망과 희망 사이의 변증법이다. 멈추어 본 사람만이 앞으로 나갈 수 있고, 절망해 본 자만이 희망할 수 있다는 말이다. 같은 맥락에서 그는 또한 '유토피아와 멜랑콜리의 상호 관계'를 말한다. 그는 "멜랑콜리가 엄격히 금지된 완벽한 유토피아"를 거부하면서 멜랑콜리를 옹호하는데, 출구가 보이지 않는 암담한 상황 속에서는 멜랑콜리가 하나의 '실재적인' 기능을 수행하기 때문이다. 멜랑콜리에 찬 회의의 태도를 견지하는 자만이 쉽사리 완전한 절망에 빠지지 않으며, 현실에서 진보하는 것을 인지할 수 있다는 것이다. "여러 번 좌절하고, 그러고도 다시 시도하는 자만이 진보를 가늠할 수 있다."(『전집』 10권, 120쪽) 이는 곧 그라스의 "개인적인 성자"(『전집』 10권, 340쪽), 시시포스의 입장이다.

그라스의 역사관도 본질적으로 '진보 속의 멜랑콜리'라는 입장에서 파악해 볼 수 있다. 그는 역사를 단선적으로 한 방향을 향하여 전진하는 목적론적 과정으로 보지 않는다. 그는 오히려 구조적으로 동형적인 것이 역사 과정 속에서 반복된다는 순환적 역사관을 가지고 있다. 그에게 있어 역사는 "파괴와 복구의 반복되는 장난질"(『양철북』, 487쪽)에 다름 아니다. 역사는 아무런 의미 없이 순환하는 것이다. "모든 것은 공허하다. 소리도 셈도 공허하다. 모든 노력은 무의미하고 영원히 순환

하며 헛된 것이다. 항상 똑같은 인형이 되돌아오는 것이다."(『달팽이의 일기』, 377쪽)[8]

그러나 그라스가 멜랑콜리로 특징지을 수 있는 역사관을 가지고 있다는 것이 곧장 그가 염세적, 허무주의적 세계관을 지니고 있음을 의미하지는 않는다. 오히려 그라스는 역사의 순환을 지양할 수 있다고 생각한다. 이때 지양은 과거를 기억하는 현재의 의식 속에서 일어난다. 기억은 이러한 순환을 지양하는 데 결정적인 역할을 한다. 기억은 과거를 불러낼 뿐 아니라, 또한 과거-현재의 순환 고리를 끊어버리는 수단이기도 하다. 그라스에게 기억이 갖는 의미는 이 점에 있어서 유명한 '역사철학 테제'에서 벤야민이 의도한 의미와 매우 흡사하다. "과거를 역사적으로 파악한다는 것은 과거를 있는 그대로 인식함을 의미하는 것이 아니다. 그것은 위기의 순간에 섬광처럼 빛나는 기억을 잡아내는 것이다."[9] 여기서 기억은 위기의 순간에 섬광처럼 빛남으로써 잘못된 과거가 반복되지 못하도록 경고해야 하는 과제를 떠맡게 된다. 벤야민이 여기서 말하고자 하는 바로 그것을 그라스는 기억을 촉발하고 과거를 가능한 한 생생히 재현함으로써 실천으로 옮겨놓고 있는 것이다.

이처럼 그라스는 '동일한 것의 영원한 회귀' 앞에서 참담한 멜랑콜리를 느끼지만, 그렇다고 진보의 가능성에 대한 희망을 포기하는 것은 아니다. 그렇지만 희망은 기억하는 자만의 몫이다. 과거에 대한 기억을 간직하는 자만이 미래에 대한 희망을 품을 수 있다.[10]

---

8) 이러한 순환적 역사관은 『양철북』에서는 주로 인물 구성을 통해 암시된다. 예를 들어, 나치 시대 친위대원 마인과 전후 서독의 공산주의자 클레프는 소시민의 이데올로기적 방향 상실이 과거나 현재나 아무런 변화 없이 동일한 형태로 반복되고 있음을 보여주는 인물이다.
9) Walter Benjamin, "Über den Begriff der Geschichte", *Gesammelte Schriften* Bd. I-2 (Frankfurt a.M., 1974), 695쪽.
10) 그라스는 과거-현재-미래가 갖는 이러한 연관 관계를 표현하기 위해 'Vergegenkunft'라는 말을 만들어 사용한다.

이처럼 그라스의 역사관은 매우 모순적이다. 한편으로는 '역사의 숙명적인 순환' 앞에서 막막한 체념을 느끼면서도, 동시에 이러한 순환을 기억을 통해 끊어버리려는 힘겨운 쟁투를 벌인다. 따라서 그라스에게 어울리는 모습은 숙명론자의 모습이 아니라 시시포스의 모습이다. 그라스는 모든 회의에도 불구하고 계속해서 돌을 굴리는 불굴의 시시포스이다.

4) '시대적 자아'의 계몽적 의식

권터 그라스는 문학 창작을 유미주의자들처럼 심미의 고도(孤島)에 자신을 유폐시키는 것으로 보지 않는다. 그는 문학을 통해 같은 시대를 사는 사람들과 대화하고, 그들에게 실제적인 영향을 미치고자 한다. 그래서 그의 작품을 분석할 때는 바로 이러한 시대적 맥락과 영향 의도를 꼭 고려해야 한다. 작품이 시대적 상황과 의미론적 연관 관계에서 고찰되어야만 작가의 의도뿐 아니라 텍스트의 심미 구조를 온전히 파악할 수 있다. 그라스에 따르면 작가의 존재는 시대적 맥락과 불가분의 관계를 맺고 있다. 작가는 시대의 산물이며, 작품은 시대의 반향이다.

> 저는 시대와 함께 성장해 왔습니다. 저는 저의 시대에 속해 있습니다. 하지만 이것은 의무의 문제가 아닙니다. 이건 반영의 문제입니다. 저는 이 시대의 산물로서, 제가 가지고 있는 가능성과 수단들을 동원하여 이 시대에 반응합니다. 제가 주제를 찾아나서는 것이 아니라, 주제들이 제게 밀려오는 것이지요. (『전집』 10권, 172쪽)

자신을 '시대의 산물'로 보는 그라스는 자신의 정치적 앙가주망을 '보통 시민'의 참여, 그러니까 우연하게도 동시에 작가이기도 한, 시민의 자연스런 참여라고 생각한다. 그는 작가가 사회 속에서 특별히 우월한 지위를 지닌다고 보지 않으며, 그것을 인정하지도 않는다. 그에 따르면 "작가의 자리는 사회 속에 있는 것이지, 사회 위에 혹은 사회 밖에 있는

것이 아니다."(『전집』 9권, 113쪽)

또한 그라스의 작품과 작중인물들도 시대사와 밀접하게 얽혀 있다. 그의 작중인물들은 고도로 비유적인 인물들이며 그래서 첫눈엔 초시대적, 탈현실적인 인물로 보이지만, 실제로는 철저하게 시대와 연관된 인물들이다. "내가 묘사한 인물들은, 아무리 개인주의적으로 보이더라도, 모두 시대와 환경과 사회 계층의 산물이다."(『전집』 10권, 114쪽)

그라스의 작품은 시대 연관성 못지않게 자전적 성격 또한 강한 것이 사실이다. 그러나 그라스의 경우 시대 연관성과 자전성의 관계는 모순적이라기보다는 상호 규정적이다. 그의 작품에서 나타나는 자전적 성격은 특정 인물의 특수한 체험 세계와 결부된 것이라기보다는, 그가 속한 시대 및 세대와 연결되어 있기 때문이다. 이를테면 그라스의 자서전은 그의 세대의 전기이자, 그의 시대의 연대기인 셈이다. 이런 의미에서 그라스는 "시대적 자아"[11]라는 표현을 즐겨 사용한다.

그라스의 작품에서는 작가와 작중인물뿐 아니라 내재된 독자 또한 시대와 연관되어 있다. 그래서 그의 작품에서는 시대 의식을 지닌 작가가 시대에 연루된 인물들을 통해 시대에 의해 규정되는 내재된 독자와 소통하는 셈이다. 이러한 소통 구조 때문에 독자는 자신과 시대와의 연관성을 감지하고, 시대에 의해 왜곡된 자아를 변화시킬 수 있는 가능성을 부여받게 된다.

그라스의 계몽적인 의도와 관련하여 중요한 것은 이러한 의도 때문에 그의 작품이 미학적으로 수준이 낮은 교리문답 같은 교조적 작품으로 전락하지 않고, 고도로 심미적인 방식으로 형상화되어 있다는 점이다. 그라스는 지극히 '예술적 방식'으로 영향을 미치려고 하는 것이다.

제가 말하는 것은 상투적인 의미의 계몽이 아닙니다. 저는 달랑 집게손가

---

11) Günter Grass, "Günter Grass im Gespräch mit Heinrich Vormweg", *Günter Grass* ed. Heinrich Vormweg (Hamburg, 1986), 22쪽.

락 하나 곧추세우고 이리저리 손가락질하며 뛰어다니는 사람이 아닙니다. 저는 확장된 현실을 활용하여, 때로는 독자가 알아챌 수 없을 정도로 숨겨진 계몽의 의도를 품고서, 오로지 예술적인 수단을 통해 지평을 넓히고, 사실을 밝히고, 신비화의 경향을 깨뜨리려 하는 것입니다.(『전집』 10권, 182쪽)

그라스의 계몽적 의도는 수용미학적 측면에서도 살필 수 있다. 그라스의 소설들은 매우 독자 지향적인 작품들이다. 독자는 때때로 서술자가 직접 말을 거는 대상일 뿐 아니라, 무엇보다도 서술자와 내재된 독자간의 소통 구조를 통해 서술 과정에 참여한다. 그라스는 이 소통 구조를 통해 독자에게 영향을 주고, 가능하다면 독자를 변화시키려고 한다. 이때 그라스가 즐겨 사용하는 소통 전략은 도발의 방식이다. 예컨대 『양철북』의 서술자이자 주인공인 오스카는 그의 환상적인 출생과 능력, 의심스러운 시점 그리고 사이비 인과성 등으로 전통적인 리얼리즘 소설에 익숙한 독자를 당황하게 하고, 지속적으로 도발한다. 그래서 독자가 텍스트를 수동적으로, 아무런 성찰 없이 받아들이는 것은 원천적으로 불가능하다. 결국 독자 스스로가 능동적으로 텍스트의 의미를 구성해 가지 않을 수 없는데, 이런 과정을 통해 독자에게는 새로운 통찰에 이를 수 있는 가능성이 주어지는 것이다.

5) 시시포스의 세계

이상에서 살폈듯이 그라스의 의식 세계를 한마디로 표현하다면, 그것은 시시포스의 세계이다. 즉 궁극적인 목표에 도달할 수 있다는 유토피아적 사상에는 회의적이지만, '그럼에도 불구하고 돌을 굴리는' 점진적 개혁주의자의 의식 세계이다. 하지만 이러한 시시포스의 세계는 서술의 표면에 그대로 드러나지는 않는다. 그것은 고도로 미학적으로 매개되어 나타나는데, 이때 미학적 가공의 수단이 바로──앞서 말했듯이──알레고리이다. 따라서 그라스의 문학 세계는 정교한 알레고리로 숨 막힐

듯 빈틈없이 짜여진 시시포스의 세계라고 할 수 있다.

그라스 문학의 소재는 참으로 다양하지만 한 가지 점에서 통일성을 지닌다. 그것은 시대사와의 치열한 대결 의식을 반영한다. 사실 그라스의 문학은 문학적 수단으로 가공된 독일 현대사라 해도 과언이 아니다. 20세기 독일 문학에서 그라스처럼 일관되게 시대사의 쟁점들을 작품으로 다룬 작가는 드물다.

『양철북』과 함께 '단치히 삼부작'을 이루는『고양이와 쥐』(1961),『개들의 시절』(1963)에서는 단치히의 소시민 사회를 무대로 나치즘과 소시민 세계의 '악취 나는' 관계가 다시 한번 치밀하게 묘사되지만, 그 후의 작품들에서는 전후 독일의 정치·사회적 쟁점들이 거의 빠짐없이 조명 받는다. 희곡『민중들 반란을 연습하다』(1966)에서는 1953년 동베를린 노동자 봉기 때 브레히트가 보인 태도를 소재로 예술 창작과 지식인의 책임이라는 문제를 다루고 있고,『국부마취를 당하고』(1969)에서는 1967년에 일어난 학생 봉기를 배경으로 '혁명이냐 개혁이냐' 하는 1960년대 말 독일 사회가 앓고 있던 대안 모색의 고뇌가 형상화된다.『달팽이의 일기』(1972)에서는 사회민주당의 선거 운동을 위해 전국을 순회한 자신의 체험과 인식을 바탕으로 '달팽이의 속도로 나아가는 진보'를 옹호하고 있으며,『넙치』(1977)에서는 1970년대부터 전 지구적으로 쟁점화되기 시작한 식량 문제와 여성 문제 등 문명사적 주제들을 동화의 형식으로 그려내고 있다. 또한 1990년대의 통일 공간에서는『무당개구리 울음』(1992)을 통해 통일된 독일이 자본주의의 논리를 앞세워 폴란드 등 중동부 유럽을 점령해 가는 현상을 경고하고,『광야』(1995)에서는 통일을 독일 역사에서 지속적으로 반복되어 온 부정적 순환의 한 고리로서 그려낸다. 이처럼 그라스의 문학이 20세기 독일사에 대한 문학적 주석(註釋)이라고 볼 때, 1999년 7월에 발표된『나의 세기』는 그라스 문학의 결산이자, 그의 전 작품에 내장된 문제 의식의 집약이라 할 수 있다.

그라스 문학의 폭은 참으로 광활하다. 하지만 그의 모든 작품에는 알레고리의 미학과 시시포스의 의식이 절묘하게 조우하는 그라스 특유의 아우라가 깃들어 있다.

(《현대문학》, 1999년 11월)

2 패자의 입장에서 바라본 역사
—— 1990년대 이후 귄터 그라스의 문학

1 귄터 그라스의 방한

2002년 5월 귄터 그라스가 한국을 방문했다. 그는 중앙대학교 '한독 문화연구소'에서 주최한 국제 심포지엄 '통일과 문학'에서 기조 강연을 한 것을 시작으로, 판문점을 방문하여 한반도 분단의 현장을 밟았고, 신작 소설 『게걸음으로 가다』의 낭독회를 가졌으며, 월드컵 전야제에서는 축시를 낭송하기도 하였다. 또한 황석영, 고은, 김광규, 황지우 등 한국 문단을 대표하는 작가들과 만나 한반도 통일의 전망, 최근 문학의 동향 등에 대해 의견을 나누기도 하였다.

그라스의 방한에 대한 국내의 관심은 뜨거웠다. 신문과 방송에서는 월드컵의 소용돌이 속에서도 앞 다투어 그의 방한 동정을 자세히 보도하였고, 그의 강연과 인터뷰를 비중 있게 다루었다. 또한 그가 참석한 심포지엄과 낭독회는 수많은 청중들로 발 디딜 틈이 없었다.

이번이 첫 방한이기는 하지만 사실 그라스는 한국과 인연이 깊다. 1970년대부터 군사정권하에서 탄압받는 한국의 민주인사와 작가들을 위해서 발 벗고 나섰던 서구의 대표적인 지식인이기 때문이다. 그는 장준

하, 문익환, 김대중, 김철 등의 민주인사들과 김지하, 황석영 등의 작가들이 구속될 때마다 누구보다도 앞장서 석방 운동에 나섰고, 당시 정권의 비호를 받던 한국 펜클럽의 초청 제의를 받고는 "독재 정권이 존속되는 한 한국을 방문하지 않겠다"고 공언하기도 하였다. 특히 국제 펜클럽 대회에서 한국 펜클럽 대표가 독재 정권을 두둔하는 궤변을 늘어놓자 단상에 뛰어올라가 마이크를 빼앗았다는 일화는 지금도 많은 작가들 사이에서 회자된다. 처음 한국 땅을 밟으며 그는 "마침내 한국에 민주주의가 실현되어서 기쁘다"고 남다른 소회를 밝혔다.

이 글에서는 우리 시대를 대표하는 세계적인 작가이자 참여지식인인 귄터 그라스의 동향을 1990년 이후의 문학적 정치적 활동에 초점을 맞추어 살펴볼 것이다. 1990년을 분수령으로 삼은 이유는 이 해가 갖는 전환기적 의미 때문이다. 1990년 들어 독일이 통일되었고, 동유럽 사회주의 체제의 붕괴 과정이 완료되었으며, 그 후 자본주의의 자기 절대화를 핵심으로 하는 '세계화'와 미국의 패권주의가 완연히 노골적인 양상을 띠기 시작했다는 것은 주지의 사실이다.

이 글은 두 부분으로 구성되어 있다. 먼저 1990년대 이후의 전환기를 바라보는 그라스의 입장을 최근 필자와 가진 세 차례의 대담을 중심으로 재구성해 보고, 다음으로는 독일이 통일되고 세계가 재편되는 격동기에 발표된 그라스의 주요 작품들을 간략히 소개하겠다.

2 그라스의 세상읽기

그라스는 작가이기 이전에 지식인이자 '세계시민'으로서 일흔을 훌쩍 넘긴 지금까지도 시대의 쟁점들을 예리하게 진단하고, 자신의 견해를 용기 있게 발언하고 있다. 그의 발언들은 지식인의 '용도 폐기'를 외쳐대는 시장 담론이 봇물을 이루는 현실이기에 더욱 이채롭게 빛난다. 문학, 통

패자의 입장에서 바라본 역사 37

일, 세계화를 화두로 그라스의 세상 읽기를 들여다보자.

1) 문학의 미래

그라스는 최근 문학의 경향, 문학의 생존 가능성, 작가와 사회의 관계 등에 대해 매우 흥미로운 견해를 표명하였다. 그라스는 먼저 자신의 문학이 지닌 독창성은 문학과 회화·조각을 결합시키는 독특한 작업 방식에 있다고 설명한다. "저는 그림을 그리고 조각을 하기 때문에 사물을 우선 구상적으로, 형상으로 바라보는 성향이 있습니다. 저는 이러한 형상적 인식을 글쓰기에 적용하지요." 글쓰기가 그저 추상적이거나, 무미건조한 것이 되지 않게 하기 위해 그는 '컨트롤 도구'로서 그림 작업을 활용한다. "글로 쓴 은유는 쉽게 종이에 옮길 수 있지요. 하지만 그것을 그림으로 그려놓고 검토해 보면 비로소 그것이 쓸 만한 것인지 아닌지를 알 수 있게 됩니다. 글쓰기와 그림 그리기의 이러한 상호 작용이 저에게는 언제나 아주 흥미로운 과정이었습니다." 언어와 형상의 상호작용 속에서 그라스 특유의 '오감(五感)의 카오스'로 이루어진 세계가 구축되는 것이고, 이처럼 감각의 세계가 정신의 세계로 전이되는 것이 바로 그라스 문학의 특성을 이루는 것이다.

그라스는 흥미롭게도 "훌륭한 문학의 조건은 작가가 자기 자신을 중요하다고 여기지 않는 데 있다"고 생각한다. "아무리 좋은 작품을 쓴다 해도, 작가들의 과장된 자아도취적 태도는 결국 독자를 지루하게 하기 마련입니다. 작가는 언제나 새로운 주제와 맞서야 하고, 그 테마와 치열하게 씨름해야 합니다. 그래야 작가의 재능과 가능성이 최대한 발휘될 수 있는 거지요." 또한 '상실'이—그의 경우에는 특히 고향인 단치히의 상실이—글쓰기에 결정적인 도움이 되었다고 한다. "잃어버린 것을 문학이라는 수단을 통해 다시 한번 그려내야 한다는 것이 저에게는 하나의 강박관념 같은 것이었습니다. 이것이 오늘날까지도 저의 창조성의 원천입니다."

오늘날 또다시 심심찮게 들려오는 '문학의 죽음'이라는 풍문에 대해 그는 한마디로 '허풍'이라고 일축한다. "저는 어느덧 오십 년 넘게 글을 써오고 있습니다. 그동안 내내 무언가가 죽었다고 선언되었지요. 문학이 통째로 죽었다거나, 소설이 종말을 고했다거나 하는 식이었지요. 저는 그런 말에 전혀 개의치 않습니다. 그것은 대개 순전히 신문 문예란의 허풍이었고, 또 2, 3년 지나면 무언가 다른 것이 죽었다고 선언되었으니까요." 그는 21세기에도 문학은 다른 매체와의 격렬한 경쟁을 이겨내고 온전히 생존할 수 있다고 믿는다. "저는 문학이 대단히 강인한 생존 능력을 지니고 있다고 생각합니다. 많은 것이 몰락한다 해도, 존재의 폐허 속에서 우리 자신을 지켜내기 위해서는 결국 다시 책을 찾게 되리라고 확신합니다."

그라스는 최근 문학의 경향에 대해 대체로 비판적인 입장을 취한다. 우선 그는 요즘 작가들이 지나치게 '가벼운 문학'을 선호한다고 아쉬워한다. "신문 문예란은 새로운 문학관을 퍼뜨리고 있습니다. 코카콜라 라이트가 있듯이 문학에도 '라이트'가 있어야 한다는 식입니다. 가볍고, 편안하고, 재미있고, 누구에게도 거슬리지 않는 문학 말입니다. 유감스럽게도 다수의 작가들이 이러한 개념을 따르고 있습니다. 그들은 매우 겁이 많으면서도 천재연하는 데는 능하지요. 그러나 사회와의 관계에 있어서는 매우 소심하고 조심스럽습니다. 저는 이 점을 대단히 안타깝게 생각합니다."

그라스는 무엇보다도 요즘 문학이 시대적·사회적 문제를 넓은 서사적 폭으로 담아내지 못하고, 자신의 내면 속으로만 파고드는 성향, 자전적이고 신변잡기적인 주제에 탐닉하는 자폐적 경향에 대해서 비판적이다. 요즘 작가들은 "스물다섯이나 서른쯤 되면 자신의 탯줄을 소재로 삼아 글을 씁니다. 자신의 인생을 돌아볼 나이가 되면, 그리고 꼭 그러길 원한다면, 자전적인 이야기를 쓸 수도 있겠지요. 하지만 자전적인 이야기를 쓰고자 하는 사람은 아주 풍성한 삶을, 모순에 가득 찬 삶을 살았어야 합니다." 요즘 젊은 작가들이 너무나 일찍 자기 자신에 대해 이야기하기 시작하기 때문에 "문학적 착시"가 생겨난다는 것이다. 이렇게 "도대체 살아보기도 전에 자서전부터 쓰기 시작하다 보니" 젊은 작가들이 이 때 이르게 '탈진'해 버린다. "그들은 다른 사람들에 대해서 쓰면서도 자기 자신을 도외시하지 않을 수 있다는 것, 다른 사람에 대해 쓰면서도 책 속에 비유적인 방식으로 존재할 수 있다는 것을 모릅니다."

그라스는 이러한 자폐적 성향이 무엇보다도 "요즘 유행하는 신자유주의와 세계화의 환상 속에서 개인주의를 지나치게 강조한 탓"이라고 생각한다. 그는 세계화의 현실에 대한 문학의 이러한 반응을 하나의 '퇴각'으로 본다. "이 거대한 움직임에 더 이상 참여할 수 없다는 인식이 이러한 퇴각을 낳은 것입니다. 목가적인 것으로, 특수한 자아로, 자기 주술(呪術)로 퇴각하는 것——이것은 이 개관할 수 없는 거대 형식이 낳은 부수 현상임에 틀림없습니다."

그라스는 문학과 정치의 관계는 "동전의 양면과 같다"고 말한다. "정치는 우리가 사는 현실의 일부입니다. 그러니까 정치는 현실에 속하는 거지요. 그렇지만 정치가 곧 현실은 아닙니다. 정치는 항상 '내가 곧 현실'이라고 주장합니다. 정치는 정말이지 식욕이 아주 좋습니다. 작가는 이 점을 통찰해야 합니다. 어떤 문학이 오로지 정치 쪽으로만 향하고 있다면 그런 문학은 너무나 일방적입니다. 정치를 철저히 무시하고, 현실에서 정치를 떼어내 버리려는 작가들과 마찬가지로 일방적이지요." 그라스에게 중요한 것은 "사회적 삶과 발전을, 역사적 과정을 전체적으로 조망하는 것"이다. "이러한 과정에 속하는 모순과 균열들을, 겹치는 자리들을, 또한 발전이 지체된 단계들을, 또 정치에 영향을 받긴 하지만 정치 그 자체는 아닌 것들을 전체적으로 보는 거지요. 이렇게 매우 다층적인 사회관을 견지하려는 자세가 중요합니다. 글을 쓸 때도 마찬가지지요."

세상이 독일을 대표하는 참여작가라고 부르는 그라스지만, 정작 그 자신은 '참여작가'라는 말의 효능에 회의적이다. "저는 결코 제가 참여작가라고 말한 적이 없습니다. 저는 그냥 작가입니다. 저에게 참여작가라는 말은 '흰 백마'라는 말과 같습니다. 이런 말은 필요 없지요. '정치'라는 말은 단 한번도 입에 담지 않고, 정치에 등을 돌리는 작가조차도 나름대로 '참여하고' 있는 것입니다. 그들도 정치에 반대하는 참여를 한다는 의미에서 참여작가이지요. 결국 그런 말은 별로 도움이 되지 않습니다. 저는 한편으로는 심미적인 충동에서 나온 시들을 쓰면서, 다른 한편으로는 선거전에 뛰어드는 것이 별로 불편하다고 느끼지 않습니다."

그라스의 작가관 또한 독특하다. 그는 "작가를 사회 위에 존재하는 무언가로 보는 고전주의의 전통"도 "천재 숭배라는 낭만주의의 전통"도 "부적절하다"고 생각한다. 그는 자신을 "작가이자 예술가라고 인식하지만, 동시에 또한 민주사회의 보통시민의 한 사람"이라고 생각한다. 여기서 그의 독특한 '시민작가론'이 나온다. "저는 한편으로는 예술가로서 미학적인 법칙을 따릅니다. 그것은 민주주의 이전의 이야기지요. 저는 저의 책이나 시에 대한 판단을 다수결에 맡기고 싶지 않습니다. 다수결에서 나오는 결론이란 그저 평균 수준의 취향일 테니까요. 그러니까 예술의 영역에는 어떤 타협도 있을 수 없다는 말씀입니다. 그러나 사회적 삶은 다르지요. 여기서는 타협을 하려는 마음을 가져야 합니다. 그렇지 않으면 우리는 살아갈 수 없습니다. 저는 이러한 태도에 모순이 있다고 느껴본 적이 없습니다."

2) 한반도 통일을 위한 제언

그라스는 또한 자타가 공인하는 '통일전문가'답게 빌리 브란트의 '동방정책'과 통일 이후 독일의 사태 발전을 구체적인 사례로 들어가며 한반도 통일에 대해 귀담아 들을 만한 매우 의미 있는 조언을 들려주었다.

그는 먼저 북한에 대해 조건 없는 지원을 해야 한다고 누누이 강조한다. "북한이 매우 어려운 처지에 처해 있다는 사실만 가지고도 남한은 지속적인 프로그램을 가지고 북한을 도와주어야 합니다. 또한 이때 반대급부를 요구해서는 안 됩니다. 아무 조건도 없어야 합니다." 이러한 지원은 불행에 처한 동포를 돕는다는 도덕적 의무감에서 나온 당연한 행위이다. "지금 중요한 문제는 북한에서 사람들이 굶고 있고 식량이 부족하다는 사실입니다. 그것이 최우선적으로 고려되어야 합니다." 하지만 또한 북한에 대한 지원은 도덕적 차원을 넘어 이데올로기 대립으로 고착된 현재 상황을 푸는 열쇠이기도 하다. "남한의 자본주의와 북한의 공산주의 사이에서 생기는 이데올로기적 갈등을 해결하는 것은 불가능합니다. 오히려 그렇기 때문에 남한의 일방적인 대북 지원만이 상황을 완화시킬 수 있습니다." 나아가 대북 지원을 지속하는 것은 장기적으로 보면 경제적으로도 이롭다는 것이 그의 생각이다. "북한이 내부적으로 와해되어 수백만의 난민들이 남한으로 밀려 내려올 때, 이들의 주거와 생계를 어떻게 떠맡을 것인지"를 생각해 보면, "지금 적절한 시기에 도와주는 것이 훨씬 더 경제적"이라는 것이다.

그는 또한 통일 문제에 있어 남한이 보다 자주적인 입장을 취해야 한다고 조언한다. 대북 지원도 "미국의 승낙을 기다리지 말고, 혹은 어느 누구의 눈치도 살피지 말고, 철저히 자기 책임하에서" 이루어져야 한다는 것이다. 그는 부시 대통령의 '악의 축' 발언에 대한 남한의 대응, 특히 남한 지식인들의 대응이 "너무 소극적"이라고 지적하면서, 한국인들은 미국을 향해 분명한 메시지를 보내야 한다고 목소리를 높인다. "미국이 북한에 대해 '국제 사회의 일원으로서 자격이 없다'는 식으로 말하는 것을 원치 않으며, 세계에서 가장 가난한 나라 가운데 하나인 북한을 그렇게 모욕하는 것은 미국으로서도 점잖지 못한 일이라고 말해야 합니다." 그는 세계 최강국인 미국이 하필 세계에서 가장 가난한 나라에 대해 전투적인 태도를 취한다며, 부시 대통령의 "뻔뻔스러운 태도"를 신랄하게 비판하면서, "부시의 발언은 미국의 자의식이 매우 불안한 것임을 드러낼 뿐"이라고 꼬집는다.

그라스는 통일 과정에서 서독인들이 동독인들에게 보인 태도를 반면 교사로 삼아 남한 사람들은 북한 사람들에게 역지사지하는 태도를 가져 줄 것을 주문하였다. 그는 "통일이 되기 전에 통합이 이루어져야 한다"는 점을 강조하면서, 이를 위해서는 상대방을 존중하는 태도가 가장 중요하다고 말한다. "북한은 남한의 상황에 무조건 순응해야 한다는 식의 생각이 분명 이곳 남한에 존재하고 있고, 미국에도 팽배해 있는 것 같은데, 이런 생각은 터무니없는 것입니다." 그는 통일 과정에서 "새로운 공동의 목표 아래 남북한이 모두 변해야 한다"고 강조한다. "독일의 결정적인 실책은 동독에 일종의 과제를 요구해 놓고, 서독은 전혀 변하려 하지 않았다는 점입니다." 이와 같은 '승자의 태도'는 통일을 어렵게 할 뿐 아니라 통일이 된다 해도 "정치적으로 매우 부정적인 영향을 남긴다"는 것이다.

그러므로 통일의 과정에서도 "훌륭한 아시아의 전통"에 따라서 "상대방이 체면을 잃지 않도록 배려하는 태도"가 꼭 필요하다고 강조한다. "상대방의 지난 삶에 대한 존중이 매우 중요합니다. 남한 사람들은 전혀 다른 조건하에서 사십 년 이상 독재를 경험해야 했던 북한 사람들의 삶의 이력을 존중해야 합니다. 그런 후에 또한 거꾸로 그동안 남한에서 생겨난 생활 방식을 존중해 줄 것을 북한 사람들에게 기대해야 합니다." 그라스는 남한이 도덕적으로 북한을 비판하려는 자세는 바람직하지 않다고 지적한다. "북한의 독재 상황은 남한 사람들이 오랫동안 겪어야 했던 독재와 마찬가지입니다. 남북한 정권은 모두 사상이 다르다는 이유로 한 인간을 사형에 처할 정도로 똑같이 가혹한 정권이었습니다. 그러니까 한편이 다른 편에 비해 어떤 도덕적 우월성도 없다는 말입니다." 그런 입장에서 그는 "요즘 미국의 부시 대통령이 하듯이, 이쪽은 선이고 저쪽은 악이다 하는 식의 흑백논리"는 "통일 과정에 방해가 될 뿐"이라고 경고한다.

특히 흥미로운 것은 그라스가 한반도 통일 문제를 대하는 일본의 태도에 대해 거시적인 역사적 안목에서 비판을 가하는 대목이다. 그는 "왜 분단에 가장 큰 책임이 있고 수십 년간에 걸쳐 한반도에서 살육을 자행한 일본이 그것에 대해 침묵하고, 자신들이 저지른 과거의 죄과에 대해 터놓고 말할 용기를 보이지 못하는지 이해할 수 없다"고 하면서, 그 원인을 일본의 과거 청산의 부재에서 찾는다. "일본인들은 경제 분야에서는 다른 나라들로부터 배울 자세가 되어 있습니다만 과거청산 문제에 있어서는 매우 보수적이고, 심지어 반동적이거나 도피적이기까지 합니다. 이것은 일본의 엄청난 직무유기입니다. 정말이지 유감스러운 일입니다." 그는 "일본이 진지하게 자신의 과거를 돌아본다면, 한반도의 통일 과정에서 방해하지 말고 도와주는 것이 스스로 짊어져야 할 최소한의 도덕적 책무"라고 일침을 가한다.

3) 세계화의 본질

'유럽 계몽주의의 후예'임을 자처해 온 그라스는 실로 괴테적 의미의 '세계인'이자, 하이네적 의미의 '지식인'이다. 그는 언제나 세계의 고통과 불의를 자신의 문제로 인식하였고, 그에 맞서 용기 있게 싸워왔다. 그와의 대담에서도 이러한 면모가 여실히 드러났다. 그는 오늘날 세계의 문제점을 놀라울 정도로 훤히 꿰뚫어보고 있었고, 음미해 볼 만한 대안을 제시하였다. 특히 그는 미국의 오만한 패권적 태도와 세계화의 부정적 현실을 신랄하게 비판했다.

그라스는 먼저 미국의 외교 정책을 거침없이 비판한다. 그는 "미국이 공산 정권만 아니라면 어떤 독재 정권과도 손을 잡는다는 사실"은 "수치스러운 일"이라고 질타한다. "이것은 오늘날에도 여전히 지속되고 있는 미국 외교와 정치의 이중성입니다. 저는 미국의 이러한 이중 플레이를 언제나 혐오해 왔습니다."

또한 그는 이슬람 근본주의와 테러 문제의 핵심을 새뮤얼 헌팅턴 식으로 '문명의 충돌'이라고 보기보다는 '경제적 불평등의 결과'로 본다. 테러의 주요 원인은 "제3세계 국가를 부당하게 대해 온 것"에 있다고 하면서 "제3세계 국가들에게 동등한 권리를 가지고 행동할 수 있는 기회를 주는 새로운 세계 경제 질서가 필요하다"고 역설한다.

따라서 경제적 문제를 종교적, 문화적 문제로 분석하려는 미국의 태도는 "테러의 진정한 원인 분석을 거부하는 터무니없는 짓"이다. 그는 특히 부시 미국 대통령의 '악의 축' 발언에 대해 개명천지에 "중세 십자군 시대의 용어"로 세상을 어지럽힌다고 힐난한다. "미국의 부시 대통령은 마치 계몽의 과정을 전혀 거치지 않은 사람처럼 세상을 단순히 선과 악으로 나누고 있습니다. 세상엔 깡패 국가와 선한 국가가 있고, 미국이 선한 국가의 으뜸이라는 식이지요. 저는 이런 식으로 이데올로기적인 딱지를 붙이는 데 반대합니다."

이런 비판적 인식 아래 그라스는 네 명의 노벨상 수상자와 함께 미국의 아프간 공격을 반대하는 성명을 발표한 바 있다. 그가 밝힌 성명 발표의 이유는 명쾌하다. "물론 아프가니스탄에 있는 탈레반 정권은 끔찍스러운 정권입니다. 그러나 그렇다고 그것이 거기서 전쟁을 수행할 이유가 되지는 않습니다. 남한에도 끔찍스러운 정권이 있지 않았습니까. 그렇다고 미국이 남한의 독재자들을 폭격으로 몰아내겠다는 생각을 해본 적이 있습니까? 미국은 독재자들이 자기에게 순종하고 자기 생각을 따르는 한 그들을 지원해 왔습니다. 그리스의 군사정권을 만든 것이나, 아옌데 정부를 무너뜨리기 위해 칠레에 어용 정권을 세운 것이나 — 이 모두는 지난 수십 년간 CIA가 저지른 범죄입니다. 테러 조직으로 말하자면 알 카에다뿐만 아니라 바로 CIA도 테러 조직이지요! 그러니 미국은 자국 내에 있는 테러 조직부터 분쇄해야 할 것입니다."

그라스는 나아가 미국식 생활 방식이 전 세계적으로 강요되는 현상을 경고한다. "오늘날 우리가 경험하고 있는 것은 이른바 '미국식 생활 방식'이 새로운 이데올로기로서 — 낡았지만 새로운 이데올로기로서 — 제시되고 있고, 그것이 오늘날 존재하는 유일한 길인 양 많은 사람들에게 강요되고 있는 현실입니다. 저는 이런 행태에 전적으로 반대합니다."

그라스는 오늘의 상황을 '세계화의 시대'로 규정하면서, 공산주의가 몰락한 이후 "자본주의가 아무런 장애도, 아무런 제동장치도 없이 활개 치는 것"을 세계화의 본질로 본다. "서구의 의식 상태에서 확인할 수 있는 것은 소련이 붕괴한 이후로 19세기, 20세기의 이데올로기 중에서 자본주의 이데올로기만이 살아남았다는 사실입니다. 그 후 자본주의는 자신을 절대화해 왔습니다. 세계화라는 것은 자본주의의 자기 절대화의 표현에 불과합니다. 그리고 그럼으로써 이미 자본주의의 자기 파괴는 시작되었습니다. 이것은 광적인 자기 파괴의 과정이고, 우리가 자본주의에 대한 대안을 가지고만 있다면 그 자체로는 하등 슬퍼할 이유가 없는 과정입니다."

그라스는 지난 두 세기 동안 세계화가 "어느 정도 길들여졌던 서구 자본주의가 다시 미친개처럼 날뛰는" 계기를 주었다고 하면서, 다시금 "인간의 문제"를 진지하게 고민한다면 유럽에서 자라난 계몽의 전통, 특히 연대의 정신을 복원하는 일이 절실하다고 강조한다. "우리 유럽인들은 계몽의 전통을 가지고 있습니다. 하지만 오늘날 젊은 사람들에게는 평등이나 박애, 정의와 같은 말들이 구닥다리로 들릴 것입니다. 연대라는 개념도 사라져가고 있습니다. 이것은 전 세계적 차원에서 목도되는 현상입니다. 그러나 연대라는 개념이야말로 우리가 사회적으로 함께 살아가기 위한 전제입니다."[1]

3 패자의 입장에서 바라본 역사

작가는 승자의 자리에 앉아서는 안 됩니다. 작가가 앉을 곳은 그때그때의 패자들, 전쟁의 패자만이 아니라 경제적 과정, 사회적 과정의 패자들이

---

[1] 그라스의 발언은 최근 세 차례에 걸친 필자와의 대담에서 따온 것이다. 관심이 있는 분은 이 책 제4부 귄터 그라스와의 대담을 참고하기 바란다.

앉아 있는 그곳입니다. 승자에겐 옹호자, 지지자가 넘치는 법입니다. 그러나 아무런 목소리도 내지 못하는 수많은 사람들이야말로 작가에겐 더욱 소중한 존재이지요.[2]

그라스의 문학은 그 주제와 기법이 참으로 다양하지만 두 가지 점에서 통일성을 지닌다. 첫째는 그의 문학이 시대사와의 치열한 대결 의식에서 나왔다는 점이고, 둘째는 그가 언제나 패자의 입장에서 시대사를 바라보고 있다는 점이다. 사실 그라스의 문학은 패자의 시선으로 바라본 독일 현대사라 해도 과언이 아니다.

흔히 '단치히 삼부작'이라고 불리는 『양철북』(1959), 『고양이와 쥐(Katz und Maus)』(1961), 『개들의 시절(Hundejahre)』(1963)에서는 단치히를 무대로 나치즘의 '악취'가 '나치 마술의 최대 희생자'인 소시민의 시각에서 치밀하게 그려지고, 그 후의 작품들에서는 전후 독일의 정치·사회적 쟁점들이 거의 예외 없이 역사의 주류에서 배제되거나 소외되거나 추방된 국외자, 희생자, 소수자의 시각에서 조명된다. 예컨대 『국부마취를 당하고』(1969)에서는 1967년에 일어난 학생 봉기를 배경으로 '혁명이냐 개혁이냐' 하는 1960년대 말 독일 사회가 앓던 대안 모색의 고뇌가 '동요하는 지식인'의 시각에서 형상화되고, 『달팽이의 일기』(1972)에서는 사회민주당의 선거운동을 위해 전국을 순회한 자신의 체험과 인식을 바탕으로 회의론자의 시각에서 '달팽이의 속도로 나아가는 진보'가 옹호되고 있으며, 『넙치』(1977)에서는 1970년대부터 전 지구적으로 쟁점화되기 시작한 식량 문제, 여성 문제와 같은 문명사적 주제들이 '역사상 최대의 희생자'인 여성의 시각에서 그려지고 있다.

특히 1990년대 이후 발표된 일련의 작품들에서는 패자의 시선이 더욱 두드러진다. 『무당개구리 울음』(1992)에서는 독일 통일 이후 강화된 세

---

2) 김누리, 귄터 그라스와의 대담, ≪현대문학≫ 2001년 10월, 267쪽.

계화의 조류 속에서 자본과 시장의 위세 등등한 진군에 짓밟히는 민족 화해의 이상이 이제 퇴물로 취급되는 전통적인 인문주의자의 시각에서 그려지고, 『광야』(1995)에서는 통일의 패자인 동독인들의 입장에서 독일 통일이 독일 역사에서 지속적으로 반복되어 온 부정적 순환의 한 고리로서 형상화된다. 또한 연작소설 『나의 세기』(1999)는 역사의 뒤안길에서 아무런 주목을 받지 못한 평범한 사람들의 시선으로 직조된 20세기 독일 역사의 모자이크라 할 수 있다. 특히 최근작 『게걸음으로 가다』(2002)는 나치 독일이 저지른 엄청난 죄악 때문에 '망각의 강' 속에서 수장된 주제, 즉 독일인 희생자 문제를 재조명하고 있다. 이 작품은 패자의 입장에 서야 한다는 그라스의 일관된 입장이 정치적 금기마저도 넘어설 정도로 확고한 것임을 확인시켜 준다. 다음에서는 1990년대에 발표된 작품들 가운데 특히 주목을 받은 『무당개구리 울음』과 『광야』의 내용을 간략히 소개한다.

1) 『무당개구리 울음(*Unkenrufen*)』(1992)[3]

서술자는 그라스를 연상시키는 칠십 줄의 성공한 작가이다. 그는 단치히에서 고등학교에 다니던 시절에 친구들의 강권에 못 이겨 개구리를 삼킨 적이 있다. 그런데 오랫동안 잊고 지내던 학창 시절의 친구 알렉산더 레쉬케가 갑자기 로마에서 소식을 전해 온다. 그는 신문 스크랩, 일기, 편지, 영수증, 사진, 비디오 등이 든 소포를 보냈는데, 이제 서술자는 이것들을 바탕으로 '독일-폴란드 묘지 회사'의 연대기를 써야 하는 것이다. 처음에 그는 이 일을 '터무니없는 짓'이라고 생각하지만, 얼마 후 레쉬케가 사고로 죽자 마지못해 이 일을 떠맡게 된다. 다시 한번 개구리를 삼키게 된 것이다.

"순전히 우연 때문에 홀아비는 홀어미 옆에 서게 되었다."(7쪽) 1989년

---

[3] Günter Grass, *Unkenrufe. Eine Erzählung* (München, 1994). (번역본: 『무당개구리 울음』, 홍윤기 옮김, 풀빛, 1993). 인용문 뒤의 ( )는 독일어본의 쪽수임.

11월 2일 만령절에 그단스크(단치히)의 주말 시장에서 단치히가 고향인 홀아비 알렉산더 레쉬케는——그는 보쿰 대학의 예술사 교수이다——리타우엔의 빌노에서 추방되어 그단스크에 살고 있는 폴란드인 고미술품 복원가인 홀어미 알렉산드라 피아트코프스카를 만난다. 그는 그녀 부모님의 무덤으로 그녀와 동행하게 되는데, 여기서 두 사람은 자신들의 부모가 모두 제2차 세계대전 말에 고향에서 추방되었다는 사실을 알게 된다. 레쉬케의 부모는 폴란드에서 추방된 독일인이고, 피아트코프스카의 부모는 리타우엔에서 추방된 폴란드인이다. 바로 이날 두 사람은 자신의 부모들처럼 추방된 사람들이 고향에서 묻힐 수 있도록 '화해 묘지'를 만들자는 '이상적인 계획'에 합의한다. 인간 추방의 비극적 세기는 이제 화해로서 끝나야 한다는 것이다.

독일 쪽에서는 계획이 예상보다 훨씬 순조롭게 진행된다. 레쉬케는 주식회사를 세우고, 단치히 묘지를 임차한다. 독일 마르크의 위력으로 일은 착착 진행된다. 외환이 흘러들어 오고, 폴란드 정부도 적극 협조한다. 해외에서 넘어오는 시신들 때문에 냉동 저장소와 장례식장이 세워지고, 독일과 폴란드의 장례 회사들이 조인트 벤처를 만든다. 독일 가족들이 폴란드에서 장례식을 치르러 몰려오게 되자, 호텔, 골프장, 공원이 세워지고, 양로원과 '안식의 집' 등이 묘지 근처에 들어선다. 어느새 본래의 이상주의적 취지는 사라지고, 모든 것이 극단적으로 상품화되어 버린 것이다.

홀아비와 홀어미의 사랑이 깊어가는 것과 동시에 묘지 사업에 대한 이들의 회의도 깊어진다. 이 사업은 어느새 "독일의 새로운 영토 확장"으로 변질되어 버렸기 때문이다. "이제 바야흐로 '영토 강탈'이라는 말이 나오고 있는 중입니다. 마치 골프장이 묘지의 확장에 다름 아니라는 듯이 그 전체가 화해라는 말의 유희로 미화되고 있습니다. 아닙니다. 그것은 더 이상 우리들의 이상이 아닙니다. 이곳에선 전쟁으로 잃어버린 것들이 경제력으로 다시 탈취되고 있습니다. 이번에는 탱크 한 대도, 스투

카 폭격기 한 대도 투입되지 않을 것입니다. 지배하는 것은 독재자가 아니라 오직 자유시장경제입니다. 돈이 통치하는 것입니다!"(246쪽)

두 이상주의자는 이제 회사 일에서 손을 뗀다. 그 사이에 결혼을 한 두 사람은 이탈리아 나폴리로 여행을 떠나는데, 돌아오는 길에 자동차 사고로 죽는다.

2) 『광야(Ein weites Feld)』(1995)[4]

『광야』의 주인공은 독일 사실주의를 대표하는 작가 테오도르 폰타네가 태어난 지 정확히 100년 후인 1919년 폰타네의 고향인 노이루핀에서 태어난 테오 부트케이다. 폰타네와의 유사성 때문에 폰티라는 애칭으로 불리는 그는 폰타네를 외형적으로 모방할 뿐만 아니라, 폰타네의 작품을 어디서든지 정확하게 인용할 수 있을 정도로 훤히 꿰고 있는 폰타네 전문가이다. 게다가 결혼, 자녀, 프렌츨라우어 베르크에서의 주거 환경, 생활고와 신경쇠약 등 폰티의 삶은 세밀한 부분에 이르기까지 폰타네의 그것과 일치한다. 그 결과 둘의 경계는 구분이 어려울 정도로 모호해진다. 한마디로 폰티는 폰타네의 화신이다.

그의 상대는 불멸의 탈호퍼이다. 그는 ― 한스 요아힘 셰틀리히의 소설 『탈호퍼』에서처럼 1955년에 죽지 않고 ― 호프탈러로서 여전히 살아있다. 탈호퍼가 역사상의 실제 폰타네를 감시했던 것처럼, 호프탈러는 20세기에 와서도 폰타네의 화신인 폰티를 그림자처럼 따라다닌다. 1989년에서 1991년까지 둘은 베를린 장벽의 붕괴, 화폐 통합, 독일 통일, 그리고 그 사회적, 문화적 여파 등 일련의 시대적 격변을 베를린에서 함께 체험한다.

두 노인의 대화는 1848년 3월 혁명까지 거슬러 올라가는데, 거기서부터 현재에 이르는 역사가 하나의 동일한 구조를 이루고 있음이 드러나

---

4) Günter Grass, *Ein weites Feld*(Göttingen, 1995).

다. 20세기의 폰티가 전전한 직업은 19세기의 폰타네의 그것과 상응한다. 폰타네가 독일 통일전쟁의 역사기록자였다면, 폰티는 제3제국의 종군기자였고, 폰타네가 마르크 브란덴부르크의 방랑자였다면, 폰티는 동독문화연맹 소속의 순회 강연자였다. 폰타네가 내면적인 저항을 하면서도 프로이센의 검열을 감수하고 극우 성향의 ≪십자신문≫을 위해 활동했듯이, 폰티는 호프탈러의 강요를 받아 계속해서 국가에 순종하였고, 그에 따라 체제가 바뀌어도 어느 체제에서건 살아남았다. 1976년의 '볼프 비어만 시민권 박탈 사건' 이후에도 사정은 마찬가지였다. 폰티는 동독의 재야 문화를 일소하고자 했고, 그러자 호프탈러는 그를 위해 동독 국무성에 일자리를 마련해 주었다. 국무성 건물은 나치 시대에 폰티의 상관 헤르만 괴링이 제국공군성으로 짓게 했던 기념비적인 건축물로, 동독의 붕괴 이후로는 동독 기업의 사유화를 위해 서독 정부가 설립한 트로이한트(신탁청)의 건물이 되었다. 끊임없이 상하 운동을 계속하는 이 건물의 에스컬레이터는 괴링, 울브리히트 그리고 트로이한트의 사장인 로베더로 이어져 온, 즉 나치즘, 스탈린주의, 자본주의가 부침해 온 독일 역사의 알레고리가 된다.

(≪실천문학≫, 2002년 가을)

2

귄터 그라스의 작품 세계
GÜNTER GRASS

"제가 말하는 것은 상투적인 의미의 계몽이 아닙니다. 저는 달랑 집게손가락 하나 곧추세우고 이리저리 손가락질하며 뛰어다니는 사람이 아닙니다. 저는 확장된 현실을 활용하여, 때로는 독자가 알아챌 수 없을 정도로 숨겨진 계몽의 의도를 품고서, 오로지 예술적인 수단을 통해 지평을 넓히고, 사실을 밝히고, 신비화의 경향을 깨뜨리려는 것입니다."

— 『전집』 10권에서

1 『양철북』: 알레고리와 역사

1 해석의 난맥상

귄터 그라스의 첫 장편소설 『양철북』이 발표된 지 사 년 후인 1963년 서독의 저명한 비평가 클라우스 바겐바하는 이 작품을 다룬 비평, 연구, 서평 등을 개괄하면서 다음과 같은 결론을 내렸다. "해석은 저지되고 잘 못된 길로 가고 있다. 텍스트는 근본적으로 해석을 거부한다."[1] 『양철북』이 지녔다고 하는 이 '근본적인 해석 거부'는 그 이후의 수많은 연구에도 불구하고 그다지 극복되지 않은 것 같다. 쾰른 대학의 교수로 독일에서 가장 권위 있는 그라스 연구자인 폴커 노이하우스마저 1976년에——그러니까 바겐바하의 우울한 진단이 있은 지 십육 년이 지난 후——"바겐바하의 이 말은 그간에 있었던 수없이 많은 해석들에 의해 반박되었다 기보다는 오히려 확인되었다"고 말하기 때문이다. 그는 "이제 곧 이십 년이 다 되어가는 현재까지도 『양철북』을 어떻게 읽어야 할지에 대한 합의"조차 이루어지지 않았다고 아쉬워한다.[2] 앙드레 피셔가 1992년 박

---

[1] Klaus Wagenbach, "Günter Grass", *Schriftsteller der Gegenwart* ed. Klaus Nonnenmann (Olten/Freiburg, 1963), 120~121쪽.

사 학위 논문에서 이 소설의 연구 현황에 대해 내린──그러니까 가장 최근의 포괄적인──결론도 희망적이지 못하기는 마찬가지다. "『양철북』의 심미적 특성은 학문적으로는 여전히 규명되지 못한 상태다."[3]

『양철북』의 연구 상황에 대한 위의 세 연구자의 말은 이 작품에 대해 아직도 일반적으로 인정된 해석과 독법이 존재하지 않음을 보여준다. 이는 이 소설이 전후 독일 문학사상 가장 뜨거운 주목을 받은 작품 중 하나이고, 나치 시대에 단절된 독일 소설의 전통을 다시 세계문학의 반열에 올려놓았다는 평가를 받을 만큼 세계적인 명성을 얻었다는 사실을 상기해 볼 때 무척 기이하다는 느낌을 준다. 어떻게 이렇게 되었을까? 이 물음에 대한 답은 무엇보다도 이 소설의 형상화 원리에서 찾아야 한다는 것이 필자의 생각이다. 왜냐하면 이 소설의 해석을 둘러싼 문학 비평의 혼돈 내지 무기력은 대부분 이 작품의 형상화 원리에 대한 이해가 깊지 못했다는 사실에 기인하기 때문이다.

『양철북』은 '다르게 비유적으로 서술한다'는 형상화 원리를 철두철미하게 따르는 작품이라는 것이 필자의 가설이다. 여기서 '철두철미하다'는 것은 이 원리가 단순히 수사적 차원에서뿐 아니라 서술 양식이나 서술 구조의 차원에서도 관철된다는 말이다. 이 원리를 개념적으로 파악하기 위해 필자는 '알레고리'라는 개념을 제안한다. 이 글은 다음의 세 가지 전제에서 출발한다.

첫째, 『양철북』은 알레고리라고 부를 수 있는 형상화 원리에 따라 서술되어 있다.

둘째, 『양철북』의 알레고리적 성격은 지금까지의 연구에서는 아주 미흡하게 혹은 단편적으로만 고찰되었다. 이것이 이 소설에 대해 이른바 '해석 거부'나, '합의의 부재'라는 평가가 따라다니는 가장 큰 이유이다.

---

2) Volker Neuhaus, *Günter Grass* (Stuttgart, 1979), 10쪽.
3) Andre Fischer, *Inszenierte Naivität. Zur ästhetischen Simulation von Geschichte bei Günter Grass, Albert Drach und Walter Kempowski* (München, 1992), 99쪽.

셋째, 이 소설의 알레고리적 함의와 구조는 나치 시대와 전후 서독 사회의 정치적·문화적·사회심리적 상황을 늘 함께 고려해야 비로소 올바르게 파악될 수 있다.

이 글에서는 『양철북』의 서술 구조나 서술 기법에 결정적인 중요성을 갖는 핵심 인물 오스카 마체라트를 중심으로 이 작품이 지닌 알레고리적 구조의 일단을 살펴봄으로써 이 소설에서 알레고리라는 미학적 가공 원리에 의해 20세기의 독일 역사가 얼마나 다양한 층위에서 형상화되어 있는지를 밝혀보고자 한다.

2 오스카 마체라트의 시대사적 함의

1) 알레고리의 특성

『양철북』을 분석함에 있어 알레고리라는 개념으로 접근하려는 것은 이 개념이 지닌 일련의 특성이 이 소설의 다의적 구조를 밝히는 데 매우 효과적이라고 생각하기 때문이다. 그렇지만 대부분의 문학 용어가 그렇듯이, 알레고리라는 개념도 칼로 베듯 명쾌하게 정의할 수 있는 개념은 아니다. 따라서 우리는 이 개념을 우선은 그 어원적 의미에 따라 가능한 한 광의로 이해하여 '다르게 비유적으로 말한다'는 의미로 사용한다. 『양철북』이 철저하게 알레고리적 원리에 의해 형상화된 작품이라고 말할 때, 그 말은 이 소설에서 직접적으로, 즉 서술의 표면에서 진술된 것은 거의 언제나 무언가 다른 것을 의미한다는 말로 이해되어야 한다.

물론 실제와 '다르게 말한다'는 원리를 굳이 알레고리라는 개념으로 지칭하는 것은 다양한 전의적(轉義的) 술화(uneigentliche Rede)들 중에서도 알레고리만이 갖는 독특한 특성에 주목하기 때문이다. 그럼 알레고리의 특징은 무엇인가?

우선 알레고리의 가장 일반적인 특징으로는 첫째, 형상과 의미 사이의 관계가 자의적(恣意的)이라는 점, 둘째, 세부 사항에 이르기까지 합리적인 설명이 가능하다는 점, 셋째, 독자의 성찰을 자극하려는 의도를 지닌다는 점을 들 수 있다. 알레고리는 형상과 의미의 관계가 자의적이라는 점에서 형상과 의미의 일치를 기반으로 하는 메타포(Metapher)와 다르고, 이미지 영역과 사물 영역이 가능한 한 많은 개별적 특성에 있어서 맞아떨어진다는 점에서 이 두 영역 사이에 단 하나의 비교 계기만을 갖는 직유(Gleichnis)와도 다르다. 엘리자베스 프렌첼은 알레고리의 특징을 다음과 같이 기술한다.

> 알레고리는 결코 그 자체로서 가치와 기능을 지니지 않고, 언제나 다른 어떤 것을 지시한다. 형상과 의미는 갈라지고, 교체가 가능하다. 알레고리의 합리주의적 성격에 따라 형상의 자리에 관념이 들어온다. 다시 말해 그 의미는 지적(知的)으로 잡아낼 수 있다. 심벌이 여러 가지 색채로 빛나며 그 끝을 알 수 없는 것과는 달리, 알레고리는 개별적인 부분까지 규정되고, 해석될 수 있다. 알레고리는 기호적 성격을 지니는 것이어서 주석이나 열쇠를 필요로 한다. 따라서 알레고리는 그 뒤에 숨어 있는 사유 영역을 알지 못하는 사람에게는 이해되지 않는다. 알레고리는 저절로 열리는 법이 없다.[4]

프렌첼에 따르면 알레고리는 합리적·지적 성격을 지니기 때문에 알레고리적 텍스트를 해석하기 위해서는 "그 뒤에 숨어 있는 사유 영역"에 대한 사전 지식이 필요하다는 것이다. 이처럼 사전 지식의 중요성에 주목하고 있는 점은 『양철북』을 해석하는 데 매우 중요한데, 이 소설에 '해석 거부'라는 평가가 따라다니는 것은 사실상 이 사전 지식의 중요성을 충분히 인식하지 못한 결과이기 때문이다.

베라 캘린은 『알레고리의 부활』이라는 책에서 알레고리의 또 다른 중

---

4) Elisabeth Frenzel, *Stoff-, Motiv- und Symbolforschung* (Stuttgart, 1978), 38쪽.

요한 특징에 주목한다.

　알레고리의 상위 영역에서는 대개 의인화되어 운동하는 관념이 움직이기 때문에, 문학적 알레고리에서는 상황이 결정적인 요소가 된다. (……) 가시적인 것이 알레고리의 일차적인 지평을 지배하는데 이때 상황은 복잡성과 역동성이라는 의미에서 가시적인 것의 확대이자 활성화를 이루게 된다.[5]

　캘린에 따르면 알레고리의 형상적 영역은 인물, 사물, 상황으로 이루어지며, 이때 상황이 결정적인 중요성을 지닌다고 한다. 그녀는 또한 알레고리 개념에 있어서 가시적(可視的)인 요인의 중요성을 강조한다.
　개념사적으로 보면 알레고리는 언제나 상징(Symbol)과 비교되었다. 이는 특히 괴테가 알레고리와 상징을 엄격하게 구분한 이후 자명하게 받아들여진 경향이다.

　시인이 보편적인 것을 위하여 특수한 것을 찾느냐 아니면 특수한 것 속에서 보편적인 것을 보느냐 하는 것은 커다란 차이가 있다. 전자로부터 알레고리가 생겨나는데, 여기서 특수한 것은 단지 보편적인 것의 예시나 샘플로 여겨진다. 그러나 후자가 본래 예술의 본성에 속한다. 그것은 보편적인 것을 생각하거나 지시하지 않고서 특수한 것을 말한다.[6]

　괴테는 알레고리를 상징과 대비시키면서, 상징이 '시의 본성'과 일치하기 때문에 알레고리보다 더 예술적이라고 주장한다. 괴테의 이 유명한 말은 일종의 신호탄 같은 구실을 해서 그 후 알레고리 개념은 독일 고

---

5) Vera Calin, *Auferstehung der Allegorie. Weltliteratur im Wandel. Von Homer bis Beckett* (Wien, 1975), 19쪽.
6) Johann Wolfgang von Goethe, "Maximen und Reflexionen", *Goethes Werke* Bd. 42/2, Weimarer Ausgabe (Weimar, 1907), 146쪽.

전주의에서 20세기 초에 이르기까지 일련의 평가절하 과정을 겪게 된다.

한스 게오르그 가다머는 자신의 해석학적 입장에 입각해서 알레고리와 상징 개념의 어원적 차이점을 강조한다. 알레고리라는 말은 본래 술화의 영역에서 온 말로 '애초에 의도된 것과 다르게 말한다'는 것이고, 상징은 원래 징표, 인식표, 증명서 등의 의미에서 온 말이라는 것이다. 따라서 알레고리는 "추상적인 개념을 형상적으로 기술하는 것"이고, 이에 반해 상징은 기호와 의미 사이의 "형이상학적인 근원적 친화성"을 전제로 한다는 것이다.[7]

한편 개이 클리포드는 알레고리와 상징을 구분하는 중요한 요인으로 서술 구조에의 의존성을 들고 있다.

> 상징이 알레고리와 근본적으로 다른 점은 알레고리는 서술 구조에 의존한다는 점이다. '상징은 내러티브 없이는 불가능하다'고 말한다면 웃음거리가 될 것이다. 그러나 이 말은 알레고리에 대해서는 타당하다.[8]

클리포드의 이러한 지적은 매우 중요한데, 알레고리는 무엇보다도 우선적으로 서술 구조에서 퍼져 나오는 비유이기 때문이다.

페터 뷔르거는 가다머와 같은 맥락에서 알레고리와 상징을 대비시키고 있지만, 가다머와는 달리 두 개념을 근대 시민계급의 발전과 관련지워 사회사적 연관 속에서 고찰하고, 알레고리를 현대 미학의 중요한 실마리로 파악한다. 그에 따르면 정신사적으로 상징 개념이 기초하고 있는 "화해의 패러다임"은 상승하는 시민 계급의 낙관적 세계관과 조응하는 것으로 "역사의 변화를 지진계처럼 예민하게 그려내던 현대 초기의 작가들"에 의해 공격받게 되었고, 이러한 변화된 상황 속에서 알레고리가

---

7) Hans-Georg Gadamer, *Wahrheit und Methode. Grundzüge einer philosophischen Hermeneutik* (Tübingen, 1965), 68쪽.
8) Gay Clifford, *The Transformation of Allegory* (London and Boston, 1974), 11쪽.

현대 미학의 발전에 발맞춰 부활하게 되었다는 것이다.[9] "기호에 자의적인 의미를 장착하고 그런 기호들을 하나의 이질적인 전체로 묶어내는" 알레고리는 "현대적 기법"이라는 것이다.[10] 페터 뷔르거가 20세기에 두드러진 알레고리의 부활을 현대 예술가들이 상징의 '화해 패러다임'과 비판적으로 대결한 결과라고 파악하는 데 반해, 베라 캘린은 알레고리가 부활한 이유를 20세기의 양차 세계대전을 겪은 이후 급속도로 번져간 엄청난 위기의식에서 찾는다.[11]

이상의 논의들을 통해 알레고리의 특징을 다음과 같이 정리해 볼 수 있겠다.

첫째, 형상과 의미의 관계가 자의적이다. 둘째, 텍스트를 세부 사항까지 이성적, 합리적으로 해석할 수 있다. 셋째, 상황과 가시적인 것이 중요한 역할을 한다. 넷째, 서술 구조에의 의존도가 높다. 다섯째, 독자의 성찰을 자극하려는 의도가 숨어 있다. 여섯째, 정신사적으로 보면 한편으로는 현대 미학과, 다른 한편으로는 존재론적 위기의식과 깊은 관계가 있다.

알레고리의 이러한 특징들은 그 하나하나가 그라스의 문학과, 특히 『양철북』의 형상화 원리와 놀라울 정도로 일치한다. 알레고리의 결정적인 특성인 형상과 의미의 자의적 관계는 『양철북』을 비롯한 그라스의 작품 대부분의 전형적인 특징이다. 이러한 현상은 무엇보다도 그라스의 언어가 지닌 특수성에서 그 이유를 찾을 수 있다. 그의 언어기호는 관습화된 의미를 지니지 않는, 지극히 개인적인 기호이다. 따라서 이 개인적인 기호의 의미는 "전망적인 텍스트 분석"[12]을 통해서만, 즉 서술 문맥과 서술 구조를 항시 함께 고려하는 분석 방식을 통해서만 밝혀질 수

---

9) Peter Bürger, *Prosa der Moderne* (Frankfurt a.M., 1992), 55쪽.
10) 같은 책, 57~58쪽.
11) Vera Calin, 앞의 책, 142쪽을 참조.
12) Rolf Geißler, "Nachwort", *Günter Grass. Materialienbuch* (Darmstadt und Neuwied, 1980), 173쪽.

있다. 이를 위해 독자 자신의 성찰이 반드시 필요하다. 또한 그라스의 예술적 재능의 다양성도 그의 알레고리적 글쓰기와 관계가 깊다. 작가보다는 조각가로 불리기를 좋아할 만큼 조각가, 펜화가로서도 명성이 높은 그라스의 문학 작품에서는 심리적, 정신적인 요소보다 가시적, 감각적인 요소가 압도적으로 지배한다. "나는 펜화와 조각에서 출발했기 때문에 시각적인 것에의 의존도가 무척 강하다."(『전집』 10권, 26쪽) 그라스 자신이 "정밀함과 수집가적 근면성"[13]이라고 특징지운 창작 방식 또한 그가 전형적인 알레고리 작가라는 것을 여실히 보여준다. 그라스는 직관이나 영감, 혹은 기발한 착상에 의존해서 글을 쓰는 게 아니라 지극히 치밀한 구상을 통해 창작하기 때문에 창작 과정에서 세부에 이르기까지 이지적, 합리적 요소가 관철된다. 이에 따라 독자에게도 치밀한 논리적, 지적 재구성이 요구된다. 그라스의 세계 인식 방식 또한 알레고리 작가들의 그것과 조응한다. 유년·청년기에 제2차 세계대전을 겪은 후 그는 엄청난 정체성의 위기를 겪었고, 그것이 그의 실존적 위기의식의 원인이 되었다. 그에게 세계는 부조리와 모순으로 가득 찬 모습으로 보였고, 그것은 상징 개념이 기초한 자아와 세계 간의, 형상과 의미 간의 '화해 패러다임'을 받아들이는 것을 어렵게 하였다. 그라스가 "보편적인 진술에 구체적인 환경과 상황의 옷을 입힐 줄 아는 훌륭한 알레고리 작가"[14]로 평가받는 것은 바로 이러한 요인들이 복합적으로 작용한 결과일 것이다.

이 글에서 필자는 알레고리 개념을 수사학의 영역을 넘어, 서술 양식과 서술 구조 자체를 통제하고, 지배하는 형상화 원리로 이해한다. 따라서 이 확장된 알레고리 개념에는 패러디나 풍자와 같은 서술 양식적 개

---

13) Michael Harscheidt, "Günter Grass in einem Brief an Michael Harscheidt", *Günter Grass. Wort-Zahl-Gott. Der phantastische Realismus in den Hundejahren* (Bonn, 1976), 254쪽.

14) Friedrich Gaede, "Grimmelshausen, Brecht, Grass - Zur Tradition des literarischen Realismus in Deutschland", *Simpliciana. Schriften der Grimmelshausen-Gesellschaft. Bd. 1* (1979), 54쪽.

념도 포함된다.

2) 『양철북』 수용사의 문제점

『양철북』의 수용사를 돌아보면 지금껏 이 소설이 지닌 알레고리적 원리에 대한 이해가 지극히 미흡했음을 알 수 있다. 텍스트는 대부분 글자 그대로 읽혔고, 그 결과 작품의 비판적 의도에 대한 성찰 없이 무비판적으로 수용되었다.[15] 이 소설에 대해 포르노라거나, 독신(瀆神)이라거나 하는 비난이 쏟아진 것은 텍스트의 비판적 잠재 의미가 파악되지 못한 채 표면 층위에서만 수용되었다는 증거이다. 이러한 비난들은 작가가 알레고리적 형상화 속에 '숨겨놓은' 비판적 의도가 대부분 오해되거나, 간과되거나, 무시되었음을 보여준다. 전후 문학사상 유례 없는 센세이션을 불러일으킨 소설의 성공이 독자들의 이해력 부족에 덕을 보고 있다는 것은 서독 문학 최대의 역설이라 할 만하다. 독자들은 오늘날까지도 작가가 이 작품에서 치밀한 기법들을 통하여 비판적인 영향을 미치고자 한다는 사실을 깨닫지 못하고 있는 것 같다. 독자의 인상과 작가의 의도 사이에 놓인 이 커다란 간극은 이 소설이 지닌 알레고리적 구조를 올바로 인식할 때에야 비로소 좁혀질 수 있을 것이다.

『양철북』에 대한 일련의 '학문적' 수용도——그 엄청난 분량의 연구물에도 불구하고——만족할 만한 성과를 내놓지 못하고 있다. 물론 그간의 연구 결과 작품의 특정 측면이나 의미 연관이 설득력 있게 설명되긴 하였지만, 이러한 것들은 텍스트 이해에 단편적인 도움을 주었을 뿐이다. 지금까지의 중요한 연구 경향은 두 방향으로 대별해 볼 수 있다. 하나는 사회사적 접근이고, 다른 하나는 문화사적 접근이다. 이 두 가지 연구 경향이 그간 만족스러운 성과를 올리지 못한 이유는 한쪽의 연구가 다

---

15) 프랑크 라이문트 리히터는 이렇게 지적한다 : "오스카는 거의 예외 없이 있는 말 그대로 받아들여졌다." Frank-Raymund Richter, *Die zerschlagene Wirklichkeit. Überlegungen zur Form der 'Danziger-Trilogie' von Günter Grass* (Bonn, 1977), 97쪽.

른 쪽의 연구를 무시하거나, 비판함으로써만 자신을 정당화할 수 있었다는 점, 다시 말하면 이 텍스트가 지닌 알레고리적 잠재력을 과소평가했다는 점이다.

이 글은 지금까지의 연구에서 보여주었던 이러한 양자택일적 방식에 반대한다. 필자는 오스카를 소시민적 존재로서, 또한 동시에 예술가적 존재로서 파악한다. 이 두 측면을 매개해 주는 것은 나치의 등장과 성장, 그리고 그 파국적 영향의 원인을 소시민의 태도뿐 아니라 독일의 정신사에 뿌리를 두고 있다고 보는 작가의 비판적 의도이다.

그러나 작가의 의도는 『양철북』에서는 결코 전면에 드러나지 않는다. 그것은 '암호화'되어 있다. 작가의 의도가 전지적 서술자 소설에서는 대개 서술자의 주석을 통해, 전통적인 일인칭 소설에서는 일인칭 서술자의 성찰을 통해 매개되어 있지만, 이 작품에서는 알레고리 구조 속에 철저하게 감추어져 있다.

3) 소시민 알레고리로서의 오스카 마체라트

『양철북』이 '근본적으로 해석을 거부한다'는 바겐바하의 말은 사실상 이 소설의 일인칭 서술자이자 주인공인 오스카 마체라트를 해석하는 데 있어서의 난감함을 표현하는 말에 다름 아니다. 이 작품에 대해 그렇게 많은 다양한 해석이 가능할 수 있었던 것도 대부분 이 수수께끼 같은 인물 덕분이다.

오스카는 여러 가지 면에서 이 소설에서 가장 알레고리적인 인물이다. 그가 말하고, 행동하고, 보는 거의 모든 것이 표층적 의미와는 다른 무언가를 의미한다. 또한 그가 서술자로서 구사하는 레토릭, 서술 방식, 서술의 퍼스펙티브도 패러디적 색조를 띠고서 그 자체와는 다른 의미를 함축하고 있다. 뿐만 아니라 그의 신체 변화조차도 시대사적 함의를 품고 있다. 말 그대로 그의 전 존재가 하나의 알레고리인 것이다.

그렇다면 오스카는 무엇에 대한 알레고리인가? 오스카는——이것이 필자의 가설이다——독일에서 나치즘의 등장을 직접적으로 혹은 간접적으로 가능하게 했고, 전후 서독 사회에서 나치의 극복을 어렵게 만든 사회사적, 문화사적 요인들에 대한 다층적 알레고리이다.

　소시민적 환경에서 자란 오스카 마체라트는 우선 소시민 사회와 나치즘과의 관계를 보여주는 인물이다. 그라스의 말대로 "오스카 마체라트는 소시민 계층 안에서, 소시민 계층의 일부로서, 또 소시민 계층의 메가폰으로서 발언하는 인물이다."[16] 따라서 오스카의 알레고리적 함의를 파악하기 위해서는 독일 소시민 사회의 특수한 역사적 발전을 늘 염두에 두어야 하고, 소시민 사회를 대표하는 그의 역할에 주목해야 한다. 오스카를 분석하는 데 있어서 문제가 되는 것은 한 특수한 개인의 의식이나 운명이 아니라 한 사회계층 전체의 의식이나 운명이다. 그의 말과 행동은 나치즘을 통해 자신들의 물질적, 사회적 몰락을 보상받고자 했던 독일 소시민 계층과의 연관 속에서 파악되어야 한다.

　오스카를 소시민 계층의 '메가폰'이라고 본다면, 양철북과 오스카의 북에 대한 집착은 시대사적 맥락을 고려할 때 비로소 의미 있게 해석될 수 있다. 『양철북』 1부와 2부에서 북의 기능은 비교적 분명하다. 이미 소설의 앞부분에서 북은 군국주의와 군사적 규율을 암시한다. "그러고 나서 나는 다시 북을 집어, 1914년 8월 이래 누구도 따르지 않으면 안되었던 저 빠른 리듬을 연주했다."(『양철북』, 38쪽) 여기서 북은 물론 제1차 세계대전의 도래와 군사적 규율과 관련되어 있지만, 그 후 점차 나치 시대의 선동과 파괴를 암시하는 도구가 된다. "인간은 팀파니, 심벌즈, 솥 그리고 북을 두들겨댄다. 인간은 연발 피스톨과 연발 속사에 대해 말한다. 북을 쳐서 누군가를 불러내어 함께 치다가 마침내 북을 쳐서 묘지로 보낸다."(『양철북』, 47쪽) 오스카가 그리도 맹목적으로 양철북에 집착하고 늘 북을 매고 다니는 것은 그가 시대의 파괴성과 공격성을 체현하고 있

---

16) Heinz Ludwig Arnold, "Gespräch mit Günter Grass", *Günter Grass. Text + Kritik* (München, 1978), 5쪽.

음을 가시적으로 보여줄 뿐 아니라, 독일 소시민들이 나치 군국주의에 그리도 무작정 자신을 바쳤던 역사적 사실과도 맥을 같이 한다.

전쟁이 끝날 무렵 나치의 말단 당원이던 그의 '추정상의 아버지' 알프레트 마체라트를 매장할 때 오스카는 자신의 과거를 이렇게 회고한다. "계산대 뒤에 서지 않기 위해서 오스카는 17년이 넘도록 거의 백 개나 되는 흰색과 붉은 색이 라크칠된 양철북에 매달렸다."(『양철북』, 498~499쪽) 직업에 의해 예정된 소시민적 삶을 벗어나기 위해 오스카는 파괴적인 시대정신에 매달렸던 것이다. 이러한 태도는 역사적 현실과 동떨어진 어떤 기인의 유별난 태도가 아니라, 나치의 선동에 말려든 소시민 계층 젊은 세대들의 일반적인 태도였다.

오스카가 파괴적인 시대사의 알레고리임은 '유리 파괴의 목소리'에서도 살필 수 있다. 제2차 세계대전이 끝나갈 무렵 오스카는 이렇게 말한다.

> 내게는 아직 북이 있었다. 거기에다 내 목소리도 남아 있었다. (……) 그러나 내게 있어서는 오스카의 소리야말로 북 이상으로 나의 존재를 실증하는 영원히 신선한 증거물이었다. 즉 내가 노래로 유리를 산산이 가루로 만드는 한 나는 존재하고 있었던 것이며, 내가 겨눈 호흡이 유리의 숨통을 끊는 한 내 속에는 생명이 존재하고 있었던 것이다. (『양철북』, 445쪽)

파괴 이외에는 어디에서도 존재의 의미를 찾지 못하는 오스카의 모습은 그대로 공격적이고 파괴적인 나치 독일의 모습이다. 이런 의미에서 한스페터 브로데는 오스카를 "나치의 화신"[17]이라고 부른다. 북을 치며 유리를 깨뜨리는 오스카는 말하자면 '나치의 축소판'으로서 나치 독일이 전쟁이라는 거대한 시대사의 영역에서 저지르는 일을 자신을 둘러싸고 있는 소시민 세계에서 재현하는 것이다.

---

17) Hanspeter Brode, *Die Zeitgeschichte im erzählenden Werk von Günter Grass* (Frankfurt a.M., 1977), 34쪽.

오스카는 세 살 생일날 지하실에서 추락하여 의도적으로 성장을 중단한다. 그 때부터 세 살배기 어린아이의 신체로 살아가던 그는 나치 시대가 끝나자 다시 성장하기 시작하지만, 정상인으로 성장하지는 못하고 전후 사회에서는 등에 혹이 달린 불구자가 된다. 오스카의 이러한 신체적 변화도 시대사에 대한 알레고리로 볼 수 있다.

오스카의 신체 변화가 갖는 알레고리적 의미를 파악하는 열쇠는 20세기 독일의 역사이다. 1927년에 일어난 지하실에서의 추락은 바이마르 공화국 말기 독일 소시민 계층이 급격히 나치즘으로 추락하기 시작했다는 역사적 사실을 떠올리게 한다. 또한 나치 시대에 영원한 세 살배기로 머물러 있던 오스카의 유아 상태는, 역사의식과 정치적 책임감을 전적으로 결여하고 있던, 그러니까 그 의식 수준이 '세 살배기 수준에서 멈추어 버린' 독일 소시민 계층의 모습을 비유하는 것이다. 오스카는 1945년 3월 나치 동조자의 전형이라고 할 수 있는 추정상의 아버지 알프레트 마체라트가 매장될 때 북을 집어던지고 다시 성장하기로 결심한다. 서서히 자라기 시작하는 그의 신체는 나치 붕괴 이후 점차 정상성을 회복하는 소시민의 의식을 가시적으로 보여준다.

그러나 오스카는 전후에도 정상인의 모습으로 성장하지는 못한다. 121센티미터에서 다시 성장이 멈추고 등에 혹이 달린 꼽추가 된다. 정상적인 '성인'(Erwachsener)이 되지 못하고, '불구자'(Verwachsener)가 된 것이다. 오스카가 성인이 되지 못한 것이 갖는 시대사적 함의를 이해하기 위해서는 그라스가 '성인'이라는 말을 어떤 의미로 사용하는지를 살펴보아야 한다. '성인'이란 그라스에게는 무엇보다도 이성에 기초한 정치적 책임 의식을 지닌 존재를 의미한다. 오스카의 유아적 혹은 불구적 모습은 독일인의 민주 의식이 성숙하지 못했거나 왜곡되어 있음을 형상적으로 보여주는 것이다. 그라스에게 있어서 "성인의, 성숙한, 책임감이 있는, 의식 있는"(『전집』 9권, 429쪽)이라는 형용사는 완전히 동의어이다. "책임감이 없다는 것은 유아 상태에 머물러 있는 어른들의 세계의 징표이다."(『전집』 9권, 431쪽) 사회 구성원의 정치적 책임감이 결여된 사회는 오스카가 자신의 신체를 통해 웅변적으로 보여주고 있는 것처럼 유아적인 사회거나 불구의 사회이다.

오스카의 신체 상태가 시대사의 변화를 보여주는 척도라면 오스카가 전후 사회에서 불구자가 된다는 것은 무엇을 의미하는 것일까? 충분히 성장하지 못하고 심지어 불구가 된 오스카의 모습은 전후 사회가 나치즘의 과거를 진지한 성찰을 통해 진정으로 청산하지 못하고, 오히려 이 부끄러운 과거를 망각하고 억압하려고 하기 때문에 계몽된 의식의 상태에 도달하는 데 실패했음을 보여준다. 오스카의 장애는 나치의 과거가 전후 서독 사회에 남긴 상처를 드러낸다. 그것은 알렉산더 미첼리히의 말대로 "사회의 병이 개인의 병으로 전화된"[18] 것이다.

4) 예술가 알레고리로서의 오스카 마체라트

오스카가 지닌 알레고리적 잠재성은 여기서 그치지 않는다. 오스카는 소시민일 뿐 아니라, 또한 무엇보다도 예술가이기 때문이다. '예술가 오스카'는 필자의 생각으로는 독일의 정신사, 특히 그 문학적, 미학적 전통이 나치의 등장과 맺는 관계 양상, 즉 이러한 전통이 미친 정치적, 사회적 영향과 파장을 성찰해 보기 위해 작가가 지극히 의도적으로 형상화한 인물이다. 구체적으로 말하면 예술가로서의 오스카는 독일에서 20세기 초부터—물론 그 뿌리는 한 세기 이상 더 거슬러 올라갈 수 있겠지만—나치 시대를 거쳐 전후 시대까지 지속적으로 강력한 영향력을 보인 저 유미주의적 예술관에 대한 알레고리이다.

예술가 오스카의 알레고리적 성격을 살펴보기 위해서는 우선 오스카와 전통적인 소설의 주인공 사이의 차이점에 주목해야 한다. 오스카는 이상주의적 소설의 '개성적 주인공'도 아니고, 사회주의 리얼리즘 유의

---

18) Alexander Mitscherlich, *Krankheit als Konflikt. Studien zur psychosomatischen Medizin* (Frankfurt a.M., 1969), 33쪽.

소설에서 등장하는 '긍정적 주인공'도 아니다. 그는 도대체가 어떤 심리적, 감성적 내면 세계를 지닌 개성화된 주인공이 아니다. 처음으로 오스카와 전통적인 소설의 주인공 간의 차이에 주목하고 이를 정확하게 지적한 사람은 한스 마이어이다.

오스카는 그 스스로 전범으로 설정하고 있는 서사적 전통 (즉 전래의 시민 소설의 전통──필자)의 의미에서의 주인공도 등장인물도 아니다. (……) 오스카는 탐 존스나 마담 보바리, 또한 레오폴드 블룸이나 드 샤를 남작과 같은 의미에서 개성을 지닌 인물이 아닌 것이다. 오스카는 여러 가지 효과를 내는, 완전히 새로운 의미의 인조인물이다.[19]

한스 마이어에 따르면 오스카는 "악의적인 시선과 거리와 배경과 저변을 묘사"하기 위해 설정된 퍼스펙티브로 기능하는 "인조인물(Kunstfigur)" 이다.[20] 마이어는 오스카의 '인조성'을 주로 서술 기법적 측면에서 보고 있다. 그는 오스카를 착종된 역사적, 사회적 현실을 암시하는 알레고리로 보지는 않는다. 앤 메이슨도 한스 마이어와 마찬가지로 오스카가 인조 인물이라는 전제에서 출발하고 있지만, 그녀가 뜻하는 바는 전혀 다르다. 메이슨에 따르면 그라스가 문제삼는 것은 "독일 예술가의 속성"과 독일에서 "예술가가 사회와 맺는 관계 방식"[21]이다. 즉 그라스는 "독일의 최근 역사를 배경으로 하여 예술가의 본성과 사회적 역할을 정의하고자 했다"[22]는 것이다. 이런 시각에서 보면 오스카는 전혀 새로운 특성을 지니게 된다. "오스카는 재치 있게 구성된 콜라주라고 볼 수 있다.

---

19) Hans Mayer, "Felix Krull und Oskar Matzerath", *Positionen im deutschen Roman der sechziger Jahre*, ed. H. L. Arnold & Th. Buck (München, 1974), 52쪽.
20) 같은 책, 54쪽.
21) Ann L. Mason, *The Sceptical Muse. A Study of Günter Grass' Conception of the Artist* (Bern, 1974), 10쪽.
22) 같은 책, 15~16쪽.

그의 존재의 의미는 수많은 전통적인 생각들을 이용하고 패러디하는 데 있다."[23] 메이슨은 오스카를 하나의 퍼스펙티브라기보다는 여러 가지 전통적인 관념들, 특히 전통적인 예술가 상에 대한 패러디적 콜라주라고 보는 것이다.

예술가 오스카를 전통적인 예술관과 예술가 상에 대한 '패러디적 콜라주'라고 보는 앤 메이슨의 견해는 작가의 의도와 작품의 발생사를 살펴볼 때 매우 설득력이 있다. 그라스는 자신의 정치적인 의식이 성숙함에 따라 작품을 세 차례 고쳐 쓰는 과정에서 전통적 예술관에 대한 패러디의 강도를 높였기 때문이다. 그렇다면 그는 어떤 예술과 예술가를 패러디하는가? 이 물음에 답하기 위해서는 우선 그라스가 한 다음과 같은 말을 음미해 볼 필요가 있다. "나는 『양철북』을 통해 (나치즘을) 탈악마화하려고 했다. 다시 말해 나는 비합리주의를 자라게 하는 물줄기를 끊어버리고자 한 것이다."[24] 이 말을 통해 우리는 오스카가 표상하고 있는 것이 무엇인지 추측해 볼 수 있다. 오스카는 무엇보다도 비합리주의적인 문학적, 미학적 전통에 내재된 전형적인 사고 유형에 대한 패러디이다.

오스카가 자신을 둘러싸고 있는 주변 세계를 관찰하는 태도는 유미주의자의 태도이다. 그는 "철저한 탐미주의자"(『양철북』, 606쪽)로서, 어떤 문제든지 탐미적 견지에서 판단한다. 그가 정치적, 도덕적 신념을 판단의 근거로 삼는 일은 없다. 예를 들어 오스카는 자신이 나치 집회를 와해시킨 행동을 이렇게 설명한다.

그렇다면 정신병원에 갇혀 있는 나는 저항의 용사인가? 나는 이 물음에 아니라고 답하지 않을 수 없다. 그리고 정신병원에 있지 않은 여러분들은 나를 하나의 괴짜 이상으로 보지 말기를 바란다. 나는 개인적인, 또한 심미적인 이유에

---

23) 같은 책, 27쪽.
24) Ekkehart Rudolph (ed.), "Grass im Gespräch mit Ekkehart Rudolph", *Protokoll zur Person. Autoren über sich und ihr Werk* (München, 1971), 67쪽.

서, 또 스승 베브라의 권고를 마음에 새기면서, 제복의 색상과 재단 방법, 연단에서 언제나 연주되는 음악의 박자와 강도를 거부한 것이며, 그 때문에 단순한 어린아이의 장난감을 두들겨서 약간 저항했을 뿐이다. (『양철북』, 146쪽)

오스카에게 나치 집회는 어떠한 정치적 의미를 지닌 행사로 파악되지 않는다. 그것은 단지 심미적 체험의 대상일 뿐이다. 그가 나치 집회에서 체험하는 것은 연단의 기둥 다리에 대어놓은 베니어판 뒤에 숨어서 "걸려 있는 깃발과 어른거리는 제복 차림에 의해 시선이 교란되는 일이 없이, 정말 조용하게 정치적 시민 집회의 음향의 매력을 만끽하는"(『양철북』, 139쪽) 것이다. 정치적 판단이나 도덕적 성찰은 그와는 거리가 멀다.

오스카의 이러한 유미주의적인 태도는 구체적으로 말하면 고트프리트 벤의 극단적 유미주의를 염두에 둔 아주 의도적인 패러디라고 필자는 생각한다.

정신 병원에 거주하는, 그래서 정상적인 세계와 차단된 예술가 오스카의 존재 방식은 벤이 설파하는 바, 세계와 사회에 대한 예술가의 배타적 고립을 떠오르게 한다. 오스카가 정신 병원에 갇혀 있다는 것은 '세상에 대한 피카로의 항의'라는 악동소설에서 즐겨 사용되는 도식 이상의 것을 의미한다. 그것은 오히려 예술가와 사회의 대립을 극단화된 형태로 표현하는 것이다. 예술가 오스카의 탈사회적 존재 형태는 벤의 예술가 상과 일치한다.

오스카가 자기 자신을 "눈뜨기 시작한, 문자를 쪼아 먹는 천재"(『양철북』, 103쪽)라고 인식하는 것도 벤의 천재관을 조롱조로 모방하는 것이다. 또한 정신병원에 갇힌 천재 예술가 오스카는 천재와 정신 병리의 관계에 대한 벤의 생각을 그대로 구현하고 있다.[25] 전시에 오스카의 행동

---

25) Gottfried Benn, "Genie und Gesundheit", *Gesammelte Werke 3. Essays und Aufsätze* (Wiesbaden, 1968), 648쪽의 다음 문장을 참조할 것 : "Gibt es überhaupt ein gesundes Genie? Ja. Es gibt die durch die enormste geistige Gewalt lebenslänglich

은 예술에 탐닉하고 예술을 절대화하는 것을 그 시대에 자신이 취한 무책임한 행동에 대한 알리바이로 삼고자 했던 벤과 그를 필두로 한 많은 '내적 망명' 작가들의 태도를 그대로 재현한다. 특히 전쟁으로 야기된 끔찍한 참상들을 오로지 탐미적 시각으로만 바라보는 오스카의 태도[26]는 곧장 "예술은 인간의 하찮은 운명보다 더 가치 있는 것"[27]이라는 고트프리트 벤의 말을 상기시킨다. 벤의 탈가치적, 급진적 유미주의는 『양철북』 곳곳에서 오스카에 의해, 또한 베브라와 랑케스의 모습을 통해 신랄하게 풍자된다.

그렇다면 그라스는 왜 하필이면 고트프리트 벤을 집중적인 패러디의 대상으로 삼았을까? 그것은 그가 벤을 나치 지식인의 전형으로 보기 때문이다. "비합리적이라는 것은 창조에 가깝다는 의미이고, 창조 능력이 있다는 뜻"[28]이라는 말에서 강령적으로 표현되는 벤의 비합리주의적인 유미주의는 그라스의 비판이 겨누는 주요 표적이다. 그라스는 벤이라는 대표적인 사례를 들어, 클라우스 만이 다음과 같은 말로 표현한 바 있는 비합리주의적 예술관과 나치즘 간의 근친성을 폭로하고자 하는 것이다. "비합리적인 것에 대한 신앙고백이 있고 나면, 야만에 대한 신앙고백이 뒤따르고, 그러면 이미 아돌프 히틀러 곁에 있게 된다."[29]

그라스는 "파시스트 고트프리트 벤의 정신"(『전집』 9권, 33쪽)과 "고트프리트 벤과 같은 자의 비합리주의"(『전집』 9권, 34쪽)에 결연히 반대하는 입장을 취한다. 그는 벤의 비합리주의적인 예술관을 야만적인 정치 체제의 등장을 가능케 하는 한 요인으로 본다.

---

kompensierte Antinomie."
26) 이에 대한 예는 『양철북』의 도처에서 찾아볼 수 있다. 특히 『양철북』 304~305쪽 참조.
27) Gottfried Benn, "Doppelleben", *Gesammelte Werke* 8 (Wiesbaden, 1968), 2015쪽.
28) Gottfried Benn, "Antwort an die literarischen Emigranten", *Gesammelte Werke* 7 (Wiesbaden, 1968), 1698쪽.
29) Klaus Mann, *Die Heimsuchung des europäischen Geistes* (München, 1973), 12쪽.

『새로운 국가와 지식인』이라는 책에서 고트프리트 벤은 파시즘도 지적인 표현을 구사할 능력이 있음을 단박에 증명해 보였다. (……) 이를테면 이탈리아의 미래파 같은 예술 경향들은 모두 전체주의적 이념의 동조자였을 뿐 아니라, 선구자이기도 했다. (『전집』 9권, 618쪽)

그라스는 이처럼 전체주의에 복무하고 이를 촉진시킨 극단적 유미주의를 신랄하게 비판하는 것이다.

지금까지 살펴보았듯이 오스카는 철저하게 패러디적 기능을 하는 인물이다. 따라서 『양철북』을 읽을 때 특히 주의해야 하는 것은 오스카의 세계관과 예술관을 그라스의 그것과 동일시해서는 안 된다는 점이다. 마찬가지로 주인공 오스카의 염세주의적인 발언과 태도 또한 텍스트 구조 전체의 패러디적 색조를 고려하여 신중하게 고찰되어야 한다. 이 말은 그러한 것들이 결코 그라스의 염세주의를 보여주는 증거인 양 취급되어서는 안 된다는 것이다. 그라스는 사실상 그와는 정반대의 입장을 취하기 때문이다. 유럽 계몽주의의 계승자라고 자임하는 그라스는 전후의 '새로운' 사회에서 나치 과거를 청산하는 데 어려움을 주는 비합리주의적, 문화염세주의적 전통들과 비판적으로 대결하는 것을 자신의 문학적 과제로 삼는다. 그라스가 벤으로 대표되는 유미주의적, 비합리주의적, 문화염세주의적 문학 전통을 패러디의 대상으로 겨누는 이유도 여기에 있다.

오스카의 알레고리적 기능은 특정한 예술관과 세계관의 의미 내용을 패러디의 방식을 빌어 겨냥하는 데 그치지 않는다. 그의 서술 방식 자체가 또한 알레고리적 성격을 지닌다. 소시민적으로 제한된 오스카의 퍼스펙티브는 소시민이 세상을 바라보는 시각에 대한 패러디라 할 수 있다. 소시민의 시각을 특징짓는 것은 우선 사적인 영역과 정치적인 영역을 철저히 분리시키는 것이다. 전형적인 소시민인 알프레트 마체라트의 말처럼 "의무는 의무고, 술은 술"(『양철북』, 135쪽)인 것이다. 서술자 오스카는 이 소설에서 개인적인 사건과 시대사적인 사건을 완전히 무매개적으로 병렬시키는 서술 방식을 빈번하게 이용하는데, 이는 바로 소시민들의 이러한 시각을 모사하는 것이다. 『양철북』에서 무수히 등장하는 예들 중에서 하나만 들어보자.

오스카는 폴란드 우체국에서 거의 흠집 하나 없는 새 양철북을 구해 내는 데 성공했고, 그럼으로써 우체국 방어에 하나의 의미를 부여할 수 있었다.
(『양철북』, 313쪽)

오스카는 모든 시대사적인 사건들을 철저하게 자기중심적인 입장에서 바라본다. 그가 그 사건들의 정치적인 의미를 묻고 성찰하는 일은 없다. 역사상 실제로 제2차 세계대전 발발의 신호탄이 되었던 폴란드 우체국 전투도 오스카에게는 그 전투 와중에 양철북을 하나 얻을 수 있었다는 한에서만 '의미'를 지닌다. 이러한 자기중심적인 시각과 태도는 곧장 소시민들의 시각이요 태도이다. 독일 소시민의 이런 태도는 지하실에서 마체라트가 죽음을 당할 때 오스카가 관찰하던 개미들의 모습에서 탁월한 알레고리적 형태로 표현된다.[30]

오스카의 레토릭도 나치 레토릭의 패러디이다. 특히 전쟁을 배경으로 한 『양철북』의 제2부에서 오스카는 파시즘에 전형적인 '과장된 미사여구의 레토릭'을 빈번하게 흉내낸다.

아아, 광기의 기병대여! ──말 위에서 월귤을 탐하고 있다. 백색과 적색의 작은 기를 단 창을 달고서. 기병중대의 우울과 전통, 그림책에서나 있을 법한 공격. (……) 아아, 천부의 질주, 언제나 석양 노을을 기다리고 있다. 전경과 후경이 장관을 이룰 때 비로소 기병대는 습격을 한다. 전투는 회화적(繪畵的)이니까. 죽음은 화가에겐 입각과 휴각으로 서 있는 모델인 것이다. 그리고

---

30) 『양철북』, 486, 518쪽 참조.

서 모델은 넘어진다. (『양철북』, 304쪽)

이처럼 전쟁과 파괴를 오로지 탐미적 소재로 삼아 과장되고 격정적인 어구들을 동원하여 치장하는 것은——벤야민이 '정치의 미학화'라고 탁월하게 정식화한——나치 문학의 중요한 특징이다.

예술가로서의 오스카는 예술을 수단으로 현실로부터 도피하거나 예술을 절대화하면서 인간의 문제를 경시했던 예술가들, 그리고 그렇게 함으로써 원했든 원하지 않았든 암울한 시대에 야만의 하수인이나 방조자가 되었던 예술가들에 대한 패러디적 알레고리이다. 그라스는 『양철북』을 통해 예술은 심미외적인 것, 즉 현실이나 정치와 관련을 맺어서는 안 된다고 주장하는 유미주의적 예술 조류가 실제에 있어서는 그것이 지닌 바로 그 비현실성과 비합리성 때문에 정치적 비극을 초래하는 데 일조할 수도 있음을 보여준다.

이상에서 살펴보았듯이 오스카가 기능하는 층위는 참으로 다채롭다. "오스카는 개념이요, 퍼스펙티브요, 시위 대상"[31]으로서 다층적 알레고리를 체현하고 있다. 오스카는 나치 시대의 파괴적인 시대상뿐만 아니라 유미주의적・비합리주의적인 예술관을 비유하는 개념이고, 나치즘의 위선적인 치부를 폭로하는 퍼스펙티브이며, 자신의 신체의 상태로 나치 독일의 유아성과 전후 사회의 불구성을 암시하는 시위 대상인 것이다.

3 사회비판과 미학

독일의 통일 과정에서 불붙은 이른바 '통일독일의 문학 논쟁'은 크리스타 볼프를 둘러싼 논쟁이 불씨가 되었지만 궁극적으로는 전후 독일

---

31) Jochen Rohlfs, "Erzählen aus unzuverlässiger Sicht. Zur Erzählstruktur bei Günter Grass", *Günter Grass. Text + Kritik*, ed. H. L. Arnold (München, 1974), 58쪽.

문학 전체에 대한 평가가 논쟁의 핵심이었다. 논쟁을 점화시킨 프랑크 쉬르마허(≪프랑크푸르터 알게마이네 차이퉁(*Frankfurter Allgemeine Zeitung*, 이하 *FAZ*)≫), 울리히 그라이너(≪디 차이트(*Die Zeit*)≫), 칼 하인츠 보러(≪메르쿠어(*Merkur*)≫)는——각기 다른 논리와 용어로 접근하긴 했지만——한결같이 전후 독일 문학은 동서를 가릴 것 없이 '도덕적인 의무감에 사로잡혀 미학적으로는 실패했다'고 주장한다. 프랑크 쉬르마허는 서독 문학을 『양철북』의 주인공 오스카 마체라트처럼 "성장을 거부하고, 성년이 되어서도 어린아이처럼 구는"[32] 문학이라고 비아냥거리고, 울리히 그라이너는 뵐, 그라스, 발저, 엔첸스베르거 등 '47 그룹'의 작가들을 겨냥하면서 서독 문학을 "도덕과 계약결혼한 문학"이라고 규정하면서 신념 때문에 예술성을 희생시킨 이들의 '신념 미학'은 이제 끝나야 한다고 주장한다.[33] 보러 또한 "신학적·형이상학적, 관념론적·역사철학적 후견에서 자기 해방된 문학"을 새 시대의 문학으로 선언하면서,[34] 동서독 문학의 대표적인 사회비판적 작가들을 "의미를 책임진 자들의 늙은 친위대", "성직 작가" 등의 말로 비난한다.[35]

이들은 문학과 사회, 예술과 도덕, 미적 가상과 정치적 신념을 화해 불가능한 대립항으로 보면서, 전후문학을 사회, 도덕, 정치적 신념을 위하여 문학, 예술, 미적 가상을 희생시킨 문학, 그러니까 결국 실패한 문학이라고 주장하는 것이다. 과연 그럴까?

위에서 분석한 『양철북』의 예는 전후독일문학이 결코 도덕적 신념 때

---

32) Frank Schirrmacher, "Abschied von der Literatur der Bundesrepublik. Neue Pässe, neue Identitäten, neue Lebensläufe. Über die Kündigung einiger Mythen des westdeutschen Bewußtseins", *FAZ*, 1990년 2월 10일.

33) Ulrich Greiner, "Die deutsche Gesinnungsästhetik. Noch einmal Christa Wolf und der deutsche Literaturstreit. Eine Zwischenbilanz", *Die Zeit*, 1990년 2월 11일.

34) Karl Heinz Bohrer, "Die Ästhetik am Ausgang ihrer Unmündigkeit", *Merkur*, 1990년 10월, 851~865쪽 참조.

35) Karl Heinz Bohrer, "Kulturschutzgebiet DDR?", Merkur, 앞의 책, 1015~1018쪽 참조.

문에 미학적으로 실패한 문학이 아님을 예시한다. 그라스는 이 소설에서 자신의 도덕적 의도를 고도의 미학적 기법과 성공적으로 결합해 내고 있는 것이다.

『양철북』은 첨예한 사회비판적 의식하에 쓰였으면서도, 이러한 사회 비판이 서술의 표층에 드러나지 않고 알레고리를 통해 지극히 미학적으로 매개되어, 즉 '암호화'되어 있다. 또한 이 암호를 해독하는 것은 사회적 맥락을 고려할 때에만 가능하기 때문에 사회적 차원은 작품의 심미성과 모순적 관계에 있지 않고, 오히려 텍스트의 심미 구조를 밝히는 열쇠가 된다. 이런 의미에서 이 작품에서 예술과 사회의 관계는 대립적 관계가 아니라 아도르노적 의미에서 "작품 속에 사회가 내재해 있는"[36] 관계라고 할 수 있다. 따라서 작품 속에 내재한 사회적 함의를 밝혀야만 텍스트의 심미적 구조에 접근할 수 있는 것이다. 문제는 단순한 미적 가상이나 사회 비판이 아니라, 사회 비판의 미학적 매개이다. 『양철북』은 알레고리를 통해 20세기 독일 역사를 심미적으로 재구성한 작품이지, 결코 조야한 신념 미학의 산물이 아니다.

(《독일문학》, 1998년 제65집)

---

36) Theodor W. Adorno, *Ästhetische Theorie*(Frankfurt a.M., 1992), 345쪽.

2 『국부마취를 당하고』: 변증법적 알레고리 소설의 가능성

권터 그라스가 20세기 마지막 노벨 문학상의 주인공이 되었다. 때늦은 감이 없지 않으나 한 세기를 결산하는 상징적인 시기에 가장 어울리는 작가가 선정된 느낌이다. 그라스는 바이마르 시대에 전성기를 구가했으나 나치 시대에 칠흑 같은 암흑기를 거쳐야 했던 독일 서사문학의 전통을 전후에 다시 세계문학의 반열에 올려놓았을 뿐 아니라, 지난 반세기 동안 독일 문학의 세계적 수준을 담보해 온 작가이기 때문이다. 특히 그의 처녀작이자 대표작인 『양철북』은 "20세기의 가장 위대한 작품 중 하나"라는 평가에 손색이 없다. 폴커 하게의 말처럼, "『양철북』이 불러일으킨 소용돌이는 전후 독일 문학을 잠 깨운 자명종이었고, 그 출발이었으며, 또한 절정이었다."[1]

그라스의 작품 중에서 『양철북』이 가장 뜨거운 관심과 찬사를 받고, 수많은 연구와 다수의 아류 작가들을 낳은 작품이라면, 『양철북』 이후 정확히 십 년 후에 발표된 『국부마취를 당하고(örtlich betäubt)』(이하 『국부마취』)는 그의 전 작품 중에서 가장 치명적인 오해를 받은——그리고

---

1) Volker Hage, "Später Adel für das Wappentier", Der Spiegel 40호, 1999년 4월 10일, 300쪽

지금도 여전히 받고 있는──작품이다. 이 소설이 독일에서 받은 혹평이나, 미국에서 거둔 호평이 모두 심각한 '오독'에 근거하고 있으며, 그 결과 이 작품의 미학적 특성과 정치적 함의가 여전히 규명되지 못하고 있다는 것이 필자의 생각이다. 이 글에서는 『국부마취』에 대한 '오해'의 양상과 원인을 간략히 살피고, 이 소설의 숨겨진 심미적 구조와 작가 그라스의 창작 의도를 밝혀보고자 한다.

1 비평의 한계

권터 그라스는 1959년에 장편소설 『양철북』을 발표하여 전후 독일 문단을 발칵 뒤집어놓더니, 1961년엔 중편소설 『고양이와 쥐』를, 또 1963년엔 장편소설 『개들의 시절』을 연달아 내놓아 이른바 '단치히 삼부작'을 완성함으로써 일약 전후 독일 문단의 총아로 떠오른다. 하지만 그 후 1960년대 중반기에 그의 소설 창작은 일종의 '휴면기'에 들어가고, 그의 활동은 문학보다는 정치의 영역에서 더욱 민활해진다. 1965년엔 사회민주당(SPD)을 위해 연방의회 선거에 뛰어들어 무려 52회의 집회에서 선거 유세를 하는가 하면, 1968년에는 정치 일선에서의 체험을 바탕으로 유명한 정치 에세이집 『자명한 것에 대하여(*Über das Selbstverständliche*)』를 발표한다. 사정이 이런 터여서 1969년에 『국부마취』가 발표되자, 이 소설에 대한 독일 평단의 관심은 각별한 것이었다. 일단의 비평가들은 '단치히 삼부작'의 작가가 지닌 야생적이고 폭발적인 서사 능력을 다시 볼 수 있으리라 기대했고, 일군의 평자들은 '독일사회민주당의 고수(鼓手)'로 변신한 그라스의 사상적 변모를 엿보고자 했다. 『국부마취』에 대한 비평은 이런 분위기에서 나온 것이다.

『국부마취』에 대해 가장 혹독하게 평한 비평가는 역시 마르셀 라이히 라니츠키이다. 그의 비판은 그 후 독일 비평계가 전반적으로 이 소설을 부정적으로 평가하게 하는 데 방향타와 같은 역할을 했기 때문에 그의 논점을 좀 자세히 살필 필요가 있다.

라니츠키의 비판의 초점은 무엇보다도 그라스가 이 소설에서 이전 작품들, 특히 단치히 삼부작에서 보여주었던 엄청난 서술 능력을 상실했다는 것이다. "1960년대가 그를 변화시켰고 약화시켰다. 어쩌면 심지어 마비시켰는지도 모른다."[2] 그는 『양철북』을 빛나게 했던 "저 진기한 이미지들과 소시민 세계의 복마전"도, 『개들의 시절』이 품고 있는 "동화와 전설, 일화와 풍속도, 우의와 스케치"[3]도 이 소설에서는 더 이상 찾아볼 수 없음을 아쉬워한다. 그는 작품의 구성 또한 "지극히 자의적으로 끼워맞춘" "작은 산문 쪼가리들의 혼합"[4]에 불과하며, 문체도 "늘 주장만 나열될 뿐 묘사가 없으며", "이미지와 장면과 상황 대신에 사실과 테제와 정보"[5]만 가득하다고 힐난한다. 게다가 등장인물들도 충분히 개성화되어 있지 못하여 "꼭두각시처럼 행동하며", 그 결과 인간은 없고 "도식들만 즐비한" 소설이 되었다는 것이다.[6] 특히 그는 "한때 생기발랄하고 풍성하던" 그라스의 언어가 "이제는 말라비틀어져 옹색해졌다"[7]고 하면서, "그라스는 『국부마취』로 자신의 이력의 최저점에 도달했다"[8]고 엄한 '판결'을 내린다.

하인츠 루트비히 아놀트도 『국부마취』가 단치히 삼부작에 대해 갖는 '차이'를 곧장 이 소설의 '결함'으로 간주한다는 점에서 라니츠키의 비판과 맥을 같이한다. 그는 "이 소설이 그라스처럼 타고난 이야기꾼의 재능

---

2) Marcel Reich-Ranicki, "Eine Müdeheldensosse", *Günter Grass. Aufsätze* (Zürich, 1992), 91쪽.
3) 같은 책, 92쪽.
4) 같은 책, 93쪽.
5) 같은 책, 95쪽.
6) 같은 책, 95~96쪽.
7) 같은 책, 99쪽.
8) 같은 책, 100쪽.

을 가졌다고 일컬어지는 작가의 작품이라고는 믿지 못하겠다"고 하면서, "서사적 경제성도, 탁월하게 이야기를 풀어내는 재주도 느낄 수 없다"⁹⁾고 투덜댄다.

한편 그라스의 작품의 변모를 부정적으로 평가하는 이러한 비평들과는 다른 차원의 비판이 그라스보다 정치적으로 '왼쪽'에 서 있는 평자들 사이에서 개진된다. 그들은 68학생혁명의 전사(前史) 내지는 구조사를 소재로 한 이 작품의 정치적 내용을 문제 삼는다. 특히 호르스트 크뢰거는 이 소설에서는 "그 뿌리까지 속속들이 정치적인, 거대한 소재가 목가적으로 개인화되고 경시되어, 단순한 세대 갈등으로 축소되었다"¹⁰⁾고 비판한다. 그러니까 그라스가 68혁명의 의미와 성격을 잘못 판단하거나, 축소·왜곡하고 있다는 것이다.¹¹⁾

이처럼 독일에서의 전면적인 부정적 평가와는 달리 미국에서 이 소설은 대단한 반향과 찬사를 얻는다. 1970년에 이 소설의 영어판이 나오자 ≪타임 매거진≫은 1945년 이후 독일 작가로는 처음으로 그라스를 표지인물로 삼으면서, "마흔두 살의 그라스는 물론 세계의, 혹은 독일의 가장 위대한 소설가로 보이지는 않는다. 아마도 그는 이 둘 모두일 터인데도"¹²⁾라고 격찬한다. ≪뉴욕 타임스 북 리뷰≫의 애나톨 브로야드도 『국부마취』는 "소설이 살아 있을 뿐 아니라, 예전보다 더 건강하게 살아 있다는 것을 보여주는, 기법적으로 가장 설득력 있는 증거"라고 평하고, "그라스는 자유주의자의 운명을 어렵게 만드는 저 무능력과 마조히즘과 절망적인 수단들을 가차 없이 조소한다"고 하면서 그라스의 "불편부당

---

9) Heinz Ludwig Arnold, "Zeitroman mit Auslegern. Günter Grass' *örtlich betäubt*", *Grass. Kritik-Thesen-Analysen*, ed. Manfred Jurgensen (Bern, 1973), 102쪽.
10) H. L. Arnold & F. J. Görtz (ed.), *Günter Grass. Dokumente zur politischen Wirkung* (München, 1971), 서론 13쪽에서 재인용.
11) 그라스의 적극적인 현실 정치 참여도 비평가들의 반감을 증폭시켰던 것 같다. 『전집』 10권, 81쪽 참조.
12) H. L. Arnold & F. J. Görtz (ed.), 같은 책, 213쪽에서 재인용.

한 태도"[13]를 칭송한다.

이처럼 『국부마취』에 대한 독일과 미국에서의 상반된 평가는 분명 문학사회학이나 수용미학의 흥미로운 연구 대상이 될 만하다. 하나의 작품이 두 나라에서 이렇게 정반대의 평가를 받은 사례는 흔치 않기 때문이다. 이는 두 나라의 상이한 사회 환경과 수용 구조에 기인한 현상일 터이다. 하지만 이 글은 좀 더 작품 내재적인 측면에서 이 현상에 접근해 볼 것이다. 왜냐하면 필자는 이러한 혹평이나 찬사가 모두 근본적으로 작품 자체에 대한 '오독'에 근거하고 있다고 믿기 때문이다.

우선 라니츠키는——그리고 또한 아놀트도——『국부마취』가 단치히 삼부작과는 전혀 다른 테마를 다루고, 그에 따라 완전히 새로운 서술 원리에 기초하고 있다는 사실을 간과하고 있다. 그는 소시민 세계의 '악취'가 어떻게 나치라는 정치적 현상으로 분출하였는가 하는 문제를 소시민적 시각에서 형상화한 단치히 삼부작과는 달리 『국부마취』는 국부마취를 당한 것처럼 지적, 도덕적 정체 상태에 빠진 1960년대 말의 서독 사회를 교양 시민의 시각에서 서술하고 있다는 사실은 외면하고, 단치히 삼부작을 그라스 문학의 절대적 전범(典範)인 양 전제하면서, 그 척도에 따라 전혀 다른 차원의 소설을 제멋대로 재단하고 있는 것이다. 특히 이 소설의 구성, 문체, 인물, 언어에 대한 라니츠키의 비판은 새로운 테마와 그에 따른 새로운 서술 원리의 조응 관계를 살피지 않은 일면적인 비판이다. 라니츠키는 그라스가 이 작품을 '변증법적' 소설로 형상화하고 있다는 것을 인식하지 못하고 있다.

호르스트 크뢰거의 '정치적' 비판 또한 온당하지 못하기는 마찬가지다. 그의 입론은 작가 그라스와 중심인물 슈타루쉬의 입장이 동일하다는 전제하에서만 타당하다. 하지만 슈타루쉬는 그라스가 아니다. 그것은 오스카가 그라스가 아닌 것과 같다. 그라스는 '정치적인, 거대한 소재를 목가

---

13) Anatole Broyard, *New York Times Book Review*, 1970년 3월 29일, 1면.

적으로 개인화'하기는커녕, 정치적인 소재를 보다 입체적인 방식으로 조명하고, 다양한 입장들 간의 모순과 긴장을 그려내고자 한 것이다. 크뢰거 또한 작품의 변증법적 성격과 알레고리적 차원을 제대로 파악하지 못하고 있다.

미국에서의 과장된 호평도 정치적 의도 때문에 작품 속에 내재된 의미를 제대로 살피지 못한 데서 나온 것으로 보인다. 미국의 비평들은 그라스의 의도가 셰르바움의 급진적 행동주의를 길들여 기존의 상황에 적응시키려는 데에 있는 것처럼——다분히 의도적으로——오역하여, 그라스를 마치 "미국 중산층 이데올로기의 대변자"[14]인 것처럼 분식해 놓은 것이다. 그들은 이 소설이 셰르바움의 정치 의식의 성숙 과정을 그린 "정치적 교양소설"이 아니라,[15] 진보에 대한 작은 믿음 못지않게 쓰디쓴 멜랑콜리를 배음으로 깔고 있다는 사실에 주목하지 않는다. 여기서도 이 작품이 지닌 변증법적 알레고리 소설의 차원이 진지하게 천착되지 않고 있는 것이다.

이 글은 기존의 비평들이 이 소설의 변증법적 인물 구성과 알레고리 미학을 충분히 천착·규명하지 못한 결과 이 작품에 내재된 미학적 장치와 정치적 함의를 올바로 파악하지 못했다는 인식에서 출발한다. 다음에서는 이 '지극히 난해한' 작품의 구조를 개관하고, 이 소설의 '변증법적' 성격을 인물들 간의 모순적 관계를 통해 살피며, 이 소설의 알레고리적 '암호들'을 해독함으로써 작품의 본원적 의미에 접근해보고자 한다.

---

14) Manfred Durzak, "Plädoyer für eine Rezeptionsästhetik. Anmerkungen zur deutschen und amerikanischen Literaturkritik am Beispiel von Günter Grass' *örtlich betäubt*", *Akzente*, 1971, 499쪽.
15) Manfred Jurgensen, *Über Günter Grass* (Bern, 1974), 178쪽.

2 서술의 세 차원

1969년에 발표된 『국부마취』는 그라스가 '지금, 여기'의 문제, 즉 전후 독일 사회의 문제를 소재로 쓴 최초의 소설이다. 단치히 삼부작에서도 후반부에 일부 전후 독일의 문제가 다루어지기는 했지만, 이것은 어디까지나 부차적인 중요성만을 지닐 뿐이다. 『국부마취』에 이르러 비로소 1960년대 후반 독일 사회가 겪고 있는 '진통'이 본격적으로 다루어진다.

> 내게 있어 『국부마취』는 의도적으로 우리의 현시대와 나란히 설정된 최초의 책이자, 현재의 문제들, 말하자면 매우 곤혹스럽고도 냉엄한 문제인 평화의 문제들과 씨름한 최초의 시도이다.[16]

그렇다면 그라스가 말하는 '현재의 문제', '평화의 문제'는 구체적으로 무엇을 말하는가. 1960년대 후반 독일의 지식인들이 고민하던 가장 중요한 '현안'은 말할 나위도 없이 68학생혁명의 쟁점들이다. 그것은 결국 두 가지로 집약될 수 있다. 하나는 '폭력의 도덕적 정당성' 문제이며, 다른 하나는 '혁명이냐 개혁이냐' 하는 변화 전략의 문제이다. 그라스가 『국부마취』에서 다루는 테마도 이러한 문제 의식의 주위를 맴돈다.

하지만 『국부마취』는 그 표층만을 관찰하면 68혁명에 '대한' 소설은 아니다. 이 소설에서는 68혁명과 관련된 사건이 전면에서 직접적으로 그려지지는 않기 때문이다. 사실상 여기서는 도대체 통상적 의미의 '사건'이란 것이 존재하지 않는다. 존재하는 것은 미래의 사건에 대한 '계획'——미국이 월남전에서 네이팜탄을 사용해 사람들을 불태워 죽이는 데 대한 항의로 셰르바움은 자신이 키우던 개를 베를린 중심가에서 불태우는 시위를 계획한다——과 이 '계획'을 둘러싼 여러 인물들 간의 논쟁들뿐이

---

[16] Heinz Ludwig Arnold, "Gespräch mit Günter Grass", *Günter Grass. Text + Kritik* (München, 1978), 7쪽.

다. 게다가 작품의 전체 구성을 보면 이러한 논쟁들 또한 작품의 일부를 이룰 뿐이다. 서술 표면의 대부분을 차지하고 있는 것은 셰르바움의 교사요, 이 소설의 중심인물이자 서술자인 슈타루쉬가 치과 수술을 받는 과정과 치과 의사와 나누는 현실의, 혹은 가상의 대화들과, 치료를 받는 도중에 슈타루쉬가 치료 의자 앞에 놓인 텔레비전 화면 위에 연상을 통해 떠올리는 자신의 과거에 대한 기억과 환상들이다.

그럼에도 불구하고 『국부마취』는 68혁명을 다룬 가장 진지한 문학적 탐구라 할 만하다. 이 소설에서는 68혁명이 사건사로서가 아니라, 일종의 구조사로서 다루어지고 있다. 이것을 이해하기 위해서는 작품의 구조와 구성 원리, 서술 방식, 서술 기법 등에 대한 보다 치밀한 분석이 요구된다.

『국부마취』는 일견 여러 가지 색깔의 실들이 제멋대로 뒤엉켜 있는 실타래와 같은 인상을 준다. 현실과 가상, 성찰과 연상이 어지러이 교차하고, 대화와 독백의 파편들, 연극적 대사와 주석, 표어와 인용문의 조각들이 몽타주 혹은 콜라주에 실려 뒤섞여 있기 때문이다. 그러니 이 요령부득의 실타래를 풀어내야 할 독자로서는 난감함을 느끼지 않을 수 없다. 하지만 주의 깊은 독자라면 이 실타래가 우선은 세 가지 색깔의 실들로 이루어져 있음을 알아차리게 될 것이다. 그것은 셰르바움의 '계획'을 둘러싼 이야기(셰르바움 이야기), 치과의 치료 과정에 대한 이야기(치과 이야기), 슈타루쉬가 연상을 통해 떠올리는 약혼녀 린데와의 파혼 이야기(린데 이야기)이다. 이 세 이야기를 다음에서는 이야기가 전개되는 서로 다른 영역이라는 의미에서 서술의 세 지평이라고 부르기로 한다.

또한 『국부마취』는 3부로 구성되어 있는데, 그 구분은 중심인물인 슈타루쉬의 치아 치료 과정에 따르고 있다. 제1부에서는 아래턱 치료가, 제2부에서는 2주간의 휴식 기간이, 제3부에서는 위턱 치료가 서술의 시간적 틀을 이룬다. 제2부에서는 휴식 기간에 벌어진 '계획'을 둘러싼 등장인물들 간의 논쟁이 집중적으로 그려진다. 이러한 구성을 서술의 세 지평과 관련지워 보면 1부와 3부는 치과 이야기와 린데 이야기가, 2부는 셰르바움 이야기가 중심을 이룬다고 할 수 있다.

시간 순서에 따른 외적 틀로서의 소설의 3부 구성과 각기 다른 이야기의 결합으로서의 서술의 세 지평은 비교적 쉽게 파악할 수 있다. 하지만 이 작품의 분석에 있어서 결정적인 중요성을 지니면서도 지금까지도 제대로 주목받지 못하고 있는 또 다른 층위가 존재하는데——이것에 대한 이해의 결여가 이 작품에 대한 '오해'의 가장 본원적인 이유이다——그것은 서술의 세 지평이 각기 다른 방식으로 서술되어 있다는 사실이다. 셰르바움 이야기는 사실주의적(realistisch) 방식으로, 치과 이야기는 알레고리적(allegorisch) 방식으로, 린데 이야기는 환상적(fantastisch) 방식으로 서술된다. 그러니까 이 소설에서는 현실과 가상의 현현(顯現) 정도, 추상 수준, 비유의 강도가 각기 다른 세 차원에서 서술이 이루어지고 있는 것이다.

이 소설의 외적 구성을 규정짓는 치아 치료의 과정은 치의학의 전문 용어로 지루할 정도로 자세하게 묘사되는데, 이러한 묘사를 사실주의적 서술로 이해하면 작품의 의미 내용에 접근하기 어렵다. 이 과정은 하나하나가 개인사와 시대사에 대한 정교하게 직조된 알레고리이기 때문이다. 반면 제2부에서 본격적으로 다루어지는 셰르바움의 '계획'을 둘러싼 이야기는 지극히 사실주의적으로 서술된다. 이 사실주의적 묘사 속에서 다섯 명의 등장인물들 간의 모순적인 관계가 낱낱이 조명된다. 또한 슈타루쉬는 치료 과정에서 약혼녀 린데와의 불화와 파혼이 남긴 과거의 상처를 끊임없이 떠올리는데, 이 '린데 지평'은 지극히 환상적인 서술 방식으로 쓰여 있다. 이처럼 '치과 지평', '셰르바움 지평', '린데 지평'이 각각 알레고리적, 사실주의적, 환상적 서술 차원에서 서술되기 때문에 작품의 의미는 실로 복잡하게 채색되는 것이다.

그렇다면 그라스는 왜 68혁명을 소재로 하면서 세 가지 서술 지평과 세 가지 서술 차원을 활용하는 것인가? 왜 68혁명과 직접적인 관계가 있는 셰르바움의 지평 이외에, 68혁명과는 아무런 관계도 없는 것처럼 보이는 치과 지평과 린데 지평을 병렬시키고 있는가? 게다가 각각의 서술 지평에 각기 다른 서술 방식을 사용하는 이유는 무엇인가? 이 물음은 이 작품을 분석하는 데 있어 매우 중요하다. 왜냐하면 이 소설의 미학적 구조와 정치적 함의는 이 세 지평이 유기적으로 연관되어, 작품의 의미 내용을 풍성하게 생산해 낼 수 있는 구조로 짜여져 있는가 하는 문제와, 서술의 세 지평이 서술 방식의 세 차원과 유의미한 관련을 맺는가 하는 문제를 밝혀야 비로소 온전히 드러나기 때문이다.

그라스가 68혁명을 소재로 다루면서도 셰르바움 지평 이외에 치과 지평과 린데 지평을 덧붙인 것은 68혁명을 단순히 사건사로서 평면적으로 조명하지 않고, 68혁명의 역사철학적, 심리적 심층구조를 입체적으로 투시하려는 의도에서 나온 것이다. 셰르바움 지평에서는 쟁점이 되는 폭력의 도덕적 정당성 문제가 다양한 입장들 간의 논쟁 형식으로 전개되고, 린데 지평에서는 폭력에의 유혹에 이끌리는 개인의 심리, 즉 폭력 충동의 구조가 잠재의식과 무의식의 차원에서 그려지며, 치과 의사의 지평에서는 사안의 외적·내적 구조, 즉 논리적·심리적 구조가 구성하는 시대사에 대한 보다 포괄적인 코멘트와 '진보냐 순환이냐' 하는 역사철학적 성찰의 공간이 마련되는 것이다. 이때 등장인물들 간에 벌어지는 논쟁의 쟁점과 구도가 핵심을 이루는 셰르바움 지평은 사실주의적 방식으로, 서술자의 충동과 무의식과 잠재의식을 문제 삼는 린데 지평은 환상적 방식으로, 자신의 입장을 명시적으로 드러내는 것을 꺼리는 작가 그라스가 시대사를 암시적으로 평가하고 있는 치과 지평은 알레고리적 방식으로 서술되는 것이다. 여기서 서술 의도와 내용이 서술 방식과 지극히 효과적으로 조응하고 있음을 살필 수 있다. 또한 셰르바움, 린데, 치과 지평에 각각 등장인물, 서술자, 작가의 명시적 혹은 암시적 발언이 중요한 기능을 행한다는 점도 눈여겨보아야 한다.[17]

그렇다면 서술의 세 지평과 서술 방식의 세 차원은 어떤 방식으로 연결되어 서술의 표면에 현상하는가. 우선 이 소설에서는 사실과 허구, 현실과 가상이 매우 직접적, 무매개적으로 뒤얽혀 있음에 유의해야 한다.

가상의 체험들이 현실의 체험들을 억압하거나 변형시킨다. 가상의 체험들도 현실의 체험들에서 나온 것들이니까. 서술자의 머릿속에서, 그리고 치과 치료실의 텔레비전 화면 위에서 현실과 허구가 뒤섞인다. 외적 대화에서 내적 대화로의 이행이 끊임없이 진행된다. 고정되어 있는 것은 서술 장소밖에 없다. 그것은 수동적인 환자가 그의 허구와 체험을 풀어놓는 치과 치료 의자이다. (『전집』 9권, 410쪽)

현실의 체험과 가상의 체험, 외적 대화와 내적 대화, 현실과 허구가 '서술자의 머릿속에서' 끊임없이 상호 침투·이행하면서 텔레비전의 화면 위에 투사되는 것, 이것이 서술이 전개되는 기본 방식이다. 이미 소설의 첫 부분에서부터 이러한 전개 방식이 특징적으로 드러난다.

나는 이것을 치과 의사에게 이야기했다. 입은 틀어 막힌 채, 텔레비전 화면과 마주 앉아서. 텔레비전은 나와 마찬가지로 소리 없이 광고를 내보내고 있었다. 헤어스프레이, 뷔스텐로트, 너무나도 하얀 (……) 아, 냉장고 속에는 송아지 신장(腎臟)과 우유 사이에 나의 약혼녀가 들어앉아서 말 풍선을 부풀리고 있었다. '들어오지 말아요. 들어오지 말아요.' (『국부마취』, 8쪽)

일인칭 서술자인 '내'가 치과 의사에게 무언가를 이야기하는 것이 이

---

17) 또 하나 주목해야 할 것은 서술의 세 지평은 서술 방식의 세 차원과 조응할 뿐만 아니라, 또한 시간 층위의 세 차원과도 밀접하게 연결되어 있다는 점이다. 린데 이야기는 과거의 층위와, 치과 의사의 이야기는 현재의 층위와 관련되어 있고, 셰르바움의 이야기는 미래의 '사건'을 둘러싼 현재의 논쟁이라는 의미에서 미래의 층위와 관계가 깊다.

소설의 서술 상황이다. 그런데 치아 치료를 받는 서술자의 입은 당연히 틀어막혀 있다. 그러니까 입이 봉쇄된 채, '소리 없이' 이야기하는 것이다. 즉 '나'의 이야기는 일차적으로 정상적인 이야기가 아니라, 사실은 마음속의 이야기이다. 그러니까 내면의 독백이 아니면 내면에서 이루어지는 가상의 대화이다. 또한 나는 텔레비전의 광고 방송을 보며 '약혼녀'를 떠올리고, 연상된 그녀를 화면 위에 투사한다. 이처럼 정상적인 대화와 가상의 대화가 아무런 매개 없이 교차하는가 하면, 서술자의 독백과 연상과 기억, 심지어 환상과 망상이 현실의 이야기와 뒤섞여 있다.

게다가 서술의 시간적 차원도 아무런 설명이나 암시 없이 짧은 문장들 속에 뒤엉켜 있다.

> 바람, 눈을 깜박거림(린데가 크링그스와 만나는 장면 ─ 필자). 그리고 생각은 비약해서 다시 치과 의사의 치료실로 되돌아와서, 그곳에서 나의 12a반으로 뛴다. 최근에 우리는 귀환병의 전형에 대해서 이야기했기 때문이다. (『국부마취』, 47쪽)

이것은 서술의 세 지평(린데, 셰르바움, 치과 의사)이 합성되어 있는 전형적인 대목이다. 현재 국부마취 상태에서 수술을 받는(치과 지평) 서술자는 먼 과거(린데 지평)의 일과 가까운 과거(셰르바움 지평)의 일을 자유로이 연상하는 것이다. 이처럼 연상에 의해 과거와 현재의 체험이 매개 없이 병렬되는 사례는 많다. "나는 다시 한번 자이페르트의 한쪽 뺨을 때리고는 계속해서 왼쪽 오른쪽, 왼쪽 오른쪽 린데를 때렸다."(『국부마취』, 162쪽) 물론 슈타루쉬가 자이페르트와 린데를 실제로 번갈아가며 때린 것은 아니다. 자이페르트를 때리는 순간, 린데와의 과거가 떠올라 이제 이를테면 '연상된 린데'로서 자이페르트를 때린 것이다. 이와 같은 현실과 가상의 동시성이 이 소설의 독특한 서술 기법임에 유의해야 한다.

자유연상과 관련하여 흥미로운 점은 시간의 진행 방향이다. 이 소설에서는 연상을 통해 떠오른 과거를 서술할 때 언제나 시간이 그 이전 (Davor)으로 '게걸음질'(Krebsgang)친다. 진통제 아란틸을 먹고 자이페르트에게 전화를 걸면서 린데를 연상하는 장면(『국부마취』, 91쪽)을 보자. 서술의 현재(아란틸, 자이페르트)는 자이페르트에 의해 린데가 연상되면서 서술의 과거로 이행하여, "늘 그 이전에 무언가 있는 법이므로" "게걸음을 계속하여"(『국부마취』, 91쪽), 린데와의 연애 시절, 시멘트 기사 시절, 아헨의 고학생 시절, 미군 포로수용소 시절, 전쟁 중 지뢰 제거 작업에 대한 기억으로 계속해서 뒷걸음질친다. 아무런 인과적 매개 없이 현재에서 과거로 진행하는 서술 방식은 자유연상의 내용뿐만 아니라, 그 과정을 보여주기 위한 것이다. 자유연상에 의한 '게걸음식' 서술 방식은 현재와 과거의 연계, 즉 현재가 얼마나 과거에 구속받고 있는지를 효과적으로 보여주는 미학적 장치이다. 미래에 정향된 연대기적 서술 방식과는 역방향으로 진행되는 이러한 과거 정향적 서술 방식은 작가란 "시간의 흐름을 거슬러 글을 쓰는 자"(『전집』 10권, 120쪽)라는 그라스 특유의 작가관에서 배태된 것이다.[18]

그렇다면 그라스는 왜 과거와 현재의 연관성을 이처럼 강조하는가? 그에 따르면 현재란 철저하게 과거의 산물이고, 과거에 종속되어 있다. 따라서 현재의 부적절한 행동의 원인을 찾으려면, 현재를 구성하는 다양한 인과적 요인들을 살피기에 앞서, 늘 '그 이전', 즉 과거의 '상처'를 추적해야 한다는 것이다.[19] 『국부마취』에서 과거의 영역으로 기술되는 린

---

18) 또한 연상이 두 방향으로 전개된다는 점에도 주목해야 한다. 현재 시점에서 무언가가 촉발하는 연상은 첫 번째, 과거의 실제 있었던 일에 대한 기억으로, 혹은 두 번째, 기괴하고 공격적인 망상이나 공상(린데-냉장고, 린데 살해)으로 이어진다.
19) 그라스의 인물들에 공통적으로 나타나는 '과거 종속성'에 관해서는 Gertrude Cepl-Kaufmann, *Günter Grass. Eine Analyse des Gesamtwerks unter dem Aspekt von Literatur und Politik* (Kronberg, 1975), 14~31쪽 참조.

데 지평의 기능도 이런 맥락에서 살펴야 한다. 그것은 슈타루쉬의 현재의 행동을 장애하고 왜곡하는 심층적 원인, 즉 내면의 계기들을 보여주는 공간이다. 린데 지평을 통해 서술하는 현재의 슈타루쉬가 셰르바움의 계획 앞에서 끊임없이 동요하는 이유가 그의 정치적 혹은 전략적 사고의 부적합성 내지 비일관성에 있는 것이 아니라, 과거의 트라우마가 불러일으키는 파괴 충동에 있음이 드러나는 것이다.

그라스의 환상적 서술 방식과 관련하여 유념해야 할 것은 그것이 낭만주의자나 유미주의자들의 경우처럼 현실에서 도피하려는 의도에서 나온 서술 방식이 아니라는 점이다. 그라스에게 환상은 오히려 현실을 구성하는 중요한 요소이다.

> 환상은 현실의 이면이다. 그것은 지극히 실재하는 세계이다. 변화하는 이미지 속에서 정확히 잡아낼 수는 없다 해도 실재하는 표상 세계이다. 그것은 누구에게나 있고, 그것이 거부되는 곳에도 존재한다. (……) 환상은 현존하며, 물론 더욱 자유로이 전개될 수 있다. 그렇게 되면 우리가 체험한 저 정체(停滯)도, 비합리주의의 표출도 사라지게 된다. 그러나 이와는 정반대로 행동하는 사람들도 많다. 그들은 현실도피를 위하여, 실재하는 현실에, 파악할 수 있는 현실에 등을 돌리고 저 꿈의 세계로, 상상의 세계로 향한다. 이것은 전도된 태도에 지나지 않는다. (『전집』 10권, 112쪽)

그라스는 현실 개념을 지나치게 협애화시킨 교조적 리얼리즘의 대변자들뿐 아니라, 환상(상상력)과 현실을 대립시킨 다음, 현실에 대해 환상의 우위나 절대성을 내세우는──현재 칼 하인츠 보러로 대표되는──저 유미주의적 전통의 대변자들과도 대립적인 입장을 분명히 한다. 그라스에게 있어 환상은 현실을 떠나 공상의 세계로 도피하기 위한 방편이 아니라, 현실을 다차원적, 다층적으로 파악하기 위한 수단이다.

3 변증법적 소설

『국부마취』에는 "인물은 없고 도식만 가득하다"고 한 라니츠키의 지적은 일견 타당하다. 하지만 그의 '지적'이 미학적으로도 구속력이 있는 '비판'으로 격상되기 위해서는 작품의 서술 의도와 서술 방식 사이의 조응성에 주목해야 한다. 작가의 의도가 등장인물들을 개성적으로 형상화하는 데 있었다면, 이 소설에는 상당한 결함이 있다고 할 수 있다. 인물들이 충분히 개성적으로 성격화되어 있지 않을 뿐 아니라, 인물의 밀도 있는 성격화를 위해 요구되는 지역적 색채라든가, 가족 상황이라든가, 사회적 환경 등이 거의 그려져 있지 않기 때문이다. 라니츠키의 문제점은 그의 지적 자체에 있는 것이 아니라, 이 작품의 서술 의도가 전통적인 소설과는 다른 데 있음을 인식하지 못했다는 점에 있다. 이 작품에서 문제가 되는 것은 전통적 소설에서처럼 개성적 주인공과 그의 문제적 상황을 형상화하는 것이 아니라, "여러 집단의 태도를 변증법적으로 그려내는 것"[20]이다.

'여러 집단의 태도를 변증법적으로 그려내고자 했다'는 그라스의 말을 화두로 이 소설의 구조에 접근해 보자. 먼저 '변증법적으로 그려낸다(dialektisch darstellen)'는 말은 무엇을 의미하는가.

그라스는 자신의 '변증법적 연극'의 특성을 "연극적 줄거리를 떠나서 변증법적 대결로 들어가, 진리의 양가성을 드러내고, 상황의 균열성을 보여주며, 거기에서 긴장을 이끌어내는 것"(『전집』 8권, 558쪽)이라고 규정하였다. "긴장은 직접적인 줄거리 진행에서 생겨나는 것이 아니라, 바로 행위자들 혹은 행위 집단들 상호간의 변증법적 관계에서 생겨나는 것"[21]이라고도 하였다. 그러니까 그의 변증법적 연극은, 줄거리와 극적 사건을 중심으로 하는 전통극과는 달리, 외적 줄거리를 과감하게 파괴하

---

20) Heinz Ludwig Arnold, 앞의 책, 13쪽.
21) 같은 책, 16쪽.

면서 극적 사건 대신 인물들 혹은 집단들 간의 논쟁을 중심에 놓는 개방형 연극이라는 것이다.

그라스는 또한 『국부마취』를 연극 형식으로 고쳐 쓴 『그 이전에 (Davor)』와 관련하여 그가 말하는 '변증법'의 의미를 좀더 구체적으로 설명한다. "변증법은 모순의 통일이다. 이 드라마에서 모순은 인물들 속에 그리고 인물들 사이에 존재한다. 이 모순들이 모여 작품을, 즉 통일성을 구성한다."(『전집』 10권, 67쪽)

여기서 그라스가 말하는 변증법적 연극의 특성들은 그대로 소설 『국부마취』의 분석에 원용될 수 있다. 그 이유는 우선 철저하게 변증법적인 연극인 『그 이전에』와 소설 『국부마취』가 애초부터 동일한 소재를 상이한 장르로 형상화하려는 작가의 의도에서 창작된 것이기 때문이기도 하지만, 또한 무엇보다도 그라스의 서술 의도가 플롯의 구성을 통한 진술에 있는 것이 아니라, 집단들 간의 논쟁을 개방적으로 그려내는 데에 있기 때문이다. 요컨대 필자가 '변증법적 소설'이라고 말할 때 뜻하는 바는 줄거리와 플롯을 과감하게 축소·파괴하고, 극적 사건 대신 인물들 혹은 집단들 간의 논쟁을 서술의 중심으로 삼으며, 이를 통해 심미적 긴장을 조성하고, 인물들 간의 모순과 그 궁극적 통일의 가능성을 '분석적으로'[22] 형상화하는 소설을 말한다.

따라서 『국부마취』의 분석을 위해서는 먼저 '인물들 속에 혹은 인물들 사이에 존재하는 모순'을 살펴야 한다. 이 소설의 '셰르바움 지평'에 등장하는 다섯 인물은 특정한 시기의 사회적 현안에 대한 '다섯 가지 입장'(『전집』 10권, 63쪽)을 대변하는 인물들이다. 논쟁의 핵심은 베트남전에 대한 항의의 표시로 셰르바움이 자신이 키우던 개를 불태우려는 계획, 즉 '폭력의 도덕적 정당성' 문제이고, 다섯 가지 입장이란 "보수주의

---

22) 그라스는 자신의 문학 창작 과정에 대해 이렇게 말한다. "내가 드라마를 쓰든, 소설을 쓰든, 혹은 시를 쓰든, 중요한 것은 문학적 수단으로 수행되는 분석적 과정이다."(『전집』 10권, 63쪽)

자에서 극우파까지는 제외하고, 자유주의자에서 좌파의 입장까지"(『전집』 10권, 66쪽)를 포괄한다. 그 입장들을 치과 의사, 슈타루쉬, 셰르바움, 자이페르트, 레반트가 각각 대표하고 있다. 소설 속에 이들의 관계를 암시하는 의미심장한 대목이 있다.

> 내가 치과 의사보다 왼쪽에 서 있다고 한다면, 셰르바움은 나보다 왼쪽에 서 있다. 그런데 최근 그가 아직 행동하고 있지 않으니, 이름가르트 자이페르트보다 오른쪽이다. 그러나 그녀는 베로 레반트보다 왼쪽은 아니고, 도대체 어디에 서 있는 것일까? (『국부마취』, 214쪽)

이데올로기적 도식에 대한 반어적 비판이 배음으로 깔려 있으면서도, 인물들 간의 모순적 관계가 이 소설의 중심적 문제임을 암시하는 대목이다.

셰르바움의 '계획'을 중심으로 보면 등장인물들을 두 부류로 나눌 수 있다. 계획을 저지하려는 부류와 고무하려는 부류이다. 전자는 치과 의사이며, 후자는 셰르바움의 음악 선생인 이름가르트 자이페르트와 셰르바움의 여자 친구인 베로 레반트이다. 셰르바움의 역사 선생인 슈타루쉬는 기본적으로 계획에 반대하면서도 내면에서는 양자의 입장 사이에서 끊임없이 흔들린다.

치과 의사가 '계획'에 반대하는 것은 무엇보다도 그가 일체의 폭력에 반대하기 때문이다. "나는 폭력에 호소하는 사람과는 화해할 수 없는 적대자입니다. 작은, 때론 우스울 정도로 보잘것없는 진보의 열매라도 파괴하는 것을 용납하지 않겠습니다."(『국부마취』, 107쪽) 그는 기존 질서를 파괴하는 모든 행위를 '예방'해야 할 "충치처럼 취급한다."(『국부마취』, 143쪽) 물론 그의 비폭력주의에는 진보에 대한 믿음이 바탕에 깔려 있다. 그는 "약간 순진하게 진보를 믿는 자"(『국부마취』, 32쪽)이다. 과학 기술——이 경우에는 의학 기술——의 발달에 의해 세상의 모든 문제가 해결될 수 있으리라고 그는 생각한다. "우리에게 결여되어 있는 것은 사회적인 통합력을 가진 전 세계적인 의료보험 제도입니다. (……) 전 세계적인 의료보험 제도는, 어떤 이데올로기와도 관계 없이 우리 인간 사회의 토대이자 상부구조입니다."(『국부마취』, 83쪽) 그는 기술 발전에 의한 진보를 믿으면서, 그것이 정치적인 문제까지도 해결하리라고 본다.

정치와는 반대로 현대 의학은 여러 가지 성과를 올렸다고 말할 수 있습니다. 엄격하게 자연과학의 인식과 경험적 연구의 성과들을 근거로 해서 말하면 진보라는 것이 존재함이 확실히 증명되고 있습니다. 자연과학의——제한적이라고 말하지 않을 수 없는——인식 가능성을 넘어서는 어떠한 추론도 필연적으로 이데올로기적 신비화 혹은——우리 식으로 말하자면——오진을 낳습니다. (『국부마취』, 185쪽)

이렇게 보면 치과 의사는 자연과학의 실증적, 경험적 세계관에 근거하면서, 추상적이고 관념적인 이데올로기를 거부하는 실용주의적 테크노크라트를 대변하는 인물이라 할 수 있다.

치과 의사가 과학적 진보의 신봉자로서 '계획'에 반대하는 데 반해 이름가르트 자이페르트는 셰르바움이 '계획'을 실행에 옮기도록 적극 고무한다. "네가 옳은 거야, 필립. 우리들의 대용품적인 해결책 같은 것이 너에게 무슨 도움이 되겠어. 어른들은 이런 식으로 매일매일 항복을 한단 말이야."(『국부마취』, 198쪽) 그런데 그녀의 이러한 입장은 세계관적 확신보다는 과거의 개인적 상처에서 나온 것이다. 그녀의 상처는 나치 시대에 "독일여성청년단의 단장이자 소개(疏開)아동합숙소장 대리"(『국부마취』, 57쪽)로서, 전차호를 파기 위해 밭을 제공하라는 명령을 거부한 농부를 밀고한 과거의 행적이다. "열일곱 살에 이미 범죄의 낙인이 찍힌"(『국부마취』, 134쪽) 자이페르트는 자신의 과거에 대한 속죄로서 셰르바움 세대에 매달린다.

이제는 무슨 일이든 일어나야만 해요. (……) 이 새로운 세대, 이 죄 없는 세대야말로 지난 수년간의 악몽에 종지부를 찍어줄 거예요. (……) 우리는 우리의 희망을 새로운 세대의 상처받지 않은, 선의에 가득 차 있으면서도 냉정한 대담성에 걸 수 있어요. (『국부마취』, 133쪽)

그녀가 셰르바움을 '메시아'라고 부르며, 그의 '계획'에 집착하는 것은 그의 방화가 그녀에게는 휴머니즘의 실현을 위한 시위 행위라기보다는, 결국 "자신의 문제"(『국부마취』, 151쪽)이기 때문이다. 어제의 맹신적인 나치에서 오늘의 교조적인 마르크스주의자로 변한 자이페르트의 모습은 극좌에서 극우로, 또 극우에서 극좌로 이데올로기적 변신을 거듭하는, 그라스가 그린 수많은 인물들의 행적과 궤를 같이 한다.[23]

한편 셰르바움의 여자 친구인 베로 레반트는 68혁명기 낭만적 좌파 학생들의 모습을 전형적으로 보여준다. 그녀의 취미는 '별따기'(메르세데스 벤츠의 마크를 잘라내어 수집하는 것)이며, 그녀의 버릇은 어떤 논쟁에서나 모택동의 어록을 인용하는 것이다. "우리 어머니가 릴케를 읽는 것처럼 모(毛)를 읽고 있으니까요."(『국부마취』, 206쪽) 그녀는 셰르바움의 계획을 만류하는 슈타루쉬와 사사건건 대립한다. 그녀는 그에게 협박을 하기도 하고——"만일 선생님이 필립을 가만히 놓아두지 않으면, 선생님의 반혁명적인 태도는 여러 가지 결과를 초래할 겁니다."(『국부마취』, 198쪽)——그를 "반동"(『국부마취』, 214쪽)이라고 몰아붙이는가 하면, 셰르바움의 계획을 저지하려는 그를 단념시키기 위해 성적으로 유혹하는 행동도 서슴지 않는다.

치과 의사나 자이페르트, 레반트의 입장이 비교적 분명하고 확고한 데 비해 이 소설의 중심인물이자 서술자인 슈타루쉬의 입장은 매우 불투명하다. 물론 그는 교사로서 의식의 차원에서는 셰르바움의 계획과 레반트

---

23) 예컨대 『양철북』의 마인이나 클레프를 상기해 보라.

의 '맹목적 파괴주의'——"너의 파괴주의는 단순한 자기 목적에 불과해."(『국부마취』, 32쪽)——에 반대하는 입장이다. 하지만 자이페르트와 마찬가지로 그 또한 "과거의 각인으로부터 자유롭지 못한"(『국부마취』, 37쪽) 까닭에 무의식 차원에서는 엄청난 공격 본능에 사로잡혀 있고, 이것이 솟구칠 때마다 셰르바움의 계획을 고무한다.

슈타루쉬의 이러한 분열적 심리 상태를 배태한 '과거의 각인'은 두 가지이다. 하나는 그의 청년기의 심리적 상처이다. 그는 셰르바움의 행동을 볼 때마다 "어떤 연대감, 소유권의 부정, 어른들 세계 전체에 대한 절대적인 전선 의식"(『국부마취』, 14쪽)으로 뭉친 청년 갱단의 두목이었던 자신의 무정부주의적인 젊은 시절을 떠올린다. 또한 그에게 파혼의 상처를 준 약혼녀 린데에 대한 잠재된 복수심이 수시로 주체할 수 없는 공격본능으로 전화한다. "모든 것에 대한, 모든 것에 반대하는, 모든 것을 향한 분노, 분노의 계획. 불도저."(『국부마취』, 118쪽) 그의 분노는 나아가 정치적 혁명 충동으로까지 이어진다. 슈타루쉬는 자주 "위선적인 개혁론자들을 끝장내고 혁명의 뜨거운 숨결을 불어넣고"(『국부마취』, 139쪽) 싶다는 충동에 사로잡힌다. 하지만 이러한 충동은 무의식의 수준을 넘어서지는 않는다. 의식의 지평에서는 교사로서의 직분에 맞게 셰르바움의 계획을 만류한다. 즉 슈타루쉬는 의식의 차원에서는 치과 의사의 입장에, 그리고 무의식의 차원에서는 셰르바움의 입장에 이끌리는 것이다. 그는 "셰르바움의 입장과 치과 의사의 입장 사이에서 동요하면서도 결국은 언제나 이성과 계몽의 입장을 취하고, 또 실패하고, 거듭거듭 실패하지만 이 입장을 결코 떠나지 않는 인물"(『전집』 10권, 64쪽)이다.

이 소설의 중심 사건인 '계획'을 실행에 옮기려 하는 셰르바움은 청년의 순수한 정의감을 체현하고 있는 인물이다. 그가 계획을 세운 것은 베를린 사람들의 도덕적 불감증에 충격을 주기 위한 것이다. "개가 불타 죽게 될 때에만 저들은 알게 될 겁니다. 지구 저 아래에서 미군이 인간을 불태워 죽이고 있다는 것을, 그것도 매일 말입니다."(『국부마취』, 137

쪽) 그는 도덕적 무감각 상태에 빠져 물질적 풍요만을 탐닉하는 전후 독일의 비더마이어적 "과잉소비사회"(『국부마취』, 176쪽)를 향해 구토한다. 기성 사회의 속물적 모습에 절망한 그에게는 이성적 행동을 요구하는 슈타루쉬의 말도 더 이상 귀에 들어오지 않는다. "언제나 똑같은 레코드예요. 이성적이어야 한다. 이성을 믿어라. 이성을 잃지 말아라. 이성을 훈련해라. 도대체 이성이란 어디에 있습니까?"(『국부마취』, 184쪽) 하지만 셰르바움은 결국 '계획'을 포기하는데, 그것은 물론 치과 의사와 슈타루쉬의 이성에의 호소가 영향을 미친 결과이기도 하지만, 그에 못지않게 자이페르트의 보상 심리와 레반트의 낭만적인 혁명관에 대해 역겨움과 회의를 느꼈기 때문이다.

『국부마취』의 인물들의 구도는 결국 '계획'을 실행하려는 셰르바움을 중심으로 하면서 계획을 저지하려는 슈타루쉬와 치과 의사, 계획의 실행을 부추기는 자이페르트와 레반트가 대립하는 형국이다. 이러한 갈등과 모순이 동요하는 슈타루쉬의 시각에서 서술되는 것이다. 그렇다면 작가 그라스는 이 다섯 인물 중 어떤 인물의 입장과 자신을 동일시하는가, 혹은 적어도 상대적으로 공감을 느끼는가? 이 문제는 이 작품의 궁극적인 의미 내용을 살피는 데 매우 중요하다. 왜냐하면 이 작품의 정치적 메시지에 대한 오독은 바로 슈타루쉬의 입장을 곧장 그라스의 입장이라고 보는 '일차원적' 시각에서 나왔기 때문이다. '커다란 정치적 주제가 목가적으로 개인화되었다'는 호르스크 크뢰거의 평이나, 이 소설을 단순한 '정치적인 교양소설'로 보는 미국 비평가들의 관점은 대부분 그라스의 입장을 무반성적으로 슈타루쉬의 입장과 동일시한 결과이다. 이처럼 중심인물을 곧장 작가와 등치시키는 비평은 이 소설이 지닌 변증법적 성격을 파악하지 못한 소치이다.

이 소설에서 그라스는 한 특정한 인물에게 자신의 입장을 옮겨놓고 있지 않다. 오히려 그는 각 인물들 간의 모순적인 관계를 조명하는 가운데 자신의 입장을 모색해 가고 있다. 이 작품은 근본적으로 "다섯 인물과 작가와의 대화"이다. 이때 "작가는 분열되어, 다섯 인물들 속으로 들어갈 뿐만 아니라, 이 인물들 속에서 반영되는 사회 내의 다섯 입장들 속으로 들어가는"(『전집』 10권, 63쪽) 것이다. 즉 그라스는 다섯 인물의 입장이 자체에 품고 있는 모순을 드러낼 뿐 아니라, 이들이 상호 충돌할 때 드러나는 모순을 제시함으로써 사안의 복잡한 성격을 드러낼 뿐이지 스스로 어떤 '정답'을 제시하고 있지는 않다. 궁극적인 해결책은 독자 스스로 찾아야 한다는 개방적 입장을 취하는 것이다.

또한 "작가란 그 인물들의 총합이다"[24]라는 그라스의 말에도 주목해야 한다. 그라스는 어떤 '긍정적 주인공'을 형상화하려는 의도를 가진 작가가 아니다. 그는 오히려 등장인물을 전통적인 도덕의 잣대로 선악, 흑백으로 가르고 대립시키는 방식에 반대한다. 그는 특정 상황 속에서 각 인물들이 보이는 모순적 성격에 주목함으로써 그들 간의 논쟁 과정을 통해 행위의 현실 적합성을 탐색한다.

그러면 작가 그라스와 등장인물들 간의 '대화'는 어떤 양상을 띠고 있는가. 그라스의 상황과 사상에 가장 근접해 있는 인물은 물론 슈타루쉬이다. 그는 그라스와 같은 세대에 속할 뿐 아니라 많은 부분에서 그라스의 생각과 일치하는 인물이다. 이렇게 보면 슈타루쉬를 중심인물이자 서술자로 삼은 것은 우연이 아니다. 하지만 이 소설은 그라스가 슈타루쉬를 통해 자기 세대의 처지를 정당화하기 위해 쓴 작품은 아니다. 오히려 그라스는 슈타루쉬의 동요와 모순을 통해 그의 세대가 셰르바움 세대, 즉 68세대에 대해 올바른 태도를 취하지 못하는 이유, 그 심리적 구조를 진지하게 추적하는 것이다.

슈타루쉬는 개혁적, 계몽적 입장을 대변하는 한에서는 그라스의 생각과 가깝지만 내면에 도사리고 있는 폭력 욕구 때문에 결국 셰르바움의 '단념'에 실망한다는 점에서는 그라스의 입장과 다르다. 특히 레반트가

---

24) Heinz Ludwig Arnold, 앞의 책, 5쪽.

그를 성적으로 유혹한 후 거짓 소문을 퍼뜨리고 다닐 때 슈타루쉬는 절망감에 사로잡혀 "순수한 관념의 세계"(『국부마취』, 216쪽)로 도피하려고 하는데, 이처럼 현실에서의 절망을 관념적 세계로 은거할 구실로 삼는 태도, 그러니까 지난 수세기 동안 독일 지식인들이 보여온 이 전형적인 도피 방식은 그라스의 그것이 아니다.

치과 의사에 대한 표면적인 공감도 사실은 상당히 반어적인 것이다. 헤겔에 반대하고, 폭력을 거부하는 치과 의사의 입장은 그대로 그라스의 입장이지만, 지나치게 단순한 그의 진보관은 계속해서 풍자의 대상이 된다.

> 진보를 믿는 교활한 놈, 유능한 전문 바보, 붙임성 있는 테크노크라트, 자신의 일에 맹목적으로 빠져 있는 인간의 벗, 계몽된 속물, 인심 좋은 잡화상인, 반동적인 모더니스트, 사회복지에 힘쓰는 폭군, 부드러운 새디스트, 이빨 땜장이. (『국부마취』, 183쪽)

또한 슈타루쉬가 철두철미 실용주의적인 치과 의사의 세계관을 향해 퍼붓는 비판에도 그라스의 음성이 배어 있다.

> 당신은 인간을 건강관리를 필요로 하는 허약하고 결함투성이의 구성물이라고 생각하고 계십니다. 그러나 그 이상의 것을 원하는 사람, 인간이 자기 자신을 넘어서야 하고, 착취를 의식해야 한다고 요구하는 사람, (……) 그런 사람에게는 기계적으로 케이크를 마구 먹어대는 일은 자본주의 사회 그 자체의 메커니즘에 불과한 것입니다. (『국부마취』, 180쪽)

그라스는 과거의 트라우마 때문에 현재의 행동이 지극히 부적절한 이름가르트 자이페르트에 대해서조차도 일방적인 비판적 시선만을 보내지는 않는다. 그녀에 대해서도 그라스는 일정한 공감을 표하고 있는

데, 특히 자신의 세대의 문제를 거론하는 부분은 곧 그라스의 생각과 일치한다.

주위를 둘러보아요. 우리는 무엇이 되었나요? 전쟁이 내팽개친 우리들은 얼마나 냉정하고 회의적으로 되었나요? 우리는 얼마나 경계를 하며 어른들의 말, 성인의 언어를 믿지 않으려 했던가요? ──거기서 남은 것이라곤 별로 없어요. 자리를 잡은 삼십 대 중반에서 사십 대의 사람들은 자신의 패배를 기억할 시간조차 없어요. 우리가 배운 것은 상황을 살피는 것이에요. 팔꿈치로 남을 밀어내는 것이에요. 위급한 경우에는 순응하는 것이에요. (……) 가능한 일을 찾아서 노력하고 그것을 성취하는 교활한 책략가가 되고, 유능한 전문가가 되는 것이에요. 그게 전부예요.(『국부마취』, 133쪽)

이처럼 그라스의 입장은 모든 등장인물들 속에 산재해 있다. 그렇지만 이 말이 그라스 자신은 어떤 확고한 정치적 신념 위에 서 있음을 뜻하는 것은 아니다. 그라스가 이 작품에서 취하는 입장은 '가르치는 자'의 입장이 아니라, '모색하는 자'의 입장이다. 그라스는 심지어 자신이 지금까지 취해왔던 입장마저도 등장인물들의 대화 과정 속에서 때론 상대화하고, 때론 의문시한다. '진보'의 가능성을 둘러싸고 벌이는 슈타루쉬와 치과 의사의 논쟁은 곧 "진보를 믿기가 어려운" 진보 회의론자와 "역사의 발전을 믿는"(『국부마취』, 109쪽) 진보 낙관론자의 논쟁인데, 여기서 그라스의 입장은 물론 진보에 회의적인 슈타루쉬에 가깝지만, 그렇다고 치과 의사의 입장이 설득력 없는 논리로 그려지지도 않는다. 인물들 간의 모순적인 대화 속에서, 좀 더 올바른 입장을 모색하려는 작가 자신의 긴장된 자세가 감지된다.

그러니까『국부마취』에는 삼중의 모순 관계가 설정되어 있는 셈이다. 모순은 개개 등장인물들의 내면에 존재하고, 등장인물들 사이의 갈등 속에 존재할 뿐 아니라, 등장인물들과 작가 사이의 긴장 속에도 존재하는 것이다. 이 소설의 진정한 '변증성'은 바로 이 삼중의 모순 속에 있다.

4 알레고리의 양상

그는 알레고리에 사로잡혀 있었던 것입니다. (『국부마취』, 256쪽)

소설의 결말부에서 화가 뮐러의 그림을 평하는 이 말은 사실상 『국부마취』의 서술 방식을 함축적으로 집약하는 말이기도 하다. 이 소설은, 그라스의 대부분의 다른 작품들과 마찬가지로, 치밀하게 알레고리로 짜여져 있어서, 알레고리의 '해독'을 통해서만 작가의 의도를 올바로 파악할 수 있는 작품이기 때문이다.[25] 특히 치아 치료의 과정을 숨 막힐 정도로 상세하게 묘사하는 '치과 지평'에서는 알레고리적 서술 방식이 지배적이다.

치석을 제거한 후에 이어지는 묘사를 보자.

나는 타액, 거품, 피를 사각사각 소리 내며 긁어낸 모든 것들과 함께 모은다. 내 혀를 호기심으로 넘치게 하고, 위축시킨 후에 이 재화를 타구 속에다 뱉어내고, 보기 좋게 생긴 컵을 집어 (……) 입을 헹구고, 뱉어낸 것을 바라보고, 그곳에 있는 것 이상의 것을 본다. (『국부마취』, 19쪽)

여기서 눈에 띄는 것은 우선은 그라스 특유의 디테일 리얼리즘의 서술 방식이지만, 동시에 독자에게 '알레고리 독법'이 요구되고 있음을 알 수

---

25) 알레고리 개념과 그라스 문학이 지닌 알레고리적 성격을 살피기 위해서는 졸고 Nury Kim, *Allegorie oder Authentizität. Zwei ästhetische Modelle der Aufarbeitung der Vergangenheit : Günter Grass' Die Blechtrommel und Christa Wolfs Kindheitsmuster* (Frankfurt a.M., 1995), 58~68쪽 참조.

있다. 독자는 '그곳에 있는 것 이상의 것을 보는' 태도를 지녀야 하는 것이다. 치의학적 치료 과정은 무언가 그 이상의 것을 의미하기 때문이다.

그라스의 다른 작품에서와 마찬가지로 『국부마취』에서도 신체적인 결함이나 기형, 통증은 시대사적 손상의 알레고리이다. 슈타루쉬가 치과 의자에 앉아 치료를 받는 것은 세 가지이다. 하악전돌(下顎前突)과 절단교합(切斷咬合)이 교정되고, 치석이 제거된다.

우선 하악전돌부터 살펴보자. 슈타루쉬는 "진성(眞性), 다시 말하면 선천성 하악전돌"(『국부마취』, 29쪽)이다. 그의 "사춘기 이래로 앞으로 튀어나온 아래턱은 옆얼굴에 강한 의지를 엿보이게 할"(『국부마취』, 10쪽)뿐 아니라, "턱이 앞으로 튀어나왔기 때문에" 그의 "외관은 지나치게 눈에 띈다." 어떤 "잔혹성이 예감되는"(『국부마취』, 19쪽) 것이다. 하악전돌이 사춘기 이후부터 튀어나온 것은, 한편으로는 그 시절 소년 갱단의 두목이었던 슈타루쉬의 폭력성과 연관되고, 다른 한편으론 그 시대, 즉 나치시대의 징후인 잔혹성이 개인의 신체적 결함으로 나타난 것이다.[26] 따라서 하악전돌의 치료는 언제든 공격성으로 돌변할 수 있는 잠재된 잔혹성을 치료하는 것이다. 절단교합의 경우도 유사하다.

나는 절단교합이다. 내 이빨은 갈 수가 없다. 개는 물어뜯는다. 소는 간다. 인간은 이 두 가지 운동으로 씹는다. 이 정상적인 교합이 나에게는 결여되어 있다. '당신은 썰고 있습니다'라고 치과 의사는 말했다. '당신은 개가 물어뜯듯이 물어뜯고 있습니다'라고 그가 말하지 않은 것만으로도 나는 더없이 기뻤다. (『국부마취』, 10쪽)

'물어뜯기만 하고 갈지 못하는' 이빨이 무엇을 암시하는지는 추측하기

---

26) 이와 같은 맥락에서 보면 슈타루쉬는 『양철북』에 나오는 나치 시대의 세 살배기 오스카, 전후(戰後)의 꼽추 오스카, 기형적으로 큰 목젖을 지닌 『고양이와 쥐』의 말케의 계보를 잇고 있다고 할 수 있다.

어렵지 않다. 이렇듯 셰르바움의 이빨 상태는 과거의 개인적, 시대적 상처인 야수적 공격성을 구상적으로 비유하고 있다. 따라서 그의 이빨 치료는 곧 공격성와 폭력 충동의 치유 과정이고, 나아가 개인적, 시대적 과거 청산의 과정이기도 하다.

그렇다면 치석은 무엇을 뜻하는가. 치석은 한 인간의 과거의 집적물로서 그의 과거를 알려주는 증표이다. 그래서 치과 의사는 이렇게 말하는 것이다. "나는 당신을 알고 있어요. 치석을 검사해 보면 충분합니다." (『국부마취』, 107쪽)

치과 의사는 치석을 제거한다. 그러나 역사 교사는 치석을 제거하는 것이 싫다. "싫다. 싫어, 싫어.(오늘날도 여전히 싫다.)"(『국부마취』, 19쪽) 여기서 자연과학자와 인문과학자가 과거에 대해 갖는 일반적 태도가 암시된다. 이러한 태도는 유치를 보존하려는 슈타루쉬와 치석을 제거하려는 치과 의사의 대화(『국부마취』, 13쪽)에서 또다시 보다 분명하게 표현된다. 이런 맥락에서 보면 치과 의사와 슈타루쉬의 대립은 단순히 개인적 취향의 상위(相違)를 보여주는 것이라기보다는, '과거'를 단순히 지나간 일회적 사건(Historie)으로, 또한 미래로 나아가는 데 장애가 되는 것으로 보고 그것을 제거하는 데 전념하는 자연과학자와 '과거'를 현재와의 연속성을 지닌 것(Geschichte)으로 보고 그것을 '생생하게 보존하려는' 인문과학자의 대립을 비유한다고 볼 수 있다.[27]

'과거'를 둘러싼 치과 의사와 역사 교사의 대립은 치석 제거 과정의 묘사에서 탁월하게 표현된다. 치과 의사가 치석을 제거하는 동안 슈타루쉬는 자신의 과거(린데 지평)를 끊임없이 떠올린다. 현실 세계에서 치석을 제거하는 모습과 가상 세계에서 과거에 집착하는 모습이 절묘하게

---

27) 'historisch'의 의미는 그라스의 다음 말에서 좀 더 분명하게 살필 수 있다. "Ich suche dauernd (……) nach stilistischen Möglichkeiten, um von meinem Beruf als Schriftsteller her diese Vergangenheit lebendig zu erhalten, damit sie nicht historisch abgelegt wird." (『전집』 10권, 14~15쪽)

대비되는 것이다.

특히 '린데 지평'과 관련지어 보면 과거의 집적물인 깎아낸 치석은 '석화된 증오'의 찌꺼기들이다.

> 당신의 치석은 석화된 증오입니다. 당신의 구강 내의 미세한 기생균뿐만 아니라 당신의 뒤틀린 생각, 덧셈을 하려고 할 때마다 뺄셈을 하는 당신의 열성적인 후방에의 사팔뜨기 곁눈질, 즉 당신의 쇠퇴해 가는 잇몸이 세균을 담는 포자를 만들려는 경향, 이 모두가——치아의 형상과 심리의 총체가——당신의 비밀을 드러내고 있습니다. 저장된 폭력성, 축적된 살해 계획을 말입니다. 열심히 헹구세요. 열심히 헹구세요. 그래도 치석은 잔뜩 남는답니다. (『국부마취』, 32쪽)

치석, 즉 '석화된 증오'는 슈타루쉬의 '치아'만을 손상시키는 것이 아니다. 그것은 '저장된 폭력성, 잠재된 살해 계획'으로서 그의 잠재의식에 쌓여 그의 '심리'를 망가뜨린다. 이처럼 치아의 형상은 곧 심리의 상태를 암시하기 때문에, '치아의 형상과 심리의 총체'가 드러내는 슈타루쉬의 '비밀'을 찾아내는 것이 곧 『국부마취』를 제대로 읽어내기 위한 독법의 핵심적인 요소가 된다.

과거는 고통 없이 제거될 수는 없다. 끊임없는 치통이 슈타루쉬를 엄습한다. 치통의 원인은 의사의 말에 따르면 "악골퇴화(顎骨退化)"(『국부마취』, 15쪽) 때문이다. 하지만 이 알레고리 소설에서 치통의 진정한 원인은 '그 이상의 것', 즉 '치아의 형상과 심리의 총체'를 살펴야만 비로소 드러난다.

우선 치통은 과거의 트라우마가 현재의 자극에 의해 되살아난 것이다. 슈타루쉬가 최초의 통증을 느낀 것은 바로 셰르바움이 자신의 과거를 상기시켰기 때문이다.

어제 아직 저는 단치히 서 프로이센 관구에서 두려워하고 있던 청년 갱단의 두목이었습니다. 그런데 오늘날은 독일어와 역사를 가르치는 교사로서, 학생인 셰르바움에게 젊은 기질의 무정부주의를 그만두라고 설득하려고 하고 있습니다. (……) 교사는 완전히 변한 청년 갱단의 두목이니까 치통 이외에는 어떤 이유로도 괴로움을 당하고 있지 않아요. 수 주일 전부터 계속된 치통 이외에는. (『국부마취』, 15쪽)

치통은 과거의 심리적 상처 때문에 현재에 적합한 행동을 할 수 없을 때면 어김없이 찾아온다. 셰르바움과 그의 '계획'을 둘러싼 논쟁을 한 후 슈타루쉬는 다시 치통을 느끼며——"내 손은 주머니 속에서 아란틸을, 조그마한 안정을 찾고 있었다."(『국부마취』, 147쪽)——셰르바움을 설득시키는 데 실패하자 "아란틸에 덮여 있는 아픔"(『국부마취』, 150쪽)이 되살아난다.

치통은 또한 슈타루쉬의 도덕적 무감각 상태를 찌르는 셰르바움의 자극이기도 하다. 치통으로 인한 고통의 외침과 한탄이 있고 나서 바로 이어지는 문장에서 연상의 투사막인 텔레비전 화면에 셰르바움이 나타나 묻는다. "치통으로 고생하시는 선생님, 그런데 메콩 델타에서는 무슨 일이 일어나고 있지요? 읽어보셨어요?"(『국부마취』, 15쪽) 여기서 치통은 '68세대'가 제기한 물음이 '회의의 세대'인 그라스 세대에 가한 내면의 고통, 그러니까 68세대에 대한 그라스 세대의 도덕적 무력감을 암시한다.

그라스는 치통의 비유 지평을 더욱 확장한다. 치통은 지식인의 개인적 고통의 대유로서 시대사적 고통과 대비된다.

이 바람, 끊임없이 같은 신경을 건드리는 틈새 바람, 그다지 악성은 아니지만 제자리걸음을 계속하고 있는 이 국부적인 통증이, 간과할 수는 없지만 내 신경을 건드리지는 않기 때문에 추상적인, 저 사진에 찍힌 이 세상의 통증보다도 더 나를 주사위 모양의 입방체로 잘게 부수고, 내게 부딪혀오고, 나

를 벌거벗긴다. (『국부마취』, 15쪽)

'신경을 건드리는' 치통이 베트남 전쟁의 '사진에 찍힌 추상적 통증'보다 더 아픈 것이다. 그라스는 생리적 고통과 정신적 고통을 대립시켜 지식인의 내면을 예리하게 탐조하면서, 지식인의 의식이 지닌 근원적 한계, 즉 체험과 관념 사이의 배리(背理)를 아프게 드러낸다. 베트남전의 참상에 대해 슈타루쉬는 '머릿속에서' 가상의 셰르바움의 질문 공세를 받는다.

'그것이 선생님을 화나게 하지 않아요? 적어도 슬퍼하게 하지 않아요?'
'이따금 슬퍼해 보려고 애쓴다.'
'분노하지 않으세요? 이 불의 앞에?'
'분노하려고 노력한다.' (『국부마취』, 15~16쪽)

지식인의 내면에서 이성과 감성은 괴리되어 있다. 체험과 의식은 분열되어 있다. 시대사에 대한 지식인의 '추상적일 수밖에 없는' 지각 방식과 지식인의 도덕적 정체성 사이에 존재하는 간극이 빼어나게 표현된 대목이다. 이런 맥락에서 보면 이 소설은 시대사 자체에 대한 평가와 판단을 제시한다기보다는, 시대사가 지식인에게 가하는 고통의 구조와 경로를 비유적으로 형상화하고 있다고 보아야 한다.

또한 슈타루쉬가 통증을 피하려고 하지 않고, 오히려 "인식의 수단으로 평가한다"(『국부마취』, 181쪽)는 점에도 주목해야 한다. 그는 "통증의 원인과 경로에 대해서 지속적으로 관심을 가지는 보기 드문 환자"(『국부마취』, 65쪽)로서, 과거 청산이 되지 않은 사회에서 과거의 고통을 회피하지 않고, 그 통증을 통해 인식에 이르려는 자이다. 과거를 기피하는 사회 속에서 진지하게 과거 청산을 감행한다는 점에서 보면 그는 과거를 불러내는 '귀찮은 존재'라는 이유로 정신병원에 감금된 오스카의 후예다.

그렇다면 이빨 치료를 하는 과정에서 슈타루쉬가 계속해서 빠져 있는 상태, 즉 '국부마취'는 무엇을 뜻하는가. 그라스는 국부마취가 사회적 함의를 지니고 있음을 명시적으로 언급한 바 있다. "국부마취란 치의학적 상태를 넘어 동시에 사회적 상태를 의미한다."(『전집』 9권, 410쪽)

소설의 2부는 치과 의사의 치료실을 떠나면서 슈타루쉬가 "국부마취에서 서서히 깨어나는"(『국부마취』, 126쪽) 것으로 시작된다. 국부마취 상태에서 치료를 받는 1부는 린데에 대한 슈타루쉬의 폭력 환상으로 점철된다. 이때 국부마취 상태는 곧 과거의 잠재의식의 세계이다. 그것이 2부에서는 현재의 현실 세계로 전환되는 것이다. 그라스가 1960년대 말의 서독 사회를 국부마취에 빠져 있다고 본다는 사실과 관련지워 보면, 국부마취는 진정한 과거 청산에 실패하여 현재에 적절한 행동 규범을 찾지 못하는 독일 사회의 도덕적, 정치적 마비 상태의 알레고리라 할 수 있다.

셰르바움과 관련하여 보면 국부마취의 의미를 또 다른 차원에서 살필 수 있다. 셰르바움의 "공격 본능을 잠들게" 하려고 고심하는 치과 의사는 말한다. "전 세계에 미치는 사회보험 제도 안에서는 폭력 행위는 (……) 진정됩니다. 혹은 통속적인 말로 표현하자면, 국부마취를 당합니다."(『국부마취』, 252쪽) 치과 의사에게 국부마취는 '폭력 본능'을 진정시키는 것이다. 하지만 이는 자연과학자의 몰가치적, 실용주의적 세계관을 반영하는 것일 뿐이다. 역사학자인 슈타루쉬는 셰르바움의 '단념'에 대해 다른 입장을 취한다. "셰르바움도 역시 고인 물이 된다. 세상이 그에게 고통을 주기 때문에 우리들은 애써 그에게 국부마취를 시킨다."(『국부마취』, 217쪽) 여기서 국부마취는 세계고(世界苦)에 예민한 순수한 도덕적 감수성을 둔감하게 만드는 것, 우리가 보통 '사회화'라고 부르는, 도덕적 감수성의 점진적 마비 과정을 뜻하는 것이다.

5 견디기의 몸짓

내가 문학의 영역에서 쓰는 것은 대부분 내가 불확실하게 느끼는 것, 하나의 문제로서 제기되는 것, 글쓰기 과정에서 비로소 해결이 되는 그런 것이다. 이러한 과정을 나는 서술을 하면서 전달하려고 애쓴다. (『전집』 10권, 119쪽)

그라스에게 글쓰기는 곧 인식의 과정이다. 그는 글쓰기를 통해 자신에게 낯설게 혹은 불확실하게 느껴지던 것을 보다 명료하게 인식할 수 있는 가능성을 얻는다. 그라스에게 단치히 삼부작이 신비에 싸인 나치의 악마성의 정체를 추적하는 과정이었다면, 『국부마취』는 1960년대 말 서독 사회의 전면적 마비 상태의 치유 가능성을 모색하려는 시도이다.

그는 불확실하게 여겨지던 '문제'에 대한 해결책을 찾았는가? 서독 사회는 '국부마취'에서 깨어나 온전한 자의식을 회복하였는가? 셰르바움이 '계획'을 포기했으니, 슈타루쉬의 '치통'은 치유되었는가? 이 소설의 결말은 이와 같은 물음에 대한 의미심장한 답을 품고 있다.

책상 위에서 나는 시작했던 일을 발견했다. 견디기의 몸짓. (……) 이 년 후에 베로 레반트는 학교를 그만두고 캐나다 언어학자와 결혼했다. 셰르바움은 의학 공부를 하고 있고, 이름가르트 자이페르트는 여전히 약혼 중이다. 그리고 나는 왼쪽 아래에 병소(病巢)가 생겼다. (……) 병소는 긁어내었다. 치과 의사는 치근 끝에 달라붙어 있는 작은 주머니, 고름과 피가 섞인 조직을 보여주었다. 아무것도 지속되는 것은 없다. 언제나 새로운 통증뿐. (『국부마취』, 264쪽)

반항적이던 베로 레반트와 셰르바움은 착실하게 사회에 편입되었고, 자이페르트도 새로운 희망을 키우고 있다. 언뜻 해피엔드의 모습이다. 하지만 문제는 개인적 차원의 이러한 적응이 사회적 차원의 체념의 이면일 뿐이라는 데 있다. 여기서 감지되는 것은 결코 낙관적 결말이 아니다. 오히려 담즙 같은 멜랑콜리가 아리게 맨살을 드러내고 있다. 치아 치료는 실패로 끝나고, 남은 것은 새로운 통증뿐이다.

치아 치료의 실패, 그러니까 치과 의사의 실패는 무엇을 뜻하는가. 거기에는 자연과학적 진보와 사회보장의 확충에 의한 유토피아의 가능성을 믿는 치과 의사의 낙관적 역사관에 대한 그라스의 평가가 숨어 있다. 그것은 이미 관상어에 대한 묘사에서 빼어난 알레고리로 암시된 바이다.

> 누가 벌써부터 관상어를 기르고 있는가? 정성스럽게 주는 먹이, 온도가 적절한 물, 충분한 산소, 기생충 예방제——그럼에도 오늘은 금붕어가, 내일은 먹도미가 배를 위로 드러내고 떠 있다. 구피는 자기 새끼들을 잡아먹는다.
> (『국부마취』, 135~136쪽)

과학 기술의 발전이, 완벽한 사회보장 제도가 유토피아를 가져온다는 생각은 환상이다. 기술과 제도와 체제는 유토피아의 필요조건들일 수는 있지만, 충분조건은 아니다. 아무리 완벽한 환경에서도 물고기는 '배를 위로 드러내고' 죽어 있고, '구피는 자기 새끼들을 잡아먹는' 것이다.

인간의 정의감과 도덕의식을 고취시킴으로써 역사를 발전시킬 수 있다는 생각 또한 환상이다. 순수한 정의감을 '국부마취'당한 후 이제 착실한 의대생이 되어 테크노크라트의 길을 걷는 셰르바움은 어쩌면 사회적 동물일 수밖에 없는 인간의 숙명적인 모습을 대변하고 있는지도 모른다. 역사는 애당초 "토토의 숫자처럼 부조리한" 것인지도 모른다. 역사의 발전이란 단지 "가속화된 정체(停滯)"(『국부마취』, 86쪽)에 불과한 것인지도 모른다. 무시무시한 속도로 돌아가지만 결국 제자리를 맴도는 공전(空轉). 이 지독스런 회의와 쓰디쓴 멜랑콜리가 소설의 결말을 어둡게 짓누르고 있다.

하지만 그라스에게는 회의와 멜랑콜리가 곧 절망을 의미하는 것은 아니다. 회의와 멜랑콜리가 짙을수록 더욱 절실해지는 것은 '견디기의 몸짓'이다. 그라스가 우리에게 카뮈를 권하는 이유도 여기에 있다.

> 무엇보다도 카뮈에게서 배울 수 있는 것은 그의 태도이다. 그것은 절망감을 주는 시대를 버티는 것이고, 긴 호흡으로 착취와 파괴와 증오에 저항하는 것이다. (……) 우리의 많은 새로운 저항운동들은, 예를 들면 평화운동은 너무나 빨리 체념에 빠진다. 그것은 이 운동들이 그 핵심에 있어서는 관념적 성격을 지닌 것이라, 과도한 희망에 의지해서 유지되고, 그래서 언제든지 깊은 절망감에 빠질 수 있기 때문이다. 미래가 희망 없어 보일지라도 포기하지 않고, 체념하지 않고, 계속 저항하려고 한다면 카뮈가 도움이 될 것이다. (『전집』10권, 340쪽)

이 말은 오늘날의 시각에서 보면 68혁명 '이후'와 관련하여 상당한 적실성을 갖는다. 68혁명의 급진좌파들에 의해 신랄한 공격을 받으면서도, 회의와 체념의 심연 속을 허우적거리면서도, 유토피아와 멜랑콜리의 긴장을 '견디고 버티면서', '긴 호흡으로' 일관되게 '착취와 파괴와 증오에 저항해 온' 그라스의 모습은, '과도한 희망'을 품었던 신좌파의 기수 엔첸스베르거나 '공산당원' 마르틴 발저가 '깊은 절망감에 빠져' 오늘날 건실한 보수주의자로 변신한 사실과 뚜렷이 대비되기 때문이다. 확신이 절망으로, 회의가 신념으로 지양되는 이 역설의 변증법이 처음으로 구체적인 윤곽을 드러낸 작품이 바로 『국부마취』이다.

이상에서 살핀 것을 종합해 보면, 마르셀 라이히 라니츠키가──주로 형식적인 측면에서──『국부마취』에 가한 혹평은 지나치게 일방적인 것임을 알 수 있다. 이 소설의 형식은 라니츠키의 말처럼 '지극히 자의적으로 끼워 맞춘 작은 산문 쪼가리들의 혼합'이라기보다는──그렇다고 또 다른 극단에서 주장하듯 "폭스바겐처럼 효율적이고 경제적"[28]이라고 보기도 어렵지만──변증법적 소설을 쓰려는 서술 의도에 탁월하게 조응하는 고도로 정교한 구조로 짜여져 있기 때문이다. 미국과 독일의 비평가들이 『국부마취』의 정치적 의미를 둘러싸고 제기한 찬반의 입장도 모두 알레고리로 암호화된 작품의 의미 내용을 제대로 잡아내지 못한 결과이다. 그라스는, 미국 비평가들이 주장하듯이, 한 청년의 정치적 과격성을 순화시키는 과정을 그린 '정치적 교양소설'을 쓴 것도 아니고, 호르스트 크뢰거가 주장하듯이 '정치적 소재를 개인적 묵가'로 변형시킨 것도 아니다. 『국부마취』는 모순적인 딜레마의 상황 속에서 올바른 정치적 입장을 찾으려는 한 인물이 앓던 시대적 '통증'의 기록이고, 좌파 지식인 내부에서 제기될 수 있는 모든 입장들을 검토하고 이를 통해 사회적 합의의 가능성을 모색한 한 지식인의 변증법적 사유의 산물이다.

『국부마취』는 그라스 자신의 말대로 "결론을 내리지 못한 책"[29]이지만, 바로 이 개방성이 이 소설의 결함이라기보다는 오히려 독특한 미덕임에 주목해야 한다. 패쇄적인 이데올로기 대립의 국면에서 '긴 호흡으로' 역사와 진보, 혁명과 개혁, 폭력과 도덕의 문제에 대한 정치적, 역사철학적 성찰을 행할 공간을 마련해 주었을 뿐 아니라, 서술 의도에 상응하는 다양한 소설 미학적 실험의 장을 만들어준 것도 바로 이 개방성이다.

(《독일문학》, 2000년 제75집)

---

28) Sigrid Mayer, "Grüne Jahre für Grass. Die Rezeption in den Vereinigten Staaten", *Günter Grass. Text + Kritik*, ed. H. L. Arnold (München, 1978), 158쪽에서 재인용.
29) Volker Neuhaus, *Schreiben gegen die verstreichende Zeit. Zu Leben und Werk von Günter Grass* (München, 1997), 129쪽.

3 『게걸음으로 가다』: 역사적 터부의 문학적 형상화

1 터부와 문학

2002년 2월에 출간된 소설 『게걸음으로 가다(Im Krebsgang)』[1]는 귄터 그라스가 노벨상 수상 이후 내놓은 첫 작품이다. 이 소설(Novelle)에 대한 세간의 관심은 폭발적이었다. 출간 소식과 함께 예약 판매만으로 '해리 포터'를 제치고 일약 베스트셀러 1위에 오르더니 본격 문학 작품으로는 드물게 장기간 수위 자리를 고수하였다. ≪슈피겔≫지 또한 "독일판 타이타닉. 새로운 그라스 난민 수송선 '빌헬름 구스틀로프 호'의 억압된 비극을 그리다"[2]라는 제목하에 그라스의 사진과 침몰하는 거선(巨船)의 그림으로 표지를 장식하면서 이 신작을 커버스토리로 상세히 소개하였다. 심지어 그라스의 거의 모든 작품에 대해 악의적인 혹평으로 일관해 온 '독일 비평계의 교황' 마르셀 라이히 라니츠키마저 이 작품에 대해

---

[1] Günter Grass, *Im Krebsgang. Eine Novelle* (Göttingen, 2002). 인용문 뒤의 (번호) 는 이 책의 쪽수임.
[2] "Die deutsche Titanic. Der neue Grass: Die verdrängte Tragödie des Flüchtlingsschiffes 'Wilhelm Gustloff'", *Der Spiegel* 6호, 2002년 2월 4일자.

서만큼은 '최고의 작품'이라는 찬사를 아끼지 않았다. 다른 주요 잡지와 신문들도 앞 다투어 이 작품에 대한 비평의 글을 실었음은 물론이다. 21세기 들어 잠잠하던 독일의 비평계가 다시 활기를 되찾은 느낌이다.

이처럼 그라스의 신작이 폭발적인 화제를 불러일으킨 것은 단지 노벨상 작가라는 명성 때문만은 아니다. 그것은 무엇보다도 이 작품이 지난 반세기 동안 독일 사회에서 철저히 금기시되어 온 주제, 즉 제2차 세계대전 중 희생된 독일인 문제를 다루고 있기 때문이다. 특히 '독일 좌파 지식인의 대변자'로 불리는 귄터 그라스가 극우파들의 단골 메뉴인 이 주제와 정면 대결을 감행했다는 사실이 관심을 증폭시켰다. "오늘날 독일에 대해 생각하는 사람은 아우슈비츠를 함께 생각해야 한다"[3]고 주장하며 독일의 역사적 죄과에 대한 반성과 청산을 누구보다도 단호하게 요구해 온 그라스가 "가해자에게 희생자의 역할을 맡도록 하는 테마로 방향전환을 한 것처럼 보인다"[4]는 점이 많은 사람들에게 '사건'으로 받아들여진 것이다.

『게걸음으로 가다』의 중심 소재는 역사상 최악의 해운 참사였던 '빌헬름 구스틀로프 호'의 비극이다. 비극의 실상은 참혹하다. 제2차 세계대전이 종막으로 치닫던 1945년 1월 30일 밤 9시경, 단치히 근교의 고텐하펜을 떠나 독일의 슈비네뮌데로 항해하던 예전의 나치 유람선 '빌헬름 구스틀로프 호'가 폼머른 지역 해안에서 세 발의 소련군 어뢰 공격을 받아 침몰한다. 선상에는 소련군에 쫓겨 피난하던 만 명 이상의 동프로이센 거주 독일인들이 타고 있었다. 칠흑 같은 밤, 외부 기온 영하 18도, 수온 2도의 추위 속에서 구천 명이 넘는 승객들이 수장되었다. 그중 절반은 어린아이와 젖먹이였다. 생존자는 고작 천여 명에 불과했다. 희생자의 수만 해도 타이타닉 호의 여섯 배에 맞먹는 끔찍한 해상 참사였다.

---

3) Günter Grass, "Kurze Reden eines vaterlandslosen Gesellen", *Gegen die verstreichende Zeit* (Hamburg, 1991), 40쪽.

4) Volker Hage, "Das tausendmalige Sterben", *Der Spiegel* 6호, 2002년 2월 4일 188쪽.

'빌헬름 구스틀로프 호'의 비극은 그라스에게는 오래전부터 '뜨거운 감자'와 같은 소재였다. 문학은 역사의 이름 없는 패자들과 희생자들의 이야기를 복원하고, 그들의 고통을 증언해야 한다는 입장을 견지해 온 작가로서, 또한 그 자신이 피난길의 고통과 희생을 생생하게 체험했던 단치히 출신의 피난민으로서, 그라스는 오래전부터 이 비극적 사건을 문학작품으로 남겨야 한다는 강박관념에 시달리고 있었다. 하지만 이 소재를 작품화한다는 것은 현실적으로 커다란 어려움을 안겨주었다. 그것은 문학적, 윤리적, 정치적 차원의 3중의 어려움이었다. 배 속에 갇혀, 혹은 차디찬 바닷물 속에서 수천 명이 죽어간 이 아비규환의 참상을 온전히 재현하는 것이 '문학적으로' 가능한 일인가? 만약 그것이 가능하다고 해도, 유태인과 소련인들에게 저지른 나치 독일의 엄청난 만행을 생각할 때 가해자인 독일인들의 비극을 문학적으로 복원하는 것이 도대체 '윤리적으로' 타당한 일인가? 또한 설령 그것이 타당하다 해도, 타민족의 공격에 의한 독일인의 고통을 강조함으로써 가뜩이나 기승을 부리고 있는 국수주의적이고 복수주의적인 불길에 기름을 붓는 결과가 된다면, 그것이 '정치적으로' 책임 있는 행위인가? 이처럼 역사적 진실을 문학을 통해 복원해야 한다는 심리적 압박과 그것을 어렵게 만드는 현실적 제약 사이에서 그라스는 고심을 거듭하였던 것이다.

그라스는 이런 삼중의 압박에도 불구하고 금기의 역사를 문학적으로 설득력 있게 복원하였는가? 이 물음에 대한 비평계의 견해는 엇갈린다. 울리히 라우프는 이 소설의 터부 파괴적 성격에 대해서는 긍정적인 평가를 하면서도, 작품의 문학성에 대해서는 회의적이다. "지금까지 집단적인 침묵의 명령이 내려졌던 테마에 대해 다시 이야기할 수 있는 길을 터준 터부 파괴자는 갈채를 받을 만하다. 그가 한 일은 옳다. 그러나 그것은 문학과는 아무런 관계가 없는 것이다."[5] 이러한 평가에 반해 폴커

---

5) Ulrich Rauff, "Untergang mit Maus und Muse", *Süddeutsche Zeitung*, 2002년 2월 9일.

하게는 작품의 심미성을 극찬한다.

> 이 작품은 위대한 문학적 세련미를 지니고 있다. 작가는 자신의 테마를 완전히 의식하고 있다. 이 작품에서는 하나의 역사를 서술하려는, 즉 역사를 하나의 형식으로 압축적으로 제어하려는 욕구가 엿보인다. 오랫동안 그라스는 이 작품보다 더 설득력 있는 산문 작품을 쓴 적이 없다.[6)]

『게걸음으로 가다』는 단순히 오랜 터부를 소재로 택했기 때문에 세상의 주목을 받게 된 일종의 '소재주의 작품'인가, 아니면 '역사를 하나의 형식으로 압축한', '위대한 문학적 세련미'를 보여주는 수작인가. 이 논문은 이러한 물음을 화두로 작품을 심층적으로 분석해 보려는 시도이다. 이 글에서 중점적으로 증명하고자 하는 테제는 두 가지이다. 첫째, 『게걸음으로 가다』의 소설 미학적 특성은 역사적 터부와 고투한 결과가 독특한 미학적 형식으로 형상화되었다는 데 있으며, 둘째, 특히 이 소설에 나타나는 메타픽션의 영역은 금기시된 역사를 문학적으로 형상화할 때 발생하는 문제 자체를 집중적으로 주제화하기 위해 도입된 영역으로서, 이 작품이 풍기는 대가적 풍취는 바로 이 영역의 탁월성에 연유한다는 것이다.

2 『게걸음으로 가다』의 서사 구조

그라스의 『게걸음으로 가다』는 전후 독일 문학사상 최초로 반 세기 동안 절대 금기로 간주되어 온 제2차 세계대전의 독일인 희생자 문제를 정면으로 다루고 있는 작품이다. 그라스는 이 터부 테마를 다루어야 하

---

6) Volker Hage, 앞의 책 187쪽.

는 이유를 이미 2000년 가을 빌나(Vilnius)에서 행한 강연에서 암시적으로 밝힌 바 있다. 그는 전후 독일 문학에서는 "폭격의 밤과 대규모 피난이 초래한 수많은 사망자에 대한 기억이 거의 자리를 차지하지 못했다"고 지적하면서, "전쟁 중 독일인에게 가해진 고통에 대해서 마지못해 기억하려는" 태도에 불편한 심기를 감추지 않았다.[7] 역사의 이름 없는 희생자와 과거의 감추어진 진실을 문학을 통해 증언해야 한다는 입장을 일관되게 견지해 온 그라스로서는 이 마지막 금기마저 용납할 수 없었던 것이다.

하지만 이 역사적 터부를 작품화하는 것은 그라스에게도 적지 않은 번민을 안겨주었던 것 같다. 작품 속에는 그라스가 이 테마를 문학적으로 뿐만 아니라, 윤리적·정치적으로도 타당한 방식으로 형상화하기 위해 고심한 흔적이 역력하다.

지극히 예민한 이 역사적 테마를 문학적으로 설득력 있게 형상화하기 위해 그라스는 세 가지 원칙에 근거하고 있다는 것이 필자의 생각이다. 첫째는 과거의 비극적 역사를 가능한 한 철저히 객관적으로 복원하려는 것(객관화 원칙)이고, 둘째는 과거의 역사가 현재와 맺는 복잡한 관계 양상을 다층적으로 드러내 보이려는 것(현재화 원칙)이며, 셋째는 금기시된 역사적 진실을 문학적으로 형상화할 때 나타나는 미학적 문제들에 대해 근본적으로 성찰하는 것(심미화 원칙)이다. 이 논문은 객관화(Objektivierung), 현재화(Vergegenwärtigung), 심미화(Ästhetisierung)라는 형상화 3원칙을 중심으로 작품의 서사 구조를 분석해 볼 것이다.

기자를 서술자로 설정한 것, 게걸음의 서술 방식을 취하는 것, 과거 지평-현재 지평-작가 지평이라는 삼중의 서술 지평을 설정하고 작가 지평을 통해 메타픽션의 차원을 구체화한 것 등 작품의 형식적, 구조적 장치들은 바로 이러한 3원칙에 조응하는 소설 시학적 구성물들이다.

---

7) Volker Hage, 앞의 책, 185~186쪽 참조.

1) 기자 서술자: 서술이냐 보고냐

소설은 일인칭 서술자 파울 포크리프케의 시각에서 서술된다. 그는 그라스의 '단치히 삼부작'의 하나인 『고양이와 쥐』에 나오는 천방지축의 소녀 툴라 포크리프케의 아들이다. '빌헬름 구스틀로프 호'가 침몰하던 그날 밤 그는 극적으로 구조된 툴라의 몸에서 태어난다. 그의 탄생은 배의 침몰과 극적 대조를 이룬다. 현재 그는 오십 대의 평범한 신문기자이다.

서술자인 '나'는 어머니한테서 '구스틀로프 호'의 비극에 대해 '귀에 못이 박이게' 들으며 자랐고, 이 이야기를 반드시 글로 남겨야 한다는 압력을 받아왔다. "바닷물이 얼마나 차가웠는지 아니? 애들이 모조리 거꾸로 처박혔단다. 그걸 기록으로 남겨야 해. 넌 운 좋게 살아남았으니 그 책임을 져야지."(31쪽) 그러나 '나'는 이 역사적 비극을 뒤쫓는 일을 망설인다. 이 "저주받을 이야기"는 수십 년 동안 "전 독일에 걸쳐 금기 사항"(31쪽)이었기 때문이다. 하지만 어느 날 이 사건이 정치 선동의 도구로 활용되는 것을 보고 '나'의 생각은 달라진다. "1996년 1월 말 처음으로 극우 '폭풍의 전선' 홈페이지를 클릭한 후 곧 이어서 구스틀로프와 관련된 이야기를 접하게 되고, 마침내 웹사이트(www.blutzeuge.de)를 통해 슈베린 동지회를 알게 되고 나서부터"(32쪽) 사정이 달라진다. '나'는 이제 본격적으로 구스틀로프 호와 관련된 기록을 뒤지게 되는데, 이 과정에서 극우주의적이고 보복주의적으로 채색된 자료를 통해 선동을 일삼는 웹사이트 운용자가 바로 자신의 아들 콘라트라는 사실을 알게 된다. 이제 '구스틀로프 호'의 비극은 단순히 과거의 사건이 아니라, 바로 현재의 '나'의 문제로 급변한다. 과거와 현재가 뒤얽히는 것이다.

소설 『게걸음으로 가다』의 형상화 원리를 이해하기 위해 우선 주목해야 할 점은 일인칭 서술자인 '나'의 직업이 기자라는 사실이다. '나'는 "평범한 저널리스트"(42쪽)로서 "지난 일을 캐고 다니는 사람"(8쪽)이다. 기자란 "입수 가능한 자료들"(39쪽)을 바탕으로 사실을 객관적으로 보고하는 것을 업으로 삼는 사람이라는 사실을 상기한다면, 그라스가 서술자의 직업을 기자로 설정해 놓은 저의를 어렵잖게 간파할 수 있다. 그것은 사안을 최대한 냉정하고 객관적으로 그려내려는 의도에서 나온 것이다. 다시 말해 기자 서술자의 설정은 서술의 객관성 확보를 위한 미학적 장치이다. 사실 엄밀히 말하면 이 소설에서 '나'는 일인칭 '서술자'라고 보기도 어렵다. '나'는 오히려 일인칭 '보고자'에 가깝다. '나'는 '서술'한다기보다는 '보고'한다.

서술자가 보고의 근거로 삼는 것은 주로 구체적인 역사적 자료들이다. 예를 들면 볼프강 디베르거의 『구스틀로프 사건. 다보스 유혈 사건의 진상과 그 배경』이나 에밀 루드비히의 『다보스의 살인』과 같은 구스틀로프 사건을 다룬 책들, 해군 문서 보관소의 기록, 소련 함대 지휘부의 보고문, 러시아 작가 일리야 에렌부르크의 호소문, 그밖에도 사진, 영화, 신문 기사, 생존자의 증언들 따위이다. 그러니까 서술자는 일차적으로 '자료'에 근거하여 '보고'할 뿐, '상상'에 기대어 '서술'하지 않는다.

서술자의 태도 또한 기자의 작업 방식에 걸맞게 차갑고 건조하다. "이것은 내가 인터넷에서 건져 올린 정보이다"(25쪽)라고 '정보'의 출처를 밝히거나, "바깥 풍경은 이 정도였다. 더 이상 자세한 이야기를 해봤자 의미가 없다"(26쪽)는 식으로 세부 묘사를 거부하거나, "배 안에서 이후 일어났던 일에 대해서는 목격자도 없고, 기록된 바도 없다"(138쪽)라고 객관적 태도를 짐짓 강조한다. 이처럼 심미적 가공을 억제하는 제스처를 통해 서술의 객관성이 부각된다.

구체적인 자료나 증언을 통해 보고할 수 없는 경우에는 상상을 통한 형상화를 부분적으로 허용하지만, 이 경우에도 가상 세계를 허구적으로 꾸며내기보다는 오히려 상상의 묘사임을 미리 명시적으로 밝힌다. "그저 재미로 시험 삼아 이제 이 불초소생이 언론인으로서 어떻게 행동했을까를 상상해 보기로 하자"(58쪽)거나, "두려움만은 머릿속으로 그려본다"(131쪽)는 식이다. 이처럼 허구의 성격을 사전에 폭로함으로써 환상을 파괴하는 서술 태도가 작품의 주조를 이룬다. 그 결과 이 작품은 서술자의 말대로 "나의 지극히 객관적인 기사"(106쪽)이자 "내 보고문"(130쪽)의 모습을 띤다. 기자의 보고문이므로 남의 말을 인용하는 'sollen'과 남의 말을 전달하는 접속법 1식이 작품 전체를 가득 채우고 있다.

그라스는 또한 이 기자 서술자를 이데올로기적으로 동요하는 인물로 설정하였는데, 이 또한 객관성 확보를 위한 장치이다. '나'는 극우 성향인 ≪슈프링어≫ 계열의 신문사에 있다가 좌파 자유주의 성향의 ≪타츠≫로 자리를 옮긴 기자로서 이데올로기적인 가치판단을 꺼리는 인물이다. '나'는 "이편도 저편도 아닌 중립적인 입장"에서 "확인 기사만 쓰고 사실 보고만 할 뿐"(75쪽)이다. 이런 인물을 서술자로 설정함으로써 '사건'에 대해 이데올로기적으로 재단하거나, 주관적으로 판단하는 것을 피하고, 객관적 거리를 취할 수 있는 것이다. 그러니까 기자이면서 동시에 이데올로기적으로 동요하는 인물을 서술자로 삼은 것은 서술 대상에 대한 '객관적 거리'를 확보하기 위한 이중의 안전장치인 셈이다.

그라스는 나아가 서술자로 하여금 스스로의 진술을 번번이 번복하게 함으로써 독자를 끊임없이 동요시킨다. "그러나 모든 것은 맞지 않다. 어머니는 속이고 있다"(146쪽)라거나, "나는 출생에 대한 나의 버전을 입증할 수 없기 때문에 전해져 오는 사실들에 의존한다"(147쪽)는 식이다. 이런 '믿을 수 없는' 서술자를 설정한 것 또한 객관적 성찰을 촉구하기 위한 방편이다. 이것은 서술자에 대한 독자의 맹목적인 동일화를 방해함으로써 독자의 성찰을 불러일으키고, 독자를 진실게임에 능동적으로 참여시키는 효과를 낳는다. 이런 영향미학적 서술 기법은 그라스의 문학을 특징짓는 전형적인 기법 가운데 하나이다.[8]

이상에서 살펴보았듯이 기자 서술자의 설정은 서술 대상의 처리 방식

---

[8] 『양철북』의 서술자 오스카가 '믿을 수 없는 서술자'의 대표적인 예라고 할 수 있을 것이다. '믿을 수 없는 서술자'의 기능에 대해서는 Jochen Rohlfs, "Erzählen aus unzuverlässiger Sicht. Zur Erzählstruktur bei Günter Grass", *Günter Grass. Text + Kritik*, ed. H. L. Arnold (München, 1978), 51~59쪽 참조.

에 있어서 객관화 원리에 따른 결과이다. 그렇다면 서술자가 서술 대상을 시간적으로 다루는 방식은 어떠한가. 그라스가 시간 지평에서 서술 대상을 다루는 방식은 '게걸음 방식'이다. "시간을 비스듬히 가로지르면서, 마치 뒷걸음질하며 옆으로 비켜가는 듯하지만 사실은 지극히 빠르게 전진하는 방식"(8~9쪽)을 취하는 것이다. 과거에서 현재를 향해 연대기적으로 서술하지 않고, 오히려 현재의 관점에서 과거로 '뒷걸음질'치거나, 과거와 현재 사이를 끊임없이 '가로지르거나', 대상과 관련된 역사적인 관련 기록들을 살피면서 때론 주제에서 '옆으로 비켜가는' 모양을 취하지만, 어느새 주제의 핵심에 도달해 있도록 하는 방식을 취하는 것이다. 이런 방식을 통해 그라스는 과거와 현재의 다층적인 연관 구조를 보여준다. 즉 서술의 시간적 구조는 현재화 원리에 따르고 있는 것이다.

2) 서술의 3지평 : 역사적 진실의 구조

소설 『게걸음으로 가다』는 세 개의 이야기로 구성되어 있다. 구스틀로프 호의 침몰과 관련된 과거의 이야기와 이 비극이 현재에 미치는 영향을 그린 현재의 이야기, 그리고 작가 그라스가 직접 개입하여 자신의 견해를 밝히는 작가의 이야기가 그것이다. 이 세 개의 이야기는 서로 얽히고 설키면서 다양한 의미를 뿜어낸다. 이 세 이야기를, 서술이 이루어지는 서로 다른 수준의 영역이라는 의미에서, 각각 과거 지평, 현재 지평, 작가 지평이라고 부르기로 하자.

소설의 서술 구조는 이 세 지평의 결합에 의해 이루어지는데, 각각의 지평에는 각기 상이한 형상화 원리가 지배적이다. 즉 과거 지평에서는 객관화 원리가, 현재 지평에서는 현재화 원리가, 작가 지평에서는 심미화 원리가 두드러지게 나타난다. 또한 각 지평은 대상에 대한 허구화 수준, 작가의 개입 정도가 현저히 다르다. 이러한 관점에서 보면 과거 지평에서는 논픽션적 요소가, 현재 지평에서는 픽션적 요소가, 작가 지평에서는 메타픽션적 요소가 지배적이라고 할 수 있다.

과거 지평 : 객관화 - 논픽션

과거 지평을 구성하는 것은 역사상 실재했던 세 인물의 이야기이다. 나치 당원인 빌헬름 구스틀로프, 유태인 의대생 다비드 프랑크푸르터, 러시아 함장인 알렉산더 마리네스코가 그들이다. 기자인 서술자는 논픽션의 르포르타주를 쓰듯이 철저히 객관적인 사료와 증언에 의지하여 이들의 이야기를 '보고'한다.

비극의 선박에 이름을 제공한 인물인 빌헬름 구스틀로프는 골수 나치이다. 그는 스위스 지역의 나치 조직책으로 활동하다 한 유태인 청년의 손에 살해되는데, 이 사건으로 이 전직 보험 사원은 졸지에 나치 운동의 '순교자'로 찬양되고, 히틀러는 초대형 나치 유람선에 그의 이름을 붙여주게 된다. 구스틀로프를 살해한 인물, 그 결과 그의 이름을 딴 배를 탄생시킨 장본인인 다비드 프랑크푸르터는 유태인이다. 그는 골수염을 앓고 있는 병약한 의대생으로 나치에 의한 유태인 박해가 점차 노골화되자 이에 대한 보복으로 구스틀로프를 살해하게 된다. "나는 유태인이기 때문에 쏘았습니다. 나의 행동은 전적으로 의도적인 것입니다. 따라서 결코 후회하지 않습니다."(28쪽) 구스틀로프와 프랑크푸르터의 이야기를 통해 '빌헬름 구스틀로프 호'의 탄생의 신화가 완결된다. 이제 남은 것은 그 몰락의 비극이다. 여기서 이 선박을 격침시킨 러시아 해군 장교 알렉산더 마리네스코가 등장하게 되는 것이다. 서술자는 이 방탕한 러시아 군인의 행적 또한 자세히 보고한다.

이런 식으로 과거의 지평에서 '구스틀로프 호'의 침몰은 하나의 비극적 사건으로 정면에서 묘사되지 않고, 그 사건을 불러온 배경이 되는 역사상의 세 인물의 행적과 이력을 통해 '비스듬히 뒤로' 게걸음치는 방식으로 서술된다. 그럼으로써 사건의 비극적 형상 대신 역사적 의미가 전면에 부상한다. 즉 '구스틀로프'의 비극성은 수많은 희생자들의 비참한 최후에 있다기보다는, 유태에 의해 살해당하고, 소련에 의해 격침당해야 했던 나치 독일의 이중의 죽음과 그것을 초래한 독일의 왜곡된 민족사에 있다는 인식이 비로소 가능해지는 것이다.

현재 지평 : 현재화-픽션

그라스가 올바른 역사적 인식을 촉구하기 위하여 과거 지평에서 아무리 '뒤로 게걸음친다' 해도, 그것은 과거에 대한 기억만을 환기시키려는 것은 아니다. 그가 "뒤쪽으로 게걸음치는" 진정한 이유는 "앞쪽으로 나아가기 위해서"(107쪽)이다.

그라스가 과거 지평에서 '비스듬히 뒤로' 나아가면서 역사상의 세 명의 실재 인물을 추적했다면, 이제 현재 지평에서는 '앞으로 나아가기 위해' 세 명의 가공 인물을 그려낸다. 이 소설의 서술자인 '나' 파울 포크리프케, '나'의 어머니 툴라 포크리프케, '나'의 아들 콘라트 포크리프케가 현재 지평을 구성하는 인물이다. 현재 지평은 세 명의 허구적 인물로 구성된 완전한 픽션으로, 과거의 비극이 현재의 인물들에게 미치는 영향의 구체적인 양상을 보여주는 '현재화 원리'를 충실히 따르고 있다.

현재 지평은 '나'를 전후로 한 세 세대의 가족 이야기이다. 여기서는 과거의 비극이 현재에 반복되는 구조에 초점이 맞추어져 있다. 현재 지평의 핵심 주제는 '내'가 아들 콘라트를 보며 내지르는 탄식에 집약되어 있다. "어느 정도 좌파 자유주의적인 교육을 받은 녀석이 그처럼 길을 잃고 심하게 우경화된다는 게 도대체 가능한 일인가?"(73쪽)

'나'는 할머니와 손자의 관계 속에서 이 물음의 실마리를 찾는다. 과거의 사건이 지닌 역사적, 정치적 의미를 헤아리지 못하고 그 비극적인 참상만을 되풀이 강조하는 할머니의 영향이 손자를 네오 나치로 만들었다는 것이다. 할머니가 "영원히 가라앉고 있는 배에 대한 스토리"를 포함하여 "지난 전쟁 동안의 온갖 이야기"를 풀어놓으면 손자는 "스펀지처럼 그 수다를 빨아들였던"(44쪽) 것이다. "그녀가 그 애에게 피난민 이야기, 소름 끼치는 이야기, 강간에 대한 이야기들을 잔뜩 부풀려 들려주면"(100쪽), 그는 이 '소문'에 가까운 이야기를 각색하여 "'러시아의 인간 말종들이 비무장의 여성들에게 만행을 저질렀다.', '이러한 테러는 유럽 전체를 계속 위협할 것이다'"(101쪽) 따위의 선동의 글을 써댄다. 그래서 급기야 온라인 상에서 '빌헬름'이란 이름으로 글을 올리던 콘라트는 '다비드'라는 이름으로 자신을 반박하는 글을 올리던 청년을 오프라인에서 처음 만난 날 살해하는 지경에까지 이르게 된다. "그 애가 옆길로 빠지게 된 것은 오로지 어머니, 그녀의 책임이다."(68쪽)

그러나 과연 그것이 '오로지 어머니'만의 책임일까. 그렇지 않다는 것이 그라스의 대답이다. 독일인이 가해자로서 저지른 죄악이 막중하다고 하여 독일인 희생자 문제에 대해서는 무조건적인 침묵으로 일관하는 것이 윤리적으로 정당하다고 믿어온 좌파 자유주의자들의 생각 또한 잘못된 것이다. 그렇게 무위의 윤리를 고집한 결과 제2차 세계대전 중 독일인이 겪은 고통과 희생과 추방이라는 중요한 역사적 주제가 극우파의 전유물이 되어버렸고, 그 결과 무풍지대에서 일방적인 선동을 하는 것이 가능했기 때문이다. "우리는 결코 무죄 방면될 수 없다. 모든 것을 내 어머니와 고루한 교육 윤리 탓으로 돌릴 수는 없는 것이다."(184쪽) 소설의 결말부에서 '나'는 이러한 생각을 자기 비판적으로 반추한다.

> 나는 그 일을 곱씹어야 했다. 그리고 아이로 하여금 그 저주받은 배를 그저 단순한 모형 장난감으로라도 제때에 가지고 놀게 했더라면, 또 가능한 만큼 아버지답게 지도했더라면 내 아들이 최악의 상황에 빠지는 것을 막을 수도 있지 않았을까 하고 자문해 보았다. (208쪽)

현재 지평은 이처럼 삼 세대가 나치의 과거를 대하는 태도가 지극히 상이하다는 것을 보여준다. 나치와 구스틀로프의 비극을 직접 경험한 제1세대인 툴라의 태도는 극히 주관적이고, 제3세대인 콘라트는 매우 선동적이다. 이에 반해 제2세대인 '나' 파울은 객관적이고 냉정하다. 한편 이들과 달리 작가 지평에서 등장하는 작가 그라스의 입장은 도덕적이고 정치적이다. 객관적 입장을 견지하는 서술자 파울에 의해서 기억에 의존하는 툴라의 주관적 태도, 자료에 대한 왜곡된 해석을 일삼는 콘라트의 선동적 태도, 신념에 바탕을 둔 그라스의 도덕적 태도가 극명하게 대비된다. 이처럼 세 세대가 과거의 비극을 대하는 데 있어 각기 상이한 태도를 보인다는 것을 보여줌으로써, 그라스는 젊은 세대에서 신나치주의가 확산되는 현상의 원인을 세대간의 단절에서 찾는다. 특히 그는 중간 세대, 그러니까 68세대에 속하는 인물을 서술자로 내세움으로써 이 세대의 태만과 무력감에도 일단의 책임을 묻는다.

작가 지평 : 심미화-메타픽션

그라스는 이처럼 서술의 두 지평, 즉 과거 지평과 현재 지평을 빈번히 교차시키면서 과거의 역사가 갖는 현재적 의미를 집요하게 묻는다. 하지만 그는 여기서 그치지 않고 또 하나의 서술 지평을 설정해 놓았는데, 그것은 작가 지평이다. 여기서는 작가가 직접 개입하여 때로는 자신의 견해를 밝히고, 때로는 서술자에게 이런 저런 참견을 하기도 한다. 작가 지평은 작품 전반에 독특한 분위기와 품격을 부여하는, 이 소설의 가장 매력적인 부분이다.

작가 지평에서는 그라스가 때로는 '그'로, 때로는 '그 노인'으로, 혹은 '나의 고용인', '나의 보스'로 등장하는데, 이처럼 작가 자신이 작품 속에 직접, 그것도 삼인칭 인물로 나타나는 데에는 속 깊은 의도가 숨어 있다. 작가 지평은 작품의 형성사를 보여주는 메타픽션의 공간이며, 서술 대상에 대한 작가의 주관적 당혹감을 객관적으로 표현하는 장치이고, 작가 자신의 세대가 발언할 수 있는 가능성을 열어주는 자리인 것이다. 작가 지평이 지닌 의미를 좀 더 상세히 살펴보자.

첫째로 작가 지평은 일종의 '소설에 대한 소설'이다. 여기서 이 소설이 쓰여지는 과정이 상세히 서술된다. 이를 통해 그라스는 작가가 서술 대상에 대해서 갖는 긴장감을 표현하고, 이 대상이 '현재 작품을 쓰고 있는 작가'에게도 여전히 강력한 영향을 미치고 있다는 사실 자체를 부각시킨다. 그렇다면 서술 과정은 어떻게 주제화되는가. 먼저 그라스는 '그 노인'으로 등장하면서 이 소설의 집필 동기를 밝힌다.

  그 노인은 그 문제 때문에 괴로워하고 있다. 그는 동프로이센 피난민들의 고통을 그려내는 것이 자기 세대의 과제가 아니었겠느냐고 말한다. 한겨울 서쪽으로의 행렬, 눈보라 속에서의 죽음, 길가에서의 비참한 죽음, 방금 결빙된 바다 웅덩이가 투하된 폭탄과 마차의 무게 때문에 깨어지기 시작했을 때 처박힌 개죽음 (⋯⋯) 그는 말한다. 자신의 죄가 너무도 크고 그 오랜 세월 동안 참회를 고백하는 것이 너무나 절실한 문제였다는 바로 그 이유만으로 그처럼 많은 고통에 대해 침묵을 지켜서는 안 되며, 또한 그 기피 주제를 우파 인사들에게 넘겨주어서도 안 된다. 이러한 태만은 터무니없는 것이다. (99쪽)

여기서 그라스는 제2차 세계대전에서 저질러진 만행에 대한 참회의 필요성 때문에 독일인들이 피난길에서 겪은 그 많은 고통에 대해 침묵으로 일관해 온 것은 잘못된 일이며, 이 테마를 우파들의 전유물로 내맡겨서도 안 된다고 자신의 입장을 직접 설파한다. 실제로 그가 이 작품을 쓴 이유도 바로 이것이다. 주제와 의도에 대한 직접적인 거친 주장을 혐오하면서 고도의 미적 가공을 중시하는 그라스가 작품 속에서 이처럼 직접——물론 삼인칭의 외피를 쓰고 있긴 하지만——노골적으로 자신의 주장을 표명하는 경우는 지극히 이례적인 일이다. 서술자의 창안 과정에 대한 그라스의 언급 또한 노골적이기는 마찬가지다.

  유감스럽게도 자신은 그러한 일을 할 수 없다고 그가 말했다. 그의 태만도 애석하지만 그의 실패가 더욱 문제라는 것이다. 하지만 변명하고 싶지는 않고, 다만 과거의 일이라면 1960년대 중반에 이미 충분히 다루어보았고, 또 끊임없이 이 '지금지금지금' 하고 말하는 탐욕스런 현재가 200여 쪽에 달하는 이 책이

제때에 나오는 것을 방해했다는 사실만은 인정한다는 것이다. (……) 하여간 그러다 보니 때가 너무 늦었다. 그래서 그 대신으로 그가 나를 창안해낸 것은 아니지만, 아무튼 오랜 수소문 끝에 생존자 명단에서 마치 어떤 분실물을 찾듯이 발견해낸 것이다. 그리하여 나는 별다른 특징도 없는 인물이기는 하지만, 배가 침몰하는 동안에 태어나도록 운명지워졌다는 것이다. (77~78쪽)

그라스 문학에 친숙한 독자라면 여기서 그라스가 자신의 창작의 역사를 사실 그대로 밝히고 있음을 알 것이다. 그라스는 1960년대 중반까지 '단치히 삼부작'이라고 불리는 『양철북』(1959), 『고양이와 쥐』(1961), 『개들의 시절』(1963) 등의 작품을 통해 독일의 과거 문제와 치열하게 대결하였고, 그 이후에는 당대 현실의 민감한 주제들과 씨름하였다.[9] 그라스는 이처럼 자신의 창작사를 이야기하면서 이제야 이 작품을 쓰게 된 사연과 '나'를 서술자로 택하게 된 경위를 반어적으로 설명한다. 허구와 실제가 어떤 경계도 없이 중첩되는 것이다.

그라스는 또한 서술자의 시점까지도 성찰해 보도록 한다. 즉 일인칭 서술자의 한계를 지적하면서도, 사실을 왜곡시키지 않기 위해 전지적 서술자의 시점을 취해서는 안 된다고 자신의 서술 시학을 펼친다.

그는 나에게 코니의 생각에 대해 이러쿵저러쿵 추측한다거나, 코니가 고심했던 것을 생각의 유희로 각색한다거나, 혹은 내 아들의 머릿속에서 언어로 나타내거나 인용할 수도 있는 바를 기록하는 것을 엄격하게 금지시켰다. 그가 말한다. '아무도 그 애가 무슨 생각을 하였고 앞으로 무슨 생각을 하게 될 것인지를 알 수는 없다. 그 애의 뇌뿐만 아니라 사람들의 뇌란 모두 다 침묵을 지키고 있다. 말하자면 출입 금지 구역인 것이다. 언어 사냥꾼들이 들어갈

---

9) 『국부마취를 당하고』(1969)에서는 68학생혁명의 문제를, 『어느 달팽이의 일기에서』(1972)에서는 격변하는 1970년대 독일의 정치 현실을 다루었으며, 『무당개구리의 울음』(1992)과 『광야』(1995)에서는 독일 통일을 주제로 삼았다.

수 없는 미지의 땅이다.' (199쪽)

또한 그라스는 집필 과정에서 자기 검열하는 자신의 모습까지도 허구적 서술자와의 의견 대립이라는 형태를 빌려 반어적으로 드러내기도 하고(90쪽), 심지어 작품의 결말까지도 서술자에게 조언한다. "며칠 후 그 사람이 온라인으로 들어가 보라고 재촉을 했다. 마우스를 클릭해 보면 아마 적절한 맺음말을 찾을 수 있을 거라고 그가 말했다."(216쪽)

이처럼 작가의 집필 의도, 서술자의 창안 과정, 전지적 서술자의 거부, 자기 검열, 결말의 구상에 이르기까지 소설의 형성사에 대한 서술이 작가 지평에서 자세하게 이루어진다.

하지만 무엇보다도 작가 지평의 백미는 비극적인 금기의 역사를 문학적으로 형상화하는 문제에 대해 성찰하는 부분이다. 여기서 그라스는 역사적 진실이냐 심미적 가공이냐 하는 문학 이론상의 전통적인 양자택일적 대립 자체를 주제화한다. 이때 그는 미학을 위한 역사의 왜곡에는 단호하게 반대하는 입장을 취한다.[10]

먼저 서술자인 '나'의 직업이 기자이고, '나의 고용인'인 '그'가 작가인 것은 역사적 진실과 심미적 가공의 대립 구도를 분명히 하려는 구상에서 나온 것이다. 기자인 '나'는 작가인 '그'와 번번이 긴장 관계에 빠진다. '나'는 사실에 근거한 '보고'를 하려고 하는데, '그'는 상상에 따른 심미화를 요구하기 때문이다. "나의 보고문은 노벨레로 쓰기에 적합하다고 그가 말한다. 하지만 나와는 상관없는 문학적 평가일 뿐이다. 나는 다만

---

10) 구스틀로프 호의 비극을 다룬 영화『고텐하펜에 밤이 내리다』를 평하는 부분에서 '역사의 예술화'에 대한 그라스의 우려가 잘 나타난다. 그는 이 영화가 비극성도 긴장감도 없는 통속물이며, 역사적 비극을 진부한 삼각관계의 사랑 이야기로 '예술화'한 점을 비판한다.(113~114쪽) 그라스가 이 소설을 쓴 이유 중 하나도 바로 이런 형태의 역사의 예술화에 반대하기 위한 것이다. 이 소설에서 그가 구사하는 시학적 기법들은 바로『고텐하펜에 밤이 내리다』유의 통속적 예술화에 대한 비판이자 대안이다.

보고할 뿐이다."(123쪽) 그라스는 때론 스스로 '전통적인' 작가의 태도를 취하고 서술자가 이것에 저항하게 하는 방식을 통해 역사적 대상의 미학적 가공이 초래할 수 있는 진실 왜곡의 위험성을 경고한다.

나는 경악스러운 일을 상상하고 소름 끼치는 것들을 억지로 세세하게 묘사하려고 하지는 않겠다. 비록 나의 고용인이 한 사람 한 사람의 운명을 차례대로 이야기하고, 침착하게 넓은 서사적인 폭을 견지하면서 감정이입의 능력을 발휘하여 거대한 스케일로 완성시키되, 공포에 넘치는 말로써 대참사의 규모에 걸맞게 서술하라고 몰아붙이고 있긴 하지만 말이다. (136쪽)

이 반어적 표현 속에 집약된 그라스의 물음은 하나이다. 과연 문학을 통해 역사적 진실을 그려낼 수 있을까. 문제는 역사적 사건을 '예술적으로 아름답게' 형상화하는 것이 아니라, 역사적 사건의 문학적 재현 가능성 자체에 대해 성찰하는 것이고, 또한 그 과정에서의 왜곡 가능성을 의식화하고 경계하는 것이다. 그래서 그라스는 메타픽션적 요소를 통해 미적 환상을 의도적으로 파괴하는 '낯설게 하기' 기법을 구사한다.

이제 나는 간략하게 요약하라는 충고를 받고 있다. 아니, 나의 고용인이 그것을 고집한다. 배 안과 차가운 바다에서의 수천의 죽음을 말로 표현하는 일, 그리고 독일식 진혼곡이나 해상에서의 죽음을 애도하는 무도곡을 연주한다는 것은 내게는 어차피 불가능한 일이므로 그저 겸손하게 본론으로 들어가라는 것이다. (139쪽)

'수천의 죽음을 표현'하는 일도, 독일인을 위한 '진혼곡을 연주'하는 일도 그라스의 관심사가 아니다. 그에게 중요한 것은 역사의 단순한 재현이나 비극의 애도가 아니라, 역사의 진실을 구조로서 드러내는 것이고, 그럼으로써 비극이 반복되는 구조를 깨뜨리는 것이다.

이상에서 살폈듯이 작가 지평의 첫 번째 기능은 소설의 형성사를 보여줌으로써 역사적 터부를 작품화할 때 발생하는 미학적 문제들을 성찰해 보도록 하는 것이다.

작가 지평이 지닌 두 번째 중요한 기능은 서술 대상에 대한 작가의 주관적 당혹감을 객관적으로 표현하는 것이다. 작가 지평에서 그라스는 일인칭 서술자를 통하여 자신의 이야기를 삼인칭으로 하게 함으로써 현실과 가상의 세계를 절묘하게 교차시키면서 주관적 느낌을 객관적으로 전달할 가능성을 얻는다. 이때 작가인 그라스가 삼인칭 인물로 등장하는 이유는 우선 자신이 다루는 이 역사적 터부가 심리적으로 거리를 두기 어려운 대상이면서 동시에 냉정한 서술을 필요로 하는 대상이기 때문이다. 거리를 두기 어려운 감성적 상태와 거리를 두어야 할 당위적 요구를 동시에 지양하는 방식인 것이다. 이런 방식으로 그는 진정성과 객관성을 동시에 표현하는 가능성을 얻게 된다.

나아가 작가 지평은 ─ 이것이 작가 지평의 세 번째 기능이다 ─ 세대간의 긴장으로 구성된 현재 지평에서 빠져 있는 그라스 자신의 세대의 발언 공간을 열어주는 기능을 갖는다. 작품의 서술자가 오십 대의 기자, 그러니까 그라스 자신보다 한 세대 후에 태어난 인물이기 때문에 서술자를 통해서는 그라스 세대의 입장을 표명하기 어렵고, 또 작품 속에서 유일하게 그라스와 같은 세대에 속하는 인물인 툴라는 역사의 혼돈 속을 헤매고 다니는 부정적인 인물에 불과하기 때문에, 가해자 세대 내지는 동조자 세대에 속하면서도 '역사의식을 가진 인물'의 목소리를 작품 속에 포함시키기 위해 그라스 자신이 '노인'의 형상으로 작품 속에 등장하게 된 것이다.

이처럼 작가 지평을 설정함으로써 이 소설은 그라스 작품 중에서 진정성이 가장 강한 작품, 그러니까 작가의 의도가 가장 직접적으로 표출된 작품이 되었다. 작가 지평은 그라스가 이 역사적 터부를 다루는 데 미학적으로뿐만 아니라 윤리적, 정치적으로도 깊이 고뇌했음을 보여주는 서사적 공간이자, "세련된 문학적 자기비판"[11]의 처소이다.

3) 역사적 진실의 문학적 형상화

역사적 진실의 문학적 형상화란 무엇인가. 이것은 『게걸음으로 가다』의 소설 시학을 규정하는 결정적인 물음이다. 이 소설은 작가가 바로 이 문제와 고투한 결과가 문학적으로 구현된 것에 다름 아니다. 이번 장에서는——필요한 경우 1990년대 이후 발표된 그라스의 다른 소설들과 비교하면서——그라스에게 있어 역사적 진실의 문학적 형상화가 의미하는 바를 보다 심층적으로 살펴보고자 한다.

그라스는 역사적 진실(현실)과 문학적 환상(상상)의 관계를 어떻게 보는가. 이 문제는 그라스의 문학을 이해하는 중요한 열쇠이다. 진실과 상상력은 서로 대립적인 관계에 있는가 아니면 보완적인 관계에 있는가. 진실에 도달하기 위해서 상상력은 억압되어야 하는가, 아니면 강화되어야 하는가. 문학 창작에 있어서 역사적 진실과 문학적 상상 중 어떤 것이 중시되어야 하는가. 문학의 목적은 진리의 추구인가, 미적 가상의 창조인가. 이런 근본적인 문제들을 염두에 두면서 역사적 진실의 문학적 형상화에 대한 그라스의 입장을 『게걸음으로 가다』를 중심으로 살펴보자.

먼저 주목해야 할 것은 그라스가 문학적 환상(상상)을 철저히 현실과의 관계 속에서 바라보고 있다는 점이다. 그에 따르면 환상은 언제나 현실과 관련을 맺고 있다.

제가 말하는 환상(Fantasie)은 진공의 공간 속에 있는 어떤 것이 아닙니다. 그것은 언제나 이 축소된 현실과, 이 메마른 사실들과 관련을 맺고 있습니다. 그것은 사실들로 둘러싸여 있습니다. 물론 여기서 집필시의 수(手)작업이 시작됩니다. 환상적인 착상에 개연성이 빈약하면 빈약할수록, 조사는 더욱 정확

---

11) Volker Hage, 앞의 책, 187쪽.

하게 이루어져야 합니다. (『전집』 10권, 264쪽)

그라스의 경우 문학적 환상(상상)은 현실로부터 도피하거나, 현실을 이상화·낭만화하는 수단이 아니다. 그것은 현실과의 연관 속에서 현실의 구조, 즉 현실의 다층성과 부조리성을 보여주고, 현실의 은폐되고 억압된 측면을 드러내주는 수단이다. 그러니까 그라스에게 있어 환상은 진정한 현실을 형상화하기 위한 도구이다. 나아가 환상은 현실을 구성하는 요소이기도 하다.

> 환상은 현실의 이면이다. 그것은 지극히 실재하는 세계이다. 변화하는 이미지 속에서 정확히 잡아낼 수는 없다 해도 실재하는 표상 세계이다. 환상은 누구에게나 있고, 그것이 거부되는 곳에도 존재한다. (……) 그러나 이와는 정반대로 행동하는 사람들도 많다. 그들은 현실도피를 위하여, 실재하는 현실에, 파악할 수 없는 현실에 등을 돌리고 저 꿈의 세계로, 상상의 세계로 향한다. 이것은 전도된 태도에 지나지 않는다. (『전집』 10권, 112쪽)

그라스에게 있어 환상은 현실을 떠나 공상의 세계로 도피하기 위한 방편이 아니라, 현실을 보다 입체적, 역동적으로 잡아내기 위한 수단이고, 현실의 '이면'으로서 '지극히 실재하는 세계'이다. 바로 이런 맥락에서 그라스는 "허구 속에서 역사적인 사실보다 더 정확한 사실을 상상해 볼 수 있으며"(『전집』 6권, 272쪽), 작가만이 가질 수 있는 즐거움이란 바로 이런 상상 능력을 활용하여 "모든 사실들보다도 더 사실적일 수 있는"[12] 가능성을 얻는 것이라고 주장할 수 있는 것이다.

허구가 사실보다 더 사실적이며, 허구를 다루는 작가의 즐거움은 바로——자유로운 상상력이 아니라——가장 철저한 사실성에 있다는 주장

---

12) Günter Grass, *Unkenrufe* (München, 1994), 294쪽.

을 어떻게 해석해야 할까. 이 말은, 사실이란 어떤 사안의 고정적인 일면만을 보여주는 반면, 허구는 역동적으로 현실의 뒤얽힌 구조와 그 다층성을 보여준다는 의미로 보아야 한다. 이런 맥락에서 보면『게걸음으로 가다』에서 기자 서술자와 작가가 작가 지평에서 대립하는 이유가 온전히 파악될 수 있다. 단순히 '죽은 사실들'만을 찾아내어 제시하는 기자(조사자)와 이 사실들의 구조와 의미를 드러내 보이려는 작가(해석자)는 근본적으로 대립적인 행동 양상을 보일 수밖에 없는 것이다.

'허구의 진실성'은 곧 작가의 진실성을 의미한다. 진정 진실을 드러낼 수 있는 이는 역사가가 아니라 작가인 것이다.『무당개구리 울음』에서 주인공이 자신의 연대기 서술자를 작가로 선택한 것이나,『게걸음으로 가다』에서 기자인 서술자에 대해 작가를 직접 맞세우는 것은 바로 이런 '허구의 진실성'에 대한 믿음에 따른 것이다.

그라스는 문학을 자유로운 환상(상상)의 유희로 보는 태도에 비판적이다. 그에게 중요한 것은 상상의 유희가 아니라 진실에의 집념이다. 그렇기에 멋대로 현실을 떠나거나 진실을 왜곡하는 환상의 방종을 용납하지 않는다. 그에게 있어 글쓰기는 바로 환상의 이러한 잠재적 위험을 통제하는 것이다.

> 글쓰기란 자신의 환상에 비판을 가하는 것입니다. 최초의 착상들은 해체되어야 합니다. 중요한 것은 주관적일 수밖에 없는 상상력에 비판적으로 맞서는 것입니다.[13]

글쓰기란 '환상에 비판을 가하는 것', '상상력에 비판적으로 맞서는 것'이라는 그라스의 입장에서 그의 진실에 대한 열정을 읽어내는 것은 어렵지 않다. 사실 그라스가 창작 과정에서 가장 우려하는 것은 최초의 착

---

13) Manfred Jurgensen, *Grass. Kritik-Thesen-Analysen* (Bern, 1973), 202쪽에서 재인용.

상이 비현실적인 것으로 경도될 수도 있다는 가능성이다. 그는 이러한 잠재적 위험에 민감하고, 이를 다양한 방식으로 최소화하려고 한다.[14]

역사와 허구의 결합은 그라스의 전형적인 서술 방식이다. 그는 역사적인 사실(사건, 인물)을 허구적인 상황(사건, 인물)과 연관짓는 방식을 즐겨 이용한다. 예컨대 『게걸음으로 가다』에서 '나'의 아들 콘라트가 사는 곳인 묄른은 실제로 1991년 극우파의 방화로 터키인 세 명이 사망한 사건으로 독일 전역을 경악게 했던 곳이다. 이처럼 실제 역사적 사건의 무대에 허구적 인물을 배치시킴으로써 콘라트가 묄른의 극우파와 연결되어 있을 수도 있다는 개연성이 은근히 암시된다. 현실과 가상의 경계선이 아슬아슬해지는 것이다. 구스틀로프 호와 툴라가 맺는 관계 또한 이점에 있어서 유사하다. 이처럼 역사적 사실 속에 가공인물들을 배치하는 것, 역사와 허구, 실재와 가상을 절묘하게 뒤섞어 놓는 것이 이 작품의 독특한 심미성을 조성하는 요인이다. 이런 서술 방식을 통해 그라스는 단순히 '사실들'로 구성된 '역사'에 맞서, 문학적 상상으로 더욱 풍요로워진, 즉 더욱 진실에 가까워진 '대응 역사'를 제시하려고 하는 것이다.

그라스가 역사와 허구를 결합하는 의도는 "현실의 복합적인 상이 생겨나도록 서사적 수단을 동원하여 역사를 확대하려는" 것이다. 이때 그가 사용하는 주된 서사적 수단은 "서술 과정 자체를 주제화"[15]하는 것이다. 서술 과정의 주제화란 역사의 허구화 과정을 서사적으로 함께 그려낸다는 말이다. 1990년 독일 통일 이후 발표된 그라스의 작품에서 나타나는 두드러진 특징이 바로 서술 과정의 주제화이다. 예를 들어 『무당개구리 울음』에서는 서술자가 수시로 독일 통일 이후의 역사적 격변을 허구로 가공하는 과정에 대해 성찰하고, 『광야』에서는 사실 자료를 체계적으로 집적해 놓는 문서 관리인인 서술자와 허구적 존재인 주인공이 대

---

14) 화가이기도 한 그라스는 자신이 써놓은 메타포의 현실 적합성을 그림을 그려 다시 검토해 본다고 밝힌 바 있다. 이 책 제4부 2장 「통일과 문학」 참조.
15) Sabine Moser, *Günter Grass. Romane und Erzählungen* (Berlin, 2000), 151쪽.

비되는 가운데 서술 과정이 드러나며, 『게걸음으로 가다』에서는 서술 자료를 일일이 보고하는 기자 서술자와 창작 과정에 대해 끊임없이 개입하는 작가를 통해 서술의 전 과정이 선명하게 제시된다. 특히 『게걸음으로 가다』에서는 '서술되는 지평'에서 과거 지평의 실재 인물과 현재 지평의 허구적 인물이 대비될 뿐 아니라, '서술하는 지평'에서도 실재 인물인 작가와 허구적 인물인 서술자가 대비되는데, 이처럼 실재와 허구가 이중적으로 대비되면서 서술 과정 자체가 자연스레 드러난다.

　서술 과정의 주제화란 다른 말로 하면 메타픽션 영역의 강화를 뜻한다. 1990년대 들어 그라스 문학에서는 메타픽션적 요소가 점차 강화되는데, 이것은 역사적 진실을 형상화하기 위해 적합한 미학적 수단을 찾으려는 고심에 찬 모색의 결과이다. 역사적 진실이란 사실이나 자료의 단순한 나열이나 집적과는 다른 것이다. 르포르타주나 논픽션으로 역사적 진실에 도달할 수는 없다. 진실은 오히려 현실의 복잡한 층위들을 총체적으로 그려낼 때 비로소 드러나는 것이다. 하지만 이때 현실의 복잡한 층위들은 사실들만으로 이루어진 논픽션만으로도, 상상으로 짜여진 픽션만으로도 드러내 보일 수 없다. 그것은 오히려 논픽션과 픽션이 맺는 관계를 조명함으로써 생겨나는 것이다. 따라서 논픽션과 픽션, 사실과 허구 사이의 이러한 대립과 긴장 자체를 형상화하는 것이 중요하다. 여기서 그라스의 새로운 서술 기법이 생겨난 것이다. 그것은 역사적 사실──『무당개구리 울음』, 『광야』의 경우 독일 통일, 『게걸음으로 가다』의 경우 구스틀로프 호의 해상 참사──을 다루는 서술자의 상황, 즉 서술 과정 자체를 주제화하는 것이다. 결국 그라스의 메타픽션은 논픽션과 픽션의 한계를 넘어 역사적 진실에 접근하기 위한 수단이다.

　이제 역사적 진실의 형상화와 서술자의 설정 사이에는 어떤 관계가 있는지──1990년대 이후 그라스 소설의 서술자 분석을 통해──살펴볼 차례이다. 먼저 그라스는 『게걸음으로 가다』에서 매우 수동적이고 소극적인 서술자를 배치하였다. 『무당개구리 울음』에서도 마찬가지이다.

파울 포크리프케도 알렉산더 레쉬케도 남의 부탁을 받고 마지못해 글을 쓰는 서술자이다. 그렇다면 그라스는 왜 이처럼 수동적인 서술자를 내세운 것일까. 이러한 서술자의 설정도 최대한 객관적으로 역사적 진실을 형상화하려는 그라스의 의도에서 나온 것이다. 이유는 세 가지이다.

첫째, 서술자가 내적 욕구나 개인적 필요에 의해, 즉 적극적이고 자발적으로 서술하지 않음으로써, 작품의 긴장도와 심미적 가공 수준은 떨어지지만, 그 대신 객관성과 진실에 대한 요구 수준은 높아진다. 서술자의 주관적 가공이 최소화되기 때문에, 서술 대상의 '진실' 자체가 주제로 떠오르기 때문이다. 특히 『게걸음으로 가다』에서는 서술자의 직업이 객관성을 생명으로 하는 기자이기 때문에 진실을 향한 기대는 배가된다. 둘째, 개인적 소회나 감정을 문학적으로 가공하는 것이 최소화되고, 사실 자체에 대한 보고가 극대화됨으로써 주제에 대한 객관적 논의, 대화, 소통의 가능성이 제고된다. 셋째, 독자의 편에서는 허구적 환상을 조성하여 자신을 적극적으로 가상 세계에 끌어들이려고 하지 않는 서술자를 낯설게 느끼게 되고, 그 결과 허구 세계에 몰입하기보다는 서술 대상의 진실성에 더욱 큰 관심을 갖게 되는 것이다.

또한 『게걸음으로 가다』와 『무당개구리 울음』에서 서술자와 서술 위탁자의 관계가 서로 전도되어 있다는 점도 눈여겨보아야 한다. 『무당개구리 울음』에서는 서술자가 곧 실재 작가와 동일시할 수 있는 인물이고, 위탁자가 가공인물이기 때문에 작가 자신의 서술 과정이 제시되는 반면에, 『게걸음으로 가다』에서는 서술자가 가공인물인 기자이고, 위탁자가 실재인물인 작가이기 때문에 가공인물의 서술 과정이 그려진다. 그 결과 『게걸음으로 가다』에서는 건조한 저널리즘의 문체로 '사실'에 접근할 수 있고, 기자 서술자를 통해 전통적인 작가 서술자를 전도시킨 결과 역사적 진실의 문학적 형상화 문제를 문학 내부의 문제 너머로 보편화시킬 수 있게 된다.

1990년대 이후 발표된 그라스 소설의 서술자를 비교해 보면 역사적 진실을 그려내려는 그라스의 집념이 얼마나 강렬한지 어렵잖게 감지된다. 『무당개구리 울음』에서 서술자의 직업은 작가이고, 『광야』의 서술자는 문서고이며, 『게걸음으로 가다』의 서술자는 기자이다. 그렇다면 과연 어떤 서술자가 역사적 진실을 가장 잘 포착할 수 있을까? 자료를 가공하여 심미적 진실을 만들어내는 작가인가, 자료를 축적하여 역사적 사실들을 모아놓는 문서고인가, 아니면 자료를 조사하여 객관적 사실을 밝히는 기자인가.

사비네 모저는 이 문제와 관련하여 매우 흥미로운 관점을 제시한다. 문서고가 서술자인 경우엔 기록은 망각되거나 현실 연관성을 갖지 못하고, 기자가 서술자인 경우엔 시의성에 정향되어 과거와 현재의 연관 구조를 살피지 못하는 반면, 작가가 서술자인 경우엔 가시적인 사건 뒤에 숨어 있는 구조, 과거와 현재의 연관성을 보여주는 구조를 투시할 수 있다는 것이다.[16]

이러한 관점은 『게걸음으로 가다』의 서사 구조를 이해하는 데에도 매우 중요하다. 기자 서술자를 배치하고, 동시에 작가 지평을 설정해 놓은 이유가 비로소 밝혀지기 때문이다. 기자를 서술자로 택한 이유는 소재가 작가 뜻대로 '가공'하기에는 너무도 예민하고 폭발성이 강한 것이기 때문에, 소재를 가능한 한 객관적으로 조사하는 사람을 서술자로 삼으려는 의도 때문이었다. 하지만 기자 서술자는 시의성에 편향되어 과거의 현실 연관성을 꿰뚫어볼 수 있는 능력이 부족하기 때문에, 작가 지평을 별도로 설정하여 과거와 현재의 연관 양상이 구성하는 역사적 진실의 구조를 그려내려고 한 것이다.

---

16) Sabine Moser, 앞의 책, 154쪽 참조.

3 맺음말 : 주제와 서술의 절묘한 조응

그라스는 『게걸음으로 가다』에서 노대가다운 완숙한 필치와 치밀한 구성으로 까다로운 역사적 대상을 문학적으로 형상화하는 데 성공하고 있다. 이 작품의 미덕은 무엇보다도 주제와 서술 방식의 절묘한 조응성에 있다.

작가가 설정한 세 차원의 서술 지평에서 작가가 전달하고자 하는 세 가지 주제가 효과적으로 가시화되는 것이다. 역사상의 실재 인물 세 명을 묘사한 과거 지평에서는 켜켜이 세월의 더께가 쌓인 터부를 깨면서 비극적 사건의 역사적 의미를 환기시키고 있고, 작품상의 가공인물 세 명을 그려낸 현재 지평에서는 지금도 기승을 부리고 있는 극우주의의 원인을 밝히고 그 위험을 경고하고 있으며, 작가와 서술자 간의 허구적 긴장으로 이루어진 작가 지평에서는 역사적 진실의 문학적 형상화 문제가 절묘하게 표현되어 있다.

또한 세 서술 지평에서 다루는 주제를 효과적으로 드러내기 위해 세 가지 형상화 원칙과 서술 방식이 조응하고 있다. 과거 지평에서는 객관화 원칙이, 현재 지평에서는 현재화 원칙이, 작가 지평에서는 심미화 원칙이 지배적이고, 과거-현재-작가 지평에서 각각 논픽션-픽션-메타픽션적 서술 방식이 우세한 것이다.

그라스는 이 작품을 통하여 어떤 역사이든 그에 대한 의도적인 침묵은 결국 역사적 진실을 왜곡하려는 자에게 해석 헤게모니를 넘겨줄 수 있고, 그럼으로써 또 다른 비극을 잉태할 수 있다는 경고를 보내고 있다. 문제는 '빌헬름 구스틀로프 호'의 비극이다. 다시 말해 문제는 '빌헬름 구스틀로프 호'의 비극이 아니다.

(≪독일문학≫, 2003년 제85집)

3

문학과 참여
GüNTERGRASS

"작가의 자리는 사회 안에 있는 것이지, 사회 위에 혹은 사회 밖에 있는 것이 아니다. 그러니 모든 정신적인 오만과 애매한 엘리트 정신을 버려라! 당신들 바람 한 점 불지 않는 아름다운 가옥에 사는 유토피아주의자, 분파주의자들이여, 문 앞으로 걸어 나와라! 당신의 무릎과 이마가 부서지도록 현실과 부딪쳐라! 천재는 더 이상 우아한 광기 속에 사는 게 아니라, 정신 버쩍 차려야 하는 우리네 소비사회에 살고 있다. 정신과 권력의 케케묵은 대립을 억지로 꾸며낼 아무런 이유도 없다."

―『전집』 9권에서

1 귄터 그라스의 참여문학론

1 '참여문학'을 거부하는 참여작가

1999년 노벨 문학상을 수상한 귄터 그라스는 하인리히 뵐과 더불어 현대 독일의 대표적인 참여작가[1]로 손꼽히는 인물이다.

'참여작가'로서 그라스의 행보는 참으로 눈부시다. 지난 사십 년간 독일 사회의 정치적 쟁점이 있는 곳엔 늘 그라스가 있었다. 그는 수백 회

---

1) 이 글에서 '참여작가'란 적극적으로 정치, 사회, 현실의 문제에 개입하는 작가를, '참여문학'은 정치(사회, 현실)와 의식적으로 관련을 맺는 문학을, '참여문학론'이란 문학과 정치(사회, 현실)의 관계에 대한 입장을 뜻한다. 즉 여기서 참여문학이란 특정한 시기나, 특정한 작가의 문학을 지칭하는 역사적 개념이 아니라 광의로 정의된 유형적 개념이다. 따라서 이 개념의 함의에는 사회주의 리얼리즘 계열의 '고전적' 참여문학뿐 아니라, 사르트르적 의미에서 '존재의 문학'과 대립되는 '실천문학'으로서의 참여문학(literature engagee)도 포함된다. '정치문학'이나 '경향문학'도 정치(사회, 현실)와 관련을 맺는 한 이 개념의 범주에 넣을 수 있다. 이처럼 참여문학을 유연하게 광의로 정의하는 것은 그라스 자신이 순수와 참여의 고답적 분류, 그러니까 "한편에는 정치와 연관된 오로지 참여만 하는 문학이 있고 다른 편에는 심미적 의식을 지닌 예술을 위한 예술 유의 문학이 있다"식의 이분법에 반대하고, 양자 간의 "부딪힘"(『전집』 10권, 169쪽)에 주목해야 한다고 주장하기 때문이다.

의 선거 유세에 직접 연사로 나서 사회민주당을 지원했을 뿐 아니라, 공개서한, 텔레비전 토론, 강연, 집회 등을 통해 자신의 정치적 입장을 줄기차게 표명해 왔다.[2]

독일 문학사상 유례 없는, 직접적이고 지속적인 그라스의 정치적 참여는 그의 노벨상 수상을 계기로 다시 한번 세간의 주목을 받았다. 동료 작가들은 그의 문학이 지닌 비범성, 독창성, 탁월성을 상찬하는 한편으로, 참여작가 그라스의 면모를 도드라지게 강조했다. 특히 흥미로운 것은 이탈리아의 노벨상 수상 작가 다리오 포의 촌평이다. 그는 그라스의 노벨상 수상을 유럽 좌파 지식인의 '권력 장악' 과정의 일단으로 파악한다.

> 1997년엔 내가, 다음 해엔 포르투갈의 사라마구가, 그리고 올해엔 귄터 그라스가 노벨상을 받았다. 좌파 지식인들이 스톡홀름에 속속 도착하고 있다. 좌파가 스톡홀름의 권력을 장악한 것처럼 보인다. 그라스는 일관되게 정의와 자유와 민주주의를 위해 시민적, 문화적 전투를 벌여온 주목할 만한 작가이다.[3]

폴란드의 노벨상 작가 체슬라프 밀로츠도 그라스 문학의 정치적 의미에 주목한다. 그는 그라스의 문학 창작을 "20세기에 일어난 사건들에 대한 항의의 절규"라고 하면서 그의 수상을 "참여문학의 승리"[4]라고 평한다. 노벨 문학상 심사위원장인 호라스 엥달이 수상식 축사에서 "그라스는 미학적으로나 정치적으로나 일체의 금기를 넘어섰고, 모든 기대를 뛰어넘는 일을 이루어냈다"[5]고 평한 것도 그라스를 논할 때에는 미학뿐 아니라 정치도 비중 있게 고려되어야 할 요인임을 내비치는 것이다.

이런 맥락에서 보면 전후 혹은 현대 독일의 참여문학이나 정치문학을

---

2) 그라스의 정치적 활동에 대해서는 다음 장 「참여지식인 귄터 그라스」 참조.
3) *Der Spiegel*, 1999년 제40호, 295쪽.
4) 같은 책, 302쪽.
5) *Der Spiegel*, 1999년 제50호, 255쪽.

다룬 저작들이 대부분 그라스를 중심적인 연구 대상으로 삼은 것은 그리 놀라운 일이 아니다. 또 그라스의 문학을 종합적으로 다루는 연구서들이 문학과 정치의 관계를 별도의 장으로 설정하여 비중 있게 조명하는 것도 이해할 만한 일이라 하겠다.

그러나 그라스에 있어 '참여문학'의 개념이나 정치와 문학의 관계는 그렇게 간단히 설명될 수 있는 성질의 것이 아니다. 그라스의 문학을 전통적인 참여문학과 동일시하고, 그라스를 통상적인 참여작가로 보는 데에는 사실 많은 난점이 있고, 이견 또한 만만치 않다. 이러한 난점과 이견의 주된 이유는 문학과 정치의 관계에 대한 그라스의 입장이 일견 양면적으로 보이기 때문이다. 그라스는 한편으론 작가의 정치 참여를 몸소 실천하고 또한 일관되게 주장하면서도, 동시에 다른 한편으론 문학의 고유성과 자율성을 옹호하면서, 문학이 단순히 정치의 도구로 전락하는 것에는 한사코 반대한다. '미학의 정치화'를 거부하는 그의 입장이 그를 간단히 전통적인 참여작가로 분류하기 어렵게 만드는 것이다.

게다가 그라스는 전통적인 방식의 참여문학 작가들——특히 엔첸스베르거——과 갈등 관계에 빠지는 경우도 적지 않았다. 그라스 자신의 말처럼 "아이러니컬하게도 참여문학의 대표자들은 오늘날까지도 정치적으로 비참여적인 작가들에 대한 격렬한 반대자일 뿐 아니라, 같은 정도로 정치에 참여하는 시민 귄터 그라스에 대한 격앙된 반대자들"(『전집』 9권, 392쪽)이라는 것이다. 참여작가들이 오히려 자타가 공인하는 '독일의 참여작가' 그라스를 가장 격렬하게 비판한다니 어찌 된 일인가. 이 논문은 이러한 물음에서 출발하면서 그라스의 '참여문학'이 지닌 새로움과 독특함에서 그 답을 찾고자 한다.

이 글은 그라스의 참여문학이 지닌 특이성의 실체에 다음과 같은 방식으로 접근할 것이다. 우선 그라스의 참여문학론에 대한 기존의 주요 연구 성과들을 비판적으로 검토할 것이다. 이때 이 연구들이 다다른 지배적인 결론, 즉 그라스에게 있어 문학과 정치는 분리된 별개의 영역이며, 그라스는 문학과 정치라는 '이중 궤도'를 평행선으로 달리고 있다는 이른바 '이중생활론'(Doppelleben)의 논리를 중점적으로 살필 것이다. 그런 다음 그라스의 참여문학론을 그라스 자신의 언술을 중심으로 포괄적으로 재구성해 보고, 그러한 문학론을 배태시킨 시대사적, 개인사적 연원을 더듬어볼 것이다.

2 귄터 그라스의 '시민작가론'

1) 이중생활(Doppelleben)인가?

문학과 정치라는 범주로 그라스의 문학에 접근한 주요 연구를 살피면, 우선 두 가지 상반되는 견해가 대립하고 있음이 눈에 띈다. 하나의 흐름은 문학과 정치의 '공생'에 주목하면서 문학 창작과 정치 활동을 등치시키는 입장이다. 이러한 견해를 가장 분명하게 대변하는 평자는 한스 에곤 홀트후젠이다. 그는 그라스의 문학에서 나타나는 문학과 정치의 동일성을 '그라스 현상'의 핵심적인 특징으로 규정한다.

> 그라스 현상에 있어 새롭고, 현재의 조건에 비추어 이해할 만한 점은 이 『양철북』의 작가가 1920년대의 하우프트만이나 토마스 만처럼 이른바 '우회로'를 택하여, 그러니까 문학을 거쳐, 또한 문학 형식을 고수할 것을 강조하면서 정치적인 입장에 이른 것이 아니라, 처음부터 문학과 정치——정당정치를 포함하여——의 경계선을 무너뜨리고, 자신의 예술 행위를 하나의 정치적 과제로 이해해야 한다는 주장을 펴고 나섰다는 점이다.[6]

그라스가 '예술 행위를 하나의 정치적 과제로 이해'하고 있다는 홀트

---

[6] Hans Egon Holthusen, "Günter Grass als politischer Autor", *Plädoyer für den Einzelnen* (München, 1967), 40–41쪽.

후젠의 주장은 마치 그라스의 문학이 사회주의 리얼리즘 계열의 경향문학에 가깝다는 인상을 불러일으킨다는 점만으로도 설득력이 부족하다. 그라스는 조야한 목적문학에는 분명히 선을 긋고 있기 때문이다. 또한 그라스가 문학과 정치의 관계에 대해 표명한 언술들은 홀트후젠의 주장을 더욱 허구로 보이게 한다.

홀트후젠의 '동일성론'은 그 후 많은 비평가들의 반론에 부딪혀 사실상 논의의 중심에서 밀려나게 된다. 먼저 만프레트 두르작이 반박의 포문을 연다. "그라스의 경우 정치 활동과 문학 활동을 단순히 등치시키는 것은 더 이상 타당하지 않다"[7]는 것이다. 두루작은 작가 그라스와 정치가 그라스를 분리시켜 보아야 한다고 주장한다.

> 정치 활동과 작가로서의 창작은 그에게는 상호 조화를 이루는 것, 이를테면 동전의 양면 같은 것이 아니다. 두 영역은 오히려 병렬적으로 전개되고, 상이한 전제에서 출발하며, 본래 다른 목적을 추구한다.[8]

이러한 입장을 뒷받침하기 위해 두르작은 그라스의 글을 인용하면서 그가 작가를 "국외자적 개별 존재"로 보고 있다고 주장한다.[9] 두르작은 그라스에게 있어 정치와 문학의 관계를 계속해서 "아포리", "딜레마",

---

7) Manfred Durzak, *Der deutsche Roman der Gegenwart* (Stuttgart, 1973), 134쪽.
8) 같은 책, 135쪽.
9) 두르작이 자신의 입론을 위해 그라스의 말이라고 비중 있게 인용하고 있는, 작가는 "국외자적 개별 존재"라는 말은 사실은 잘못된 해석에 근거한다. 인용된 부분의 맥락을 자세히 들여다보면 그라스 자신이 작가를 "국외자적 개별 존재"라고 주장한다고 보기는 어렵다. 인용된 말의 맥락은 다음과 같다. "Dabei lehrt einige Branchenkenntnis, daß Schriftsteller exzentrische Einzelwesen sind, auch wenn sie sich auf Tagungen zusammenrotten."(『전집』 9권, 158쪽) 두르작은 인용된 연설문 전체를 관통하는 반어적 문체를 고려하지 않을 뿐 아니라, 주장의 진술자가 그라스가 아니라는 사실도 밝히지 않고서, 마치 그라스 자신의 진술인 것처럼 인용하고 있다.

"긴장", "양면성" 등의 용어를 동원하여 규정하면서, 결국 그라스는 문학과 정치 활동의 "균열" 때문에 "사회적 분열" 상태에 처하고 말았다고 결론짓는다.[10]

게르트루데 체플 카우프만도 '문학과 정치라는 측면에서' 그라스의 '전 작품' ——여기서는 『양철북』(1959)에서 『달팽이의 일기』(1972)까지 —— 을 분석 대상으로 삼는 박사학위 논문에서 두르작과 유사한 결론에 이른다. "체념과 희망이 정치 저작과 문학 작품 사이의 대극점을 이룬다"[11]는 것이다.

서사 작품들은 줄거리 구성, 서사 전략, 전체 구조를 볼 때 그 진술력에 있어 체념적이다. 각 작품의 구조는 그 진술의 사회 변혁적 힘에 대한 희망을 용납하지 않는다. 형식은 닫혀 있다. 일체의 역동성이 결여되어 있다. 반면, 정치적 작품에는 최소한이긴 하지만 어떤 진보에 대한 소망이 배어 있다. 이러한 단초가 정치적 참여 전반을 가능하게 한 조건이다.[12]

문학 작품에서는 체념적, 정태적 성향이, 정치 저작에서는 희망적, 역동적 경향이 기본 틀을 이루고 있다는 것이다. 나아가 "작품 생산이라는 측면에서 출발하여 텍스트의 심미적 현실과 정치적 의도를 살펴보면, 심미적 현실에 대한 작가의 관심이 지배적"[13]이라고 한다. 체플 카우프만은 그라스의 작품이 지닌 정치적 기능과 함의를 과소평가한다. "문학 작품 자체는 인식의 수단이 아니며, 인식이나 진리 탐구의 수단으로서 사회에 전달되지도 않을"[14] 뿐 아니라, 그라스에게는 "영향을 주려는 의도

---

10) 같은 책, 136~137쪽.
11) Gertrude Cepl-Kaufmann, *Günter Grass. Eine Analyse des Gesamtwerkes unter dem Aspekt von Literatur und Politik* (Kronberg, 1975), 165쪽.
12) 같은 책, 183쪽.
13) 같은 책, 189쪽.
14) 같은 책, 191쪽.

의 계기가 전적으로 결여되어 있기 때문에 문학은 그 정치적 에너지가 전혀 실체가 없는 것은 아닐지라도 최소한으로 축소된 예술 형상물로 되어버린다"[15]는 것이다.

오토 베스트도 체플 카우프만의 입장을 그대로 이어받아 그라스의 경우 문학과 정치는 분열되어 있다고 하면서 양자의 관계를 '이중생활'이라는 개념으로 파악한다. 베스트는 이중생활은 정치적 탄압의 시기, 즉 '어두운 시대'에 사상가나 예술가들이 즐겨 취한 방식——외적인 동조를 통해 내면의 자유를 확보한다는——인데, 왜 그라스는 외적인 억압이 사라진 사회에서 이중생활을 하는가라고 묻는다. 그는 그라스에게 있어 문학과 정치는 "이중 궤도"[16]를 달리고 있다고 하면서, 그라스의 '이중생활'을 "서로 연관도 없고, 심지어 상이한 극단에 속하는 두 세계 속에서 존재하는 것"[17]이라고 규정한다. 이처럼 철저한 이분법적 입장을 취함으로써 그는 두르작이 그라스의 참여문학을 규정짓기 위해 동원한 '긴장'이나 '양면성' 같은 범주마저 부정한다. "동일한 작가가 정치적 저술가로서는 진보와 이성을 설파하고, 소설가로서는 결정론과 의지를 몽상한다면, 그것이 '긴장'이니 '양면성'이니 하는 말로 정당화될 수는 없다."[18] 그는 그라스의 성공 또한 "비정치적인 소설"에 기초하고 있다고 하면서 그라스에게 양자택일의 선택을 강권한다. "이것이냐 저것이냐 어느 한쪽의 세계관적 극단을 포기함으로써만 '이중 궤도'를 개방한 후에 어떤 동질성이 유지될, 아니, 획득될 것이다."[19]

그라스의 참여문학론을 둘러싼 이상의 논의를 종합해 보면 우선 문학

---

15) 같은 책, 192쪽.
16) Otto Best, "Doppelleben zwischen Evolution und ewiger Wiederkehr. Überlegungen zum postgastropodischen Werk von Günter Grass", *Colloquia Germania* 1982. 1., 113쪽.
17) 같은 책, 119쪽.
18) 같은 책, 119쪽.
19) 같은 책, 120쪽.

과 정치의 관계에 대해 동일성과 이질성을 주장하는 입장이 대립하고, 이질성을 주장하는 평자들 사이에서도 강조점이 조금씩 다르다는 것이 확인된다. 홀트후젠이 내세우는 문학・정치 동일성론을 논외로 하면——그의 주장이 전통적인 도식적 참여문학관에 사로잡혀 사안을 지나치게 단순화시키고 있다는 것은 앞으로의 논의에서 밝혀질 것이다——다른 세 평자들 간에는 일정한 공통점 및 연속성이 눈에 띈다. 그라스에게 있어 문학과 정치가 "상이한 전제에서 출발하여 상이한 목적을 추구하든"(두르작), "체념과 희망이라는 상이한 기본 태도"(체플 카우프만)를 보이든, 그 결과 결국 "이중 궤도"를 달리는 새로운 형태의 "이중생활"(베스트)을 구성하든, 이들 평자는 공히 문학과 정치의 이질성과 괴리에 주목하고 있다.

그라스의 참여문학론을 구체적으로 재구성해 보기에 앞서 위의 평자들이 내리고 있는 평가와 그 논거에 내재한 간과할 수 없는 오류들을 지적하고 넘어가는 것이 순서일 것 같다. 이들의 논거를 조목조목 비판하는 것은 이 논문의 틀을 벗어날 터이므로 '결정적'이라고 생각되는 잘못만을 짚어보고자 한다.

우선 두르작은 그의 논문에서 무려 세 차례에 걸쳐 "작가는 국외자적 개별 존재"라는 '그라스'의 말을 반복하면서 자신의 입장을 논증하고 있지만——앞의 주9)에서 밝히고 있듯이——이 말은 그라스의 자신의 말이라고 보기 어렵다. 따라서 이 말을 근거로 한 주장 또한 그 타당성이 약하다.

오토 베스트는 『양철북』을 염두에 두면서 "그라스는 완전히 비정치적인 작가로 출발했고, 그의 명성의 기반을 이루는 것도 비정치적 소설"이라고 주장하고 있지만, 이 주장 또한 설득력이 약하다. 지난 사십 년간에 걸친 『양철북』 연구는 이 소설이 지극히 신중하고, 예술적인 방식으로 정치적 의도를 내장해 놓은 작품임을 다양한 각도에서 밝혀놓았다.

체념과 희망을 그라스의 문학과 정치를 규정하는 기본 경향으로 설정하고, 양자를 대립되는 것으로 맞세우는 체플 카우프만의 입장도 설득력이 부족하다. 그라스의 경우 체념(Resignation)은 절망의 표현이라기보다는 오히려 희망의 가능성을 품고 있는 카테고리이다. 그라스에게 체념이란 "유용하고, 꼭 필요한 어떤 것"이다. "체념이 없으면 어떠한 인식도 없기"(『전집』 10권, 167쪽) 때문이다. 이 점에 있어 그라스의 체념 개념은 괴테에 있어 단념(Entsagung) 개념이 갖는 의미와 매우 흡사하다.[20] 그라스에게 체념은 절망의 한 징후라기보다는 진보를 보는 안목을 키워주는 기제이다.

그라스의 일차적 관심은 '심미적 현실'이며, 그라스가 문학의 영역에서는 심미성에 매몰되어 있어서 내용보다는 형식을 중시한다는 체플 카우프만의 주장도 타당성이 의심스럽다. 그라스는 다양한 형식 실험을 중시하고, 예술적인 수단을 강조하지만, 그럼에도 불구하고 "그의 우선적인 관심은 내용과 대상"[21]이다. 그라스에게 있어 형식적인 것과 미학적인 것은 그 자체가 목적이 아니라 내용과 대상을 가장 적합한 방식으로 포착하여 형상화하려는 의지의 산물이다. 체플 카우프만의 주장은 작품의 독특한 형상화 원리에 대한 이해 부족에서 나온 것으로, 그라스 문학의 알레고리적, 패러디적 차원을 간과하고 있다. 일례로 『양철북』의 오스카가 보이는 탐미적 태도는 작가 그라스가 심미성에 집착하고 있음을 보여준다기보다는, 유미주의 작가들을 향한 야유의 패러디이다.[22]

그라스는 문학을 인식의 수단으로 보지 않으며, 독자에게 영향을 주려

---

20) Theo Buck, "Goethe als Partner des neuen Milleniums", 중앙대학교 인문학연구소 강연 원고, 1999년 11월 9일: "괴테는 '단념한다는 것'이 생산적으로 작용할 수 있다는 것을 인식하고 있었습니다. 단념이란 내면의 일관성과 강인함을 뜻하는 것이니만큼, 이는 '어려운 과업'이고, 자신의 한계를 아는 인간만이 성취할 수 있는 것이라고 보았습니다."
21) Heinrich Vormweg, *Günter Grass* (Hamburg, 1986), 121쪽.
22) Nury Kim, *Allegorie oder Authentizität. Zwei ästhetische Modelle der Aufarbeitung der Vergangenheit : Günter Grass' Die Blechtrommel und Christa Wolfs Kindheitsmuster* (Frankfurt a.M., 1995), 81~94쪽 참조.

는 의도도 결여되어 있다는 주장 또한 그라스의 작품이 지닌 수용미학적 차원을 가볍게 본 경솔한 주장이다. 그라스의 작품이 대부분 "철저하게 독자에게 정향된 작품"[23]이며, 독자와의 내재된 소통 구조를 통해 독자를 부단한 자기 성찰로 이끄는 것이 그라스의 의도임은 이후 다수의 연구들에 의해 비교적 상세히 밝혀진 바이다.

정치 저작과 문학 작품이 각각 그라스의 이질적인 기본 성향에서 배태된 것이라는 '이중생활론'의 핵심적인 주장도 근거가 박약하다. 정치 저작과 문학 작품이 '표현 형식'에서 차이를 보이는 것은 사실이지만, 그라스의 정치 저작은 근본적으로 "문학적 테마를 온전히 계승하고 있기"[24]때문이다. 『양철북』을 비롯한 '단치히 삼부작'에서는 나치즘과 소시민 사회의 착종된 관계와 과거 청산의 문제가, 희곡 『민중들 반란을 연습하다』(1966)에서는 예술가의 시대적 책임 문제가, 『국부마취를 당하고』(1969)에서는 68학생혁명을 배경으로 혁명이냐 개혁이냐 하는 대안 전략의 탐색이, 『달팽이의 일기』(1972)에서는 선거 운동의 경험을 바탕으로 진보의 가능성에 대한 성찰이, 『넙치』(1977)에서는 식량과 여성 문제가, 『무당개구리 울음』(1992)에서는 독일 통일이 야기한 국제적 문제들이, 『광야』에서는 통일을 계기로 돌아본 독일 역사의 부정적 순환의 문제가 다루어지고 있는데, 이러한 테마는 그대로 그의 정치 저작의 핵심적인 주제이기도 한 것이다.

이상의 논의를 통해 볼 때 그라스의 경우 문학과 정치의 관계를 체념과 희망이라는 양극단으로 파악하는 정태적 입장보다는 그의 문학이 지닌 내적 연속성에 주목하여 "거의 절망에서 회의하는 희망으로"의 발전으로 보는 존 레딕의 입장이 훨씬 설득력이 있다.[25] 그라스에게 있어 문

---

23) Georg Just, *Darstellung und Appell in der Blechtrommel von Günter Grass. Darstellungsästhetik versus Wirkungsästhetik* (Frankfurt a.M., 1972), 190쪽.
24) Manfred Jurgensen, *Über Günter Grass. Untersuchungen zur sprachbildlichen Rollenfunktion* (Bern, 1974), 30쪽.

학과 정치의 관계는 분리된 '이중생활'이라기보다는 상호 영향을 주고받으며 변화하는 역동적 삼투 관계로 보아야 한다.

그라스에게 있어서 문학과 정치의 이질성을 강조하는 평자들의 주장은 그 강조점이 어디에 놓여 있든, 그리고 그 논지에 어떤 결함이 숨어 있든, 우리가 탐색하고자 하는 그라스의 참여문학론의 문제성을 부각시켜준다는 점에서 음미할 가치가 있다. 이러한 주장들은 그라스의 참여문학론이 단순히 문학의 정치화로 개념지을 수 없는, 그래서 '긴장'과 '양면성'으로, 심지어 '아포리'로 표현되는, 어떤 복잡하고, 새로운 구조를 지니고 있음을 암시해 주기 때문이다.

2) 그라스의 참여문학론

문학과 정치

그라스에 있어 문학과 정치의 관계에 대한 위의 평자들의 담론은 어느 정도 타당성을 지니는가? 그라스 자신의 진술을 중심으로 이 문제에 접근해 보자.

그라스는 우선 자신의 문학과 정치 활동을 대립적으로 보는 입장에 대해서는 분명하게 반대한다. "저는 저의 문학 활동과 정치 활동 사이에는 아무런 대립도 없다고 생각합니다. 그것은 단지 상이한 표현 형식들일 뿐입니다. 결국 동일한 인물이 아닙니까."(『전집』 10권, 113쪽) 그라스는 '이중생활' 운운하는 비평가들의 주장에 명시적으로 반박하면서도, 다른 한편으로 문학과 정치 사이에 존재하는 '표현 형식'의 차이는 인정한다. 한 인터뷰에서 그라스는 좀 더 구체적으로 문학과 정치의 차이를

---

25) John Reddick, "Vom Pferdekopf zur Schnecke. Die Prosawerke von Günter Grass zwischen Beinahe-Verzweiflung und zweifelnder Hoffnung", *Positionen im deutschen Roman der sechziger Jahre*, ed. H. L. Arnold & Th. Buck (München, 1974), 39~54쪽 참조.

상이한 서술 원리라는 관점에서 언급하고 있다.

저는 두 가지 역할을 가지고 있습니다. 예술가로서의 역할과 시민으로서의 역할이 그것입니다. 여기엔 차이가 있습니다. 저는 연설문을 쓰고, 또한 소설도 씁니다. 이들은 각각 고유의 서술 법칙을 가지고 있습니다. 제가 연설문을 쓸 때에는 무언가를 공격하거나 방어합니다. 혹은 무언가를 칭찬합니다. (……) 그러나 소설을 쓸 때에는, 저는 저 자신에 대해 확신이 없습니다. 저는 회의를 가집니다. 저는 최초의 생각만을 가질 뿐, 글을 쓰는 동안에 저에게 무슨 일이 일어날지, 소설이 어떻게 변할지, 그리고 저를 어떻게 변화시킬지 저 자신도 모르고, 궁금해합니다. 소설 쓰기란 매우 복잡한 과정입니다. 아마도 정치 연설보다 더 복잡할 것입니다. 정치 연설이란 어떻게 보면 일종의 선전이니까요. 소설과 연설은 서로 다른 것입니다. 소설은 그것이 어떻게 끝날지 모르지만, 연설에 대해서는 확실히 알고 있으니까요.[26]

확신과 회의라는 서술 태도의 차이에서, 즉 창작미학적 관점에서 그라스는 정치(연설)와 문학(소설)의 차이를 밝히고 있다.

나아가 그라스는 문학과 정치 사이에 존재하는 시간 관계의 차이에도 주목한다. "작가는 흘러가는 시간을 거슬러서 글을 쓰는 사람"이고, "정치는 흘러가는 시간을, 다 흘러가버리기 전에, 선취하고, 이용하고, 각인하려는 시도"(『전집』 10권, 120쪽)이다. 문학은 과거에 정향되어 있고, 정치는 현재와 미래를 향하고 있다는 것이다.

이처럼 그라스는 문학과 정치는 표현 형식, 서술 태도, 시간 관계에 있어 서로 다르다고 본다. 그렇다면 이는 문학과 정치 사이에 '어떠한 대립도 존재하지 않는다'는 자신의 주장과 모순되는 것이 아닌가. 이 물음에 답하기 위해서는 그라스에게 있어 문학과 사회, 문학과 역사, 문학

---

26) Günter Grass, "An Interview with Günter Grass", *University Review* 5(New York, 1969).

과 현실이 맺는 관계를 좀 더 심도 있게 조명해 보아야 한다. 문학과 정치의 관계에 대한 물음은 결국에는 문학이 사회, 역사, 현실과 맺는 관계로 귀착되기 때문이다.

그라스에 따르면 문학은 작가가 살고 있는 사회와 밀접한 연관을 맺고 있으며, 작품 또한 사회라는 문제틀을 떠나서는 존재할 수 없다.

> 저는 저와 관련된 문제이면서 동시에 사회적인 문제가 아닌 어떤 문제가 존재한다고는 상상도 할 수 없습니다. 오로지 저라는 한 개인에게만 관련된 어떤 것을 소설의 중심에 놓겠다는 것은 생각도 해볼 수 없습니다. 혹 그런 경우라도 그것이 묘사할 가치가 있고 흥미로운 것이 되려면, 그것이 동시에 사회적인 문제로서 묘사되어야 한다고 생각합니다. (『전집』 10권, 119쪽)

아무리 개인적인 문제라고 보이는 것도 그 본질은 사회적인 문제이며, 사회적인 문제만이 문학적으로 형상화할 가치가 있다는 것이 그라스의 생각이다. 그라스는 한발 더 나아가 사회라는 공시적 연관뿐 아니라, 시대라는 통시적 관계도 작가에게 중요한 사안임을 강조한다. 그는 자신과 시대의 관계를 다음과 같이 정언적으로 규정한다.

> 저는 시대와 함께 성장해 왔습니다. 저는 저의 시대에 속해 있습니다. 하지만 이것은 의무의 문제가 아닙니다. 이건 반영의 문제입니다. 저는 이 시대의 산물로서, 제가 가지고 있는 가능성과 수단들을 동원하여 이 시대에 반응합니다. 제가 주제를 찾아 나서는 것이 아니라, 주제들이 제게 밀려오는 것이지요. (『전집』 10권, 172쪽)

작가는 시대의 산물이며, 문학은 시대에 대한 반응이다. 이러한 입장은 자아와 시대를 대립시키고, 문학을 시대를 초월하거나 이상화하거나 도피하는 수단으로 보는 낭만주의 이래의 독일적 전통과의 분명한 단절을 뜻한다. 그라스에게 있어 작가의 자아란 시대사에 대해 고립적인 폐쇄된 자아가 아니라, 시대사에 존재론적으로 얽혀 있는 "시대적 자아"[27]라는 사실에 유념해야 한다.[28]

하지만 문학과 사회, 문학과 시대가 불가분 연계되어 있다는 인식이 곧 문학이 현실을 변화시킬 수 있는 강력한 영향력을 가지고 있다는 낙관론의 근거가 되지는 않는다. 그라스는 오히려 문학의 현실에 대한 영향 가능성에 회의적이다. "맞습니다. 변화, 그것을 제가 가져올 수는 없습니다."[29] 그는 문학이 현실에 직접 영향을 미치거나, 현실을 변화시킬 수 있다고 생각하지 않는다.

> 책의 정치적 영향력에 대해 저는 회의적입니다. 책은 직접적으로 영향을 미칠 수는 없습니다. 단지 간접적으로, 장기적으로 영향을 미칠 뿐이지요. 저는 참을성이 없어서 오로지 책에만 기댈 수는 없습니다.[30]

그라스는 문학 혹은 책의 직접적인 영향 가능성에 회의적일 뿐 아니라, 문학 작품이 아무런 매개 없이 직접 현실에 영향을 미칠 수 있다는 생각이 때론 매우 위험한 결과를 초래할 수도 있음을 역사적 사례를 들어 경고한다.

---

27) Heinrich Vormweg, "Günter Grass im Gespräch mit Heinrich Vormweg", *Günter Grass* (Hamburg, 1986), 32쪽.
28) 이런 맥락에서 보면 1999년, 20세기를 마감하는 해에 출판된 그라스의 소설 제목이 『나의 세기』인 것은 의미심장하다. 이것은 작가의 과대망상을 엿보게 한다기보다는, 작가가 자신을 철저하게 시대사와 연루된 것으로 본다는 사실을 암시한다.
29) Günter Grass, "Ich und meine Rollen. Ein Gespräch mit Heinz Klunker", *Deutsches Allgemeines Sonntagsblatt*, 1969년 10월 12일.
30) "Grass im Gespräch mit Hans Bayer: Vielleicht ein politisches Tagebuch. Der Autor der *Blechtrommel* äußert sich über seinen Standort nach dem Wahlkampf", *Stuttgarter Nachrichten*, 1969년 11월 21일.

어느 시대, 어느 체제에서나 혁명적 계기만 주어지면 자신의 반시민적 격정을 터뜨리는 작가들이 있었다. 클롭슈톡과 쉴러, 예세닌과 마야코프스키의 아름답고 위대한 시편들은 이러한 생산적인 오해 덕분에 생겨난 것들이다. 작가들은 세상을 정화시키는 뇌우를 충만한 메타포에 실어 흰 백지 위에 쏟아 붓기를 좋아한다. 그렇지만 우리가 랭보의 시 반 줄이나 초기 표현주의자들의 언어 비유를 현실에 적용하려 하자마자, 퓨리턴적 성실성을 지닌 단두대가 우리를 곤비(困憊)케 하기 시작할 것이다. (『전집』 9권, 413쪽)

'비타협적인' 문학의 언어를 '타협적'일 수밖에 없는 현실에 맹목적으로, 치밀한 의식적, 미학적 매개 없이 적용시키려 할 때, 그것은 엄청난 폭력성으로 나타날 수도 있다는 말이다.

하지만 그라스가 문학의 영향 가능성에 대해 회의하고 문학을 현실에 부박(浮薄)하게 적용하는 것을 경고한다고 해서, 그가 문학과 현실의 단절을 주장하면서, 문학을 이른바 '순수문학'이라는 '골방'에 유폐시키려고 하는 것은 결코 아니다. 그는 장기적인 역사적 틀에서 보면 작가가 역사 발전의 선도자가 될 수 있다는 믿음을 잃지 않고 있다.

하이네, 프라일리그라트, 헤르베크는 단순히 문학이라는 골방의 좀스러운 거주자가 아니다. 그들은 사회주의의 역사에 참여하였고, 그들이 실패한 바로 그 지점에서도, 끊임없는 분열에 의해 방해받으면서도 결국 성공했던 발전의 선도자였던 것이다. (『전집』 9권, 413쪽)

이처럼 그라스는 문학의 직접적, 단기적 영향 가능성을 의문시하면서도, 동시에 거시적으로는 역사의 추동력으로서 문학 혹은 작가가 수행하는 역할을 인정한다. 그렇다면 궁극적으로 역사 발전을 선도하기 위하여 문학이 현실에 영향을 미치는 방식은 어떠해야 하는가. 문학은 현실의 부조리와 모순을 타파하기 위해 도구로서의 기능을 수행해야 하는가. 문학은 현실 변혁의 수단으로서 '정치의 시녀'가 되고, 작가는 인간의 의식을 개조하는 '정신의 엔지니어'가 되어야 하는가. 아니면 문학의 현실 비판은 정치의 그것과는 다른 어떤 고유의 방식으로 수행되어야 하는가.

그라스는 직접적인, 그러니까 예술적으로 매개되지 않은 현실 비판에 대해서는 분명하게 반대한다.

> 문학의 기능은 다양하고 자체로 모순적이다. 문학의 형태로 이루어지는 직접적인 사회 비판은 문학의 여러 기능들 중 하나의 기능에 불과하다. 문학 전체를 사회 비판에 묶어두려는 시도는 결국에 가서는 사회 비판을 행할 수 있는 바로 그 하나의 가능성마저도 없애버릴 수 있다. (『전집』10권, 45쪽)

문학이 사회에 직접적인 영향을 미쳐야 한다는 입장, 문학이 사회변혁의 전위가 되어야 한다는 사회주의 리얼리즘 유의 주장은 그 총체화하는 요구로 인하여 진정한 사회 비판의 자유마저 앗아갈 위험이 있다는 것이다. 문학의 상대적 자율성을 옹호하는 이러한 입장은 선전·선동 문학을 거부하는 태도로 이어진다.[31]

문학의 현실 비판은 치밀한 예술적 매개를 통해 이루어져야 한다는 것이 그라스의 생각이다. 그라스가 즐겨 사용하는 '예술적 매개'는 비유 언어이다. 그에게는 "비유한다는 것"이 곧 "비판한다는 것"(『전집』9권, 124쪽)이다. 그라스의 비유 언어가 지닌 비판성은 사실상 그의 모든 작

---

[31] "여기저기서 선전·선동문학이 쓰여진 것을 보게 되는데, 저는 그것을 하찮은 것으로 생각합니다. 거기서 나오는 것은 아무것도 없으니까요."(『전집』10권, 169쪽) 참조. 또한 그라스는 이른바 경향문학(Tendenzliteratur)에 대해서도 비판적이다. 이는 브레히트의 셰익스피어 극 각색과 관련하여 그라스가 내리는 평가에서 특징적으로 나타난다. 브레히트가 셰익스피어의 고전극을 무리하게 경향극으로 바꾼 결과 "텍스트의 빈곤화"가 생겨났고, "경향의 의지가 세부 사항을 폐색시키는" 결과를 초래했다는 것이다. 그라스는 또한 브레히트의 경향극이 역사의 현실적 다양성을 고려하지 않고 있으며, 인물의 행위 동기 또한 정치적 의지에 의해 사전에 결정되어 버렸다고 꼬집는다.(『전집』9권, 62쪽)

품에 적용시켜 말할 수 있다. 그의 작품은 비유의 언어로, 특히 알레고리와 패러디의 기법을 능숙하게 구사하면서 현실을 예리하게 파헤치고 비판한다. '이중생활론'을 주장하는 평자들이 그라스 문학에 내장된 정치적 성격을 보지 못하는 것은 이 비유 언어의 비판성을 간파하지 못한 소치이다.

이상에서 살폈듯이 그라스는 문학이 현실의 단순한 모방이나 반영이라고는 생각하지 않지만, 작가의 자아가 다양한 층위에서 시대와 사회에 연계되어 있음을 인식하고 이를 작가 의식의 토대로 삼고 있다. 그는 문학의 직접적, 단기적 영향 가능성은 희박하다고 보지만, 장기적 영향 가능성은 확신하고 있다. 또한 그는 사회주의 리얼리즘 유의 조야한 영향 방식에는 반대하지만 비유를 통한, 심미적 가공을 통한 계몽 가능성은 의심하지 않는다. 그에게 있어 문학을 통한 계몽이란 이런 것이다.

> 제가 말하는 것은 상투적인 의미의 계몽이 아닙니다. 저는 달랑 집게손가락 하나 곧추세우고 이리저리 손가락질하며 뛰어다니는 사람이 아닙니다. 저는 확장된 현실을 활용하며, 때로는 독자가 알아챌 수 없을 정도로 숨겨진 계몽의 의도를 품고서, 오로지 예술적인 수단을 통해 지평을 넓히고, 사실을 밝히고, 신비화를 깨뜨리는 것입니다. (『전집』 10권, 182쪽)

'숨겨진 계몽의 의도를 품고서', '오로지 예술적인 수단을 통해' 현실의 변화에 나서는 것, 이것이 그라스의 문학이 정치와 맺는 기본적인 관계 방식이다.

문학과 정치의 관계에 대한 그라스의 입장은 이처럼 매우 복잡하지만 그렇다고 개관이 불가능한 것은 아니다. 그라스는 문학이 정치에 대해 자율성을 지니고 있다고 본다. 문학 창작은 표현 형식, 서술 태도, 시간 관계에 있어서 정치 활동과는 다른 원리를 따르기 때문이다. 하지만 이것이 문학과 정치가 대립되어 있다는 주장의 근거가 되지는 않는다. 이러한 차이는 어디까지나 기능적인 것이다. 다른 한편, 문학은 정치(사회, 현실, 역사)와 불가분의 관계를 맺고 있다. 이것은 작가의 의지와 상관없는 문학의 본원적인 존재론적 조건이다. 작가는 사회의 일원이자 시대의 산물이며, 문학은 시대의 반영이기 때문이다. 문학은 그 본질상 정치와 관계를 맺지 않을 수 없는 것이다. 따라서 그라스에게 있어 문학과 정치의 관계는 이렇게 정리할 수 있다. 문학과 정치의 '이질성'은 기능적인 것이며, 문학과 정치의 '동일성'은 본질적인 것이다.

그라스는 자신에 대해 이른바 '이중생활' 운운하는 비판에 대해 1972년 아테네에서 행한 연설에서 다음과 같이 자신의 입장을 밝혔다.

> 저의 이중 활동에 대한 모든 비난들을 저도 알고 있습니다. 그들은 이렇게 말합니다. '작가는 거리를 두어야 한다. 건조한 이차 언어로 하는 일상의 정치는 문학적 문체를 더럽힌다'라고 말입니다. 또 이렇게 단정적으로 말하는 사람들도 있습니다. '정신과 권력은 화해할 수 없다'고 말입니다. 저는 이렇게 답하렵니다. '작가는 현실을 통해서, 또한 당연히 정치적 현실을 통해서 스스로를 의문시해야 한다'고 말입니다. 그것은 현실과의 거리를 포기해야만 가능합니다. 스파르마니아처럼 폐쇄된 공간에서 정성껏 보살펴지고 온실 속에서 자란 문학적 문체라는 것은 물론 예술 언어로는 순수할 테지요. 하지만 현실은 순수하지 않습니다. (『전집』 9권, 565쪽)

그라스는 문학과 정치, 정신과 권력이 서로 괴리되어 있거나, 대립되어 있다고 보지 않는다. 그가 문학과 정치의 존재 방식의 차이(비타협-타협, 순수-비순수)에 주목하는 것은 양자의 배타성을 강조하기 위한 것이 아니라, 작가의 참여가 이제는 새로운 방식을 취해야 한다는 점을 역설하기 위한 것이다. 작가는 현실에 참여하고자 할 때 비타협적인 요구나 절대 순수의 유토피아, 그러니까 '세상을 정화시키는 뇌우'를 쏟아 부으려고 해서는 안 되고——그것은 현실에서 '성실한 단두대'를 불러올 수도 있다——현실의 원리를 인식하고, 그것과 부딪히며, 끊임없이 좌절하면서도 현실의 가능성 안에서 계속 앞으로 한 발짝을 내딛어야 한다는 것이다. 그라스가 절대, 순수, 유토피아, 영원, 정신과 권력의 대립 등의 개념으로 축조된 전통적인 관념론적 작가상을 거부하고 냉정한 현실주의적 작가상을 내세우는 것도 이러한 인식에서 나온 것이다.

전통적 작가상 비판

그라스는 1972년 자신이 정치 활동에 참여하게 된 동기를 이렇게 털어놓는다.

> 1960년대 초부터 저는 정치적인 잔일을 하기 시작했습니다. 왜냐하면 작가는 민족의 양심이고, 정치라는 천박한 세계로 내려가서는 안 된다는 터무니없는 견해가 그 엘리트주의적인 성격 때문에 지극히 거슬렸기 때문입니다. (『전집』 9권, 565쪽)

그라스가 직접 정치라는 '천박한 세계'에 뛰어들어 선거운동이라는 '잔일'을 마다 않은 이유는 물론 자신의 정치적 신념 때문이기도 하지만 또한 무엇보다도 전통적인 작가관에 대한 거부감 때문이라는 것이다. 1965년 연방의회 선거 현장에서 행한 유명한 연설문 「임금님의 새 옷」은 그가 당시에 이미 전통적인 작가관에 대해 얼마나 강한 반감을 가지고 있었는지를 여실히 보여준다.

> 작가의 자리는 사회 안에 있는 것이지, 사회 위에 혹은 사회 밖에 있는 것이 아니다. 그러니 모든 정신적인 오만과 애매한 엘리트 정신을 버려라! 당신들 바람 한점 불지 않는 아름다운 가옥에 사는 유토피아주의자, 분파주의자들이여, 문 앞으로 걸어 나와라! 당신의 무릎과 이마가 부서지도록 현실과 부딪쳐라! 천재는 더 이상 우아한 광기 속에 사는 게 아니라, 정신 버쩍 차려야 하는 우리네

소비 사회에 살고 있다. 성자들은 실용주의자가 되었다. 정신과 권력의 케케묵은 대립을 억지로 꾸며댈 아무런 이유도 없다. (『전집』 9권, 113쪽)

여기서 독일 문학의 전통 속에서 운위되는 작가의 사회적 위상에 대한 고루한 관념들이 일거에 전복된다. 작가의 자리는 사회 '안'에 있다. 더 이상 사회 '위'에서 예언자, 계시자 연하거나, 사회 '밖'에서 국외자나 은둔자 혹은 낭만적 방랑객 행세를 해서는 안 된다. 정신적 오만, 엘리트주의, 유토피아주의, 분파주의, 천재연하기, 정신과 권력의 대립 등 독일의 전통적 작가상에 내재한——그리고 현재에도 여전히 지배적인——속성들이 반어의 도마 위에 오른다. 그라스는 새로운 작가의 모습을 간결하나 분명하게 정식화한다. "천재연하는 허풍을 떠느니, 사회민주당을 위해 일하라."[32] 이제 작가는 스스로를 정신적 고지에 거하는 천재가 아니라, 정치적 일상을 살아가는 시민으로 인식해야 한다는 것이다.

그라스의 엘리트주의 비판에 있어 주목해야 하는 것은 보수적인 작가들의 엘리트주의뿐 아니라 이른바 '진보적인' 작가들의 그것도 동시에 겨누고 있다는 사실이다. 뷔히너 상 수상 연설 「자명한 것에 대하여」에서 그는 "민족의 양심", "정신의 자유" 운운하는 보수적 작가들뿐 아니라, 좌파 작가들의 "세미나 마르크스주의", "정신적 오만", "세계 시민적 우아함"을 반어적으로 비판한다.(『전집』 9권, 144쪽) 이처럼 좌우를 막론하고 작가(지식인)의 엘리트주의를 공격하는 이유는 무엇보다도 그들이 턱없는 비현실적 관념론과 정신적 귀족주의에 사로잡혀 있다고 보기 때문이다.

자명한 것을 행한다는 것이야말로 무척이나 어려운 일입니다. 이 나라에서는 식자(識者)가 정신적 지위를 떨쳐버리고, 냄새나는 현실에 경의를 표하기

---

32) Heinrich Vormweg, *Günter Grass* (Hamburg, 1986), 125쪽에서 재인용.

는 낙타가 바늘구멍을 통과하는 것보다 어렵습니다. (『전집』 9권, 150쪽)

작가를 사회 안에 있는 존재로 보는 그라스는 작가를 사회로부터 독립된 자유로운 존재로 보는 전통적인 작가관에 비판적이다. "오, 자유로운, 아니 새처럼 자유로운, 독립적인, 아니 독립에 종속된 작가라는, 아니 시인이라는 잘 꾸며낸 허구여!"(『전집』 9권, 150쪽) 특히 그라스는 '작가는 민족의 양심'이라는 전통적인 작가관을 거듭거듭 비판하는데 그 이유는 이러한 관념 속에는 비민주적 의식을 조장할 위험이 내재되어 있다고 보기 때문이다.

 작가는 곧 민족의 양심이라고 연결짓는 것은 상투적인 것이 되어버렸지만, 우리 나라에서도 어떤 위험을 품고 있다. 작가에게 민족의 양심을 떠넘겨 버리면, 나머지 국민들은──그 수는 엄청나게 많다──양심 없이도 아무렇게나 살아갈 수 있는 것이다. 나는 그것을 거부한다.[33]

작가를 민족의 양심으로 보는 전통적 관념에는 대다수 시민의 무책임을 조장하는 논리가 숨어 있다. 민주주의는 그 시민의 책임 의식에 뿌리박고 있음을 유럽 계몽주의의 전통을 들어 줄기차게 역설해 온 그라스로서는 이러한 권위주의적, 비민주적 작가관을 받아들일 수 없는 것이다. 그라스가 '정치의 잔일'에 그토록 전력을 기울여 매진한 것은 그러한 방식의 참여가 갖는 실제적인 정치적 효용성을 고려했기 때문이라기보다는, 전통적 작가관이 지닌 엘리트주의적, 권위주의적 성격을 폭로하고, 민주적 참여라는 대안적 모델을 몸소 실천으로 보이려는 시위 행위라 할 수 있다. 그렇다면 '민주 시민' 그라스가 내세우는 참다운 작가의 모습은 어떤 것이며, 사회 안에 있는 존재로서 작가의 참여 방식은 어떠해

---

33) "Günter Grass im Interview mit Manfred und Barbara Grunert", *Wie stehen Sie dazu? Jugend fragt Prominente* (München, 1967), 86쪽.

야 하는가.

시민작가론

그라스는 현실과 거리를 두고, 정신의 '고지'에 머물면서, 정신과 권력의 대립이라는 '잘 꾸며낸 허구'를 자신의 유폐적 태도의 변명거리로 삼는 전통적 작가들의 태도를 엄중하게 비판한다. 그렇다면 사회 '위'에서 초연하거나 사회 '밖'에서 방황하는 존재가 아니라, 사회 '안'에서 살아가는 존재로서 작가는 정치, 사회, 현실과 어떤 관계를 맺어야 하는가? 그라스의 답은 자명하다. 작가는 현실과의 벽을 허물고, 정신의 '고지'를 떠나 현실의 '냄새나는 평지'로 내려와 현실과 실천적인 관계를 맺어야, 즉 '참여'해야 한다.

하지만 그라스는 자신을 '참여작가'라고 부르거나, 자신의 문학을 '참여문학'이라고 부르는 것은 한사코 거부한다. 거기에는 몇 가지 이유가 있다.

우선 그라스는 모든 작가는 본래 존재론적으로 참여작가일 수밖에 없다고 생각한다. '작가의 자리는 사회 안에 있다'는 말은 당위론적 요청이 아니라, 존재론적 현실이다. "자기 자신을 '참여작가'라고 부르는 작가는" 자신을 "흰 백마(白馬)"라고 부르는 것과 마찬가지이다. "우리가 백마를 '희다'고 불러준다고 그 백마가 더 백마가 되는가?"(『전집』 9권, 155쪽) 결국 참여작가라는 말은 동어반복일 뿐이다. 그런데도 '참여작가'들은 매우 고지식하고 편협한 태도로 '참여문학'을 주장한다는 것이다.

> 처음부터 참여작가는 소설이나, 시나 희극을 쓰는 게 아니라, '참여문학'을 쓴다. 그렇게 분명한 상호(商號)를 사용하는 문학이 있고 보면 그 옆에, 그 아래, 그 위에는 아직도 비참여적인 문학만이 존재할 수밖에 없다는 것은 자명하다. 적지 않은 나머지 문학은 예술을 위한 예술로 폄하된다. (『전집』 9권, 155쪽)

그라스에 따르면 문학은 참여니 순수니 하는 범주로 분류될 수 있는 것이 아니라, 현실에 대해 갖는 영향 가능성을 인지하는 정도에 따라 나뉜다. 즉 참여작가 아니면 순수작가라는 양자택일의 가능성이 존재하는 것이 아니라, "우리에게 익숙한 현실에 대해 권고를 통해서가 아니라 행동을 통해서 영향을 줄 수 있는 그 조그마한 가능성들을 감지한 작가, 감지하지 못한 작가, 절반쯤 감지한 작가가 있을 뿐"(『전집』 9권, 157쪽)이다.

두 번째로 그라스는 자신의 역사적 경험 때문에 '참여문학'이라는 말을 기피한다. 특히 나치 시대에 권력이 문학을 동원하면서 일어난 현상, 즉 '참여문학'의 전도 현상에 경악했기 때문이다. "나치 작가들이야말로 열렬하게 참여한 작가들이었다."(『전집』 10권, 166쪽) 전후 문단의 풍경도 그라스가 '참여문학'이라는 말에 회의적인 태도를 갖게 만든 요인이었다.

> 내가 1955년 처음으로 47 그룹에서 발표를 했을 때, '참여문학'이라는 개념, 아니 유명 상품이 대단히 잘 팔리고 있었다. 솔직히 말해서, 나중에서야 저항문학을 내놓으려고 하면서도 터무니없는 거리를 취하며 민족의 양심인 양 행세하려는 거만한 태도가 몹시 거슬렸다. (『전집』 9권, 392쪽)

또한 혁명을 부르짖으며 급진적 변혁을 외쳤던 러시아와 이탈리아의 미래파 작가들이 "혁명의 가장 고분고분하고 나이브한 희생자"로, "테러의 무비판적인 앵무새"(『전집』 9권, 412쪽)로 전락한 역사적 사실은 '참여문학'이라는 용어를 더욱 허구로 보이게 하였다.

그라스가 '참여작가'라고 불리기를 기피하는 세 번째 이유는 그의 당대에 '참여작가'를 자처하는 작가들이 보인 행태에 대한 실망감 때문이다. 그라스는 세계 혁명을 외치며 쿠바에서 본보기를 찾고, "'혁명'이라는 매혹적인 말을 문학적으로 경솔하게 사용하는"(『전집』 9권, 416쪽)

'신좌파' 엔첸스베르거와 "거창한 연설로 베트남 연락 사무소 설치를 요구하고, 그것을 위한 기부금을 요청하고서, 그 후엔 아무 일도 하지 않는"[34] '공산당원' 마르틴 발저의 무책임한 태도에 거부감을 느낀 것이다. 그라스는 독일 '참여작가들'의 낭만적 혁명론과 실천 부재를 꼬집고 있는 것이다.

독일의 전통적 작가관에 내재된 정신 귀족주의와 권위주의에 강한 반감을 느꼈고, 또한 이른바 '참여문학'의 비현실주의와 엘리트주의에 대해서도 공감할 수 없었던 그라스는 이들 양자와는 다른 새로운 형태의 참여 가능성을 모색하게 된다. 이러한 모색은 여러 형태로 표현되었는데, 그 하나가 '광대론'이다. 현대사회에서 작가는 더 이상 자신을 천재(Genie)나 엘리트(Elite)로 인식해서는 안 된다. 현실을 변화시키고자 하는 작가는 광대(Narr)가 되어야 한다.

> '민족의 양심'이 되려는 허황된 자만심을 털어버리고 때때로 책상을 뒤집어 엎고 민주적인 허드렛일을 마다 않는 무명, 유명의 작가들도 많이 있습니다. 이 말은 타협을 추구한다는 뜻입니다. 이것만은 분명히 알아야 합니다. 시는 타협을 모르지만 우리는 타협을 통해 살아갑니다. 행동하면서 이러한 긴장을 견디는 자는 광대이고, 그가 세상을 변화시킵니다. (『전집』 9권, 158쪽)

전통적인 엘리트주의적 작가의 상이 완전히 전복된다. 이제 작가는 사회 '위'에 있다는 권위적 태도를 버리고, 사회 구성원의 하나로서 민주적 사회가 요구하는 '허드렛일'까지 떠맡을 수 있어야 한다. 하지만 이것은 쉬운 일이 아니다. 민주적 사회는 원칙적으로 타협에 의해 유지되는 사회이므로, 문학이라는 비타협의 영역에 종사하는 작가로서는 '긴장'을 느끼지 않을 수 없기 때문이다. "그는 자신에게 일차적으로 중요한 문학

---

34) Heinz Ludwig Arnold, "Gespräch mit Günter Grass", *Günter Grass. Text + Kritik*, 1/1a, (München, 1978), 22쪽.

활동이 현실에서 영향력이 없다는 것을 인식함으로써 스스로 광대라고 생각한다. 그러나 바로 그렇게 함으로써 그는 거창한 척도에 따라 그리고 문학을 통해 정치 현실을 변화시킬 수 있다는 환상에서 해방되어, 그 대신 현실의 토대 위에서 조금씩 현실을 변화시키기 시작한다."[35]

'민주적 허드렛일'을 몸소 실천함으로써 한 발짝 한 발짝 사회를 변화시키는 작가, 민주 사회의 타협의 원리를 받아들이는 작가, 자신의 작가적 존재 방식과 사회적 존재 방식 사이의 긴장을 견디어내는 작가――이것이 그라스가 생각하는 새로운 참여작가의 모습이다.

사회 '안'의 존재로서 자신의 사회적 정체성을 자각할 때, '광대'는 '시민'이 된다. 시민으로서의 자각은 작가가 현실을 변화시키기 위한 전제조건이다. 작가가 "'정치'라는 말을 한다면, 그는 일상에서도 정치를 실천해야 한다. 그는 시민이 되어야 한다."(『전집』 10권, 188쪽) 이때 그라스가 말하는 시민은 유럽 계몽주의의 전통에 따라 "사회적 책임 의식을 지닌 시민(Citoyen)"(『전집』 9권, 584쪽)을 의미한다.[36] 그러니까 그라스가 늘 자신을 '작가이자 시민'이라고 소개할 때, 그것은 '사회의 한 구성원으로서 책임 의식을 지닌 작가'라는 자기 인식을 강조하기 위한 것이다.

그라스는 작가로서 자신의 사회적 정체성에 대한 진지한 성찰을 담은 소설 『달팽이의 일기』에서 작가를 이렇게 정의한다.

> 아이야, 작가란 악취에 이름을 붙여주기 위해 악취를 사랑하는 사람이란다. 악취에 이름을 붙여줌으로써 악취를 먹고사는 사람이란다. 그건 코에 못이 박이는 존재 조건이지. (『달팽이의 일기』, 483쪽)

---

35) Manfred Durzak, *Der deutsche Roman der Gegenwart* (Stuttgart, 1973), 136쪽.
36) 그라스의 '시민' 개념은 이런 의미에서 마르크스적 의미의 '시민'(부르주아지)과는 다르다. 이 점에 유의해야만, 전통적인 좌파가 프롤레타리아를 복원함으로써 "동등한 권리를 가진 계몽된 시민이 되고자 하는 노동자들의 역사적으로 그리고 사회 정치적으로 조건 지워진 소망을 무시하고 있다"(『전집』 9권, 584쪽)는 그라스의 비판이 지닌 의미를 올바로 이해할 수 있다.

현실을 변화시키려면 타협의 원리가 지배하는 현실의 악취까지도 사랑할 수 있어야 하는 것이 작가의 '존재 조건'이다. '작가는 악취를 사랑하는 사람'이라는 정의는 전통적인 독일 작가들이 지닌 엘리트주의적, 정신 귀족적 태도에 대한 단호한 결별 선언이자, '보통 시민으로서의 작가'라는 민주적, 반권위적 작가 의식의 결연한 표현이다. 일상적으로 '정치의 잔일'을 행하는 것을 민주 시민으로서 "자명한 일"(『전집』 9권, 584쪽)로 생각하는 그라스의 작가관은 독일의 전통적 작가관을 완전히 뒤집어놓은 것이다.

나아가 그라스는 일체의 권위적 태도와 애매한 신비화를 떨쳐버리고 작가의 직업적 위상을 '노동자'로 규정한다. 작가는 민주 사회의 구성원으로서는 시민이지만, 노동 세계의 일원으로서는 또한 '노동자'라는 것이다. 1970년 독일작가연맹에서 행한 「작가와 노조」라는 연설에서 그는 "많은 좌파 작가와 이론가들이 자신을 노동자, 노조의 보호가 필요한 사람으로 인식하지 못하고 있다"(『전집』 9권, 479쪽)고 지적하면서 작가의 사회적 현실을 노조와 노동 세계의 틀 안에서 바라본다.

이상에서 살폈듯이 그라스의 작가관은 일체의 비현실적인 신비화를 거부하는 냉정한 현실 인식에서 나온 것이다. 그라스는 작가에게 '광대', '시민', '노동자'라는 새로운 이름을 붙여줌으로써 현대 사회에서 작가의 영향 가능성, 사회적·직업적 위상에 대한 냉철한 성찰을 요구하고, 그 바탕 위에서 구체적인 현실 참여의 가능성을 타진하는 것이다.

그라스의 '참여문학론'은 문학을 정치 현실의 변화를 위한 수단으로 동원한다는 전통적인 의미의 참여문학론이라고 보기 어렵다. 오히려 그것은 작가 자신이 문학과 정치 사이의 긴장을 견뎌내면서 현실의 변혁에 적극적으로 참여해야 함을 강조한다는 의미에서 '참여작가론'이라 할 수 있고, 또한 이때 작가의 참여는 '민족의 양심'이라는 권위적, 엘리트적 의식에서 배태된 것이 아니라, '시민으로서 자명한 일을 행하는 것'이라는 민주적 시민 의식에서 연원한 것이라는 의미에서 '시민작가론'이라고 할 수 있다.

하지만 이와 같은 그라스의 새로운 참여 방식과 사회적 자기 인식이 일반 대중들에게 그렇게 당연하게 받아들여졌던 것은 아니다. 아직도 "도덕적인 흠결 하나 없는, 대사제와 같은 지고한 입장"을 작가의 "정치적 자리"라고 생각하는 대중들은 "그렇게 직접적으로, 그렇게 땀을 뻘뻘 흘리며, 그렇게 세세한 부분까지 관심을 갖고, 아주 일상적인 말로 맥주 냄새 속에서"(『전집』 9권, 584쪽) 열변을 토하는 작가를 어리둥절한 눈으로 바라보았던 것이다. 그러나 몇 년 후 그의 참여 방식은 결국 많은 시민들에게 작가의 민주적 참여의 새로운 모델로서 폭넓은 이해와 지지를 얻게 되었다. "작가가 스스로를 시민으로 인식했을 때 비로소 시민들도 그를 작가로 인식하기 시작했다."(『전집』 9권, 593쪽)

3) 멜랑콜리와 유토피아 사이에서

그라스의 '시민작가론'은 권위주의적이고 엘리트주의적인 전통적 작가관에 대한 반발로서 반권위주의적이고 민주적인 새로운 작가 의식에서 배태된 것이다. 하지만 이러한 새로운 문학론이 생성된 근저에는 작가의 사회적 위상과 역할에 대한 성찰 이전에, 시대사에 대한 세대적 체험에서 나온 그라스의 독특한 가치관, 역사관, 세계관이 깔려 있다는 사실에 주목해야 한다.

그라스의 세대에 결정적인 영향을 준 시대사는 물론 나치즘과 제2차 세계대전이다. 나치 시대에 유년기와 청년기를 보내야 했던 그라스와 그의 세대 작가들——엔첸스베르거, 마르틴 발저, 하이너 뮐러, 크리스타 볼프, 귄터 쿠너트, 볼프 비어만 등——은 나치 현상과 나치의 권력 장악을 가능하게 했던 요인들에 대한 비판적 성찰을 통해 자신의 세계관을 새롭게 구축해야 했다. 그라스가 '직접적인 참여'를 택하게 된 이유도 바로 이러한 성찰의 결과이다.

저는 작가로서 바이마르 공화국의 몰락으로부터 교훈을 얻었다고 할 수 있습니다. 바이마르 공화국이 붕괴된 것은 나치주의자들의 권력욕, 독일 민족주의자들의 기회주의, 공산주의자들의 조급성, 민주정당들의 취약성 때문만은 아니었습니다. 다수의 작가들 또한 공화국을 보호하기 위해 몸을 던지기를 꺼렸습니다. 적잖은 수의 작가들이 위트와 재기 넘친 말로 의도적으로 공화국을 조롱했던 것입니다. (『전집』 9권, 564쪽)

그라스는 1930년대를 전후한 작가들의 무책임한 태도를 바이마르 공화국 몰락과 히틀러 등장의 한 중요한 요인으로 본다. 따라서 일체의 정신적 오만과 허황된 권위를 떨쳐버리고 '민주 사회의 책임 의식을 지닌 한 시민으로서' '정치적 허드렛일'을 마다 않는, '현실의 악취를 기꺼이 맡는' 시민으로서의 작가를 주장하는 그라스의 '시민작가론'은 무엇보다도 자신의 역사적 체험에서 나온 반성의 결과라고 할 수 있다.[37]

그라스의 가치관에서도 시대사가 그의 의식과 사상에 얼마나 결정적인 영향을 미쳤는지를 분명하게 살필 수 있다. 그라스가 추구하는 가장 중요한 가치는 '관용'이다. 좌우의 갈등에서는 말할 것도 없고, 좌파 내부에서도 관용 정신의 부재가 엄청난 역사적 재앙을 가져왔다고 보기 때문이다. 관용은 사상의 자유, 다양성, 모순을 허용하는 정신적 자세이다.

사상의 자유를 주장한다는 말은 다양성을 옹호한다는 말이고, 절망적으로 폭발한 독신(瀆神)의 말조차도 보호한다는 말이며, 어느 때고 번창할 수 있는 키치를 참아준다는 말이고, (……) 인간과 인간 사회의 특징인 저 모순을 견디어낸다는 말이다. (『전집』 9권, 619쪽)

---

37) 작가로서 그라스의 미학적 입장 또한 나치와 전쟁에 대한 반성의 산물이라는 점에도 주목해야 한다. "저는 종종 곰곰이 생각해 보곤 합니다. 제3제국과 전쟁이라는 배경이 없었다면 저의 특수한 재능이 어떤 방향으로 나아갔을까, 이러한 소재 압박과 죄의식이 없었다면, 제가 어떤 유희 방식과 미학을 취했을까 하고 말입니다."(『전집』 10권, 166쪽)

그라스가 "의심, 냉정, 불안, 회의, 관용, 시민적 용기"(『전집』 9권, 430쪽)를 시민의 가장 중요한 덕목으로 여기는 것은 인간 사회의 모순을 현실로 받아들이면서, 모순 없는 절대적 가치를 주장하는 이데올로기를 경계하는 의식의 표현이다. 여기서 그라스의 '참여'의 동기가 어떤 확신보다는 회의(懷疑)에 근거하고 있다는 점에 주목할 필요가 있다. 특히 『달팽이의 일기』는 신념보다 더 강한 회의의 힘을 일관되게 강조하는 작품이다. 회의는 그라스를 대다수의 다른 참여작가들과 구별지워주고, 그의 '시민문학론'을 잉태한 정신적 기반이다.

그라스의 세대적 체험에서 나온 독특한 역사관, 세계관도 그의 '시민문학론'의 중요한 정신적 배경을 이룬다.

그라스는 나치즘의 '불에 덴 아이'로서 나치 이데올로기처럼 전체 혹은 총체성에서 출발하는 이데올로기, 설정된 목표를 절대화하고 이상화하는 이데올로기를 수상하게 여긴다. 그는 이런 총체성 사고, 목표의 절대화, 비현실적 이상주의의 뿌리를 독일 관념론에서 본다. 그래서 "우리의 근본적인 불행은 관념론이다"(『전집』 9권, 392쪽)라고 말할 수 있는 것이다.

하지만 관념론에 대한 불신은 곧 목표와 이상의 실종, 유토피아의 상실로 이어질 위험이 있다. 그래서 그라스는 "관념론 없이 살면서도 냉소주의에 빠지지 않는 하나의 태도를 찾으려고"[38] 부심한다. 그 결과 그는 카뮈의 『시시포스의 신화』에서 관념론적 역사관을 대체하는 빼어난 구상을 발견한다. 그는 시시포스에게서 최종 목표와 폐쇄된 체계, 그리고 궁극적인 상태의 도래라는 관념론적 구상을 부정하는 빛나는 상징을 본다. 돌이 정상에 머물지 않으리라는 것을 알면서도 돌을 굴려야 하는 시시포스의 비극적 의식이 그라스에게는 "이데올로기와 자본주의, 마르크스주의적 공산주의가 떨이로 팔려나간 상황에 처하여 인간 존재의 이미

---

38) Heinrich Vormweg, *Günter Grass* (Hamburg, 1986), 32쪽.

지로 점점 설득력 있게 떠오른"(『전집』10권, 327쪽) 것이다. 그라스는 카뮈의 실존주의적 인간관에서 유토피아적 희망과 현실의 절망을 동시에 극복할 수 있는 가능성을 본다. 그라스가 멜랑콜리의 힘을 신뢰하는 이유도 여기에 있다.

> 나는 멜랑콜리를 옹호한다. 나는 멜랑콜리가 더 이상 우리에게 낯설고 수상한 것이 되지 않도록, 우리에게 구체적인 것이 되도록 하기 위해서 멜랑콜리를 오늘날의 여러 변형된 모습들로 제시하였다. 진보 속의 정지(靜止)를 알고 존중하는 사람만이, 한번 아니 여러 번 좌절해본 사람만이, 텅 빈 달팽이의 집에 앉아보고 유토피아의 그늘 속에서 살아본 사람만이 진보를 가늠할 수 있다. (『달팽이의 일기』, 567쪽)

여기서 그라스가 말하는 것은 유토피아와 멜랑콜리의 관계이다. 그는 "멜랑콜리가 엄격히 금지된 완벽한 유토피아"(『어느 달팽이의 일기』, 557쪽)를 거부하는데, 그것은 멜랑콜리가 출구가 보이지 않는 암담한 상황 속에서는 하나의 '실질적인' 기능을 한다고 보기 때문이다. 멜랑콜리에 찬 회의의 태도를 견지하는 자만이 쉽사리 완전한 절망에 빠지지 않으며, 현실에서 진보하는 것을 인식할 수 있다는 것이다. "여러 번 좌절하고, 그러고도 다시 시도하는 자만이 진보를 가늠할 수 있다."(『전집』10권, 120쪽)

그라스의 시민작가론은 이처럼 유토피아와 멜랑콜리 사이의 긴장을 견디고, '수많은 회의에도 불구하고' 한 발짝 앞으로 돌을 굴리는 그라스의 시시포스적 역사의식의 표현이다.

3 새로운 작가상의 정립

그라스는 자신의 독특한 참여문학론인 '시민문학론'을 지난 사십 년간 일관되게 견지해 왔다. 그 결과 그의 새로운 참여문학론이 민주 사회의 현실에 적합성을 지닌 것임을 실천으로 예증할 수 있었다. 오늘날 그라스가 '독일 민주주의의 교사', '독일 정체성의 생산 공장', "비판적 좌파 지식인의 대변인이며, 독일의 비공식적 양심"[39]이라고 불리는 것은 그가 작가의 새로운 참여 모델을 제시함으로써 그 사이 독일 사회의 한 도덕적 상징으로 자리 잡게 되었음을 보여주는 것이다.

하지만 그라스의 진정한 위대함은 그가 작가로서 자신의 직접적인 정치 참여가 몰고 올 위험을 철저하게 인식하면서도 그것을 감수하며 자신의 입장을 굽히지 않았다는 사실이다. "안전장치도 없이, 받아주는 그물도 없이 ── 누구나 내게서 멀어지는 것이 허용되어 있었다 ── 줄 위에 서 있었지만, 나는 내가 자명한 일을 한다고 확신하고 있었다."(『전집』 9권, 142쪽). 좌·우파의 전통적 작가상을 전복시킨 그라스는 그로 인해 많은 동료 작가들로부터 몰이해와 비판을 받았지만, 그러한 분위기 속에서도 '민주사회의 보통시민으로서의 작가'라는 새로운 작가상을 세우고, 몸소 실천했던 것이다.

그라스는 1972년 한 인터뷰에서 하인리히 하이네를 이렇게 평하였다.

하이네는 언제나 일면적으로 해석되어 왔습니다. 서정시라는 구석에서 해석되거나, 혹은 무엇보다도 앞서 정치적인 작가로 해석되었던 것입니다. 하지만 저는 그를 결코 그렇게 고립된 방식으로 파악하지 않습니다. 저에게 있어 하이네는 유럽 계몽주의의 전통 속에 서서, 계몽주의의 영욕을 체현하고 있는 인물입니다. (『전집』 10권, 130쪽)

이 말은 그라스 자신에 대해서도 그대로 적용되는 말이다. 그라스는 문학의 영역에서는 절망을 절규하고, 정치의 영역에서는 희망을 노래한

---

39) Gudrun Boch, "Weder Flagellant noch Volksdenunziant. Günter Grass in USA", *Frankfurter Rundschau*, 1992년 12월 29일.

'이중생활'의 작가도, 순수(문학)와 참여(정치)의 '이중 궤도'를 달린 작가도 아니다. 그라스는 유토피아와 야만 사이의 긴장을 예민하게 감지하면서도 결코 완전한 절망에 빠지지 않고 회의의 힘을 참여의 동력으로 삼았다는 의미에서 '계몽의 영욕'을 한 몸에 지닌 작가인 것이다.

(≪독일어문학≫, 2000년 제13집)

2 참여지식인 귄터 그라스

　귄터 그라스가 20세기의 마지막 노벨 문학상을 받았다. 그의 노벨상 수상은 여러 가지로 화제다. 우선 그의 수상은 독일 작가로는 1972년 하인리히 뵐 이후 27년 만의 일로서 독일 문단에서는 더없는 경사로 받아들여지고 있다. 마침 1999년은 서독이 건국된 지 오십 년이 되는 해인지라 이번 노벨상은 국제사회가 통일 독일에 보내는 뜻 깊은 선물이라는 의미도 지닌다. 또한 자타가 공인하는 '유럽주의자'인 그라스에게 노벨상이 돌아간 것은 —— 그라스는 노벨상 심사위원회에서 마지막까지 독일의 '민족주의자' 마르틴 발저와 경합했다는 후문이다 —— 유로화의 등장과 함께 한층 가시화된 '하나의 집 유럽(ein Haus Europa)'에 보내는 축하 메시지 같은 것이기도 하다.
　노벨 문학상 심사위원장인 호라스 엥달(Horace Engdahl)은 수상식 축사에서 그라스를 선정한 이유를 이렇게 밝혔다. "귄터 그라스! 당신의 균형 감각은 인류에게 커다란 기여를 하였습니다. 당신은 사람들이 빨리 잊고자 하는 것을 고집스레 기억하는 한 문학이 여전히 하나의 권력일 수 있음을 보여주었습니다." 그는 또한 "그라스는 자신의 작품을 통해 독일의 과거를 덮고 있던 악령을 날려 버렸습니다. 소설『양철북』은 20세기 독일 소설의 재탄생을 의미합니다"라고 하여 그라스 문학의 역사적 의미를 상찬하였다. 하지만 무엇보다도 그라스를 이해하는 데 정곡을 찌른 것은 그가 내린 결론이다. "그라스는 미학적으로나 정치적으로나 일체의 금기를 넘어섰고, 모든 기대를 뛰어넘었습니다."[1]

그라스가 '미학적으로' 뛰어넘은 금기와 기대에 대해서는 그의 노벨상 수상에 대한 동료 작가와 비평가들의 평을 살피는 것만으로 충분하리라.[2] '작가 그라스'의 위대함에 대해 의문을 제기하는 사람은 찾아보기 힘들다. 사실 그의 작품은 어느 누구도 흉내 낼 수 없는 그만의 독특한 경지를 구축하는 데 성공했으며, 그는 진작에 '대가'의 반열에 들어섰기 때문이다.

하지만 그라스의 노벨상 수상은 단순한 '문학적', 혹은 '미학적' 사건 이상의 것이다. 그것은 또한 '정치적' 사건이다. 그의 노벨상 수상은 '유럽 좌파 지식인의 부상'(이탈리아의 노벨상 수상 작가 다리오 포)이자 '참여문학의 승리'(폴란드의 노벨상 수상 작가 체슬라프 밀로츠)를 의미하기 때문이다.

이처럼 그라스에 대한 평가는 그 강조점이 두 개의 지평, 즉 '미학적' 지평과 '정치적' 지평으로 나뉘어 있다. 이 글에서는 '작가 그라스'에 대한 미학적 평가보다는 '지식인 그라스'에 대한 정치적 평가에 초점을 맞추려고 한다. 그 이유는 그라스 문학의 미학적 수준과 위상에 대해서는 이미 수많은 연구와 대체적인 합의가 이루어져 있음에 반해 그의 정치적 참여에 대한 평가는 여전히 논쟁이 분분하기 때문이며, 무엇보다도 그라스의 진정한 위대성은 그가 독일 현대사에 가장 뚜렷한 족적을 남긴 지식인이라는 점에 있기 때문이다. 그는 지난 40년간 줄기찬 참여를 통해 독일의 정치 문화에 커다란 변화를 몰고 왔고, 독일의 전통적인 지식인상을 전복시켰다. 그가 남긴 발자취 하나하나에서 우리는 오늘을 사

---

1) *Der Spiegel*, 1999년 제50호, 255쪽.
2) 이 책 1장 「알레고리로 짜인 시시포스의 세계」 참조.

는 독일의 대표적인 참여지식인의 고뇌를 엿볼 수 있다.

1 독일사회민주당의 영원한 고수(鼓手)

귄터 그라스가 '참여작가'라고 불리는 것은 그의 문학 작품이 눈에 띄게 정치적인 성격을 지니고 있기 때문이 아니다. 오히려 그라스는 사회주의 리얼리즘 계열의 작가들처럼 문학이 정치에 직접적인 영향을 미칠 수 있다는 주장에 회의적이며, 나아가 나치 예술에서 두드러진 '정치의 미학화'뿐 아니라 '미학의 정치화'에 대해서도 반대 입장을 분명히 하는 작가이다. 예술과 정치는 서로 다른 원리에 기초하고 있다는 것이 그의 생각이다. 그의 식대로 말하자면, "예술은 타협을 모르지만, 정치는 타협을 먹고 산다"는 것이다. 그럼에도 불구하고 그가 독일의 대표적인 '참여작가'로 불리는 것은 어인 일인가. 그것은 무엇보다도 그가 작가이기 이전에 '시민의 한 사람으로서' 독일사회민주당을 위해 열정적으로 활동했기 때문이다.

그는 한 인터뷰에서 자신이 사회민주주의자가 된 동기를 이렇게 털어놓았다.

나는 거기 칼리 광산에서 이데올로기 없이 사는 법을 배웠다. 일요일 아침마다 히틀러 청년단의 조회 때 국기와 피와 땅에 대해 선서하던 일들이 아직도 귓가에 쟁쟁했다. 그런데 이번에는 공산주의자들이 그들의 이데올로기의 헛간에서 꺼내온 먼지 앉은 물건들을 가지고 유혹하려 들었다. 나는 불에 덴 아이처럼 조심스럽게 과묵한 사회민주주의자들에게 의지했다. 그들은 천년왕국이니, 세계혁명이니 떠벌리며 허풍 떨지 않았다.[3]

---

3) Günter Grass, "Ich klage an", *Über das Selbstverständliche* (München, 1969), 59쪽.

유년기와 청년기에 겪은 나치 체험과 거기서 생겨난 이데올로기에 대한 불신이 그가 사회민주주의자가 된 결정적인 계기였다는 것이다. 그는 유토피아적 이데올로기를 내세우는 어떠한 정치적 주장에 대해서도 지극히 회의적인 눈으로 바라보면서, 점진적 개혁을 외치는 사회민주주의의 현실주의를 선택한다.

그라스가 정치의 현장에 직접 뛰어들게 된 것은 빌리 브란트와의 우연한 만남이 계기가 되었다. 1959년에 출간된 『양철북』으로 일약 독일 문단의 총아로 떠오른 그라스는 1961년 연방의회 선거에서 기독교민주당(기민당)의 콘라트 아데나워가 사회민주당(사민당)의 빌리 브란트가 '서자'라는 사실을 떠벌리며 정치 공세를 펴는 것을 보고 몹시 격분해 있던 차에 베를린에서 브란트를 만나게 되자 즉석에서 그를 돕겠다고 말하고, 그의 연설문 작성 등을 도와주게 된 것이다.

독일을 대표하는 작가로 촉망받던 그라스가 사민당을 지원한 방식은 당시로서는 실로 파격적이었다. 그것은 직접 발 벗고 유세에 뛰어드는 방식이었기 때문이다. 그라스가 본격적으로 브란트의 사민당 지원 유세에 나선 것은 1965년 선거부터이다. 그는 50여 개의 선거구를 돌며 유세를 벌인다. 이 선거 유세에서 그라스는 예술가로서의 역량을 한껏 활용한다. 직접 그린——그라스는 뛰어난 화가이기도 하다.——유명한 '에스페데(독일사회민주당)를 울어 젖히는 닭'의 플래카드를 휘날리며 월트 휘트먼을 인용하여 "너를 노래한다, 민주주의여!"를 외쳐대는가 하면, '빌리 브란트를 위한 찬가'를 부르고, '벌거벗은 임금님'의 우화에 빗대어 루트비히 에어하르트 수상의 실정을 공격한다.

작가 그라스의 정치 참여에 대한 사람들의 반응은 처음엔 오히려 냉담한 쪽이었다. 우선 작가가 직접 정치 활동에 뛰어들었다는 것 자체가 예술과 정치의 엄격한 분리를 특징으로 하는 독일적 문화 전통에서는 전례를 찾아볼 수 없는 일대 '사건'이었기 때문이다. 작가를 '민족의 양심', '진리의 담지자'로 보는 권위주의적 작가관에 익숙해져 있던 독일인들은 독일을 대표하는 작가가 일상적인 정치 활동에 가담한 것에 몹시 충격을 받았고, 정신과 권력, 예술과 정치를 적대적인 것으로 보는 전통적인 지식인들에게도 그의 활동은 일종의 터부 파괴로 여겨졌던 것이다. 게다가 정작 그가 지원 유세에 나선 사민당 내에서도 일부는 그의 활동을 달갑지 않게 여겼다. 그때까지만 해도『양철북』의 작가 그라스는 보수적인 사람들에게 독신(瀆神)을 일삼는 '포르노그래피 작가'로 비난받고 있었고, 그가 주장하는 몇몇 정책 사안들이 당의 공식적 입장보다 앞서 나갔기 때문이다. 전체적으로 초기 그라스의 정치 활동은 폭넓은 영향을 미치지는 못했지만, 많은 시민들의 정치적 수동성과 무관심을 깨는 데 크게 기여하였고, 그가 이후에 얻게 된 정치적 영향력의 토대가 되었다.

물론 그라스가 사민당을 무조건적으로 지지한 것은 아니었다. 1966년 에어하르트 수상이 사임하고, 기민당의 쿠르트 키징어를 수상으로 사민당의 빌리 브란트를 부수상 겸 외상으로 하는 연립 정권이 들어서자, 그라스는 이 대연정(Große Koalition)에 단호히 반대한다. 그라스는 사민당의 대연정 참여를 비판하는 공개서한을 브란트에게 보낸다. 브란트도 역시 공개서한을 통해 당원이 아닌 그라스의 신분을 빗대어 이렇게 반박한다. "사회민주당의 심장은 당 밖에서 고동치지는 않는다."[4]

그라스와 사민당, 그라스와 브란트 사이에 생겨난 이 최초의 불화에도 불구하고 그라스는 1969년 총선에 다시 사민당을 위해 뛰어든다. 대연정 이후, 특히 68학생운동의 소용돌이 속에서 사민당이 처한 힘겨운 상황이 그가 다시 사민당을 위해 나선 동인이 되었다.

2년 전, 대연정을 보고 저는 사민당에 대해 근본적으로 심각한 회의를 했습니다. 하지만 그 후 사민당에 대한 좌파와 극우파의 총공세를 보면서 사회민주주의자로서, 개혁의 길이 느리고, 늘 반격을 받을 위험에 노출되어 있긴

---

[4] "Offener Briefwechsel mit Willy Brandt", *Die Zeit*, 1966년 12월 2일.

하지만 그래도 그 길을 선택해야겠다는 마음이 더욱 굳어졌습니다.[5]

이미 1968년에 그라스의 주도로 '사회민주주의 유권자연합'이 결성되었고, 사민당 지도부도 그해 11월 이 단체를 공식적으로 인정하였다. 이로써 그라스는 공식적 위상을 가지고 선거전에 참여하게 된다. 그는 1969년 3월부터 9월까지 무려 190여 곳의 유세장에서 연사로 나서, 혼신의 힘을 쏟아 선거 운동을 펼친다. 1972년에 발표된 소설 『달팽이의 일기』는 당시의 선거 체험을 소재로 삼고 있다.

그라스가 이 선거 유세에서 강조한 것은 무엇보다도 참여민주주의였다. 그는 특히 유권자가 후보 공천 과정에 참여해야 한다고 주장하고, 참여민주주의의 핵심은 바로 공동 결정에 있다고 역설하였다. "우리 사회의 모든 분야에서 공동 결정을 이루어야 합니다. 공동 결정은 교육 개혁, 노조 개혁, 그리고 무엇보다도 연방의회에서의 세력 관계의 변화가 동시에 진행되어야만 가능합니다."(『전집』 9권, 404쪽)

1969년 선거는 사민당의 근소한 승리로 끝난다. 이로써 전후 이십 년 만에 사민당 정권이 들어서게 된 것이다. 그라스는 브란트와 함께 새로운 독일의 상징적 인물이 된다. 1970년 3월에는 브란트 수상의 역사적인 동독 방문에 동행하고, 12월에는 브란트의 폴란드 방문을 함께하여 유태인 추모비 앞에 브란트가 무릎을 꿇는 역사적인 장면을 직접 목도하기도 한다. 그라스는 이런 과정에서 많은 유럽인들에게 '좋은 독일'의 정체성의 일부분으로 각인되기 시작한다.

1972년 브란트에 대한 불신임투표가 부결된 후 앞당겨서 치러진 총선에서도 그라스는 130회에 걸쳐 유세에 참여한다. 이 선거에서 사민당이 압승함으로써 그라스는 정치적으로 절정기를 맞게 된다. 하지만 그는 이 시점을 자신이 물러날 순간으로 파악한다. "원하던 일이 이루어졌으니

---

5) Günter Grass, "Was unterm Strich steht", *Stuttgarter Zeitung*, 1968년 12월 31일.

이제 분명히 한 발짝 물러서려 합니다. 많은 사람들이, 특히 몇 년 전부터 끊임없이 질문해 온 기자 분들이 놀라실지도 모르겠지만 저는 장관이나 뭐 그런 것이 되고 싶다는 생각을 해본 적이 없습니다. 저에게는 원래의 직업으로, 그러니까 작가로, 화가로 돌아가는 것이 매우 중요하다는 것을 이해해 주시기 바랍니다. 저는 벌써 종이를 잔뜩 사놓았습니다."(『전집』 9권, 602쪽) 이 종이에서 나온 것이 그의 유명한 문명 비판 소설 『넙치』이다.

1974년 5월 브란트는 자신의 비서가 동독 간첩임이 밝혀진 이른바 '기욤 사건'으로 갑자기 사임한다. 그라스는 브란트의 사임 이후 깊은 실의에 빠진다. "빌리 브란트는 나의 전범이요, 정치적 스승이다. 그의 사임에 나는 경악했다."(『전집』 9권, 653쪽) 그가 물러나자 그라스는 깊은 실의와 절망에 빠진다. 하지만 그라스와 브란트, 독일이 낳은 이 걸출한 작가와 정치가 사이의 우정과 동지적 결속은 그 이후에도 계속된다.

1972년 이후 본격적인 정치 참여를 삼가던 그라스는, 1982년 자민당의 연정 파기로 헬무트 콜의 기민당으로 정권이 넘어간 후 사민당 내부가 심각하게 동요되자 처음으로——그는 1960년대 초부터 사회민주당을 위한 활동을 펼치면서도 한번도 정식 당원인 적은 없었다——사회민주당에 정식 입당한다. 위기에 처한 사민당에 힘을 실어주기 위해서였음은 물론이다.

하지만 1992년 12월 그라스는 사민당 지도부가 기민당과의 망명법 협상 과정에서 보인 '무원칙적인 태도'에 항의하여 사민당을 탈당한다. 그는 망명법 개정에 대한 사민당의 결정은 "무책임하고 위선적"이라고 비판하고, 이러한 결정은 "사회민주주의의 전통과 역사와의 단절"을 의미하는 것이라고 규정하면서, 자신은 이제 "민주적 사회주의자로 남기 위해서 당을 떠날 수밖에 없다"고 탈당 이유를 밝힌다.[6]

---

6) *FR*, 1992년 12월 29일.

그렇지만 그의 탈당이 사민당과의 완전한 결별을 의미하는 것은 아니다. 그가 노벨상을 받고 나서 제일 먼저 한 일은 슐레스비히 홀슈타인 주의회 선거에서 사민당의 하이데 지모니스(Heide Simonis)를 돕기 위해 사회민주주의 유권자연합 'Win 2000'을 결성한 일이다. 그는 담담하게 말한다. "나는 변함없이 사회민주주의자입니다."

2 좌파와 우파를 넘어서

그라스가 본격적으로 정치 활동에 뛰어든 1960년 이후의 시기는 좌우 이데올로기의 갈등이 예각화되던 동서 냉전의 시대였다. 1950년대가 냉전으로 세계 질서가 재편되는 시기였다면 1960년대 이후는 냉전이 고착화·일상화되면서 이성적 담론들이 이데올로기적 선동 언어의 태풍 앞에 숨을 죽이던 시대였다. 특히 동서로 분단된 독일은 냉전의 대리전이 펼쳐지는 최전선이었다. 1961년의 베를린 장벽 건설, 1968년의 프라하 봉기와 소련의 무력 진압 등은 상승하는 동서 진영의 긴장을 함축적으로 보여주는 사건이었다. 또한 1968년에 전 세계적 규모로 폭발한 '학생 혁명'은 신좌파의 등장을 통해 학생과 지식인들 사이에 새로운 이데올로기 논쟁을 촉발하는 계기가 되었다. 이런 역사적 소용돌이 속에서 그라스는 전통적인 좌·우파의 도식적 '진영 사고'(Lagermentalität)를 뛰어넘어 보다 현실적이고 구체적인 전망을 얻기 위해 부심하였다. 혁명(Revolution)보다는 진화(Evolution)를 옹호하는 점진적인 개혁론자 그라스는 때론 좌·우파로부터 양면 공격을 받는 사면초가의 상황에 처하기도 하였지만, 그의 일관된 이성에의 호소는 서구 지식인들 사이에서 서서히 설득력을 넓혀갔다.

그라스가 좌·우파의 도식적 흑백논리를 초월해 있었다는 것은 수많은 역사적 사건들에 대한 그의 초(超)이데올로기적인 개입과 그때마다 그가 개진한 균형 잡힌 입장을 통해 살필 수 있다.

그라스는 사회민주주의자로서 '기민·기사 연합'(CDU-CSU)을 중심으로 한 독일의 우파 정당에 대해 비판적 입장을 일관되게 견지해 왔다. 여기서 주목해야 할 점은 그의 우파 비판의 근저에는 언제나 이데올로기적 논리보다는 나치 과거의 체험에 근거한 트라우마가 밑음으로 깔려 있다는 점이다. 두 가지 사례만 살펴보자.

1966년 기민당과 사민당의 대연정이 성립되고, 수상으로 나치 전력을 가진 쿠르트 키징어가 내정되자, 그라스는 수상 취임 전날 키징어의 사임을 촉구하는 공개 편지를 보낸다.

> 한때 이성에 반한 행동을 했고, 범죄에 가담한 사람이 평화조약도 없이 분단된 이 나라에서 수상직을 맡을 수는 없습니다. 만약 심각한 전력을 가진 당신이 수상 자리에 앉게 된다면, 어떻게 젊은이들이 오늘 NPD(신나치주의 정당)란 이름으로 등장한 저 과거의 당과 논쟁을 벌일 수 있겠습니까? 과거의 동조자인 당신이 오늘 여기서 정치의 기본 노선을 감히 결정하려 한다면, 어떻게 우리는 저 고문당하고 살해당한 저항의 용사들을, 아우슈비츠와 트레블린카의 희생자들을 추모할 수 있겠습니까? 도대체 앞으로 학생들에게 역사교육은 어떻게 해야 한단 말입니까? (……) 당신은 책임만 감수하면 되지만, 우리는 그 결과와 치욕을 감수해야 합니다. (『전집』 9권, 171~172쪽)

그라스의 공개 서한은 물론 키징어의 수상 취임을 저지하지는 못했지만, 키징어와 그를 수상으로 내세운 기민당의 이미지에 결정적인 타격을 주었고, 그것이 1969년 선거에서 사민당이 승리하는 데 상당한 영향을 주었다. 우파들, 특히 나치 전력이 있는 '기민·기사 연합'의 정치인들에 대한 그라스의 공격은 그 후에도 줄기차게 계속되었다. 그것은 그라스가 나치 과거 청산의 결여 내지 실패를 서독 민주주의에 대한 가장 심각한 잠재적 위협으로 보았기 때문이다.

그라스가 우파와 벌인 또 하나의 인상적인 싸움은 ≪디 벨트≫, ≪빌트≫, ≪베를리너 모르겐포스트≫, ≪함부르거 아벤트블라트≫ 등을 거느린 보수적인 ─ 때론 극우적인 논리를 펴는 ─ 거대 언론 재벌 슈프링어와 맞붙은 싸움이다. 1967년 9월 슈프링어의 신문들이 동독 작가 아놀드 츠바이크와 동독 정권 사이에 불화가 있는 것처럼 거짓 보도를 하자 그라스는 텔레비전 시사 프로에 나와 성명을 발표하고 이를 격렬하게 성토한 것이다. 그라스는 슈프링어의 신문들이 "실로 파쇼적인 방식으로 의도적으로 거짓 보도를 하였으며, 국가 안의 초헌법적 국가인 양 행세하며 독일의 민주 질서를 해치고 있다"고 직격탄을 날린다. 그라스의 슈프링어 비판은 그 후 68운동 세력의 슈프링어 신문 불매 운동으로 이어진다.

한편 그라스의 좌파 비판은 세 가지 방향으로 요약될 수 있다. 첫째는 동구 진영의 이른바 '현실 사회주의'의 스탈린주의적 권위주의와 반민주성이고, 둘째는 서방 신좌파의 낭만적 혁명관이며, 셋째는 동구권의 민주화 운동에 대한 서구좌파 일반의 애매한 태도이다.

1961년 8월 동서 냉전의 심화 과정 속에서 동독 정권이 베를린에 장벽을 건설하자 그라스는 동독작가연맹 의장인 안나 제거스에게 다음과 같은 공개 서한을 보낸다.

> 저 잊을 수 없는 전쟁이 끝난 후 우리 세대에게, 그리고 귀가 달린 모든 사람들에게 정의와 불의를 분간하도록 가르쳐준 것은 바로 당신이었습니다. 당신의 소설 『제7의 십자가』는 저의 의식을 형성시켜 주었고, 저의 시각을 날카롭게 벼리어 주었습니다. (……) 하지만 오늘날 강제수용소 소장의 이름은 당신의 나라를 다스리고 있는 발터 울브리히트입니다. (……) 저는 당신에게 호소합니다. 약하면서도 강한 여성으로서 목소리를 높여 탱크에 맞서 주십시오. 한때 나치의 강제수용소를 두르던 그 철조망에, 또 다시 독일에서 만들어진 그 철조망에 반대의 뜻을 표명해 주십시오. (『전집』 9권, 39~40쪽)

여기서 그라스는 과거의 히틀러 파시즘과 현재의 동독 스탈린주의를 역사적으로 연속선상에 놓으면서, 억압과 불의에 맞서 자유와 정의를 외친 반파쇼의 투사였던 동독의 사회주의자들이 울브리히트 정권의 권위주의적 사회주의 앞에서 노정한 무기력하고 무비판적인 태도를 질타한다.

그라스의 서구 좌파에 대한 불만은 1968년 체코의 '프라하의 봄'을 바라보는 그들의 어정쩡한 태도에 대한 분노에서 잘 드러난다. '인간의 얼굴을 한 사회주의'를 기치로 사회주의의 민주적 개혁을 모색하던 두부체크의 노선에 대해 서구 좌파가 적극적인 지지를 보내지 않을 뿐 아니라, 체코 민주화운동을 탱크로 진압한 바르샤바군의 만행에 대해서도 상응하는 항의 표시를 보이지 않자 그라스는 크게 실망한다. 그는 서구 좌파 또한 도식적 냉전 논리의 포로가 되어 "관용을 포기하고 자유를 혁명의 원수로 선언했다"(『전집』 9권, 313쪽)고 힐난한다.

1968년을 전후한 시기는 점진적 개혁을 주장하는 사회민주주의자 그라스에게는 정치적 시련기였다. 당시 독일에서는 좌·우파 사이의 양극화 현상이 극단적인 양상을 띠기 시작했기 때문이다. 한쪽에는 제3제국의 향수를 부추기는 네오나치들이, 다른 한쪽에는 학생과 지식인들을 중심으로 한 원외반대파(APO)가 팽팽히 맞서는 이데올로기의 대립 속에서 온건 개혁론자의 입지는 지극히 협애화될 수밖에 없었다. 그라스는 오네조르크의 죽음과 두치케에 대한 암살 미수 사건 이후 점차 격해지는 폭력적 사태 발전을 지켜보면서 좌·우파 양쪽을 모두 비판하는 양비론적 입장을 취한다. 그는 극우파의 부활에 대해 바이마르 시대의 교훈을 일깨우며 강력하게 경고하는 한편, 그의 눈에는 '낭만적 혁명론자들'로 비친 신좌파에 대해서도 "혁명을 위한 기반은 존재하지 않는다"고 주장하며 "구식의 계급투쟁 입장"을 철회할 것을 권고한다.[7]

그라스가 우파의 파쇼적 행태를 비판하면서, 동시에 좌파의 교조적 혁

---

7) Günter Grass, "Rede zum 1. Mai 1968", *Über das Selbstverständliche*, 앞의 책, 172쪽.

명론을 경고할 때, 그의 논거가 발을 딛고 있는 역사적 지점은 늘 18세기 이래의 유럽 계몽주의의 전통이다. 그는 유럽 계몽주의의 후예임을 자처하면서 이성과 계몽과 책임 의식을 모든 정치적 가치판단의 토대로 삼아 이데올로기의 절대화, 우상화에 맞서 싸운 것이다.

3 시민으로서의 작가·지식인

이처럼 현대 독일사의 결정적 국면마다 줄기차게 개입하여 자신의 목소리를 높인 '참견꾼' 그라스가 자신의 정치 참여를 정당화하는 근거는 무엇인가? 그라스는 작가로서, 지식인으로서 자신의 정체성을 어떻게 규정하고 있는가?

그라스가 1972년 아테네에서 행한 연설은 그가 참여작가로서 자신의 활동을 어떻게 인식하고 있는지를 잘 보여준다. 그는 이 연설에서 자신의 정치적 행위에 대한 보수적인 언론과 지식인들의 비난과 야유를 염두에 두고서 이렇게 말한다.

저의 이중 활동에 대한 모든 비난들을 저도 잘 알고 있습니다. 그들은 이렇게 말합니다. '작가는 거리를 두어야 한다. 건조한 이차 언어로 하는 일상의 정치는 문학적 문체를 더럽힌다'라고 말입니다. 또 이렇게 단정적으로 말하는 사람들도 있습니다. '정신과 권력은 화해할 수 없다'고 말입니다. 저는 이렇게 답하렵니다. '작가는 현실을 통해서, 또한 당연히 정치 현실을 통해서 스스로를 의문시해야 한다'고 말입니다. 그것은 현실과의 거리를 포기해야만 가능합니다. 스파르마니아처럼 폐쇄된 공간에서 정성껏 보살펴지며 온실 속에서 자란 문학적 문체라는 것은 물론 예술 언어로서는 순수할 테지요. 하지만 현실은 순수하지 않습니다. 그리고 사람들이 애용하는 대립쌍 즉 정신과 권력의 대립쌍을 저는 허구라고 말하고 싶습니다. 왜냐하면 권력도 정신적일

수 있으며, 정신도 권력을 지닐 수 있음을 증명해 보일 수 있기 때문입니다. (『전집』 9권, 565쪽)

문학과 정치, 정신과 권력의 이원론적 대립이라는 독일 지성사의 전통에 반기를 들고서, 양자가 함께 현실을 구성하고 변화시키는 삼투적 관계에 있다고 보는 입장이 그라스의 참여문학론의 출발점이다.

이러한 입장은 그가 작가의 사회적 위치를 규정할 때 더욱 분명해진다. "작가의 위치는 사회 안에 있는 것이지, 사회 위에 혹은 밖에 있는 것이 아니다."(『전집』 9권, 113쪽) 작가도 사회의 일원이라는 것, 즉 작가도 사회적 존재로서는 시민이라는 것이 그라스가 사회·정치적 문제에 참여하는 기본 입장이다. 그는 늘 '작가이자 동시에 시민으로서' 발언하는 것이다.

이런 맥락에서 보면 그라스의 현실 참여는 단순히 자신의 정치적 신념을 실천에 옮기는 작가의 행위 이상의 의미를 갖는다. 그것은 당시까지 독일 지식인들 사이에서 당연시되어 오던 정신귀족적, 권위주의적 행동 규범을 근본적으로 의문시하고, 지식인도 민주 사회의 한 구성원으로 참여해야 한다는 '민주적 참여 모델'을 제시하고 몸소 실천한 것이다.[8]

4 전투적 지식인의 위대성

귄터 그라스는 아마도 제2차 세계대전 이후 독일에서 가장 뜨거운 주목을 받은 지식인일 것이다. 현대 독일의 지식인 중 누구도 그라스만큼 치열하게 정치적 논쟁의 중심에 선 자는 없었고, 어떤 지식인도 그라스만큼 많은 비난과 찬사를 한 몸에 받은 자는 없었다.

---

8) '참여작가' 그라스의 면모에 대해서는 이 책 제3부 1장 「귄터 그라스의 참여문학론」 참조.

그라스는 그 줄기찬 참여의 반향으로 자주 극단적인 좌우 양 진영의 비판의 대상이 되곤 했다. 그 비판은 때론 인신공격의 수준으로까지 격앙되기도 하였다. 일찍이 기민당의 수상이었던 루트비히 에어하르트가 그를 '핀셔'(사냥개: 재주도 능력도 없는 사람)라고 조롱한 것이나, 극우적인 슈프링어 언론 재벌의 신문들이 그를 '붉게 그을린 유행 작가', '외설작가'라고 폄하한 것이나, 기민당의 장관 하젤이 '극좌파'라고 비난한 것이나, 다른 한편으로 신좌파의 일부가 그를 '수정주의자', '허무주의자', '무정부주의자'라고 비판한 것은 그라스에 대해 좌우의 교조적 이념론자들이 퍼부어댄 공격의 일단에 불과하다.

한편 그라스의 반권위적이고 민주적인 의식, 좌우 이데올로기를 초월한 균형 잡힌 개방적 시선, 이성과 계몽의 힘에 대한 신념 등은 시간이 지남에 따라 독일 사회의 많은 시민과 지식인들로부터 신뢰와 인정을 받았다. 작가 토마스 만의 아들이자 저명한 역사학자인 골로 만이 68혁명의 첨예한 이데올로기적 갈등기에, 그 갈등의 한복판인 베를린의 혼란을 수습할 사람은 그라스밖에 없다고 주장하며, 그를 베를린 시장으로 천거한 것은 그라스의 도덕적 위상을 상징적으로 보여주는 사례이다. "누군가 베를린에 평화를 이룰 수 있다면, 그는 바로 그라스이다. 그는 한 발은 학생들 편에, 다른 한 발은 질서와 법치주의를 존중하는 사람들 편에 두고 있다. 그는 따듯한 가슴과 기발한 착상들, 삶의 활력과 강인한 정신력을 모두 갖추고 있다."[9] 또한 저명한 문학 비평가인 하인츠 루트비히 아놀드는 진지하면서도 반권위주의적이고, 비판적이면서도 관용적인 그라스의 참여 방식을 들어 그를 "독일 민주주의의 교사"[10]라고 칭송하였다. 1990년대 이후 그라스에게 "비판적 좌파 지식인의 대변인이

---

9) Golo Mann, "Hiergeblieben. Der Staat sind wir. Günter Grass: Reden, Artikel und Manifeste zur Politik", *FAZ*, 1968년 5월 18일.
10) Heinz Ludwig Arnold, "Großes Ja und Kleines Nein. Fragen zur politischen Wirkung des Günter Grass", *FR*, 1969년 3월 8일.

며 독일의 비공식적 양심"[11]이라는 칭호가 따라다니는 것은 그가 어느새 독일 사회의 대표적인 도덕적 상징으로 자리 잡게 되었음을 말해 준다.

분명 그라스는 위대한 지식인이다. 그의 위대성은 우선 무엇보다도 그가 어떤 터부 앞에서도 후퇴하거나 우회하지 않고 정면 돌파를 감행한 전투적 지식인이라는 점에 있다. 그에게는 어떤 이데올로기적 터부도 용납되지 않는다. 우파의 논리에는 원천적으로 반대하는 그였지만, 그렇다고 좌파의 흠결들을 못 본 척 눈감아 준 적도 없다. 그것은 당시의 이데올로기적 대립 구도 하에서 운신의 폭이 제한될 수밖에 없었던 좌파 지식인으로서는 대단히 용기 있는 행동이었다. 돌아보면 그의 좌파 비판은 예언자적 선견지명을 지닌 것이다. 그가 동독의 작가들, 특히 1950년대에 베르톨트 브레히트에게, 1960년대에 안나 제거스에게 가한 비판은 점차 스탈린주의로 경직되던 동독 사회에 대한 동독 지식인의 무기력한 동조에 가한 적절한 비판이었고, 신좌파의 낭만적 혁명론이 귀결될 폭력주의에 대한 경고는 1970년대 적군파의 테러 활동에 의해 현실로 되어 나타났다. 동구권 민주화 운동에 대한 서구 좌파의 전반적 무관심을 향한 질타도 현실 사회주의가 지극히 권위주의적인 사회주의로 경직되어 버린 역사적 사실이 그 타당성을 증명해 주었다. 게다가 그라스는 그가 지지하던 사민당에 대해서도——동부 국경 문제, 낙태법 문제, 망명법 문제 등——엄중한 비판을 서슴지 않았다. 좌파 지식인 중 그라스만큼 좌파의 전 스펙트럼에 걸쳐 서슴없이 비판을 가한 인물은 찾아보기 힘들 것이다.

그라스는 또한 민족주의라는 터부도 비켜가지 않았다. 1990년대 초반 상당수 지식인들이 민족주의라는 암묵적 기치하에 독일 통일을 지지하고 있을 때 그라스는 하버마스와 함께 외로이 통일에 반대하는 입장을 취했다. 그는 통일을 단순히 민족국가의 재건이라는 문제로 보지 않고,

---

11) Gudrun Boch, "Weder Flagellant noch Volksdenunziant. Günter Grass in den USA", *FR*, 1992년 12월 29일.

'독일의 유럽화'냐 '유럽의 독일화'냐 사이에서 양자택일하는 문제, 다시 말해 미래의 바람직한 유럽 질서의 구축이라는 보다 큰 틀 속에서 파악하였다. 이러한 '유럽 지향적' 입장 때문에 그는 독일의 보수 언론으로부터 '조국이 없는 놈'이라는 비난을 받는 등 집중적인 공격의 표적이 되기도 했다.

이처럼 시대의 대세에 감연히 맞서면서 이념이나 민족이나 정파의 이해를 넘어 보편적 이성의 편에서 자신의 소신을 밀어붙인 그의 삶은 20세기에 그 유례를 찾을 수 없는 전투적 지식인의 모습이다.

그라스의 두 번째 위대성은 그의 정치적 신념의 일관성에 있다. 독일 현대사에서 그라스만큼 자신의 정치적 신념을 한평생 지켜온 지식인은 찾아보기 어렵다. 그는 민주적 사회주의자의 입장을 한번도 떠난 적이 없다. 대부분의 독일 지식인들이 특히 1980년대 말 이후 좌우를 넘나들며 이데올로기적 방황에 빠지거나, 실존적 초연의 상태에 잠겨버린 사실을 상기하면 이는 더욱 놀라운 일이다.[12]

그라스의 세 번째 위대성은 인류애에 바탕을 두고 전 지구적 시야에서 사고하고 행동하는 세계주의자라는 점이다. 그라스는 1970년대 이후 시선을 세계적 차원으로 넓혀 반핵 평화운동, 환경 운동, 제3세계 지원 운동, 국제 인권 운동의 선두에 서서 싸웠다. 사하로프, 하벨, 루시디, 김지하, 황석영 등 정치적 종교적 이유로 박해받는 작가와 지식인에 대한 그의 국제적인 연대는 이미 널리 알려진 바이다. 또한 독일 통일을 초민족적인 차원에서 바라보는 그의 입장도 그가 세계주의자였음을 극명하게 보여준다.

21세기에도 지식인의 사회적 역할과 기능은 여전히 유효할 것인가? 지식인 그라스의 정치적 참여를 살피면서 줄곧 따라다닌 물음이다. 많은

---

12) 과거의 '신좌파' 엔첸스베르거와 '공산당원' 마르틴 발저의 눈부신 변신을 상기해 보라.

지식인들이 정체성의 위기에 빠져 있고, 지식인의 사회적 기능이 점점 더 위축되어가는 현실이기에 이 물음은 더욱 절박하다. 이런 맥락에서 보면 그라스의 이번 노벨상 수상은 어떤 징후를 품고 있는 것일 수도 있다. 그라스의 '미학적' 활동뿐 아니라 그의 '정치적' 활동에도 높은 가치를 인정한 이번 노벨상이 21세기에도 지식인의 비판적 참여 정신은 여전히 유효하며, 특히 신자유주의라는 '새로운 야만'에 직면한 오늘날 오히려 더욱 절실하게 요구된다는 뜻을 함축하고 있는 것은 아닐까.

(≪FES-Series≫, 2000년 제1호)

3 귄터 그라스의 독일통일관

> 오늘 통일 독일의 현실은 통일 과정에서 내가 내린
> 가장 암울한 전망보다도 더 암울하다.[1]

1998년 귄터 그라스가 통일 독일의 현실에 대해 내린 평가는 참으로 가혹하다. 이는 그저 '습관성 비관론자'가 내지르는 볼멘 소리인가? 아니면 시대를 통찰하는 지식인의 정확한 현실 인식인가? 필자는 이러한 문제의식에서 출발하면서 그라스가 독일 통일에 대해 가한 경고와 통일 독일에 대해 내린 진단을 개괄적으로 살펴보고, 그 적실성을 현재의 시점에서 따져본 후에, 이러한 경고와 진단이 이제 막 통일의 길목에 들어선 우리들에게 주는 의미를 음미해 보고자 한다. 이 글은 전망을 위한 회고이다. 통일은 독일인들에게는 이미 역사적 사실이 되었지만, 지금 우리들에게는 그 어느 때보다도 절박한 현안이기 때문이다.

1 통일회의론의 세 가지 이유

주지하다시피 귄터 그라스는 독일의 통일 공간에서 장차 통일이 몰고

---

[1] Günter Grass, "Nicht von der Bank der Sieger aus", *neue deutsche literatur*, 1998년 2월호, 18쪽.

올 위험에 대해 끊임없이 경종을 울린 '위대한 경고자'였다. 그의 도발적이고 강렬한 경고의 메시지는 분명 독보적인 면이 있지만, 그렇다고 독일의 지식인 중에서 유독 그라스만이 통일에 회의적인 시각을 보였던 것은 물론 아니다. 위르겐 하버마스, 발터 옌스, 페터 글로츠, 페터 벤더 등 독일의 대표적인 지식인들도 통일에 대해 나름의 입장에서 회의와 경고를 표명하였다. 하지만 이들의 논점을 선도한 것은 단연 그라스였다. 귄터 그라스는 독일 통일을 둘러싼 논쟁에서도——그의 별명대로——"독일 좌파 지식인의 대변자" 노릇을 한 셈이다. 이제 그의 통일 회의론은 어디에 근거하고 있는지 그 연원부터 추적해 보자.

1) 아우슈비츠론

그라스는 이미 1990년 2월에 쓴 「조국을 모르는 어떤 녀석의 연설」이라는 다분히 자조적이고 반어적인 제목을 붙인 글에서 독일 통일에 대한 자신의 입장을 오해의 여지 없이 분명하게 천명한다.

> 나는 두 국가에서 한 국가로 단순화된 독일을 두려워하고 있을 뿐만 아니라, 통일 국가를 거부한다. 그리고 독일의 통찰에 의해서든 이웃 국가들의 이의에 의해서든 통일 국가가 생겨나지 않는다면 다행이겠다. (99쪽)[2]

그가 통일을 '두려워하고 거부하는' 데는 몇 가지 중요한 이유가 있다. 먼저 그의 반통일 논리는 아직 탕감되지 않은 독일의 역사적 부채에 근거를 둔다. 그의 핵심적인 논거는 독일의 비극적 민족사, 이른바 도이체

---

[2] 프리데만 슈피커, 임정택(공편), 『논쟁. 독일 통일의 과정과 결과』, 창작과비평 1991. 이 책은 1989년에서 1991년까지 통일 공간과 통일 직후에 쓰여진 중요한 논쟁의 글들이 거의 빠짐없이 수록되어 있어서 이 시기에 이루어진 독일 지식인들 사이의 논쟁에 관심이 있는 독자들에게는 최상의 정보를 제공해 주는 훌륭한 자료집이다. 이 글도 상당 부분 이 책에 신세를 지고 있다. 번거로움을 피하기 위해 이 책에서 인용한 부분은 본문에 (쪽번호)로 표시했음을 밝혀둔다.

미제레(deutsche Miesere)이다.

> 통일 독일 국가는 그 크기도 일정하지 않았으며 또 겨우 75년 동안 존재했을 뿐이다. (……) 이 통일 국가가 얼마나 고통을 야기했는지, 어느 정도의 불행을 남들과 자신에게 가져다주었는지 우리의 이웃들이 의식하고 있고 우리도 의식해야만 할 것이다. 아우슈비츠라는 개념 아래 합산되었던 것, 그리고 그 무엇으로도 지울 수 없는 민족말살이라는 범죄가 이 통일 국가 위에 짐지워져 있다. 독일 통일 국가는 나치의 인종 이데올로기에 놀라울 만큼 쓸모 있는 토대를 제공했다. 이러한 인식을 비켜갈 수 있는 것은 아무것도 없다. 지금 독일에 대해 진지하게 생각하고 독일 문제에 답을 찾으려는 사람은 아우슈비츠를 함께 생각해야 한다. (102쪽)

이러한 독일 역사의 비극이 "미래의 통일 국가 건립의 도덕적 정당성을 배제한다"(102쪽)는 것이다.

2) 국가연합제와 문화민족론

영토에 기초한 민족국가 형태의 통일에 반대하며 그라스가 내세우는 대안은 "국가연합제의 다양성 안에서 문화민족으로 남는 것"(103쪽)이다. 그라스는 두 독일 국가의 통합을 가져올 수 있는 가장 바람직한 가능성은 "재통일의 의미에서의 힘의 팽창도 아니고 외국 대 외국의 관계에 있는 두 개의 독일 국가가 가져올 불안도 아니며, 오히려 두 국가 사이의 연합"(91쪽)이라고 주장한다.

그라스가 국가연합제(Konföderation)를 주장하는 이유는 다섯 가지이다.

> 첫째 "독일의 국가연합제는 외국 대 외국이라는 두 개의 독일 국가 사이의 전후 관계를 지양하고, 유럽을 분할하는 쓸데없는 국경을 철거할 것이다. 그러면서도 국가연합제는 제헌기관에서 통일 국가를 포기함으로써 이웃 국가들의

염려와 불안을 없애줄 것이다." 둘째, "국가연합제는 전후 양국의 발전에 어떠한 폭력적 조치도 취하지 않을 것이다. 이는 오히려 자주적인 공통성을 허용할 것이다." 셋째 "국가연합제는 과중한 통일 국가보다도 유럽의 통합 과정에 더 가까운 것이다. 특히 통합된 유럽은 국가연합제가 될 것이고, 또 그 때문에 전통적인 국가관을 극복해야만 할 것이기 때문이다." 넷째 "국가연합제는 문화국가로서 독일 역사에 공동의 책임을 질 것이다. 이는 국가적 통일을 공포해야만 한다는 강제성 없이 독일 문화의 다양성을 통합하는 것이다." 다섯째 "문화국가로서의 국가연합제는 갈등을 해소시키는 그 존재로 인하여, 전세계에 펼쳐져 있는 서로 상이하지만 유사한 갈등들, 한국과 아일랜드, 키프로스, 그리고 중동의 갈등들, 즉 국가주의적 행동이 공격적이 되어 국경을 설치하고 또 확대하려고 하는 곳 어디에서나 문제 해결을 위한 모범이 될 수 있을 것이다."(101쪽)

여기서 우리가 특히 주목해야 하는 것은 그라스가 국가연합을 서독 체제로의 일방적인 흡수를 위한 전단계가 아니라 동서독 두 체제의 동시적인 변혁을 위한 기회로 활용해야 한다고 본다는 점이다.

나는 전체를 흑백논리로 보지 않습니다. 이쪽은 사양길에 있는 사회주의·공산주의 경제이고, 저쪽은 고착된 진영과도 같은 자본주의라고 말입니다. 자본주의도 나라에 따라서 다른 특성을 지니게 됩니다. 그러므로 서독에서도 자본주의적 측면을 더 세분화하여 동독에 맞는 방법들을 적용할 수 있을 것입니다. 기형이나 파기로 나아가지 않고 또 우리가 서독에서 잘못된 자본주의 정책으로 인한 우익 정당의 득세와 같은 새로운 사회 불안을 초래하지 않을 방법들을 말입니다. (92쪽)

통일을 서독의 '잘못된 자본주의'와 동독의 '잘못된 사회주의'를 변증법적으로 지양할 수 있는 기회로 보는 그라스의 시각은 우리 입장에서도 눈여겨보아야 할 대목임에 틀림없다.

그라스가 '민족'의 개념을 정치적인 입장에서가 아니라 문화적인 입장에서 접근하고 있는 점도 눈길을 끈다. "정치적인 민족 개념으로 두 번의 실패를 맛본"[3] 역사적 경험에서 배웠다면, 독일 통일은 이제 문화적인 민족 개념으로 접근해야 한다는 것이다. 민족의 통일성을 지속적으로 담보하는 것은 결국 문화이기 때문이다.

사람들은 모든 것을 나눌 수 있었다. 지리적으로도, 정치적으로도, 경제적으로도. 하지만 바로 가장 민감한 부분인 문화는 이러한 분단 과정에 가장 끈질기게 저항해 왔다.[4]

3) '제3의 길'에 대한 공감

독일민족사의 특수성을 들어 민족과 영토에 기초한 통일에 반대하면서, 문화의 통일성에 근거한 국가연합을 주장하는 것이 그라스의 통일론의 골자이다. 하지만 그가 명시적으로 주장하지는 않지만 전통적인 통일 개념에 대한 그의 회의론에는 좀 더 깊은 뜻이 숨어 있는 듯이 보인다. 그라스는 동독에서 진정한 민주적 사회주의의 실험이, 자본주의도 사회주의도 아닌 이른바 '제3의 길'의 시도가 이루어지길 내심 간절히 바라고 있었다고 생각된다. 이는 그라스가 동독 혁명을 바라보는 태도에서 충분히 감지된다.

그라스는 통일의 파고가 요동치던 1989년 11월 20일 ≪슈피겔≫지와 갖은 인터뷰에서 동독 혁명은 독일 역사상 "한번도 없었던", "이성적으로 그리고 성공적으로 진행된 혁명"(89쪽)이라고 하면서 그 역사적 의미를 한껏 높이 평가한다. 그러나 "더 높은 차원에서 동독의 구조적 변화를 가져올 수" 있도록 "재야 세력에게 더 넓은 운신의 폭을 줄 수" 있

---

[3] Günter Grass, "Nachdenken über Deutschland", *Deutscher Lastenausgleich. Wider das dumpfe Einheitsgebot. Reden und Gespräche* (Frankfurt a.M., 1990), 33쪽.
[4] 같은 책, 33쪽.

었어야 했고, 그래야 "재야 세력들이 많은 사람들이 해보지 못한 정치적 경험을 얻을 수 있었으리라"(90쪽)는 것이다. 동독 재야 지식인들이 모색한 새로운 사회주의의 실험을 옹호하는 입장을 분명히 한 것이다. 그는 또한 "부당하게도 사회주의라고 불려왔던 이 경제 체제의 몰락이 독일에서 민주적 사회주의의 실험마저 종식시킨 것은 아니다"(13쪽)라고 주장하며 제3의 길의 시도를 지지하였다. 이러한 시각에서 그라스는 공식적인 통일이 선포된 직후인 1990년 10월 5일 통일 독일을 이렇게 평한다.

모든 유토피아를 금지하고 제3의 길을 거부하는 승리자의 태도는 우스울 뿐만 아니라 공포를 자아내는 일이기도 하다. 실패한 계획경제가 과거의 이데올로기였다면, 이제는 시장경제가 이데올로기로 부상했다. (307쪽)

그라스가 ≪프랑크푸르터 알게마이네 차이퉁≫을 필두로 한 우파 언론이 통일 문제를 지극히 전략적으로 보도하는 태도를 비판할 때에도, 그가 자본주의와 공산주의의 모순을 동시에 극복하려는 동독 지식인들의 제3의 길 노선을 지지하고 있음을 엿볼 수 있다.

공산주의와 함께 사회주의적 민주주의, '인간의 얼굴을 가진 사회주의'라는 두부체크의 꿈까지도 함께 종말을 고해야 한다. 제3의 길을 미리 막는 저주, 이 점에서는 자본주의자들과 공산주의자들이 늘 같았다. (100쪽)

2 독일 통일에 대한 경고

그라스는 1992년 『무당개구리 울음』이라는 소설을 내놓는다. 무당개구리는 전통적으로 다가올 불행에 대한 경고자의 상징이다. 그라스는 통일과 관련하여 그야말로 무당개구리의 역할을 자임한 셈인데, 그의 '무당개구리 울음', 즉 통일에 대한 경고의 외침은 오늘의 현실에서 돌아보면 탁월한 선견지명이었음이 확인되어 놀라울 따름이다.

1) 유럽의 독일화

먼저 그라스는 통일이 머지않아 유럽의 독일화를 초래할 것이라고 경고하였다. 즉 민족이라는 낡은 개념에서 출발한 동서독의 통일은 거대 민족국가 독일을 탄생시킬 것이고, 이는 유럽의 세력 균형을 깨뜨리며 점차 유럽이 독일의 경제적 지배하에 들어오는 결과를 낳으리라는 것이다. 이미 1990년 2월에 그라스는 이렇게 쓰고 있다.

> 싫다. 그토록 뻔뻔스럽게 의기양양해하며 덮쳐서 커진 조국을 나는 원치 않는다. 이렇게 괴물로 태어나는 조국을 막을 방도가 내게는 거의 없기는 하지만 말이다. (……) 결국 우리는 인구 8천만에 달하게 될 것이다. (……) 결국 우리는 강세를 유지하는 마르크화로써 슐레지엔의 많은 부분과 폼머른의 작은 부분을 경제적으로 예속시키는 데 성공할 것이고 다시 한번 공포의 대상이 되고 고립될 것이다. (100쪽)

그라스에 따르면 유럽의 다른 나라들이 거대국가 독일에 대해 "앞으로 이루어지게 될 유럽 공동의 집에서 때로는 다른 나라를 움켜쥐려 하고 때로는 이익을 취할 것은 취하면서 항상 무엇이든 싸구려로 먹어치우려고 하지나 않을까" 두려움을 갖는 것은 당연지사다. 미래의 위협은 "더 이상 군사적인 영역에 있는 것이 아니라 경제적인 팽창력에 있기"(308쪽) 때문이다.

그라스의 예측은 오늘날 거의 현실로 나타나고 있음을 부정하기 어렵다. 옛 독일 영토였던 슐레지엔과 폼머른뿐만 아니라, 체코, 헝가리, 폴란드, 구유고 지역 등 중동부 유럽 대부분이 독일의 경제적 영향권에 편입되는 현상이 빠른 속도로 진행되고 있기 때문이다. 또한 유럽연합 내에서 독일이 차지하는 비중이 급속도로 높아지고 있다. 정성배(파리사회과학대학 명예교수)는 유럽연합 내에서 독일이 갖는 위상에 대해 "유럽연합의 권력 구조가 독일 지배 체제로 변하고 있으며, 독일은 통일 10년 만에 유럽연합의 주도적인 위치를 점하게 되었다"[5]고 평가한다. 이러한 현상에 대해 다른 유럽 국가들에서 경계하는 목소리가 시나브로 높아지는 것이 오늘날 유럽의 현실이다.

거대민족국가로 비대해진 '괴물' 독일에 의해 유럽이 압도당하는 상황 대신 그라스가 소망한 것은 유럽 통합이라는 자연스러운 흐름 속에 동서독이 각기 동참함으로써 독일이 '유럽이라는 하나의 집'에 사이좋게 동참하는 것이었다. "나의 조국은 더욱더 다양하고, 더욱더 화려하며, 더욱더 좋은 이웃이며, 피해를 입음으로써 더 영리해진, 유럽에 더욱더 잘 조화되는 나라이어야만 할 것이다."(100쪽) 그렇게 되어야만 독일이 더 이상 다른 나라에게 두려움의 대상이 되지 않을 수 있다는 것이다.

독일인들은 다시 두려운 존재인가? (……) 우리는 역사에서 그렇게 배웠다는 것이 그 대답이다. 다른 민족들처럼 우리도 정당하기도 하고 나쁘기도 하다. 독일을 유럽화하는 것이 우리가 추측할 수 있는 모든 위험들을 몰아낼 수 있는 길이다. 우리들에 대해서 아무도 더 이상 두려워해서는 안 된다. (306쪽)

2) 동독의 서독화

독일 통일의 본질은 그라스에 따르면 두 가지 의미에서 사실상 동독의 서독화이다. 한편으로 동독은 '서독화'(BRDigt)되었고, 다른 한편으론 '매장'(beerdigt)되었다는 것이다. 동독은 주권을 상실하고 서독에 흡수되었으며, 이 과정에서 예전에 동독을 특징짓던 모든 것들이 무덤에 묻혀

---

5) 한겨레신문, 2000년 12월 22일.

버렸다. 사람들은 이러한 의미에서 '내부 식민화'라는 말을 사용하기도 한다. 이러한 과정에 대해 그라스만큼 일찌감치 그리고 정확하게 경고한 사람은 없었다.

그라스는 이미 1990년대 초부터 통일이 동독을 전면적으로 '식민화'할 것이라고 우려하였다. 먼저 그는 통일 과정에서 동독이 경제적으로 식민화되고 있다고 통렬하게 비판한다. 통일은 동독인들에게는 동독 정권의 정치적 독재로부터 서독 자본의 경제적 독재로 이행한 것에 불과하다는 것이다. 1990년 10월 5일 ≪디 차이트≫에 실린 「싸구려 물건 동독」이라는 제하의 글에서 그라스는 이렇게 적고 있다.

> 그렇게 통일이 됨으로써 국가의 통제로부터 벗어났다고 막 기뻐했던 동독의 국민들은 이제 경제적인 이익에만 눈이 어두운 서독인들의 독재를 경험하고 있다. 주인 행세를 하는 서독인들은 때로는 달려들고 때로는 기다리기도 하면서 파산재단 동독이 헐값이 될 때 투자를 하려고 대비하고 있다. 그것도 가능한 한 옛 부채들은 넘겨받지 않고서. (301쪽)

오늘의 시점에서 돌아볼 때 그라스의 이러한 분석과 예측은 전적으로 타당한 것이다. 독일 통일의 최대 수혜자는 실로 서독의 자본과 초국적 자본이었기 때문이다. 이들은 "신탁청이 사실상 '무상 몰수한'——최소 5천억 마르크, 최대 수조 마르크에 달하는 것으로 추정되는——구동독의 '인민 소유' 가운데 85%를 '선물'받았고, 구동독의 공공 소유물이었던 '인민 소유'의 나머지 9%는 외국 자본가에게, 단지 6%만이 구동독 주민에게 매각되었다."[6] 통일을 통해 서독 자본이 동독을 완전히 통째로 삼켜버렸다는 인식은 서독의 대표적인 정치인들도 공유하고 있다. 브란트의 동방정책의 '설계자'인 에곤 바르는 "나는 이제껏 지구상에서 이렇게

---

6) 이해영, 『독일은 통일되지 않았다』(푸른숲, 2000), 224쪽.

재산이 몰수된 국민을 본 적이 없다"고 하였고, 함부르크 시장을 지낸 사회민주당의 포셔라우도 "진실을 말하자면 지난 5년간 동독 지역 건설은 지금까지 있었던 가장 대규모의 서독 지역을 위한 부의 축적 프로그램이었다"고 토로한다.[7]

나아가 그라스는 이러한 경제적 식민화 못지 않게 문화적 식민화 현상도 심각하다고 지적하였다. 동독의 문화적 식민화는 철저하게 자본주의의 시장 원리에 따라 진행되었고, 동독 문화의 황폐화를 초래했다는 것이다.

> 독일의 통일은 벌목이라는 방법을 썼다. 화가로서, 작가, 음악가로서 그리고 연극연출자, 영화감독, 서커스단장, 출판가 또는 사서로서 약간이라도 감히 한탄을 하거나 손해라는 단어를 지껄이거나 문화적인 식민화에 대한 경고를 하면 그는 엄살을 부린다고 욕먹거나 좌파적인 망상을 가지고 있다는 혐의를 받거나 구석에서 한탄만 하지 말라는 충고를 받게 된다. 자유시장에서는 관철되는 것만이 주장될 수 있다. 예술에서는 눈에 보이는 업적만이 중시된다. 모든 것은 나름의 금전적인 가치를 가지고 있는 것이다. 당신네들은 이런 자유를 원하지 않았소?! (309쪽)

여기서 그라스는 동독 예술가들이 획득한 '자유'라는 것이 실은 시장과 문화산업이라는 또 다른 권력에 종속되는 것에 불과한 것임을 예리하게 꼬집고 있다.

독일 통일이 이처럼 서독의 체제와 제도, 생활방식과 사고방식을 동독 사람들에게 일방적으로 강요하는 일종의 '내부 식민화' 형태로 진행된 과정을 지켜보면 오늘날 동서독간에 이질화가 심화되면서, 동독 지역 주민들이 이미 사라져버린 구동독을 그리워하는 오스탈지아(Ostalgia) 현상

---

7) 이해영, 같은 책, 224쪽 재인용.

이 확산되는 것은 오히려 자연스러운 일이라 하겠다.

3) 부채탕감론

그라스의 통일 논의에서 우리가 특히 눈여겨보아야 할 점은 동독에 대한 지원을 서독의 일방적인 '시혜'가 아니라, 역사적 부채를 탕감하는 당연한 일로 보아야 한다는 주장이다. 그는 자신의 '부채탕감론'의 역사적 근거를 제2차 세계대전 직후의 상황에서 찾는다. 동독은 "홀로 패전이 안겨준 부담을 걸머져야 했다"는 것이다. 당시 "동독은 훨씬 더 어려운 조건하에서, 즉 경제적으로 무능한 중앙집권적 관료주의하에서 그리고 스탈린주의의 부담 밑에서 마샬 플랜도 없이 또한 훨씬 더 많은 전쟁배상금을 물면서 재건을 해야 했다." 그러므로 "가능한 한 우리의 이익을 고려하지 않고 그네들을 돕는 것이 우리의 의무"(94쪽)라는 것이다.

> 대독일제국에 의해 수탈당하고 파괴된 소련에 의해 경제적으로 착취당하고 장벽에 갇힌 채 동독 주민들은 (전쟁배상금을) 지불해야 했다. 서독 주민들의 몫까지 덧붙여서 지불해야 했던 것이다. 부당하게도 우리가 그들을 위해서가 아니라, 그들이 우리를 위해서, 모든 독일인들이 함께 패배한 제2차 세계대전의 주요 부채를 걸머졌던 것이다. 그러니까 우리는 그들에게 엄청난 빚을 지고 있는 것이다. (……) 이제 필요한 것은 즉시, 아무런 전제조건 없이 전면적으로 이 부채를 탕감하는 것이다.[8]

3 그라스의 통일 현실 진단

그라스는 통일을 근본적으로 신자유주의의 기류 속에서 자본주의가

---

8) Günter Grass, "Lastenausgleich", 앞의 책, 9쪽.

약탈적 형태를 띠고 전지구적 차원으로 확대되는 '세계화' 현상의 일부로 파악한다. 그는 통일이 "어느 정도 길들여졌던 서구 자본주의가 다시 미친개처럼 날뛰는" 계기를 주었다고 본다. 유럽 계몽주의의 후예임을 자처하면서, 계몽적 휴머니즘을 서구의 본질로 보는 그라스의 입장에서 보면 통일은 "전례 없는 서구의 질적 몰락이며 실체 상실"이다.[9]

그 결과는 황량하고 냉혹한 자본주의의 현실이다. 통일을 통해 자유의 단맛을 즐기고자 했던 동독 사람들이 정작 현실에서 맛본 것은 엄혹한 '팔꿈치 사회'가 제공한 자본의 쓴맛이다.

> 팔꿈치가 지배한다. 이기심, 통제할 수 없는 거친 자본주의가 사회주의통일당(옛 동독공산당)의 교육 이론이 칠판에 그렸던 선전용 적대상(像)들에 정당성을 부여하고 있다. 자본주의가 이렇게까지 나쁠 수 있으리라고는 아무도 믿지 않았다. 자본주의가 스스로 그것을 증명해 보일 때까지는 말이다. 많은 사람들이 사회주의통일당의 교육 주임에게서 배운 것을 그동안 직접 맞닥뜨리게 되었다. 이제 그들은 자본주의를 알게 된 것이다.[10]

이처럼 통일을 통해 자본주의가 더욱 노골적인 형태로 관철되면서 독일 사회는 발전적인 통합을 이루지 못하고, 산산이 분열되어 버렸다는 것이 그라스의 현실 진단이다. 결국 통일이 초래한 것은 '결정적인 분단'에 불과하다는 것이다.

이 성급한 통합의 심각한 결과는 일종의 새로운 다층분열이다. 그것은 많은 분야에서 장벽과 철조망으로 이루어진 정치적인 분단이 만들어 놓은 것보다 더 치명적인 영향을 미칠 것이다. 신탁청의 부당한 청산 때문에 동독은 서독

---

9) Günter Grass, "Interview mit Günter Grass", *Die Intellektuellen und die deutsche Einheit*, ed. Wolfgang Jäger & Ingeborg Villinger (Freiburg, 1997), 230쪽.
10) 같은 책, 247쪽.

에 종속되었고, 서독은 동독을 소유하게 되었다. (……) 이것은 아주 결정적인 분단이다.[11]

그라스는 나아가 통일 공간에서 경고했던 동독의 식민화 현상이 현실이 되어버린 통일 독일의 모습을 강하게 비판한다. "부동산이고 공장이고 90%가 서독 사람들의 손에 들어가고 서독에서 지시를 받는다면" 이것은 이미 "식민지적 관계"[12]라는 것이다.

4 귄터 그라스와 한반도 통일

우리 한국인들은 귄터 그라스의 통일관을 어떻게 평가해야 할 것인가? 우리는 그의 통일관에서 한반도의 통일을 위해 어떤 시사점을 발견할 수 있을까? 필자는 통일과 관련된 그의 경고와 현실진단이 '통일비용'과 '흡수통일'을 둘러싼 논쟁의 소용돌이 속에서 거의 지향점을 잃어버린 것처럼 보이는 한국의 통일 논의에 많은 실마리를 줄 수 있으리라 생각한다. 그라스가 우리에게 던져주는 생각거리를 다섯 가지로 정리해 보았다.

첫째, 그라스는 통일 논의의 핵심은 통일의 '형식'이 아니라 통일의 '내용'이어야 한다는 점을 강조한다. 그라스가 통일된 국가 형태로 국가연합을 선호한 것은 사실이지만, 그에게 근본적으로 중요한 문제는 국가 형태 그 자체가 아니라, 통일 국가가 어떤 '사회적 실체'를 갖느냐 하는 문제이다. 사실상 엄밀하게 따져보면 그라스의 이른바 '반통일적 자세'라는 것도 기실 통일 자체에 대한 무조건적인 반대의 표현이라기보다는 통일 이후의 새로운 사회가 취하게 될 성격에 대한 고민의 표현이라고

---
11) 같은 책, 235쪽.
12) 같은 책, 236쪽.

보는 것이 더 타당하다. 그는 배타적 민족주의와 약탈적 자본주의의 결합으로서의 '자본주의 민족국가' 형태의 통일에 반대한 것이지, 범유럽주의의 틀 내에서 민주적이고 사회주의적인 성격을 강화한 통일에는 개방적인 입장이었기 때문이다.

둘째, 그라스는 통일이 '제도'나 '체제'의 문제이기에 앞서 무엇보다도 '인간'과 '정신'의 문제라는 점에 주목하게 한다. 중요한 것은 무엇보다도 '인간'에 대한 고려이다. 특히 통일 과정에서 자신의 사회적, 정신적 삶 자체가 손상당하거나 뿌리뽑힐 수도 있는 사람들에 대해 유념해야 한다는 것이다. 동독에 대한 향수를 뜻하는 '오스탈지아'가 확산되는 현상은 통일이 일차적으로 인간과 정신의 문제라는 그라스의 인식이 타당함을 보여준다. 특히 그의 부채탕감론은 조금만 손질하면 우리의 경우에도 적용될 수 있을 것이다. 통일이 제도의 통합이기에 앞서 인간의 융합이라면, 통일의 과정은 멀고도 지난할 수밖에 없다. 남북한의 주민들은 서로에 대해 보다 열린 마음으로 상대방의 지난 삶의 이력을 이해하고 존중하는 자세를 가져야 한다. 두 사회에서 자라나온 고유한 가치들을 상호 인정하고 슬기롭게 조화시키는 관용의 자세가 절실하게 필요하다. 동독 사람들을 대하는 서독 사람들의 태도를 꾸짖는 그라스의 말은 통일의 과정에 들어선 우리에게 결코 남의 이야기로 들리지 않는다.

> 서독 사람들은 노골적으로 혹은 은밀하게 지난 40년간의 동독에서의 삶을 무의미한 것으로 보도록, 무의미하고 실패한 것으로 보도록 1600만의 동독 사람들에게 요구하고 있다. 이것은 끔찍하고 뻔뻔스러운 태도이다. 이것은 (……) 동독 체제에 대한 신랄한 반대자에게조차도 반감을 불러일으키고, 결과적으로 정신적 분열을 심화시킨다.[13]

---

13) Günter Grass, "Interview mit Günter Grass", 앞의 책, 235쪽.

셋째, 그라스는 통일을 서독의 '잘못된 자본주의'와 동독의 '잘못된 사회주의'를 변증법적으로 지양하는 기회로 삼아야 한다고 주장한다. 이러한 주장에 우리는 특별히 주목할 필요가 있다. 2세에게 '합법적으로' 수조 원의 자본을 양도할 수 있는 남한의 '기형 자본주의'와 자식에게 '당의 규약대로' 절대권력을 양도할 수 있는 북한의 '봉건 사회주의'가 통일이 된다고 정상적인 사회를 이룰 가능성은 희박하다. 한국의 통일은 양 체제의 모순을 동시에 변혁하는 과정이 되어야 한다.

넷째, 그라스는 독일 통일을 신자유주의적 세계화 과정의 일부로 파악한다. 이러한 입장으로부터 우리는 지난 수십 년 동안 한국의 대다수 '진보적' 지식인들의 의식과 정서를 지배해 온 낭만적 민족주의와 통일지상주의가 자칫 잘못하면 자본의 활동 공간만을 넓혀주고, 그 결과 심화된 사회적 불평등과 갈등을 한반도 전체로 확산시킬 위험성이 높다는 점을 인식해야 한다. 이 시점에서 요구되는 것은 민족을 절대시하면서 통일의 당위만을 부르짖는 낭만적 민족주의가 아니라, 통일의 '사회적' 내용을 냉철히 검토하는 '성찰적' 민족주의이다.

다섯째, 지식인 그라스의 끊임없는 앙가주망은 오늘날 전세계를 풍미하고 있는 신보수주의적 경향 속에서 다시금 지식인의 사회적 역할에 대해 성찰해 보도록 한다. "오늘날 우리 사회를 특징짓는 것은, 아니 더 정확하게 말하면, 기형화하는 것은 이상과 언어의 전면적인 부재이다."[14] 그라스는 이 말로 지식인의 사회비판적 역할은 오늘날 세계화의 시대에도 여전히 시대사적 적실성을 지니고 있음을 강조한다.

(≪독어교육≫, 2003년 제24집, 독문)

---

14) Günter Grass, "Nicht von der Bank der Sieger aus", 앞의 책, 23쪽

4 통일독일의 문학논쟁
―― 통일 공간의 문학과 지식인

1 들어가며

　독일 통일을 전후하여 전개된 '문학 논쟁'은 동독의 지적, 문화적 자의식을 해체하려는 의도에서 서독의 보수적 비평가들에 의해 점화되었다. 동독의 정체성을 상징하던 대표적인 '재야 작가'들이 전격적으로 '어용 작가'로 공격받았고, 동독 문학과 문화 전체가 '무가치한' 것으로 폄하되었다. 논쟁이 확산되면서 이번에는 서독의 '참여문학'이 "신념 미학"이란 이름으로 심판대에 오르고, 이러한 '미성숙의 미학'에 기초한 동서독 문학은 이제 역사적 수명을 다했다는 때 이른 진혼곡이 여기저기서 울려나왔다. 나아가 이 문학의 미학적 기반으로 독일의 관념 철학, 특히 헤겔의 역사철학적 미학과 동일성 원리가 비판의 대상으로 떠올랐다. 또한 통일에 대한 찬반 논의와 관련하여 진보적 지식인 전체가 도마 위에 오르고, 이들의 역사적 역할의 종언이 여러 각도에서 선언되었다. 이러한 보수적인, 때론 극우적인 비평가들의 총체적인 공세가 독일의 진보적인 지식인들을 궁지에 몰아넣는 데 일정한 성공을 거두었다는 인상을 지울 수 없다. 전통적인 유미주의와 반좌파적 모더니즘을 공격적 국수주의와 교묘하게 결합시킨 칼 하인츠 보러(Karl Heinz Bohrer)의 미학이 포스트모더니즘의 바람에 실려 통일 독일의 지적 문화에 영향력을 발휘하기 시작한 것처럼 보인다. 이 과정에서 진보적 문화 전통은 말할 나위도 없고, 계몽주의 이후 휴머니즘의 전통마저 위축되어 가는 형국이다.

이 글에서 필자는 이 '문학 논쟁'의 추이를 따라가면서, 그 구도와 쟁점을 조망하고, 이 논쟁이 지닌 정치적, 이데올로기적 함의를 밝혀보고자 한다.

독일 통일에 대한 우리의 왕성한 관심과 다양한 논의에도 불구하고, 독일의 통일 공간에서 치열하게 펼쳐진, 양 독일의 문학과 지식인을 둘러싼 논쟁은 그간 국내에 매우 단편적으로만 소개돼 온 터라, 이에 대한 전체적 개관은 한국의 통일과 통일 문학의 진로에 대한 논의에 타산지석으로서 나름의 쓰임새를 지니지 않을까 한다. 다만 한국과 독일의 상황은 유사점만큼이나 차이점 또한 크다는 점만은 늘 염두에 두어야 할 것이다. 특히 통일을 바라보는 시각, '민족'이라는 개념이 갖는 정치적, 정서적 함의, 동독 지식인의 상황과 의식 등은 두 나라가 거쳐온 역사적 발전의 상이성 때문에 현저하게 다르다. 그렇지만 다른 한편으론 독일의 통일 공간에서 나타난 보수적 문학계의 의식과 진보적 문학에 대한 공격 논리는 우리의 경우와 큰 차이가 없다. 이런 의미에서 이들의 논지를 들여다보는 것 또한 우리에게 나름의 의미를 줄 수 있을 것이다.

2 논쟁의 발단과 파장

베를린 장벽의 붕괴와 독일의 공식적인 통일 사이의 대략 중간 시점인 1990년 6월 1일과 2일, 독일의 권위 있는 신문인 ≪디 차이트(*Die Zeit*)≫와 ≪프랑크푸르터 알게마이네 차이퉁(*FAZ*)≫에는 이례적으로, 아직 출판되지도 않은 책에 대한 서평이 잇따라 실렸다. 그 책은 크리스타 볼프(Christa Wolf)의 소설 『남아 있는 것(Was bleibt)』이었다. 두 서평은 서로 약속이나 한 듯이 한목소리로, 동독 작가로는 드물게 동서독에서 공히 존경과 찬사를 받아온 이 여류 작가와 그녀의 백 페이지 남짓한 작은 책을 전례 없이 가혹한 어조로 비판하였다. 화폐 통합을 정확히 한 달 남겨놓은 시점에서, 동독이 서독으로 서서히 통합되어 가던 시기에 동독 사람들의 "도덕적 심급"으로, "정체성의 상징"으로 존경받아 온 작가에 대한 서독의 유력한 언론의 느닷없는 공격은 즉시 동서독 지식인의 각별한 관심을 불러일으켰고, 일주일도 지나지 않아 이를 비판하거나 옹호하는 격렬한 반응을 촉발하였다. 그러나 이때까지는 이 논란이 '전후 독일 최대의 문학 논쟁'으로까지 비화하리라고 예상한 사람은 많지 않았다.

이 논쟁의 과정을 추적하여 책으로 펴낸 토마스 안츠(Thomas Anz)는 논쟁의 파장을 이렇게 기술하고 있다. "전후 독일 역사상 어떠한 문학 논쟁도 1990년 6월초 크리스타 볼프와 그녀의 소설 『남아 있는 것』에 대한 신랄한 공격으로 시작된 논쟁만큼 공개적인 주목을 많이 받은 적은 없었다. 서독 신문의 문예란에서 발화되었지만, 곧 권위 있는 대신문의 일면 사설을 차지했고, 그 반향은 어느새 독일과 유럽의 국경을 넘어 버렸다. 파리에서는 8월 3일자 ≪르 몽드≫ 지가 「크리스타 볼프를 둘러싼 논쟁」을 실었고, 한 달 후에는 프랑스의 문화부 장관인 자크 랑 (Jack Lang)이 직접 논쟁에 개입하였다. 런던에서는 이미 7월 8일에 ≪옵저버≫ 지가 논쟁의 추이를 알렸고, 8월 24일에는 ≪뉴욕 타임스≫에 같은 테마의 기사가 실렸다."[1]

특히 프랑스의 문화부 장관인 자크 랑은 논쟁의 열기가 절정으로 치닫던 1990년 9월, 크리스타 볼프에게 프랑스의 권위 있는 문학상인 '최고의 작가상'을 수여하여 국제적인 연대를 보였고, 치사의 대부분을 그

---

[1] Thomas Anz, "Es geht nicht um Christa Wolf", *Der Literaturstreit im vereinten Deutschland* (München, 1991), 7쪽.

녀를 옹호하는 데 할애하였다.

독일 내에서는 논쟁을 점화시킨 ≪FAZ≫과 ≪디 차이트≫ 이외에도, ≪쥐트도이췌 차이퉁(Süddeutsche Zeitung : SZ)≫, ≪프랑크푸르터 룬트샤우(Frankfurter Rundschau : FR)≫, ≪타게스차이퉁(tageszeitung : taz)≫, ≪디 벨트(Die Welt)≫ 등의 유력한 전국지와 ≪슈피겔≫ 등의 잡지가 직접 논쟁에 뛰어들었다.

전례 없이 많은 지식인과 작가가 논쟁에 참여한 것 또한 논쟁을 심화시키고 확산시키는 계기가 되었다. 귄터 그라스, 귄터 쿠네트, 볼프 비어만, 슈테판 하임, 하이너 뮐러, 헬가 쾨니히스도르퍼, 레프 코벨레프 등의 작가와 발터 옌스, 한스 마이어, 마르셀 라이히 라니츠키 등 서독의 대표적인 문학 비평가들, 그리고 저명한 철학자인 위르겐 하버마스 등이 논쟁에 적극적으로 뛰어들거나 자신의 입장을 표명하였다. 뿐만 아니라 '독일 펜클럽', '동독작가연맹', 서독의 '언어와 문학을 위한 아카데미' 등 주요 문학 단체들도 공개적인 성명을 통해 논쟁에 개입하였다.

동독의 한 여류 작가의 조그만 책이 불씨가 된 이 논쟁은 통일 공간의 복잡다단한 정치적, 이데올로기적, 문화적 문제와 얽히며 확산되었고, 동서 국경선을 녹이며 삽시간에 양 독일의 지식인 세계 전체로 번져 뜨겁게 타올랐다. 통일을 거치며 새로운 양상으로 다시금 달아오른 논쟁의 불길은 그해 겨울을 넘기면서도 좀체 잦아들지 않았고 지금까지도 그 잔영을 드리우고 있다.

3 '볼프 논쟁' : 크리스타 볼프와 동독 작가의 의식

크리스타 볼프의 소설 『남아 있는 것』은 '슈타지(Stasi : 동독의 '국가안전부', 즉 비밀경찰)에 의해 감시당하는, 여러 면에서 크리스타 볼프 자신을 연상시키는 한 여류 작가가 겪는 하루의 삶을 그린 작품이다. 볼프는 기존의 동독 정권이 사실상 와해된 1990년 6월에 이 작품을 발표하는데, 이 발표 시점이 초기 서평의 주요 비판 대상이 된다.

이 소설에 대한 첫 서평을 쓴, 그 결과 '볼프 논쟁'을 야기한 사람은 ≪디 차이트≫의 문예란 책임자인 울리히 그라이너(Ulrich Greiner)이다. 그는 이제껏 서독에서 동독을 대표하는 비판적 '재야 작가'로 인정받아 온 크리스타 볼프의 상을 전격적으로 뒤집어 놀랍게도 그녀를 "어용 작가"로 규정한다. 그에 따르면 동독 국가상의 수상자이며 "마지막 순간까지" 사회주의통일당(SED)의 당원이었던 볼프는 어용 작가이며, 이 소설은 동독이 무너지자 자신을 정권의 희생자인 양 꾸미기 위해 내놓았다는 것이다. 그는 또한 한때 '동독 문학에서의 주관성의 부활'이라고 서독 비평계 전체가 찬사를 보냈던 볼프 문학 특유의 형상화 원리인 '주관적 진정성'을 임의로 해석하면서 볼프 글의 "내적 논리"를 "옛날부터 잘 알려진, 권력의 비호를 받는 내면성"이라고 폄하한다.[2]

그라이너의 서평이 실린 바로 다음 날, 독일의 대표적인 보수지 ≪FAZ≫의 문예부장인 프랑크 쉬르마허(Frank Schirrmacher)는 크리스타 볼프를 동독의 "정신적 주권과 자립성을 창출해 내는 것처럼 보이는 유일한 지식인"이라고 규정하면서 그녀의 이른바 "권위주의적 성격"을 비판한다. 그에 따르면 볼프는——같은 세대의 다른 지식인들과 마찬가지로——국가에 대하여 "가족적인, 거의 내밀한 관계"를 유지하는데, 이는 국가가 지식인에게 부여한 배타적인 특권에서 연유한다고 한다. 볼프는 자기가 살고 있는 사회와 국가를 "소시민적, 권위주의적 가정의 변형쯤으로 이해했다는 것이다. 그렇기 때문에 그녀에게 있어 국가는 "현대의 갈등하는 이해 집단 간의 복합 구조"가 아니라, "지배와 복종의 권위 구조"를 지닌다는 것이다. 쉬르마허는 한 걸음 더 나아가 동독 체제를 나치 체제와 비교하면서 볼프를 나치 정권에 복무한 지식인과 동일시한다. 이런

---

2) Ulrich Greiner, "Mangel an Feingefühl", *Die Zeit*, 1990년 6월 1일.

맥락에서 그는 『남아 있는 것』에 대해 자기 정당화를 꾀하는 위선적인 작품일 뿐 아니라, 권위주의적 성격에 전형적인 기회주의에서 배태된, "전후 친나치 지식인들이 보인 행태의 재연"이라고 혹평을 가한다.[3)]

크리스타 볼프와 그녀의 소설 『남아 있는 것』에 대한 그라이너와 쉬르마허의 유례 없는 무차별 공격은 양독의 지식인과 작가들을 경악케 하였고, 특히 한 작가를 인격적, 도덕적으로 매장하려는 그 비판의 방식이 많은 사람을 분노케 하였다. 또한 이제껏 서독의 비평가들 사이에서, 동독 사회 현실의 문제점을 진지하게 비판해 온 재야 작가로, 현실 사회주의 내에서의 개인의 실존을 집요하게 파고드는 문제 작가로, 사회주의 리얼리즘의 도그마에 저항하면서 나름의 미학 원리를 견지해 온 개성이 강한 작가로 인정받아 온 크리스타 볼프가 비판의 표적이 된 것을 많은 사람들은 의아하게 받아들였다. 이러한 이유로 볼프 비판에 대한 반응과 반격은 여러 각도에서 제기되었고, 시기적으로 집중된 이 비판의 정치적, 이데올로기적 저의에 대한 해석도 무성하였다.

≪FR≫의 볼프람 쉬테(Wolfram Schüte)가 처음으로 반박의 포문을 열었다. 그는 그라이너와 쉬르마허의 '서평'을 "현상의 인간적, 도덕적, 미학적 복잡성"을 헤아리지 못하는, "동독 문학에 대한 즉결 처분"이라고 비판하였다. 그는 동독 작가의 상황과 의식에 대한 좀 더 신중한 접근을 권고하면서, 동독의 여류 작가 헬가 쾨니히스도르프(Helga Königsdorf)의 글을 통해 1989년 가을의 '동독 혁명'과 그 후 진행된 독일의 통일 과정을 바라보는 동독 작가들의 상황 인식을 예시한다. "우리는 우리를 둘러싸고 있던 체제를 받아들이지 않았다. 그러나 우리는 그 체제가 예전에 깃발 위에 그려 넣은 유토피아를 사랑했다. 그리고 언젠가는 거기에 닿을 수 있으리라는 희망을 버리지 않았다. 우리는 변화시키기 위해 체제

---

3) Frank Schirrmacher, "Dem Druck des härteren, strengeren Lebens standhalten. Auch eine Studie über einen autoritären Charakter: Christa Wolfs Aufsätze, Reden und ihre jüngste Erzählung *Was bleibt*", FAZ, 1990년 6월 2일.

를 흔들어댔지만 우리의 유토피아가 닿아 있던 그 나라를 결코 포기한 건 아니었다."⁴⁾

동독 작가들이 동독의 '현실 사회주의'를 거부하면서도 끝까지 동독을 자신의 나라로 선택한 것은 '국가에 대한 권위주의적 관계' 때문이 아니라 '유토피아에의 꿈' 때문이라는 것이다. 이는 동독의 비판적 재야 지식인의 일반적 정서였다.

볼프 비판에 대한 반응에서 특기할 만한 점은 스탈린주의의 희생자들의 입장이었다. 소련의 저명한 반스탈린주의 작가 레프 코펠레프(Lew Kopelew)와 동독의 권위 있는 '아우프바우' 출판사의 발행인이었던 발터 얀카(Walter Janka)는 볼프에 대한 공격을 '이데올로기적 무고(誣告)'라고 규정하고, 이들의 비난이 '광적인 반공주의'에서 나온 것임을 지적하였다.⁵⁾ 크리스타 볼프와 동독 국가 권력과의 관계를 둘러싼 논쟁이 '볼프 논쟁'의 핵심 사안이었음에 비추어보면, 이들 반스탈린주의자들이 '볼프를 위하여' 공개적인 발언에 나섰다는 사실은 그 자체만으로도 그녀에 대해 '어용 작가' 운운하는 보수적 비평가들의 주장을 허구로 보이게 하였고, 그들이 그러한 주장을 펴는 정치적, 이데올로기적 배후에 대한 의구심을 증폭시켰다.

『양철북』으로 유명한, 서독의 생존하는 가장 대표적인 작가 귄터 그라스는 볼프에 대한 공격을 서독의 "문화계에 이미 잘 알려져 있는 의식(儀式)으로서의 처형 준비"⁶⁾라고 하면서 그 정치적 배경을 암시하였고, 독일의 영향력 있는 문학 단체들로부터도 이 논쟁의 기저에 깔린 반공주의적 성격에 대한 경고가 잇따랐다. '독일 펜클럽'의 의장단은 볼프

---

4) Wolfram Schütte, "Reiß Wolf. Zu einem Eilverfahren beim Umgang mit der DDR-Literatur", *FR*, 1990년 6월 8일.
5) Lew Kopelew, "Für Christa Wolf. Ein Brief an die *Zeit*, die *FAZ* und die *Welt*", *taz*, 1990년 6월 14일, Walter Janka, "Brief vom 24. August 1990 über Christa Wolf", *europäische idee*, 1990년 10월 참조.
6) Günter Grass, *Gegen die verstreichende Zeit* (Hamburg, 1991), 87쪽.

에 대한 공격을 "포스트모더니즘적 매카시즘"이라고 공식 논평하였고, '동독작가연맹'과 서독의 '언어와 문학을 위한 아카데미'도 논쟁의 성격을 매카시즘으로 규정하였다. 볼프에 대한 공격을 하이너 뮐러가 "서방의 스탈린주의"라 한 것이나, 이반 나겔이 "우파의 음모"라 한 것이나, 슈테판 하임이 "이데올로기적 캠페인"이라 한 것이나, 볼프 자신이 "마녀사냥"이라 한 것이나, 이 모두는 이 '문학 논쟁'이 실제로는 문학적, 미학적 성격보다도 고도의 정치적 성격을 띠고 있다는 사실을 드러내주는 대목이다.

그럼 통일 공간에서 '볼프 논쟁'이 지닌 정치적, 이데올로기적 함의는 무엇인가? 그리고 왜 하필이면 크리스타 볼프가 공격의 표적으로 떠올랐는가?

동서독 국경의 개방 이후 동독을 떠나는 사람들의 수가 급격히 늘어남에 따라 동독 체제가 동요하기 시작하던 1989년 가을, 동독의 재야 시민 단체와 작가, 지식인들의 합의하에 볼프 자신이 초안을 썼으며 직접 텔레비전과 라디오, 신문을 통해 발표한「동독 시민에게 보내는 호소문」을 읽어보면, 동독의 완전한 자체 붕괴와 그 후의 무리 없는 합병을 바라던 서독의 보수 세력이 왜 볼프에 대해 그렇게 신랄한 공격을 가했는지 쉽게 짐작할 수 있다.

친애하는 동료 시민 여러분,

우리는 모두 깊이 동요하고 있습니다. 우리는 날마다 우리나라를 떠나는 수천 명의 사람들을 봅니다. 우리는 잘못된 정치가 마지막 날까지 이 공동체의 혁신에 대한 불신을 강화해 왔다는 것을 압니다. 우리는 대중운동에 대해 언어가 무력하다는 걸 압니다. 그러나 우리는 언어 이외에는 다른 수단이 없습니다. 지금 떠나가는 사람들은 우리의 희망을 줄입니다. 우리는 여러분에게 호소합니다. 여러분의 고향에 머무십시오! 우리에게 머무십시오! 우리가 여러분에게 무엇을 약속할 수 있겠습니까? 쉬운 삶은 아니지만 유용하고 재미있는 삶을, 빠른 복지는 아니지만 위대한 변화에의 동참을 우리는 약속합니다. 우리는 이 나라의 근본적인 변화의 초입에 이제 막 들어서 있습니다. 민주적 사회주의의 비전 또한 보존하는, 진실로 민주적인 사회를 만들어가도록 우리를 도와주십시오.[7]

볼프로 대표되는 동독의 재야 지식인들은 서독에의 '합병'에 반대하였고, "스탈린주의에 각인된 체제를 거부하면서" 동시에 "서독에 대한 사회주의적 대안을 발전시킬" '제3의 길'을 모색하였던 것이다. 이런 의미에서 그녀는 이제는 사라져야 할 동독의 정체성을 구현하고 있었고, 그녀의 반통일 논리는 통일을 추진하던 서독의 보수 진영의 눈에 여전히 위험하고 괘씸하게 비쳤던 것이다. 이런 맥락에서 보면, '전략적 저널리즘'으로 보수 여론을 이끌어온 《FAZ》에서 볼프 비판을 선도한 것은 우연이 아니다.

이처럼 통일 이후 서독의 언론에 의해 집중적인 공격을 받게 되는, 볼프로 대표되는 동독 작가와 지식인의 상황과 의식은 어떠했을까? "크리스타 볼프, 하이너 뮐러, 폴커 브라운, 크리스토프 하인, 슈테판 하임 등 동독의 대표적인 작가들은 결코 '체제 반대자'가 아니었다. 뒤틀린 형태이긴 하지만 동독에서는 정신과 권력이 오랫동안 조화를 이루고 있었다. 이러한 화해는 반파쇼의 개념 안에서 가능한 것처럼 보였다. 동독에서는 77헌장파도, 바슬라프 하벨도, 폴란드의 연대노조도 없었다. 분단 독일의 반체제 진영은 다만 자본주의 서독과 공산주의 동독의 형태로서만 존재했다."[8]

동독의 지식인은 정권에 대해 지극히 비판적인 입장을 취할 경우라도 동독 체제 자체를 부정하지는 않았다. 이들은 서독 체제에 대한 동독 체

---

7) Christa Wolf, *Im Dialog. Aktuelle Texte* (Frankfurt a.M., 1990), 169~170쪽.
8) Karl Deiritz und Hannes Krauss, "Ein deutsches Familiendrama", *Der deutsch-deutsche Literaturstreit* (Hamburg, 1991), 8~9쪽.

제의 도덕적·역사철학적 우위성과 정통성을 확신하고 있었다. 이들의 비판은 동독의 사회주의 사회구성체를 향한 것이라기보다는 동독 체제와 사회에 퍼져 있던 스탈린주의의 잔재를 겨냥한 것이었다. 이런 의미에서 이들은 고르바초프의 페레스트로이카에 커다란 기대를 건 개혁사회주의자들이었다. 동독의 작가들이 동독 사회의 스탈린주의적 양상에 양심적인 비판을 서슴지 않았고, 그 결과 이런저런 탄압과 감시를 받고 작품의 상당 부분을 서독에서 출판할 수밖에 없었음에도 불구하고, 또한 마음만 먹으면 얼마든지 서독에서 정착할 기회가 있었음에도 불구하고 이를 거부하고 끝까지 동독 사회에 남은 이유는 이들에게 부여되었다고 하는 '특권'과 이른바 '권위주의적 성격' 때문이 아니라, 이상적 사회주의 사회를 실현하려는 꿈을 고집스럽게 간직하고 있었기 때문이었다. 동독 체제가 무너졌다는 의미에서가 아니라 유토피아를 건설할 터를 상실했다는 의미에서 이들 이상사회주의자들은 독일 통일의 가장 큰 패배자였다.

4 지식인 논쟁 : 통일 공간의 지식인과 동독 문학

볼프가 공격 대상이 된 것은 무엇보다도 그녀의 '대표성' 때문이었다. 그녀는 통일 과정에서——또한 통일 이후에도——보수 세력의 자유 행보에 걸림돌이 되는 다양한 정치적, 이데올로기적, 문화적 계기를 대표적으로 체현하고 있는 '지식인'으로서 집중 포격을 받은 것이다. 크리스타 볼프는 통일 공간에서 부각된 특정 지식인 유형의 의식과 입장에 대한 대유(代喩)였다. 그렇다면 볼프에 대한 공격은 무엇을 의미하는가?

첫째, 크리스타 볼프에 대한 공격은 동독의 정체성에 대한 공격이었다. 그녀는 동독의 "정신적 주권과 자립성을 창출해 내는 것처럼 보이는 유일한 지식인"[9]이었고, 따라서 볼프 비판은 동독의 정치적, 경제적 주권과 자립성이 와해되어 가는 시점에서 이제 마지막으로 남아 있는 동독의 정신적, 도덕적 자의식을 해체하는 작업이었다.

둘째, 크리스타 볼프에 대한 공격은 동독의 비판적 재야 지식인에 대한 공격이었다. 이는 동독 체제의 스탈린주의적 발전 양상에 당차게 저항하면서도, 이상적인 사회의 모델과 그 실현 가능성을 자본주의적 서독 사회에서 찾지 않고 동독 사회의 민주적 개혁에서 모색하던 동독의 지식인 유형에 대한 공격이었다.

셋째, 크리스타 볼프에 대한 공격은 반통일주의자에 대한 대독일주의자의 공격이었다. 이는 동독의 '합병'과 강력한 신독일의 탄생에 반대하던 동서독의 지식인에 대한 공격이었다. 통일에 반대하는 이유가 동독 지식인의 경우 주로 '서독에 대한 사회주의적 대안'으로서 민주적 사회주의를 건설하려는 데 있었음에 비해, 서독의 지식인들은 독일의 특수한 '역사적 부채'를 들어 강력한 독일의 '재등장'을 저지하려는 데 중점을 실었다.

넷째, 크리스타 볼프에 대한 공격은 좌파 지식인 전체에 대한 우파의 공격이었다. 그라이너가 '고백'하듯이, "현실 사회주의가 붕괴했는데도 위대한 이상을 실현하려는 꿈을 버리지 않고, 사회주의 이론이 속속들이 잘못된 것"이라고 인정하지 않는 '좌파'에 대한 공격이었다.

다섯째, 크리스타 볼프에 대한 공격은 나치 시대에 유년기와 청년기를 보낸 '볼프 세대'에 대한 젊은 세대의 공격이었다. '볼프 세대'는 나치가 남긴 심리적 외상 때문에 평생을 고통받았고, 이 때문에 대부분 통일에 대해 지극히 회의적인 입장을 보였다.

이처럼 '볼프 논쟁'은 그 핵심에 있어 '문학 논쟁'이 아니었다. 그것은 크게 보면 통일에 찬성하는 세력과 반대하는 세력 간의 논쟁이었고, 대부분의 지식인이 통일에 회의적인 입장을 보였기 때문에 또한 통일 공간에서 지식인의 역할을 둘러싸고 지식인 간에 벌어진 '지식인 논쟁'이

---

9) Fritz-Jochen Kopka, "Who's afraid of Christa Wolf?", *Sonntag*, 1990년 7월 22일.

었다. 이렇게 하여 논쟁은 하나의 전환을 맞게 된다. 이제 크리스타 볼프가 대유하던 바의 실체가 쟁점이 된다. 즉, 통일 논쟁과 엇물려 독일의 좌파 지식인 전체가 심판대에 오르고, 동독 문학, 문화의 가치에 대한 평가가 논쟁의 초점이 된다.

≪FAZ≫의 옌스 예센(Jens Jessen)은 통일 과정에 회의적인 입장을 취해온 지식인들을 빗대어 「한 특권 계급이 권력을 박탈당하다」라는 제하의 글에서 "2국가주의의 수호자인 독일 지식인"을 비판한다. 그는 독일 지식인의 터부였던 통일이 정치적 사실이 되었다는 것은 이제 "한 성직자 계급 전체에 대한 공개적인 조롱과 궁극적인 권력 박탈"을 의미하는 것이라고 쓰고, 이처럼 "권력을 박탈당한 지식인"으로 "위르겐 하버마스, 하이너 뮐러, 슈테판 하임, 귄터 그라스, 발터 옌스, 크리스타 볼프, 막스 프리쉬, 귄터 발라프" 등을 거명하고 있다.[10] 그는 또한 "장벽이 열린 후 독일 좌파가 수행하지 않을 수 없다고 믿어온, 영향력과 명성을 둘러싼 공개 전투는 이제 참담한 퇴각의 단계로 접어들었다"고 하면서 통일을 좌파에 대한 우파의 승리로 규정한다.[11]

독일의 진보적 지식인에 대한 이러한 적대적 분위기를 '볼프 논쟁'의 초기 단계에서부터 경고해 온 사람은 '독일 펜클럽' 의장이며 '서베를린 아카데미' 의장인 발터 옌스(Walter Jens)였다. 그는 "동서독에서 권력과 당 혹은 대자본에 복무하지 않은" 양심적 지식인에 대해 조롱하고 비난하는 조잡한 형태의 "반지식인주의"가 횡행함을 지적하고, 이들 "매카시 신봉자들"의 자성을 촉구하면서, 서독 보수 신문의 문예란을 "복고의 선봉장"이라고 비판하였다.[12] 이반 나겔도 '지식인'이란 말이 욕으로 사용

---

10) Jens Jessen, "Eine Kaste wird entmachtet. Die deutschen Intellektuellen als Hüter der Zweistaatlichkeit", *FAZ*, 1990년 9월 29일.
11) Jens Jessen, "Der Mord im Feuilleton. Deutsche Szene", *FAZ*, 1990년 11월 28일.
12) Walter Jens, "Plädoyer gegen die Preisgabe der DDR-Kultur. Fünf Forderungen an die Intellektuellen im geeinten Deutschland", *SZ*, 1990년 6월 16일.

되어온 끔찍한 역사를 더듬고, 나치 시대와 스탈린 시대의 지식인 적대를 상기시키면서 서독 신문에서 벌어지는 "새로운 지식인 사냥"을 경고하였다.[13] 저명한 철학자 위르겐 하버마스도 통일 공간에서 강화된 지식인에 대한 적대적 태도를 이렇게 평하였다. "마침내 사람들은 동독과 서독의 지식인들을 동시에 한자리에 모아놓고 이들의 유토피아주의가 공공에 해로운 것임을 승복시키고, 이들이 민중의 진짜 적임을 폭로할 수 있다고 믿었다."[14]

또한 논쟁은 지금까지의 동독 문학, 문화에서 무엇을 건져낼 수 있는가 하는 동독 문학, 문화에 대한 평가로 이어졌다. 진보적 진영의 대표적 문학평론가인 발터 옌스는 「동독 문화의 포기에 반대하며」라는 글에서, 동독은 예술의 영역에서는 결코 "저임금 국가"가 아니었다고 하면서 동독의 예술을 "독특하면서도 세상의 이치에 밝고, 고유하면서도 보편주의적"이라고 평가한다. 그는 통일 독일 문화에 받아들여져야 할 동독의 예술로 "진보적이면서 동시에 독자에게 친근하고, 섬세하면서도 단선적이지 않으며, 용기에 차 있으면서도 깊은 슬픔에 젖어 있는 예술, 정권이 이들이 사회주의자라는 바로 그 이유 때문에 두려워하고 탄압했던, 사회주의자의 예술"을 꼽고 있다.[15]

이에 반해 보수적인 정치, 문학 월간지 ≪메르쿠어(Merkur)≫의 발행인으로, 서독의 보수적 미학 이론의 대부격인 칼 하인츠 보러는 동독 문화는 전혀 보존할 가치가 없다고 주장한다. "나는 동독 지식인의 잃어버린 삶과 경력이, 고통스럽지만 꼭 필요한 개인적인 혹은 집단적인 심리 분석 이상의 의미를 지니리라고 보지 않는다."[16] 동독 문화에 대한 이러

---

13) Ivan Nagel, "Die Volksfeinde. Literaturstreit und Intellektuellenjagd", *SZ*, 1990년 12월 22일.
14) Jürgen Habermas, "Die andere Zerstörung der Vernunft. Über die Defizite der deutschen Vereinigung und über die Rolle der intellektuellen Kritik", *Die Zeit*, 1990년 10월 5일.
15) Walter Jens, 앞의 글.

한 부정적인 평가의 이유를 그는 이렇게 내비친다. "무엇보다도 문제가 되는 것은 구동독 문화를 실존적으로 탄핵하거나 구제하는 것이 아니라, 냉정하게 (통일 이후 있을 수 있는) 가능한 엄청난 결과를 정치적, 정신적으로 제한하는 것이다."[17] 여기서 그가 이야기하는 것은 동독 지식인의 꿈, 개혁된 사회주의의 이상이 통일 독일의 문화계에서 다시 부활하는 것을 애초에 제한하고 차단해야 한다는 것이다. 또한 보러는 "용감한" 쉬르마허와 "정직한" 그라이너를 추켜세우면서, 그라스와 옌스를 필두로 한 통일에 회의적인 진보적 지식인을 시종일관 엄청난 적개심을 가지고 비판하는데, 이는 통일 공간에 지식인 사이의 전선이 얼마나 확고하게 그어져 있는가를 다시금 환기시키는 대목이다.

5 신념미학 논쟁 : 분단독일문학과의 작별

통일 공간에서 벌어진 '문학 논쟁'은 크리스타 볼프를 둘러싼 논쟁에서 시작되어, 동독의 작가와 지식인에 대한, 동독의 문학, 문화에 대한 논쟁으로 확대되었고, 급기야 '통일 논쟁', '지식인 논쟁'으로까지 확산되었다. 이 과정에서 논쟁의 문학적, 미학적 차원은 자연 감소·실종되었고, '문학 논쟁'은 연극의 제목에 불과했을 뿐, 무대 위에선 정치적, 이데올로기적 헤게모니 싸움만 전개되었다.

이러한 사정은 공식적인 통일을 하루 앞둔 1990년 10일 2일 ≪FAZ≫에 프랑크 쉬르마허가 쓴 「서독문학과의 작별」이 실리면서 다시 한번 새로운 전환을 맞는다. 그는 이 글에서 크리스타 볼프가 그 뛰어난 대표자였던 동독 문학과 함께 이제 서독 문학도 수명이 다했다고 주장한다. 그는 지금까지 서독 문학을 대표해 온 작가와 의식을 치밀하게 추적하

---

16) Karl Heinz Bohrer, "Kulturschutzgebiet DDR?", *Merkur*, 1990년 10월, 1015쪽.
17) 같은 책, 1018쪽.

면서, 서독 문학이 '볼프 논쟁'에서 그의 '숙적'이었던 작가들, 특히 그라스와 옌스 등에 의해 대표되어 왔고 이들의 의식에 의해 지배되어 왔다고 결론짓는다. 그는 서독 문학을 그라스의 소설 『양철북』에 나오는 난쟁이 오스카 마체라트처럼 "성장을 거부하고, 성년이 되고도 아이 행세를 하는" 문학이라고 비판하고, 이제 이러한 "정체된 문학"과는 작별해야 할 때가 되었다고 주장한다. 그에 따르면, 서독 문학은 패전 이후 독일 민족의 신화가 평가절하된 상황 속에서 서독 사회에 "새로운 정체성을 생산해 내는 공장"이었다. 전 세계적인 자아 붕괴의 시대에 사회와 개인의 정체성을 강화시킴으로써, 결국 이 문학은 사회를 정당화하는 기능을 수행하였다. 이처럼 문학 외적 기능을 수행함으로써 서독 문학은 더 이상 문학의 예술적 기능으로 복귀할 수 없었고, 문학으로서의 본래적 실효성도 상실했다는 것이다.[18]

울리히 그라이너는 「독일적 신념미학(Die deutsche Gesinnungsästhetik)」이란 글에서, 한 걸음 더 나아가 쉬르마허가 사망을 예언한 서독 문학과 이미 '사망한' 동독 문학이 모두 '도덕과 결혼한 문학'이었다고 규정하고, 이를 "신념미학"이란 말로 개념화한다. "이 신념미학은 깊은 독일적 전통을 가지고 있다. 이것은 이상주의와 훈장 기질의 결합에 뿌리를 둔다. 이것은 독일적 독자 행보의 한 변형이다. 이것은 예술에 그 고유성을 허용치 않고, (선택적으로) 시민적 모럴에, 계급적 관점에, 인도적 목적에, 혹은 최근에는 생태학의 묵시록에 복무하도록 한다."

그는 계속해서 이 신념 미학이 지금까지 동서독 문학을 공히 지배해 왔다고 주장한다. "신념 미학은 다행히도 종말에 다다른 서독과 동독 문학의 제3의 공통 요소이다. 동서독 문학의 종말이 다행인 것은 이제껏 동서독의 작가들이 복고주의, 파시즘, 교권주의, 스탈린주의 등 비문학적 테마에 의무감을 느껴왔기 때문이다. 이들에게 의무감을 부여한 것은 양

---

18) Frank Schirrmacher, "Abschied von der Literatur der Bundesrepublik", *FAZ*, 1990년 10월 2일.

심, 당, 정치, 도덕, 과거와 같은 여러 가지 이름이었다. 서독에서는 그 대신 참여문학이라는 개념을 사용해 왔다."

'참여문학'과 개념적으로 외연이 같으면서도 경멸적 뉘앙스를 풍기는 이 말로 그는 "뵐, 그라스, 렌츠, 프리드, 발저, 엔첸스베르거, 페터 바이스, 안더쉬" 등 서독 문학을 대표해 온 작가들과 '47그룹'을 겨냥하면서, 이제 이들의 '신념미학'이 지배하던 문학에서 벗어나야 한다고 주장한다.[19]

한편 칼 하인츠 보러는 「미성숙에서 벗어나려는 문턱에 선 미학」이라는 다분히 미학 강령적인 글에서 통일 독일의 문학을 겨냥하면서 "신학적·형이상학적, 관념론적·역사철학적 후견에서 자기 해방된 미학"을 선언한다. 이제 예술은 정치, 도덕, 철학 등 모든 "심미 외적인 요소"로부터 독립해야 한다는 것이다. 그에 따르면,

첫째, 미학을 예술의 철학이라고 할 때, 이제까지의 미학은 예술의 척도보다 철학의 척도에 중점을 두었고, 이는 독일 관념철학의 '동일성 원리'가 강한 영향을 끼쳤기 때문이다. 이제 예술의 '비동일성'이 확고한 인식으로 자리 잡은 오늘날 '동일성 원리'에 기초한 예술과 철학의 통일이라는 허구는 깨어져야 한다.

둘째, 미학은 철학으로부터, '미적 가상' 이외의 일체의 목적으로부터 해방되어야 하고, 이 '벗어남의 정도'가 미학적 평가의 척도가 되어야 한다. 이를 짧게 정식화하면, "역사철학이 풍성할수록 미학 이론은 빈곤하다."

셋째, 따라서 그의 적수는 헤겔, 쉴러, 쉘링이며, 그의 스승은 보들레르, 니체, 하이데거, 특히 프리드리히 슐레겔이다. 그는 또한 미적 현상을 철학의 도움 없이 규명하기 위하여, 아도르노 미학의 '비동일성' 이론을 원용한다.[20]

---

19) Ulrich Greiner, "Die deutsche Gesinnungsästhetik", *Die Zeit*, 1990년 11월 2일.
20) Karl Heinz Bohrer, "Die Ästhetik am Ausgang ihrer Unmündigkeit", *Merkur*, 1990년 10월, 851-865쪽 참조.

보러의 강령적인 글을 통해, 또한 그라이너의 '신념미학' 개념과 쉬르마허의 서독 문학 비판을 통해 논쟁의 양상이 변했다. 이제 논쟁은 특정 작가, 특정 작품에 대한 사안적인 것이 아니라, 미학과 도덕의 관계에 대한, 미적 현상의 특수성과 그 사회적 매개에 대한 더 근본적이고 원론적인 차원으로 전환된 것이다. 그러나 이러한 원칙 논쟁 또한 통일 공간에 조응하는 고도의 정치적인 함의를 품고 있었고, 이에 대한 지적과 비판이 이들 보수적 비평가의 글에 대한 반박의 골자를 이루었다.

위르겐 부셰(Jürgen Busche)는 보러 미학의 저의가 무엇인지를 묻고 그 이데올로기적 의미를 밝혀내려 한다. 그는 "통일된 독일에서 아무런 거리낌 없이 목소리를 높이는 우파 지식인들이 도덕과 신념으로부터 미학을 해방시켜야 한다고 하면서 사실은 또 다른 하나의 신념을 내놓으려 한다"고 지적하고, 이들이 '내놓으려는 신념'이 어떤 것인지를 추적한다. 그는 보러가 앞의 미학 논문에서 "허버트 마르쿠제, 한나 아렌트, 귄터 안더스, 한스 요나스의 스승으로서의 하이데거"가 아니라, 1930년대 중반 "나치 운동의 내적 진실과 위대함을 위해" 분투하던 하이데거의 예술관으로 복귀한 점과, 보러가 파시스트인 에른스트 융어의 열렬한 신봉자인 점을 지적한다. 그는 보러에게서 독일의 뿌리 깊은 공격적 국수주의의 위험을 본다.[21]

게르트 하이덴라이히(Gert Heidenreich)는 '신념미학'이라는 단어를 하나의 새로운 신념을 관철시키기 위한 "정치적인 투쟁 개념"으로 파악한다. 이 개념이 목표로 하는 것은 우선은 동독 문학의 청산이지만, 그 다음은 "47그룹 이래 서독의 비판적 문학"의 청산이다. 나아가 "이 개념이 의도하는 것은 사회적인 현실과 관련된 일체의 것을 문학적으로 무가치하다고 무고하는 것이다." "예술은 비이데올로기적이어야 하고, 오로지 예술 자체에만 복무해야 한다는 주장"은 사실상 작가에게 사회 비판이

---

21) Jürgen Busche, "Der Zug zur großen Zeit. Die neuen Rauschebärte", SZ, 1990년 11월 8일.

불가능한, "위협이 되지 않는 예비역의 자리를 배정하려는 또 다른 신념"에서 나온 것이다. 이 점에서 그는 이들 우파 지식인들이 주장하는 예술의 자유는 실은 그 정반대인 새로운 규범화의 경향으로 나아간다고 비판하면서, 정말로 우려되는 것은 보러가 설파하는 미학의 탈윤리화가 몰고 올 결과라고 경고한다.[22)]

이상에서 살펴보았듯이 독일의 공식적 통일을 전후하여 쉬르마허, 그라이너, 보러는 동서독 문학 전체를 "성장하지 않는 문학", "신념 미학", "미성숙의 미학"이라고 평가하면서 이 문학의 죽음을 고지하고, "제2의 영시점(零時點)", "성숙한 미학"으로의 전환을 선언하였다. 이들의 논지와 그 배경을 비판적으로 검토해 보자.

첫째, 쉬르마허는 서독 문학이 전후 서독 사회에 정체성을 부여한 문학, 사회를 정당화한 문학이었다고 하면서, 이처럼 사회적 기능만이 강조되던 문학과는 이제 '작별'해야 한다고 주장하였다. 이러한 논리는 통일 공간과 통일 이후의 독일에서 필연적으로 발생할 정치적, 사회적, 이데올로기적 문제들에 직면하여 문학의 사회비판적 기능이 강화될 것을 우려한 선제 공격의 의미를 지닌 것으로 보인다. 쉬르마허가 예방하고자 하는 것은 서독의 '비동조 문학'과 동독의 비판적 재야 문학이 비판적 여론과 정치적 반대파가 부재하거나 상대적으로 취약한 상태에서 수행해왔던 역할을 통일 독일의 문학이 또다시 떠맡는 것이고, 문학이 도덕적으로 논리를 펴는 사회 비판의 제도로서 다시금 정착되는 것을 애초에 막아내려는 것이다. 작가의 집단적인 정치적, 도덕적 참여로서 47그룹과 비견할 만한 문학 단체가 동서독 어디에도 보이지 않으며 "고독한 투사 그라스의 각개전투" 이외에는 어떠한 작가의 목소리도 들리지 않는 상황이지만, 작가의 사회적, 도덕적 참여를 그 싹에서부터 차단하려는 것이다.[23)]

---

22) Gert Heidenreich, "Die bösartigen Dichter. Worum es im deutschen Literaturstreit geht", SZ, 1991년 2월 2일.

둘째, 그라이너는 '신념미학'이란 개념으로 동서독 문학 전체를 "복고, 파시즘, 교권주의, 스탈린주의 등의 비문학적 테마"에 사로잡혀 온 문학, 결국 정치와 도덕의 포로가 된 문학이라고 폄하하고, 이제 이 "비문학적 테마"에서 떠나야 한다고 주장한다. 도대체 그가 말하는 '비문학적 테마'라는 것은 무엇이며, 또 그렇다면 '문학적 테마'는 어떤 것인가? 작품의 테마를 '문학적 테마'와 '비문학적 테마'로 나누는 것이 문학에서 도대체 가능하단 말인가? 체코의 구조주의자 얀 무카르조프스키의 이론을 빌리면, 문학 작품의 모든 요소는 동시에 비문학적 가치의 담지자라 할 수 있다. 이때 문학적 가치는 비문학적 가치들 속에 용해되어 있으며 비문학적 가치가 역동적으로 서로 관련을 맺으며 조직되는 가운데 드러나는 것이다. 이런 의미에서 문학적 가치와 비문학적 가치의 엄밀한 구분은 있을 수 없으며, 문학적 테마와 비문학적 테마의 엄격한 구분은 더더욱 있을 수 없는 것이다. 모든 비문학적 테마는 문학 내적으로 조직되어야 하고, 모든 문학적 테마는 비문학적 가치의 재평가에 참여한다.[24] 그라이너가 문학적 테마와 비문학적 테마의 이러한 변증법적 얽힘을 통찰하지 못하고, 양자의 관계를 정태적으로 파악하면서 비문학적 테마의 배제를 주장하는 것은 그의 미학 이론적 무지 때문이 아니라면, 이러한 구분을 통해 특정한 사회적 갈등을 문학의 테마로 삼는 것을 원천적으로 봉쇄하려는 의도에서 나온 것이라고밖에 볼 수 없다.

셋째, 보러는 "신학적·형이상학적, 관념론적·역사철학적 후견으로부터 자기 해방된 미학"을 선언하고, 미학의 절대적 배타성을 요구한다. 미학은 이제 정치, 도덕, 철학 등 심미 외적인 모든 것에서 자유로워져야 한다는 것이다. 그의 미학은 사실상 전통적인 유미주의와 비교하여 별로 새로운 점이 없다.[25] 따라서 보러의 미학을 살필 때 중요한 것은

---

23) Jochen Vogt, *Erinnerung ist unsere Aufgabe. Über Literatur, Marol und Politik 1945-1990* (Opladen, 1991), 181쪽 이하 참조.
24) Jan Mukarovsky, *Kapitel aus der Ästhetik* (Frankfurt a.M., 1970), 103쪽 참조.

그의 미학 자체라기보다는 오히려 그의 탈도덕, 탈정치, 탈가치, 탈의미의 미학이 통일 공간에서 지니는 정치적·이데올로기적 저의이다. 왜냐하면 보러의 애매한 미학은 실상은 그의 확실한 '정치적' 신념의 미학적 표현 내지 위장이기 때문이다. "테러와 악의 체험을 찬양하는 보러의 미학적 구상 뒤엔 어떠한 정치적 구상이 숨어 있는가?"[26] 미국 콜롬비아 대학의 저명한 독문학 교수인 안드레아스 후이센(Andreas Huyssen)은 이렇게 보러 미학의 정치적 저의를 묻고, 그의 유미주의의 가면 뒤에 숨어 있는 공격적 국수주의를 경고한다.

통일 공간에서 전개된 문학 논쟁의 회오리가 지나간 지 2년이 된 지금 보러의 미학이 그간 통일 독일의 정치 문화에 어떠한 영향을 끼쳤는지를 살펴보는 것은 의미 있는 일일 것이다. 최근에 ≪FR≫에 실린 르네 바일란트(Rene Weiland)의 글은 통일 이후 독일 국민의 정치전 판단력의 약화와 보러 미학의 영향 관계를 다루고 있다. 그는 현재 독일에서 우려되는 것은 "정치의 위기"보다도 국민들의 "정치적 판단력의 위기"라고 진단하고, 그 한 원인을 통일 공간에서 행해진 "미적인 것에 대한 첨예한 정치적 논쟁"에서, 특히 보러의 미학에서 찾는다. 그는 보러를 "철저히 유미주의적인 정치 이해의 대표자"라고 하면서, "이러한 유미주의적 정치관은 미학적 범례가 정치의 영역으로 넘어 들어오는 정도만큼 약화된 정치적 판단력의 표현"이라고 주장한다. 이런 맥락에서 보면 보러의 유미주의 미학은 정치의 영역에 비합리주의에 기초한 미학적 전범을 끌어다 댐으로써 정치적 판단력을 약화시키려는 정치적 의도에서 발원한 것으로, 나치 시대 '정치의 미학화'의 새로운 변형이 아닌가 생각된

---

25) Ulrich Schmidt, "Engagierter Ästhetizismus. Über neudeutsche Literaturkritik", *Vom gegenwärtigen Zustand der deutschen Literatur. Text + Kritik 113* ed. Heinz Ludwig Arnold (München, 1990), 86쪽 이하 참조.
26) Andreas Huyssen, "Das Versagen der deutschen Intellektuellen. Verschiebebahnhof Literaturstreit", *Der deutsch-deutsche Literaturstreit*, 앞의 책, 92쪽.

다. 나치가 수행한 '정치의 미학화'가 주로 나치 실체의 위장, 선동 효과의 극대화를 노린 것이라면, 보러의 '유미주의적 정치관'은 정치적 가치 판단의 모호화, 합리적·도덕적 준거의 무력화를 겨냥한 것이다. 즉 보러 미학의 정치적 성격은 "미학적인 정치 혐오(Anti-Politik)가 마치 더 나은 정치적 취향인 양 보이게 하려는 체계적인 개념 전도"에 있다. 따라서 "정치의 위기에 직면하여 정치적 판단력을 강화시키는 일이 어느 때보다 시급한 지금 제일 먼저 해야 할 일은 보러의 유미주의적 이중플레이를 해체하는 것이다."[27]

예술의 자율성을 명목으로 도덕을 경멸하는 미학, 미적 상상력의 해방이란 이름으로 정치를 혐오하는 미학, 심미적 자유의 절대적 배타성이란 미명하에 전쟁과 테러를 찬양하는 미학, 그 결과 합리적인 정치적 판단력을 무장해제 시키는 미학——이것이 보러 미학의 본질이다. 그것이 니체 류의 반시민적 보헤미안 정신에서 왔건, 게오르그 류의 귀족적 유미주의에서 왔건, 융어 류의 속물 엘리트주의적 국수주의에서 왔건, 보러 미학의 근원은 인간을 혐오하는 반휴머니즘이며, 이성을 경시하는 반계몽주의이며, 합리성을 조롱하는 비합리주의이다. 보러는 그가 그렇게도 강조하는 예술의 자율성이라는 것도 "휴머니즘의 이념을 먹고 자라났으며", "예술의 자율성이 동요되기 시작한 것은" 예술이 휴머니즘과 도덕을 자신의 한 원리로 삼았기 때문이 아니라 "사회가 점점 더 휴머니즘의 정신을 상실했기 때문"[28]이라는 아도르노의 말을 한번 곰곰이 음미해 보아야 할 것이다.

---

27) Rene Weiland, "Ein Defekt der Urteilskraft. Die Entpolitisierung der Kunst und die Krise des Politischen", *FR*, 1993년 1월 30일.
28) Theodor W. Adorno, *Ästhetische Theorie* (Frankfurt a.M., 1992), 9쪽.

6 지식인 세계의 지각 변동

    문제는 문학적 과거의 해석이고, 하나의 독법(讀法)의 관철이다. 이것은 학술적인 문제가 아니다. 존재했던 것을 결정하는 자가 또한 존재할 것을 결정한다. 과거를 둘러싼 논쟁은 미래에 대한 논쟁이다.[29]

  통일 공간에서 전개된 문학 논쟁은 동서독 문학에 대한 저마다의 독법을 관철하기 위한 싸움이었다. 이 다툼이 세계관의 차이에서 연원했고 정치적 함의를 지닌 만큼 그것은 또한 이데올로기적 헤게모니 싸움이었다. 이 '문학 논쟁'에서 나타난 특징을 간추려보자.
  첫째, 통일 공간의 문학 논쟁은 문학사회학적 논쟁이었다. 그것은 문학과 사회의 관계, 문학의 사회적 기능을 둘러싼 논쟁이었고, 참여문학의 가능성을 묻는 논쟁이었다. 이런 점에서 그것은 문학사에서 무수히 거듭된 순수·참여문학 논쟁의 재판(再版)이었다. 여기서 새로운 점은 논쟁 과정에서 참여문학의 지배가 동서독 문학의 공통된 특징으로 확인되었고, 이는 현대 독일문학을 다른 서유럽 문학과 구별지어 주는 특수한 사례였음이 밝혀진 점이었다.
  둘째, 통일 공간의 문학 논쟁은 동서독 문학의 평가를 둘러싼 논쟁이었다. 동독 문학의 성과와 그 유산의 수용 문제는 미학적 차원이 배제된 채 이데올로기적으로 재단·폄하되었고, 서독 문학에 대해서는 그 참여문학적 성격에 대해서는 이견이 없었으나 문학의 사회비판적 기능의 정당성에 대해서 치열한 공방이 전개되었다.
  셋째, 통일 공간의 문학 논쟁은 작가와 지식인의 사회적 기능을 둘러싼 논쟁이었다. 지식인의 사회적 역할의 종언을 주장하는 입장은 사회 구조의 질적 변화에 따른 '지식인의 역할의 사회화', 스탈린주의에 대한

---

29) Ulrich Greiner, "Die deutsche Gesinnungsästhetik", 앞의 글.

저항에서 드러난 동서독 좌파 지식인의 무기력 등을 논거로 들었고, 이에 반대하는 입장은 나치즘과 스탈린주의의 역사적 경험을 근거로 이러한 '반지식인주의'가 몰고 올 정치적, 사회적 위험을 경고하였다.

넷째, 통일 독일의 문학 논쟁은 세계관적, 정치적 '신념'을 둘러싼 논쟁이었다. 크리스타 볼프와 동서독 문학을 긍정적으로 평가하는, 대개 서구 좌파적 성향을 지닌 논자들은 계몽주의, 인본주의, 합리주의, 초기 마르크스주의의 정신사적 전통에서 논지를 폈고, 볼프와 동서독 문학 전체를 폄하하는 대부분의 보수적 비평가들은 비합리주의와 신비주의의 전통에서, 특히 보러의 경우는 국수주의적, 인종주의적 경향까지 보이는 극우적 입장에서 논리를 전개했다.

이 글을 쓰는 동안 통일 독일의 지적 조류의 향방과 관련하여 상징적인 세 가지 '사건'이 있었다. 서독의 귄터 그라스는 독일사회민주당을 탈당하였고, 구동독의 크리스타 볼프는 '슈타지와 접촉했다'는——설득력이 부족한——비난을 받고 있으며, 신생 체코 공화국의 하벨은 초대 대통령에 취임하였다. 불과 삼 년 전 각각 제 나라의 도덕적 정체성의 상징으로 공히 존경받던 세 작가의 현재의 모습이다. 체코에선 양심의 소리가 정치권력으로 결정화된 반면, 통일 독일에선 마지막으로 남아 있던 도덕의 성좌가 빛을 잃었다.

'비판적 좌파 지식인의 대변인이며 독일의 비공식적 양심'이라고 불리는 귄터 그라스의 퇴장과 칩거, '구동독의 지적, 도덕적 자의식의 상징'이던 크리스타 볼프의 '슈타지 시비'는 통일 독일에서 그들의 정치적 충고와 예언이 더 이상 주목받지 못하는, 작가와 지식인 전체의 변화된 위상을 압축적으로 보여준다. 배후에서 논쟁의 구도를 잡아간 칼 하인츠 보러, 논쟁을 전면에서 이끌던 프랑크 쉬르마허, 울리히 그라이너, 이들이 바라던 대로 통일 이후 문학의 사회비판 기능은 급격히 약화된 것처럼 보인다. 전 사회적 보수화, 우경화, 극우화 경향의 확산에 발맞춰 망명법의 개악, 신나치주의의 급팽창, 실업자의 급증, 사회보장제도의 와해 등 통일 이후 독일 사회가 안고 있는 사회적 갈등은 양적으로나 질적으로 엄청나게 심화·확대되었음에 반해, 이에 대한 작가의 비판과 경고는 오히려 눈에 띄게 줄어들었다. 서독에서 1960년대에 47그룹이, 1970년대에 하인리히 뵐이, 1980년대에 귄터 그라스가 수행한 작가의 사회 비판이, 동독에서 크리스타 볼프, 슈테판 하임, 하이너 뮐러, 폴커 브라운이 외치던 양심의 소리가 통일 독일에선 들리지 않는다. 대부분 통일에 회의적인 태도를 보이던 작가와 지식인들은 이제 통일 독일의 국민들의 눈엔 '독일 행복의 훼방꾼'으로 비치는 것일까? 지금 독일에선 작가와 지식인이 사회의 주변부로 밀려나 있다. 이들이 설 자리가 점점 좁아지고 있다. 점차 보수화되어가는 여론은 이들의 말에 귀 기울이려 하지 않고, 지식인들 자신도 아예 입을 열려고 하지 않는 것 같다. 지식인들은 길고 긴 침묵에 들어가 있다. 그 대신 극우파의 목소리는 점점 더 높아만 가고 있다. 통일 독일의 앞날에 어두운 먹구름이 몰려오고 있다.

(≪창작과비평≫, 1993년 여름)

4

권터 그라스와의 대화
GÜNTER GRASS

"작가는 승자의 자리에 앉아서는 안 됩니다. 작가가 앉을 곳은 그때그때의 패자들, 전쟁의 패자만이 아니라 경제적 과정, 사회적 과정의 패자들이 앉아 있는 그곳입니다. 승자에겐 옹호자들, 지지자들이 넘치는 법입니다. 그러나 아무런 목소리도 내지 못하는 대중들이야말로 작가에겐 더욱 소중한 존재지요."

— 대담 「세계화 시대의 문학」에서

1 세계화 시대의 문학

김누리(이하 김)   귄터 그라스 씨, 대담에 흔쾌히 응해 주셔서 감사합니다. 크게 세 가지 주제에 대해 이야기를 나누었으면 합니다. 첫째는 당신의 삶과 문학에 대한 것이고요, 둘째는 당신이 적극적으로 뛰어들어 입장을 개진한 독일 통일과 관련된 것이고, 마지막으로는 이른바 '세계화'라는 말로 집약되는 오늘날의 세계에 대한 것입니다. 우선 당신의 근황에 대해 듣고 싶습니다. 당신은 1999년 20세기의 마지막 노벨상을 수상하셨습니다. 노벨상 수상 이후 당신의 삶에 어떤 변화가 있었는지 궁금합니다.

귄터 그라스(이하 그라스)   저는 여전히 예전과 똑같은 담배를 피우고 있습니다. 변한 건 아무것도 없어요. 노벨상을 받고 나서 많은 선물을 받았습니다. 그중엔 아주 기발한 선물도 많았어요. 특히 파이프를 세 개나 선물받은 것이 그렇지요. 당신도 아시겠지만 독일에선 모든 것이 잘 조직되어 있지 않습니까. 물론 파이프 흡연자 클럽도 있지요. 파이프 선물은 각기 다른 곳에서 왔는데요, 매번 편지가 한 통씩 동봉되어 있었어요. 첫 문장은 대체로 짧았습니다. "노벨상 수상을 축하합니다." 이런 식이지요. 편지를 읽어보면 이 사람들이 제 책을 많이 읽지는 않았다는 느낌을 받게 되지요. 두 번째 문장은 조금 더 길어요. "당신이 파이프 담배를 피우는 사람으로서 요즘처럼 흡연자들에게 힘겨운 시절에도 여전히 파이프를 물고 텔레비전에 등장하실 용기를 보여주신 데 대해 심심한 감사를 드립니다." 제가 말씀드리고 싶은 것은 변화라는 것이 그저 이런 종류의 것이라는 겁니다. 처음 얼마간은 좀 힘들었어요. 그래서 꾀를 냈지요. 저는 직업이 여럿이지 않습니까. 글쓰기를 당분간 옆으로 밀어두고 첫 해 동안은 테라코타만, 그러니까 조각 일만 했습니다. 그러자 다시 주위가 잠잠해지더군요. 그래서 요즘엔 다시 글을 쓰고 있습니다.

김 이번엔 한국문학번역원에 있는 제 친구가 꼭 여쭈어달라고 부탁한 질문입니다. 한국에도 탁월한 재능을 지닌 작가들이 많습니다. 게다가 아직도 심심찮게 밀리언셀러가 나올 정도로 출판 시장 또한 활력을 잃지 않고 있습니다. 하지만 한국에는 여전히 노벨상을 수상한 작가가 없습니다. 일본이나 중국과 비교해 보면 매우 안타까운 일입니다. 물론 노벨상이란 것이 국가에서 주도할 목표일 수는 없겠지요. 그러나 국가가 무언가를 투자할 수는 있을 것입니다. 이를테면 문학 인프라를 구축한다는 의미에서 말입니다. 번역을 보다 적극적으로 지원한다든가, 번역 작품을 해외에 알리기 위한 네트워크를 구축한다든가, 그런 일들을 돕는다는 뜻에서요. 한국 문학이 세계에 알려지기 위해서는 우선 어떤 문학 인프라가 시급히 마련되어야 할까요?

그라스 제가 실제로 경험한 사례를 들어 이야기해 보지요. 제 책의 번역과 관련된 이야기입니다. 저의 작품은 비교적 일찌감치 번역되기 시작했습니다. 『양철북』부터 시작되었으니까요. 그때부터 저는 오역이나 번역하지 않고 뛰어넘은 부분 등에 대한 불평을 자주 들었습니다. 물론 저도 화가 났지요. 그래서 저는 혼자 곰곰이 생각해 봤어요. '내

책을 출판한 독일 출판사들은 책이 번역되면 이득을 얻는데, 그들은 이에 대한 반대급부로 무엇을 했는가?'라고 말입니다. 그래서 『넙치』때부터 ──그러니까 1970년대 중반이지요.── 제 책을 내는 출판사에게 그때까지는 전례가 없던 것을 강하게 요구했지요. 즉 제 책이 완성될 때마다 출판사와 독점 계약자가 여비를 부담하여 작가와 번역자들의 만남을 주선하도록 한 것입니다. 이 요구가 받아들여지지 않았으면 계약서에 서명하지 않았을 겁니다. 이러한 만남을 통해 예를 들면 『나의 세기』를 출판할 때는 한국 측 번역자인 안삼환 교수를 만날 수 있었던 것입니다. 이 모임은 작가와 번역자의 관계에 있어서만이 아니라, 번역자들 상호 간의 관계에 있어서도 매우 중요합니다. 예를 들면 저는 한국 번역자와 중국 번역자 사이에 앉아 있었던 걸로 기억하는데요. 어떤 언어로 대화하는지는 모르겠지만 아무튼 두 번역자 사이에서는 끊임없이 의견이 교환되었습니다. 스칸디나비아 번역자들이나, 슬라브어나 로만어를 쓰는 번역자들 사이에서도 마찬가지였어요. 서로가 가지고 있던 번역상의 난점들을 상호 비교할 수 있었던 것이지요. 그와 같은 일들은 매우 유용합니다. 반드시 해보시라고 권하고 싶습니다. 독일에는 네덜란드와의 국경지대에 번역을 지원하는 기구가 있습니다. 그와 같은 기구는 꼭 필요하고, 아주 중요합니다. 자기 나라의 번역 작품을 출판할 출판사가 독일에 있는지 없는지도 우선적으로 살펴보아야 합니다. 예들 들면 저의 작품을 내는 슈타이들 출판사는 아이슬란드 문학을 지속적으로 소개하고 있습니다. 이미 널리 알려져 있는 할두르 락슬리스트의 작품뿐만 아니라, 요즘의 젊은 아이슬란드 작가들의 작품에 대한 번역도 점차 늘어나는 추세이고, 또 많은 독자를 확보하고 있습니다. 바겐바하 출판사처럼 좀 더 작은 출판사는 예를 들면 이탈리아 문학에 집중하고 있고, 한자 출판사는 폴란드 문학에 중점을 두고 있지요. 한국 문학을 독일에 소개하기 위해서는 내용상 한국에 유익하면서도 번역에 적합한 작품, 그러면서도 국경을 뛰어넘어 독자들의 관심을 끌 만한 작품이 있음을 인지하도록 출판사의 관심을 환기시키는 노력이 매우 중요합니다.

김　일례로 울리히 야니츠키가 실무 책임을 맡고 있는 '베를린 문학 콜로키엄(LCB : Literarisches Colloquium Berlin)' 같은 기구도 한국 작가들에게 세계 문학에 대한 안목을 넓히는 기회를 제공하는 데 도움을 줄 수 있지 않을까요?

그라스　'베를린 문학 콜로키엄'은 전 세계 작가들의 교류를 돕고 이들을 널리 알리기 위해 매우 활발하게 활동하고 있는 중요한 기구입니다.

김　중요한 한국 작가를 세계에 알리는 데도 효과적인 통로가 되겠지요. 이제 제가 특별히 개인적인 관심을 갖고 있는 문제를 여쭙고 싶습니다. 저는 당신의 대표작 『양철북』에 대해 박사 논문을 썼습니다. 저는 이 작품이야말로 20세기를 대표하는 '세기의 작품'이라고 생각합니다. 논문을 쓰면서 이 작품이 지닌 엄청난 다의성 때문에 때로는 당황하고 때로는 경탄했습니다. 어떻게 문장 하나하나가 이렇게 수많은 의미를 지니고, 다채로운 빛깔을 띨 수 있을까 하고요. 해석의 가능성 또한 무궁무진합니다. 오죽하면 클라우스 바겐바하가 "해석에 적대적인 작품"이라는 평가를 내렸겠습니까.

그라스　엔첸스베르거는 이 소설이 출판됐을 때 "이제 독문학자들은 한 세기 내내 이 소설과 악전고투할 것이다"라고 예언했지요.

김　저는 이 소설에 우의(Allegorie)라는 개념으로 접근했습니다. 또한 많은 학자들이 나름의 개념으로 해석을 시도했지요. 예를 들면 엘리어트에게서 빌려온 객관적 상호연관(objektive Korrelate)이라든가, 비유(Bild)라든가 ······.

그라스 이 작품의 해석과 관련된 책만으로도 도서관 하나를 몽땅 채울 수 있을 겁니다.(웃음)

김 『양철북』은 그 전체가 알레고리 소설이며, 바로 이 점 때문에 이해하기가 대단히 난해하다고 생각합니다. 특히 독일 문화나 20세기 독일 역사에 대한 이해가 부족한 독자에게는 대단히 어려울 수밖에 없습니다. 오스카는 파괴적인 시대 상황에 대한 알레고리이면서, 동시에 독일의 문화사 전체에 대한 알레고리이기도 하다는 것이 제 생각입니다만.

그라스 『양철북』은 전통이란 측면에서 보면 유럽 소설의 전통, 즉 악동 소설의 전통에 뿌리를 두고 있습니다. 악동 소설의 주인공은 특수한 성격을 지니면서 늘 국외자적 입장에 선다는 점에서 항상 가공적인 인물이었습니다. 돈키호테가 그렇고, 그 후엔 캉디드가 그렇습니다. 이러한 전통이 현대에 이르기까지 계속되고 있습니다. 알프레드 되블린의 『베를린 알렉산더 광장』의 주인공 프란츠 비버코프라든가, 심지어 제임스 조이스의 『율리시즈』에 나오는 레오폴드 블룸도 제가 보기에는 악동적 인물입니다.

김 특수한 개성을 지닌 문제적 인물이라기보다는 작가가 의식적으로 만들어낸 가공적인 인물이라는 의미에서 하시는 말씀인가요?

그라스 가공적인 인물로서도 그러하지만, 또한 화경(火鏡)과 같은 인물로서도 그렇다는 말입니다. 그러한 인물 속에서 가능한 모든 것이 깨어지고 잘라지고 불타버립니다. 현실의 인물들은 할 수 없는 일을 그런 국외자적 인물은 수행할 수 있습니다. 그는 자신의 특성상 특정한 시대와 환경을 반영할 수 있습니다. 때론 오목거울로, 때론 볼록거울로, 깨어지고 산산이 부서진 채로 말입니다. 도처에 이러한 계기들이 숨어 있습니다. 이러한 계기들을 잡아내는 것은 가공적인 인물로서만 가능합니다. 가공적인 인물이라는 말은 늘 부정적으로 사용되었습니다. 그러나 이것은 터무니없는 일입니다. 문학은, 특히 악동 소설은 그러한 인물들을 가지고, 그러한 인물들의 쌍을 가지고 작업합니다. 물론 산초 판차는 돈키호테의 일부이지요. 혹은 악동 소설의 아주 흥미로운 변형 형태로서 플로베르의 후기 소설을 예로 삼더라도 역시 두 인물이 짝을 이루지요. 저는 이것을 저의 마지막 소설 『광야』에서 폰티와 호프탈러라는 인물을 통해 시도해 보았습니다. 폰티는 자신을 완전히 폰타네와 동일시하는 철두철미 가공적인 인물이고, 호프탈러는 요아힘 세틀리히의 소설 『탈호퍼』에서 따온 인물로 영원한 스파이입니다. 두 인물은 뗄래야 뗄 수 없는 하나의 쌍을 이룹니다. 돈키호테와 산초 판차처럼 말입니다. 또 샤를 드 코스터의 『틸 울렌슈피겔』도 그렇습니다. 원래 고 프랑스어로 쓰인 이 소설에서 이 플랑드르 출신의 작가는 플랑드르 독립 운동이 한창이던 19세기 초 울렌슈피겔이라는 인물을 스페인 전쟁의 무대에 끼워 넣는데, 울렌슈피겔의 곁에도 람 괴착이라는 인물이 있어, 이 둘 또한 불가분의 한 쌍을 이루게 됩니다. 대개 한쪽은 좀 더 진지한 인물이고, 다른 쪽은 희극적이고 사실적인 인물입니다. 돈키호테가 지녔던 이상주의적인 생각들을 산초 판차는 지극히 현실적으로 냉정하게 바라봅니다. 디드로의 『숙명론자 자크』도 주인-하인 관계에 대한 좋은 사례가 될 것입니다. 여기서도 주인이 보다 고상한 생각을 가지고 있지만 하인이 주인보다 더 현실적이고 영리하지요. 이것은 매우 재미있는 짝짓기입니다. 하지만 물론 『양철북』의 오스카 마체라트처럼 독립적인 악동 인물들도 있습니다.

김 당신의 소설에 나오는 인물들은 대부분 가공적인 인물이지요.

그라스 예들 들면 『개들의 시대』에 나오는 마테른과 암젤도 이러한 가공적인 인물쌍입니다.

김　그러나 예외적이긴 해도 당신의 작품에서는 사뭇 강한 진정성을 지닌 현실적인 인물들도 등장합니다. 예를 들면 『국부마취를 당하고』나 『달팽이의 일기』의 경우 말입니다. 특히 『국부마취를 당하고』는 제가 무척 좋아하는 소설입니다만, 독일에서는 의외의 혹평을 받았습니다. 특히 마르셀 라이히 라니츠키로부터……

그라스　라니츠키의 '해악적 명성'을 한국에까지 전파하지는 맙시다.
　　　　(웃음)

김　그러나 이 작품은 미국에서는 대단한 호평을 받았지요.

그라스　미국이란 말이 나온 김에 재미있는 이야기를 하나 해드리지요. 『양철북』은 독일에서 1959년 가을에 출판되었습니다. 그 후 몇 달이 채 지나지 않아서 저는 독일의 유명한 출판인이었던 쿠르트 볼프한테서 편지를 한 통 받았습니다. 쿠르트 볼프는 제1차 세계대전 전에 젊은 에른스트 로볼트와 함께 출판사를 하나 세웠고, 처음으로 카프카의 소설을 출판한 인물입니다. 그것도 제1차 세계대전 전에 말입니다! 1920년대에 그 출판사는 현대문학을 전문적으로 다루는 작지만 유명한 출판사였습니다. 볼프는 1933년에 나치가 권력을 잡자 독일을 떠나 이탈리아와 프랑스를 거쳐 미국으로 망명했지요. 제가 그의 편지를 받았던 때는 그가 미국의 랜덤 하우스 판테온 북스에서 활동하던 시절이었습니다. 그는 저를 만나고 싶어 했습니다. 우리는 취리히에서 만났지요. 한 스위스 호텔에서였어요. 저는 무척 흥분한 상태였습니다. 그 유명한 출판인을 만나게 되었으니 말입니다. 그가 저에게 말했습니다. "미국 독자들이 당신의 소설 『양철북』에 흥미를 느끼리라고 생각하십니까? 그 책을 번역·출판할까 생각 중인데요." 그래서 제가 말했지요. "『양철북』이 미국 독자들의 흥미를 끌리라고는 전혀 생각하지 않습니다. 그 소설의 무대는 변방입니다. 단치히라는 도시도 아니고, 그 도시의 교외가 주된 무대지요. 『양철북』은 완전히 이 작은 세계에 집중되어 있습니다. 게다가 대화는 사투리고, 언어는 일상 독일어로 쓰여 있습니다. 미국은 고사하고 바이에른에서라도 읽혀진다면 더없이 기쁘겠습니다." 그러자 그가 말하더군요. "더 이상 말씀하실 필요 없습니다. 이미 당신에게 설득당했으니까요." 그러고 나서 그는 굉장한 말을 했습니다. "모든 위대한 문학은 변방에서 나옵니다"라고요. 이 말은 거칠지만 아주 중요한 인식을 담고 있습니다. 세계 어디에서나 읽히는 책을 쓰기 위해서 반드시 대도시나 거창한 사건이 필요하지는 않다는 인식, 모든 것은 어떤 곳에서도 온전히 반영될 수 있다는 인식 말입니다. 제가 만약 한국 작가라면, 남한과 북한이 분단되어 있는 한국 작가라면, 거기서 만들어낼 수 있는 것은 무궁무진할 것입니다. 한국은 문학을 위해 운명적으로 예정된 나라입니다!

김 당신은 독일에서 수많은 혁신적인 제도와 관행을 만들어냈습니다. 예를 들면 앞서 말씀하신 번역자 모임이라든가, 작가 노조라든가 하는 것이 모두 당신의 발의에 의해 생겨난 새로운 제도요 관행입니다. 기성의 것을 뒤집는 획기적 인식이라는 면에서 특별히 제가 관심을 갖게 된 것은 당신이 또한 전통적인 작가상을 매우 급진적으로 전복시켰다는 점입니다. 당신은 이른바 '참여문학'이라는 개념에 대해 매우 회의적입니다. 이 점에 대해서는 수많은 글과 연설에서 언급하셨지요. 그러면서도 독일 현대사의 정치적 굽이마다 당신만큼 적극적으로 참여한 작가는 찾아볼 수 없습니다.

그라스 '참여문학'이라는 개념은 저를 화나게 합니다. 저에게 있어 '참여작가'라는 말은 '흰 백마'라는 말과 같습니다. 제 생각으로는 문학은 그 자체가 '참여적'입니다. 상아탑에 숨어 들어가 세상과 현실에 대해 더 이상 아무것도 알고자 하지 않는 작가조차도 나름대로 '참여'(engagiert)하고 있는 것입니다. 물론 방향이 다르긴 하지만 말입니다. 그런 작가도 부정함으로써 정치적으로 행동하는 것입니다. 문학이란, 그것이 어쨌든 쓸모가 있는 것이라면, 언제나 세계로의 향함 혹은 세계로부터의 등 돌림과 관련되어 있습니다. 그러나 어떤 경우든 참여하고 있는 것이지요. 작가라는 말 앞에 참여라는 말을 덧붙이는 것은 사족에 불과합니다. 그렇지만 제가 그것에 대해 말하는 것, 저의 문학관도 여러 복수의 견해 중 하나일 뿐입니다. 참여문학에 대한 저의 생각은 1950년대 중반에 아주 젊은 작가로서 47그룹에 초대되어 겪은 체험에서 생겨난 것입니다. 그 후 저는 지속적으로 동료 작가들과 밀접한 관계를 유지해 왔습니다. 사회를 초월하여 존재하는 것처럼 계시자 연하는 작가들의 과장된 몸짓, 저는 한번도 이런 태도를 취한 적이 없고, 지금도 여전히 이러한 태도를 거부합니다. 저는 동료 작가들과, 또한 저와 전혀 다른 의견을 가진 작가들, 예컨대 그동안 정치적으로 저와 거리가 멀어진 마르틴 발저 같은 작가와도 동료로서 잘 지내고 있습니다. 저는 이런 동료애가 매우 중요하다고 생각합니다. 왜냐하면 유명해질 수 있는 행운과 업적을 가진 소수의 작가들뿐 아니라, 이들 만큼 유명해지진 못했지만 전체 문단에 속하는 많은 작가들이 함께 어우러져 문학의 영역을 이루고 있기 때문입니다. 이런 의미에서 보면 노벨상은 본질적으로 생산적이지 못합니다. 특정 작가를 그가 지닌 의미 이상으로 너무도 강렬하게 부각시키니까요. 의미란 다른 많은 사안들로부터 자라나오는 것이지 애오라지 문학의 질로부터만 나오는 것은 아닙니다. 수십 년 동안 노벨상을 받지 못한 중요한 작가들의 명단을 한번 떠올려보십시오.

김 '참여문학'과 관련하여 『달팽이의 일기』에 나오는 유명한 문장이 생각납니다. "시(문학)는 타협을 모르지만, 우리는 타협에 의해 살아간다." 문학과 현실의 관계는 어떠해야 한다고 생각하십니까?

그라스 정치적으로 보면 우리는 타협에 의해 살아갑니다. 여기서 제가 말하고자 하는 것은 결국 정신 분열적인 상황 속에서 내(작가)가 움직이고 있다는 사실입니다. 한편에는 어떠한 타협도 용납하지 않는 예술적 작업이 있습니다. 그리고 다른 한편에서 나는 우연히 작가라는 직업을 가진 한 시민으로서 참여합니다. 그러나 예술가보다 시민이 우선입니다. 저는 수십 년에 걸쳐 이것을 실천해 왔습니다. 어떤 사람이 시민으로서 참여한다면 그는 다양한 의견이 지배하는 민주 사회에서는 여러 이해 집단과 관련을 맺지 않을 수 없습니다. 정부도 또한 대개 연정으로 구성되지요. 결국 타협이 이루어지지 않을 수 없는 것입니다. 우리는 타협 덕분에 살아가는 셈이지요. 그에 반해 미학적, 예술적 결단은 민주주의 이전의 것입니다. 다수결에 따라 이루어지는 예술적 결정은 무미건조한 평균적 작품을 낳을 뿐이겠지요. 문학과 현실은 근본적으로 서로 대립하는 두 개의 세계입니다.

김 '시민으로서의 예술가'라는 작가관 또한 당신이 창출해 낸 수많은 새로운 개념 유형 중 하나입니다. 이러한 작가관은 특히 독일 문학의 전통에서 보면 무척이나 독특한 것이지요.

그라스 이러한 작가관은 종전 직후 몇 년에 걸친 고민과 성찰 끝에 생겨난 것입니다. 어떻게 히틀러 같은 자가 권력을 잡을 수 있었을까? 무엇이 바이마르 공화국을 붕괴시켰는가? 오늘날 우리는 역사학자와 정치학자들로부터 이 물음에 대한 이런저런 설명을 듣고 있습니다. 시민 세력과 독일 민족주의 세력이 나치와 연정을 구성했다는 것, 인민주의 정당이 바이마르 공화국에 반대했다는 것, 사회민주주의자들과 중도 성향의 정당들이 공화국을 지켜내기에는 너무나 허약했다는 등의 설명 말입니다. 이 모든 설명은 나름대로 정당성을 가지고 있습니다. 그러나 나치의 권력 장악을 막지 못한 핵심적인 이유는 태생적으로 허약 체질인

이 공화국을 지켜내기 위해 몸을 던진 참여적인 시민들이 바이마르 공화국에는 너무도 적었다는 사실입니다. 바로 이러한 역사적 경험에서 제 나름의 작가관에 이른 것입니다.

김 이제 좀 다른 질문으로 넘어가겠습니다. 저는 독일 문학을 공부하면서 많은 문학 비평을 읽었는데요, 여기서 받은 인상은 독일의 문학 비평이 문학적 계기에서 쓰인 경우보다는 상당히 정치적 동기에서 행해지는 경우가 많다는 것입니다. 특히 ≪프랑크푸르터 알게마이네 차이퉁≫의 문예란은 치밀한 정치적 고려에서 전략적 비평을 하고 있다는 느낌을 떨칠 수 없습니다. 여기엔 역사가 있지요. 프리드리히 지브르크에서 마르셀 라이히 라니츠키, 칼 하인츠 보러를 거쳐 프랑크 쉬르마허에 이르는 이른바 '프랑크푸르터 알게마이네 군단'이 현대 독일 문학 비평에 미친 영향을 상기해 보는 것으로 충분합니다. 이들이 독일의 평단을 지배한 결과 대단히 부정적인, 즉 권력 지향적이고 보수적인 비평이 풍미하게 되었다고 생각합니다. 이러한 맥락에서 '바람직한 문학 비평'은 어떠해야 한다고 생각하십니까?

그라스 '바람직한 문학 비평'이 어떤 것이어야 하는지는 저도 잘 모르겠습니다만, 저로서는 앵글로색슨 계열의 문학 비평을 높이 평가하는 편입니다. 제 책에 대한 비평을 보면서 그렇게 생각하게 되었지요. 영미 비평에서는 비평가들이 독자들에게 작품에 대한 정보를 제공하는 데 스스로 훼방꾼이 되는 일은 없습니다. 이 책에서 어떤 사건이 일어나는가, 즉 우선 작품의 내용을 정확하게 정리해 내는 것은 결코 쉬운 일이 아닙니다. 그러고 나서 그들은 작가가 작품에서 의도한 것이 무엇인지를 살핍니다. 이에 반해 독일의 비평가들은 자신들이 작가에게 소망한 것이 무엇인지를 전면에 내세우는 경향이 있습니다. 그러고는 그것에 맞추어 만족한다거나, 대개는 실망스럽다는 평가를 내립니다. 작가가 비평가의 기대를 충족시키지 못했다는 것이지요. 독일에서는 이차적인 것이 일차적인 것을 앞지르는 전통이 있습니다. 이러한 현상에 대해서는 그동안 이론들도 많이 나왔지요. 문학의 경우에만 그런 것이 아닙니다. 예를 들면 미술계에서도 마찬가지지요. 화가가 새로운 그림에서 무엇을 표현하고자 했는지는 더 이상 관심거리가 아닙니다. 전시자가 그것을 어떻게 배치하느냐가 오히려 관심을 끌지요. 전시자, 즉 이차적인 것이 전면에 부각되어 일차적인 것이 되고, 결국 전혀 이차적이지 않은 것이 되지요. 저는 이 문제와 관련하여 「일차적인 것의 시각에서 본 이차적인 것에 대하여」라는 제목의 글을 쓴 적이 있습니다. 이런 식의 비평을 상당히 신랄하게 공격하는 글이었습니다. 독일 비평계의 이러한 태도는 근본적으로 보면 독일 낭만주의, 특히 프리드리히 슐레겔로까지 소급됩니다. 하지만 슐레겔이 했던 것은, 물론 그가 매우 재능 있는 작가이긴 했지만, 그저 그런 비평이 하나의 예술형식이 될 수 있다고 우겨대는 그 순간부터 웃음거리가 되어버렸습니다.

김 오늘날 독일의 문학 비평에서 문제가 되는 것은 이러한 예술 형식으로서의 비평이 아니라, 비평이 과장의 예술, 단순화의 예술이 되어버렸다는 점입니다. 마르셀 라이히 라니츠키라는 특수한 '현상'을 본다면 이 점은 분명하지요.

그라스 라이히 라니츠키에 대해서는 덧붙일 말이 있습니다. 그가 책을 읽지 않는다는 것입니다. 편견이 워낙 강하여, 그 편견에 따라 써대는 것입니다. 본시 그런 글과는 논쟁을 벌일 수 없는 법입니다. 저도 할 수 없습니다. 당신이 ≪프랑크푸르터 알게마이네 차이퉁≫을 언급하셨으니 생각납니다만, 『양철북』이 발표되었을 때 이 신문에는 귄터 블뢰커라는 비평가가 있었습니다. 그는 이 소설을 혹평했습니다. 그러나 그는 적어도 책은 읽었습니다. 그건 느낌으로 알 수 있지요. 그러나 그의 후임자들은 꼭 그렇다고 주장하기 힘들지요.

김 1995년 당신의 소설 『광야』가 출판되었을 때 《슈피겔》은 라이히 라니츠키가 이 소설을 찢는 장면으로 표지를 장식했습니다. 이러한 도발은 전례가 없을 뿐 아니라, 대단히 상스러운 것인데요.

그라스 아무튼 『광야』는 살아남았고, 라이히 라니츠키의 명성은 피폐해졌습니다. 라이히 라니츠키에 대해서는 한마디만 하겠습니다. 객관적으로 확인할 수 있는 얘기입니다. 그가 저의 책에 대해서뿐 아니라, 일반적으로 모든 책에 대해서 평한 것을 주의 깊게 살펴보면 그가 공산당원이었던 시절 이후로 오늘날에 이르기까지 변함없이 사회주의 리얼리즘의 추종자라는 것, 그러니까 매우 편협한 문학관에 사로잡혀 있다는 사실을 알 수 있습니다. 저는 그를 루카치의 아류라고 부릅니다. 그는 사회주의는 내던져버렸지만, 이 편협한 문학관은 고수하고 있습니다. 그것은 루카치에게서 볼 수 있는 문학관입니다. 루카치를 따라야 높은 수준의 작품이 된다는 것이지요. 결국 그는 하나의 아류에 불과합니다.

김 한국의 문단을 보면 개인적으로 당혹감과 실망감을 느낄 때가 많습니다. 더 이상 사회적, 정치적 현실에 대한 문제 의식을 가지고 작품을 쓰는 작가들을 찾아보기가 어렵습니다. 도처에 사회적 '비참'이 널려 있는데도 말입니다.

그라스 그것은 전 세계적인 현상입니다. 독일의 경우도 비슷하지요.
김 그러나 한국처럼 극명하지는 않습니다. 한국의 최근 작품들을 보면 대부분 신변잡기적인 이야기, 자전적 소재 일색입니다. 시대사 전체의 맥락을 읽는 서사적 안목을 가진 작가를 찾아보기 어렵지요.

그라스 요즘 작가들은 스물다섯이나 서른쯤 되면 자신의 탯줄을 소재로 삼아 글을 쓰지요. 자신의 인생을 돌아볼 나이가 되면, 그리고 꼭 그러길 원한다면, 자전적인 이야기를 쓸 수도 있겠지요. 그러나 저는 자전적인 것을 쓰지 않습니다. 자전적인 이야기를 쓰고자 하는 사람은 아주 풍성한 삶을, 모순에 가득 찬 삶을 살았어야 합니다. 독일에서는 젊은 작가들이 너무 일찍 자기 자신에 대해 이야기하기 시작합니다. 그럼으로써 문학적 착시가 생겨나는 겁니다. 문학 작품이 반드시 자신의 이야기를 다룰 필요는 없습니다. 그렇지 않아도 '나'는 이미 책 속에 스며있으니까요.

김 한국 문단에서——또한 독일 문단에서——관찰되는 이러한 현상, 즉 사적인 영역에의 집중과 정치와의 결별은 이 시대와, 그러니까 이른바 세계화의 시대와 어떤 연관성을 지닌다고 생각합니다. 한편에서는 세계화, 즉 전 세계적 차원에서 고도의 자본 집중이 진행되고, 다른 한편에서는 정치에 대한 무관심이 확산되는 이러한 현실을 당신은 어떻게 보십니까?

그라스 이러한 현상에는 물론 여러 가지 이유가 있습니다. 한편으론 적어도 서구의 의식 상태에서 확인할 수 있는 것은 소련이 붕괴한 이후로 19세기, 20세기의 이데올로기 중에서 자본주의 이데올로기만이 살아남았다는 사실입니다. 그 후 자본주의는 자신을 절대화해 왔습니다. 세계화라는 것은 자본주의의 자기 절대화의 표현에 다름 아닙니다. 그리고 그럼으로써 이미 자본주의의 자기 파괴는 시작되었습니다. 아무런 의미도 분별도 없이 사물들이 합성되고, 노동이 파괴되는 과정을 자세히 살펴보면, 세계화란 비합리적인 것이고 그 근본에 있어서는 반자본주의적이라는 것을 알게 될 것입니다. 그 사이 일군의 자본주의 이론가들도 이 점을 인식하게 되었습니다. 이것은 광적인 자기 파괴의 과정이고, 우리가 자본주의에 대한 대안을 가지고만 있다면 그 자체로는 슬퍼할 하등의 이유가 없는 과정입니다. 공산주의는 자신에게 주어진 기회를 살리지 못했습니다. 공산주의는 올바른 사회적 단초를 가지고 자본주의 체제와 진지하게 경쟁을 벌일 만한 경제 형태를 발전시키는 데 실패했습니다. 이러한 경쟁 관계가 여전히 존속되었다면, 자본주의도 생존을 위해 더욱 노력을 기울여야 했을 것입니다. 그러나 이제 상황이 달라졌습니다. 자본주의는 이제 아무런 장애도, 아무런 제동장치도 없이 활개치고 있습니다. 여기서 생긴 결과가 무엇보다도 소위 세계화입니다. 이제 증권거래소에서 일어나는 일은 노동과는 전혀 관계가 없습니다. 이것이 이 지구를 요란하게 뒤덮고 있는 잠재적인 가치들입니다. 이러한 가치들은 인간의 문제는 도외시하지요.

김 문학에서 나타나는 사적인 영역, 자전적인 영역에의 집중 현상도 세계화라는 새로운 현실과의 연관 속에서 살펴야 하지 않을까요?

그라스 물론 그렇습니다. 그것은 이러한 현실에 대한 반응입니다. 그것은 하나의 퇴각이지요. 이 거대한 움직임에 더 이상 참여할 수 없다는 인식이 이러한 퇴각을 낳은 것입니다. 목가적인 것으로, 특수한 자아로, 자기 주술(呪術)로 퇴각하는 것, 이것은 이 개관할 수 없는 거대 형식이 낳은 부수 현상임에 틀림없습니다.

김 또한 시장 지배가 압도적인 것이 되어버린 현실과도 관계가 있겠지요.

그라스 아니 시장이란 것이 아직도 존재하고 있나요? 이것은 아주 중요한 문제입니다. 자본주의적인 의미에서 시장은 더 이상 존재하지 않습니다. 경쟁 관계가 점점 더 작동하지 않으니까요. 존재하는 것은 시장을 지배하는 몇몇 콘체른뿐입니다.

김　당신은 노벨상을 수상한 세계적인 작가이지만, 또한 독일을 대표하는 지식인으로서도 유명합니다. 이제 당신의 삶과 관련하여 몇 가지 묻고 싶습니다. 저는 당신이 지난 오십 년 동안 사회민주주의자로서 일관된 정치적 입장을 견지해 온 것에 대해 경탄하지 않을 수 없습니다. 68혁명기에 '신좌파의 기수'였던 한스 마그누스 엔첸스베르거나 한때 '공산당원'이었던 마르틴 발저가 이제 착실한 보수주의자로 변신한 모습과 비교해 보면 당신의 정치적 일관성은 단연 돋보입니다. 볼프강 엠머리히 교수도 당신의 일관성에 대해 놀라움을 표명한 적이 있습니다. 그런데 무엇보다도 제가 놀라움을 갖는 것은 당신의 이런 일관된 태도가 확신에서라기보다는 회의에서 나왔다는 점입니다.

그라스　또한 경험에서 나온 것이지요.

김　당신은 이데올로기와 이론에 대해 언제나 회의적인 입장을 보여 왔습니다. 이러한 회의는 다른 면에서 보면 매우 신중한 태도를 가능하게 한 것이기도 하지요. 이를테면 하나의 이데올로기에서 다른 이데올로기로의 급작스러운 전향 같은 것을 막아준 셈이지요. 역설적으로 들리겠지만, 회의의 정신이야말로 당신의 일관성을 지켜준 원천이라고 생각되는데요.

그라스　이 이야기를 하려면 잠시 과거로 거슬러 올라가야 합니다. 저는 전쟁이 끝났을 때 열일곱 살이었어요. 저는 하나의 이데올로기, 즉 나치즘의 이데올로기 속에서 성장했지요. 이 모두가 일거에 무너졌습니다. 저는 아주 어린 나이에 새로운 방향을 찾아야 했습니다. 그래요, 이것이 제 경우는 그래도 비교적 쉬웠습니다. 예술가가 되려고 했으니까요. 저는 새로운 방향을 예술의 영역에서 찾았습니다. 그러나 그것은 사회적인 인식의 전환을 위해서는 충분치 못했습니다. 그 후 1950년대 초 뒤셀도르프 미술 대학에 다니던 시절에 프랑스에서 사르트르와 카뮈 사이에 불붙은 논쟁이 저의 관심을 끌었습니다. 얼마 후에 저는 어느 한편의 입장을 선택하지 않을 수 없는 처지가 되었습니다. 저는 일찌감치 카뮈의 입장을 택했습니다. 그것은 반이데올로기적인 입장입니다. 이러한 입장은 특히 그의 짧은 에세이 『시시포스의 신화』에서 아주 분명하게 표명되었지요. 즉 최후의 목표란 존재하지 않는다는 것이지요. 시시포스가 굴리는 돌은 결코 산 위에 머물지 않는다는 것, 돌은 하나의 짐일 뿐만 아니라 인간에게 속하는 무언가라는 것, 돌이 정상에 머물지 않는다는 것을 안다는 것 자체가 하나의 태도라는 것, 그리고 이것이야말로 현실과 일치한다는 것을 깨달은 것이지요. 간단한 예를 하나 들어보지요. 우리 사회는 무언가 잘못되어 있고 개혁이 필요합니다. 많은 투쟁과 타협이 있은 후에 이러한 불의(不義)를 제거할 개혁이 있게 됩니다. 하지만 그것은 오래 지속되지 못하지요. 사람들은 이 개혁 또한 새로운 불의를 낳는다는 것을 금방 알아챕니다. 예전엔 전혀 생각하지 못했던 영역에서 말입니다. 이런 식으로 돌은 벌써 아래로 굴러 떨어져버리는 것입니다. 이것이 인간 존재의 모습입니다. 카뮈는 오랜 세월 전해져 온 옛 신화를 기막히게 새롭게 해석해 냈습니다. 결론은 이렇습니다. "우리는 시시포스를 행복한 인간이라고 생각해도 좋다." 저는 이 말에 동의합니다. 저는 저의 돌에 매우 만족합니다. 그리고 그것을 다른 것과 바꾸지 않겠습니다.

김 소설 『국부마취를 당하고』에서는 "견디기의 몸짓"이라는 말을 하셨는데요. 이것도 시시포스적 맥락에서 보아야 할까요.

그라스 『국부마취를 당하고』에서는 세네카적 태도가 중요한 역할을 합니다. 스토아주의도 그와 유사한 방향으로 나아가는 철학적 입장입니다. 『두산(頭産)』, 『독일인 멸종되다』에서 이러한 입장이 더욱 두드러지지요. 여기서 저는 부분적으로는 패러디로서 시시포스를 다루었습니다.

김 그라스 씨, 당신은 노벨상까지 수상한 작가이면서도, 자신을 '조각가'로 소개하기를 더 좋아하시는 것 같습니다. 게다가 당신은 또한 화가이고, 젊은 시절에는 심지어 재즈 음악가이기도 했지요.

그라스 그래요. 뒤셀도르프 미대에 다닐 때 저는 작은 재즈 밴드를 조직하여 호구지책으로 삼은 적이 있습니다. 멤버는 셋이었는데, 저는 빨래판같이 생긴 타악기를 손가락으로 연주했습니다. 그것은 당시에 막 유럽에 전파된 미국의 딕시랜드 뮤직이었어요. 이 일을 저는 매우 좋아했지요.

김 게다가 당신은 빼어난 요리 솜씨로도 유명합니다. 하인리히 뵐은 작가들의 모임이 있을 때마다 "그라스가 요리하지 않으면 식사하지 않겠다"라는 농담을 즐겼다는 일화가 있을 정도지요.

그라스 저는 요리하기를 좋아합니다. 여러 사람들이 아주 잘한다고 하더군요.

김 그러니까 당신은 작가면서, 조각가요, 화가요, 음악가요, 요리사이기도 합니다. 어떤 평자는 "예술적 재능의 다양성에 있어서 그라스와 필적할 인물을 찾으려면 적어도 200년은 거슬러 내려가야 한다"고 했습니다. 물론 거기서 만나게 되는 것은 괴테겠지요. 도대체 이 많은 재주가 어디서 나온 것입니다?

그라스 요리에 관해 말하자면, 저는 아주 어린 시절부터 스스로 음식을 해먹어야 했습니다. 그리고 저는 늘 즐겁게 이 일을 했습니다. 식사를 하는 것, 그러니까 그 최종적인 결과물뿐만 아니라, 물건을 구입하고 하는 그 준비 과정도 즐거웠지요. 저는 아주 어려서부터 적은 돈으로도 맛있는 요리를 해먹는 법을 배워야 했습니다.

김 요리뿐 아니라, 조각이라든가, 회화라든가……

그라스 이렇게 설명을 드리는 것이 좋겠어요. 제 어머니는 남자 형제가 셋 있었어요. 그들은 모두 아주 젊은 나이에 제1차 세계대전에 참전하여 전사했습니다. 그중 한 분은 작가가 되고 싶어 했어요. 또 한 분은 화가와 무대 장식가, 마지막 한 분은 요리사가 되는 것이 꿈이었지요. 저의 어머니는 외삼촌 세 분에 대한 이야기를 자주 하셨어요. 그래서인지 어느새 저는 이분들이 살지 못한 삶을——그분들은 스물둘, 스물셋의 나이에 세상을 떠났습니다——제가 대신 살아야 한다는 느낌을 갖게 되었습니다. 1960년대에는 작은 단편집을 아르투르 크노프라는 가명으로 낸 적이 있습니다. 아르투르 크노프는 바로 작가가 되고 싶어 했던 제 외삼촌의 이름입니다. 그런 식으로 저는 제1차 세계대전 때 전사한 외삼촌이 사후에 작은 문학 작품을 내도록 도와드린 셈이지요.

김 정말 아름다운 이야기입니다. 이제 독일 통일과 관련하여 몇 가지 묻고 싶습니다. 당신이 통일 과정에서 보여주신 선견지명은 실로 놀라운 것입니다. 당신이 통일공간에서 제기한 경고와 우려가 통일 이후 십 년이 지난 오늘날 거의 모두 그대로 현실이 되어버렸으니까요. 이제 통일의 행보를 막 시작한 한국인들에게 분명 하실 말씀이 있으시겠지요. 독일의 통일에서 우리는 무엇을 배워야 합니까?

그라스 통일의 전제는 분단된 두 체제가 서로를 존중하며 대화하는 법을 배워야 한다는 것이라고 생각합니다. 북한 사람들이 지금과 같은 체제하에서 살고 있는 것이 그들 자신의 책임은 아닙니다. 남한 사람들이 오랫동안 미국의 보호를 받은 독재 정권 아래서 살았던 것이 그들 자신의 책임이 아닌 것과 마찬가지지요. 그 모두는 지난 세계대전의 결과였습니다. 서로 상대방과 접근하기 위해서는 상대방의 역사에 대해, 접근하고자 하는 사람들의 그 숱한 지난 삶에 대해 관심을 가져야 합니다. 우리 독일인들이 소홀히 한 것이 바로 이 점입니다. 우리는 통합(Einigung)이 되기도 전에 통일(Einheit)되었습니다. 하지만 통합이 통일보다 선행되어야 합니다. 통일은 통합의 결과물이어야 합니다. 독일에서는 통합 과정이 시작되기도 전에 속전속결로 통일이 문서화되었습니다. 사람들이 머릿속에 가지고 있는 생각은 고려하지도 않았지요. 한 가지 예를 들어보지요. 서독 기본법에는 중요한 조항이 있습니다. 기본법 146조가 그것인데요, 이 조항은 독일이 통일될 경우 동서독 국민들에게 새로운 헌법이 제출되어야 한다고 규정하고 있습니다. 그러나 이 조항은 무시되었습니다. 오늘날까지도 마찬가지지요. 만약 이 조항이 지켜졌다면, 물론 그래도 논쟁과 대립이 없지는 않았겠지만, 동독 사람들의 삶의 체험과 기대를 이 새로운 헌법에 반영시킬 기회가 주어졌을 겁니다. 그들은 이 기회를 전혀 갖지 못했습니다. 이런 것들이 소홀히 취급된 것입니다. 경제적인 문제들에 대해서는 아직 언급하지 않았지만, 경제 분야에서도 엄격하고 비인간적인 방식으로 금이 간 동독의 경제를 일격에 박살내 버렸고——이와 유사한 것이 북한에서도 시도될 것입니다——그 결과 동독 사람들은 오늘날까지도 심각한 실업 문제와 서독에 대한 열등감에 시달리는 형편이 되었습니다. 이 모두는 성급한 통일의 부정적인 결과들입니다. 우선 동독의 피폐해진 경제를 살리기 위해 투자부터 했어야 옳았습니다. 한 가지 역사적인 예를 들어보지요. 이른바 독일의 '경제 기적'을 생각해 봅시다. 많은 사람들이 '라인강의 기적'을 루트비히 에어하르트 총리의 공적으로 돌리지만, 이는 아무튼 많은 사람들이 함께 노력한 결과입니다. 전후 화폐 개혁이 있고 나서 어느 정도 시간이 지난 후에 분명해진 사실은 아직도 완전히 전시물자 생산 체제에서 벗어나지 못한 폭스바겐이나 잘츠기터, 페바 같은 대기업들이 경쟁을 버텨내지 못한다는 사실이었습니다. 루트비히 에어하르트는 즉시 이 기업들을 국유화시켰고, 국가보조금을 통해 회생시킨 다음에야 다시 사유화시켰습니다. 그러나 독일 통일의 경우에는 이런 조치가 전혀 취해지지 않았습니다.

김 시간 관계상 마지막 질문이 될 것 같은데요. 당신은 노벨상을 수상한 후 프랑스 사회학자 피에르 부르디외와 가진 한 텔레비전 대담에서 "오늘날 우리 사회를 특징짓는 것은, 아니 더 정확히 말해 기형화하는 것은 이상과 언어의 전면적인 부재다"라고 말씀하셨습니다. '이상과 언어가 사라진' 오늘의 현실에서 지식인의 역할은 어떠해야 한다고 생각하십니까?

그라스 우리 유럽인들은 계몽의 전통을 가지고 있습니다. 하지만 오늘날 젊은 사람들에게는 평등이나 박애, 정의와 같은 말들이 구닥다리로 들릴 것입니다. 연대라는 개념도 사라져가고 있습니다. 우리는 비교적 잘 작동하는 사회보장망을 유지하고 있습니다만, 그것도 점차 망가져가고 있습니다. 이것은 전 세계적 차원에서 목도되는 현상입니다. 연대라는 이 개념, 저에게는 전혀 낡은 것이 아니지만 젊은이들에게는 분명 낡은 느낌을 주는 이 개념이야말로 우리가 사회적으로 함께 살아가기 위한 전제입니다. 지식인의 역할을 문학의 영역과 관련지어 이야기해 보지요. 작가는 승자의 자리에 앉아서는 안 됩니다. 작가가 앉을 곳은 그때그때의 패자들, 전쟁의 패자만이 아니라 경제적 과정, 사회적 과정의 패자들이 앉아 있는 그곳입니다. 승자에겐 옹호자들, 지지자들이 넘치는 법입니다. 그러나 아무런 목소리도 내지 못하는 대중들이야말로 작가에겐 더욱 소중한 존재지요.

김　피에르 부르디외는 당신과의 대화에서 세계화의 시대인 오늘날 "신자유주의 정부들의 중요한 능력은 유토피아를 살해하는 것"이라고 했습니다.

그라스　유토피아란 그 자체로는 아무런 가치도 없습니다. 세계화란 것도 하나의 유토피아에 불과합니다. 끔찍스러운 유토피아지요. 우리는 여러 가지 형태의 끔찍스러운 유토피아들을 이미 알고 있습니다. 유토피아는 제게는 영예로운 칭호가 아닙니다. 지식인 또한 제게는 영예로운 호칭이 아니고요. 거짓 이데올로기에 유혹당한 지식인, 하나의 이데올로기에서 다른 이데올로기로 널뛰기를 하는 지식인들이 너무나 많습니다. 제가 매우 존경하고 높이 평가하는 빌리 브란트는 이런 맥락에서, 에른스트 블로흐의 말을 빌려, "구체적인 유토피아"라는 말을 즐겨 사용했습니다. 그것은 전혀 다른 이야기지요.

김　한국인들에게 마지막으로 하실 말씀이 있다면…….

그라스　한국에서는 통일 이전에 통합 과정이 상호 존중의 분위기 속에서 이루어지기를 바랍니다. 그 과정에서 다른 곳, 특히 독일에서 저질러진 실수를 반복하지 않기를 진심으로 바랍니다.

김　대담에 응해 주셔서 대단히 감사합니다.

(이 대담은 2001년 7월 16일 북부 독일 뤼벡 시 근교의 작은 마을인 벨렌도르프에 있는 귄터 그라스의 작업실에서 한 시간 반 동안 진행되었다.)

(≪현대문학≫, 2001년 10월)

2 통일과 문학

김누리 귄터 그라스 씨, 한국에 오신 것을 진심으로 환영합니다. 이렇게 또다시 당신과 인터뷰를 갖게 된 것을 커다란 영광으로 생각합니다. 이번이 첫 방한이시지요. 그동안 판문점을 방문하셨고, 중앙대학교에서 개최한 심포지엄에서 통일을 주제로 강연도 하셨습니다. 그간 많은 것을 느끼셨을 텐데요, 한국에 대한 첫인상을 듣고 싶습니다.

귄터 그라스 모든 것에서 아주 신선하고 새로운 인상을 받았습니다. 한국 방문을 준비할 때에는 이렇게까지는 예상하지 못했습니다. 막상 이곳에 와서 보니 사람들이 얼마나 오랫동안 분단된 채 살아오고 있는지, 그리고 남북 분단의 강도가 얼마나 심각한지 실감할 수 있었습니다. 한반도의 분단은 우리가 독일에서 경험했던 분단보다 훨씬 더 강력합니다. 독일에서도 베를린 장벽을 세운 이후 분단은 완성되었지만, 후일 빌리 브란트 총리가 시작한 긴장 완화 정책 덕분에 한해 두해 지남에 따라 장벽에 작은 틈새들이 생겨났지요. 동독 노인들은 일 년에 한 번 서독 방문이 허락되었고, 서독 노인들의 경우도 마찬가지였지요. 또한 가족잔치라든가 결혼식 등이 있는 경우에는 서로 짧은 기간 동안 방문할 수도 있었어요. 이런 일들은 그 후 점점 늘어났습니다. 이러한 긴장 완화 정책, '작은 발걸음 정책' 덕분에 삼십 년이 지난 후에 장벽이 무너질 수 있었고, 통일도 가능했던 것입니다. 이런 준비 기간이 매우 중요합니다. 이런 점에서 비추어 보면 한국은 이제 통일의 초입에 막 들어선 상태입니다.

김 당신은 노벨 문학상 수상자로서 세계적인 명성을 얻으셨습니다. 한국에서도 당신의 작품 『양철북』은 소설로서뿐 아니라 영화로도 유명하고, 또 많은 사람의 사랑을 받고 있습니다. 한국에 당신 팬이 상당히 많습니다. 심포지엄에 모인 사람들을 보고 당신에 대한 폭발적인 관심을 느끼셨을 겁니다. 그래서 몇 년 전부터 당신을 한국으로 초청하려는 시도가 있었지만 번번이 성사되지 못했습니다. 이번에 방한을 결심하게 된 데에는 특별한 이유가 있으리라고 생각되는데요.

그라스 방한의 이유는 심포지엄에서 다루는 주제 때문이었습니다. 통일의 가능성에 대한 대화를 나누기 위해서 온 거지요. 저는 독일에서의 경험으로 이 주제에 대해 잘 알고 있고, 통일이 독일에서 가능해졌을 때는 통일 과정의 특정한 부분에 대해서 비판적인 입장을 취했습니다. 그렇기 때문에 통일과 관련된 저의 경험을 대화를 통해서 한국인들에게 전할 수 있지 않을까 생각한 것입니다.

김 그 점 대단히 고맙게 생각합니다. 사실 당신은 한국과 특별한 인연이 있습니다. 1970년대부터 현 대통령인 김대중 씨, 작가인 김지하 씨, 황석영 씨 등 정치적 이유로 투옥된 민주 인사들의 석방을 위해 발 벗고 나섰고, 또한 독재 정권이 존속되는 한 결코 한국을 방문하지 않겠다고 공언하기도 했습니다. 이런 식으로 한국의 민주화에 나름의 기여를 한 셈입니다. 이렇게 보면 이번 방문은 남다른 감회가 있으리라 생각되는데요.

그라스 물론 한국에 오지 않은 이유가 있었습니다. 당신도 말씀하셨듯이 한국에 독재 정권이 버티고 있는 한──그것은 대단히 오랜 기간 지속되었지요.──한국을 방문할 이유가 없었지요. 또한 저는 예를 들어 미국이 공산 정권만 아니라면 어떤 독재 정권과도 손을 잡는다는 사실을 언제나 수치스러운 일이라고 느끼고 있었지요. 이것은 오늘날에도 여전히 지속되고 있는 미국 외교와 정치의 이중성입니다. 저는 미국의 이러한 이중 플레이를 언제나 혐오해 왔습니다. 그러나 이제 마침내 한국에 민주주의가 실현되어서 기쁩니다. 앞으로도 계속 민주주의를 잘 지켜 나가기를 바랍니다.

김 감사합니다. 당신은 독일 통일에 회의적인 입장을 보인 것으로 알려져 있습니다. 당신의 이런 회의적인 태도는 많은 한국인들에게는 선뜻 이해가 되지 않을 겁니다. 왜냐하면 대부분의 한국인들에게 통일은 반드시 이루어야 할 소원이자 꿈이기 때문입니다. 당신이 독일 통일에 대해 비판적인 입장을 취한 이유를 좀 자세히 설명해 주십시오.

그라스 저는 독일 통일 그 자체에 대해 비판을 한 적은 없습니다. 제가 비판한 것은 통일의 방식과 방법이지요. 모든 것이 너무 빠르게 이루어졌습니다. 그래서 오늘날 우리 독일인들은 통일을 너무 서두른 결과 나타난 문제들과 씨름하게 된 것입니다. 제가 바란 것은 먼저 동서독이 국가연합을 이룬 가운데 과도기 동안에 부유한 서독이 동독의 사회적 인프라를 강화시켜 주고, 동독 경제를 회복시킨 후에 시간적 여유를 가지고 화폐 통합을 해서 동독이 경제적으로 살아남을 수 있는 기회를 갖게 하는 방식이었습니다. 그런데 통일을 너무 서두르는 바람에 이 모든 것이 이루어지지 못했습니다.

그 결과 동독 주민들은 그들이 소망하던 자유의 표상을 실현할 기회를 갖지 못했습니다. 서독의 기본법에는 마지막 조항인 146조에 통일이 되는 경우 새로운 헌법을 국민투표에 붙여 제정해야 한다는 규정이 있었습니다. 그러나 이것은 실행되지 않았습니다. 만약 이 조항대로 되었다면 동서독이 서로 대화하는 기회가 되었겠지요. 그래서 저는 한국인들에게 협상을 충분히 하여 남북한이 동등한 권리를 가지고 참여하는 헌법 제정 회의를 소집해야 한다고 권하고 싶습니다. 그래야 양국은 자신들의 생각을 밝힐 기회를 충분히 갖게 될 것입니다. 북한은 남한의 상황에 무조건 순응해야 한다는 식의 생각이 분명 이곳 남한에 존재하고 있고, 미국에도 팽배해 있는 것 같은데, 이런 생각은 터무니없는 것입니다. 그런 생각이 지배하는 한 통일은 이루어지지 않거나, 이루어진다 해도 커다란 손상을 입을 것입니다.

통일이 되기 전에 통합이 먼저 이루어져야 합니다. 바로 이것을 독일 사람들은 소홀히 했습니다.

김 통일 이전에 통합 과정이 있어야 한다는 말씀은 우리 한국인들에게도 매우 중요한 지적이라고 생각합니다.

그라스 아주 결정적인 문제지요. 물론 우리는 개헌 논의가 어떤 것인지 잘 압니다. 그 모든 것은 곧 논쟁을 뜻하지요. 그러나 바로 이런 논쟁이 필요한 것입니다. 이를 위해선 또한 시간이 필요하지요.

김 한국과 독일의 통일을 의미 있게 비교하기 위해서는 양국의 역사적인 차이점을 함께 고려해야 한다고 생각합니다. 이를테면 민족 개념만 해도 그렇지요. 독일의 경우 민족이라는 개념은 역사적인 이유에서 대개 지극히 부정적인 의미를 갖습니다. 이에 반해 한국에서 민족 개념은 전반적으로 긍정적인 의미를 지니지요. 한국과 독일의 분단을 초래한 결정적인 배경이었던 제2차 세계대전을 놓고 보더라도, 독일은 가해자인 반면 한국은 피해자지요. 이렇기 때문에 통일의 의미도 한국과 독일에서 매우 다를 수밖에 없다고 생각합니다.

그라스 많은 사람들이, 특히 많은 유럽인들이 잊고 있는 사실이 있습니다. 한국은 역사상 줄곧 피해국이었다는 사실이지요.

김 예를 들면 유럽의 폴란드와 유사하지요.

그라스 그렇습니다. 폴란드와 비슷합니다. 그런데 제가 이해할 수 없는 것은 왜 분단에 가장 큰 책임이 있고 수십 년에 걸쳐 이곳에서 살육을 자행한 일본이 그것에 대해 침묵하고, 자신들이 저지른 과거의 죄과에 대해 터놓고 말할 용기를 보이지 못하느냐 하는 점입니다. 우리 독일인들은 그것을 해야만 했습니다. 그것은 대단한 압력이었지요. 독일에서도 과거에 대한 논의를 끝내려는 시도가 여러 차례 있었지만, 누구보다도 독일 작가들이 앞장서서 이러한 논의를 더욱 진척시켰습니다. 자신의 범죄에 대해, 자신의 실책에 대해 철저하게 밝혀낸 것입니다. 도대체 어떻게 히틀러 같은 작자가 개명된 나라에서 선거로 권력을 장악할 수 있었는가? 문화민족이라고 자처하는 나라에서 어떻게 아우슈비츠의 범죄처럼 야만적인 일이 일어날 수 있었는가? 우리는 스스로에게 이러한 물음을 던졌습니다. 그러나 일본은 달랐습니다. 그 반대였지요. 오히려 많은 범죄들을 오늘날까지도 부인하고 있지요.

일본에게 바라는 것은 무엇보다도 한반도의 통일 과정에서는 방해하지 말고 지원하라는 것입니다. 이것은 일본이 자신의 과거를 돌아본다면 스스로 짊어져야 할 최소한의 도덕적 책임일 것입니다.

김 일본의 과거 청산 문제에 대한 당신의 견해에 전적으로 공감합니다. 당신은 수십 년 전부터 독일의 과거 청산 문제를 제기하고 경고해 오셨지만, 제 생각으로는 이 문제에 관한 한 독일은 오히려 모범적인 편입니다. 과거 청산이 결여된 표본은 일본이지요. 일본은 이 문제에 관한 한 독일로부터 배워야 한다고 생각합니다.

그라스 일본인들은 경제 분야에서는 다른 나라들로부터 배울 자세가 되어 있습니다만 과거 청산 문제에 있어서는 매우 보수적이고, 심지어 반동적이거나 도피적이기까지 합니다. 저는 이런 태도에 반대하는 일본 작가들로부터 많은 이야기를 들었습니다. 그들이 이 터부 테마를 건드리자마자 자기 나라에서 얼마나 큰 곤경에 처하는지를 잘 알고 있습니다. 이것은 일본의 엄청난 직무유기입니다. 이것은 정말이지 유감스러운 일입니다.

김 다시 통일 문제로 돌아가 보지요. 당신은 구동독에 대한 재정적 지원이 서독인들의 자선 행위라기보다는 역사적으로 정당한 부채 탕감이라고 주장하셨습니다. 이러한 주장은 우리 한국인들 입장에서도 경청할 가치가 있다고 생각되는데요. 당신이 부채 탕감론을 주장하는 근거를 좀 자세히 설명해 주십시오.

그라스 저는 이 문제에 있어서도 한국과 독일 사이에 공통점이 있다고 생각합니다. 독일에서는 패전의 부채를 일차적으로 동독 사람들이 짊어져야 했습니다. 그들은 소련에 엄청난 배상을 해야 했고, 외부로부터 어떠한 도움도 받지 못했습니다. 이에 반해 서독은 다른 서유럽 국가들과 마찬가지로 마샬 플랜에 힘입어 후일 독일의 '경제 기적'이라고 불리게 된 급속한 경제 성장을 이루어낼 수 있었습니다. 서독은 유리한 입장에 있었던 거지요. 수십 년간 서독은 동독에 비해 유리한 입장에 있었습니다. 바로 이러한 역사적 사실을 보면 이제 서독이 동독에게 부채를 탕감할 차례라고 생각합니다.

그러나 유감스럽게도 통일 과정에서 헬무트 콜 정부는 통일을 재정적으로 뒷받침하기 위한 세금 인상을 제때에 하지 않았습니다. 독일 통일이든 한국 통일이든 통일을 위해서는 돈이 듭니다. 이 점을 명심해야 합니다. 남한 쪽에서 가능한 빨리 사전 조치를 취하면 취할수록 결과적으로 통일 비용은 절감됩니다. 제때에 조치를 취한다면 말입니다.

근본적으로 생각해 보면 협상이 어떤 성과를 거두기 이전이라고 하더라도 남한은 사전에 북한을 도와주어야 합니다. 북한이 생필품이 모자라고, 또 많은 것이 부족한 어려운 처지에 처해 있다는 사실만 가지고도 남한은 지속적인 프로그램을 가지고 북한을 도와주어야 합니다. 또한 이때 반대급부를 요구해서는 안 됩니다.

김 아무 조건 없이 도와야 한다는 말이지요.

그라스 아무 조건도 없어야 합니다. '당신들이 이런저런 것을 하면 우리는 쌀을 보내고 또 이런저런 것을 보내겠다' 하는 식으로 이 일을 다른 일들과 연계시켜서는 안 됩니다. 그러면 협상이 바로 중단될 것입니다. 이러한 일들은 어떠한 북측의 대응 조치 없이, 제가 앞서 말씀드린 그 의무감에서 이루어져야 합니다. 부유한 서독이 동독에 대해 과거나 현재나 의무가 있는 것과 마찬가지로, 부유한 남한도 북한에 대해 의무가 있으니까요.

김 그러니까 북한에 대한 지원은 도덕적인 면에서뿐만 아니라, 경제적인 면에서도 정당하다는 말씀인가요?

그라스 그렇습니다. 부정적인 시나리오를 한번 상상해 보세요. 북한이 고립의 결과로, 또한 자기 나라를 '깡패 국가'라고 선언한 미국의 정책 때문에 더 이상 국민들을 먹여 살릴 수 없을 정도로 경제적인 파탄을 겪게 되고, 또한 치안 체제도 소련의 경우처럼 내부적으로 와해되는 경우를 상상해 보세요. 그러면 어떻게 되겠습니까. 수많은 북한 주민들이 남쪽으로 내려올 것이고, 누구도 그들을 저지할 수 없을 것입니다. 그렇게 되면 지금 적절한 시기에 도와주는 것보다 훨씬 더 많은 비용이 들 것입니다.

우리는 독일에서 그런 일들을 어느 정도 경험했습니다. 그 당시에 사람들은 이렇게 말했지요. '우리는 즉시 화폐 통합을 해야 한다. 그렇지 않으면 동독 사람들이 서독으로 넘어올 것이다'라고 말이지요. 그렇게 해서 너무나 일찍 화폐 통합을 단행했고, 그 결과로 그나마 남아 있던 동독 경제를 약화시킨 정도를 넘어, 완전히 죽여 버렸지요. 그 여파로 오늘날까지도 동독 지역은 실업률이 대단히 높고, 그러다 보니 자연히 점점 더 많은 동독 지역 사람들이 서독 지역으로 넘어오게 된 것입니다. 옛 동독 지역에는 한 지역 주민 전체가 서쪽으로 넘어간 곳도 있습니다. 도시에서도 주민 수는 계속 줄어들고, 많은 집들이 텅 비어 있습니다. 이 모든 것들은 잘못된 정책의 결과입니다. 한국인들은 이러한 사실들을 정확하게 연구하고, 거기서 교훈을 얻어야 합니다. 한국인들이 독일인들이 저지른 잘못을 되풀이해야 할 이유는 없지 않습니까.

김 우리 한국인들이 정말 새겨 들어야 할 대목이라고 생각합니다. 통일된 독일은 당신이 말씀하신 것처럼 많은 통일의 후유증을 앓고 있습니다. 그중에서도 우리 한국인들이 유의해야 할 가장 중요한 문제는 어떤 것입니까? 우리는 독일 통일에서 어떤 교훈을 얻을 수 있을까요?

그라스 경제적인 문제에 대해서는 앞서 말했지요. 또 다른 중요한 문제는, 서독을 포함한 서방 전체가 베를린 장벽이 무너진 후에, 그러니까 고르바초프 시절 소련의 권력 구조가 침식되기 시작했을 때, 마치 승리자인 양 행세했다는 점입니다. 그렇게 함으로써 동독 지역에 살고 있던 1800만의 사람들이 스스로 실패한 사람들, 역사의 패배자라고 느끼게 했다는 점입니다. 그 결과 서독 사람들은 친절한 얼굴로 선의를 가지고 찾아왔지만 식민지 지배자 같은 인상을 주었던 것입니다. 그들은 베를린 장벽 붕괴 이전처럼 동독 사람들을 그저 가난한 친척쯤으로 대했습니다. 그래서 동독 사람들은 통일된 지 십이 년이 지난 오늘날까지도 '이등 국민'이라고 느끼는 것입니다. 한국에서는 결코 이런 일이 있어서는 안 됩니다. 이것은 열등감을 조장하기 때문에 정치적으로도 매우 부정적으로 표출됩니다. 아예 투표를 하지 않거나 급진 정당들, 특히 극우 정당들에 표를 던지는 것이지요. 이런 행태들은 서독인들의 그러한 거만한 태도의 결과입니다.

김 당신은 독일 통일에 대해 여러 가지 우려를 표명하셨고, 그러한 우려는 상당 정도……

그라스 저는 우려도 했습니다만, 또한 통일에 대해 긍정적인 언급도 했습니다. 저는 독일인들이 언젠가는 바람직한 형태로 함께 살게 되기를 바랐으니까요.

우리 독일인들은 독일이 결코 다시는 중앙집권적인 국가가 되지 않도록 주의해야 했습니다. 전후에 우리는 연방제야말로 독일에 가장 좋은 정부 형태라는 것을 알았습니다. 동부 독일, 서부 독일뿐만 아니라 남부 독일과 북부 독일 사이에도, 또한 개별 연방주들 사이에도 많은 차이점이 있습니다. 언어만 해도 방언에 따른 차이가 있고, 문화도 다릅니다. 독일은 언제나 많은 영주국들과 왕국들과 다양한 문화적 전통들로 얽혀 짜인 일종의 카페트와 같았지요. 저는 그것을 부정적으로만 보지 않습니다. 오히려 저는 그것을 긍정적으로 봅니다. 그것이 풍요로운 문화를 형성했으니까요. 그것을 획일화하려고 해서는 안 됩니다. 그래서 저는 통일을 이루는 과정에서 새로운 헌법을 통해 이런 연방제의 전통이 강화되기를 바랐던 것입니다. 유감스럽게도 그렇게 되지는 못했지요.

　김　독일 통일에 대한 당신의 우려는 그 사이에 상당 정도 현실이 되었는데요. 그 점에서 저는 당신의 선견지명에 경탄하지 않을 수 없습니다. 이런 선견지명으로 한국의 통일이 언제쯤 실현될지 예측해 보실 수 있을는지요.

　그라스　물론 당신이 그것을 선견지명이라고 한다면 저로서야 기쁜 일입니다. 저는 독일에서는 늘 비관론자로 여겨져 왔으니까요.
　이곳 아시아나 한국 사람들은 유럽이나 독일 사람들에 비해 한 가지 유리한 점이 있다고 생각합니다. 유럽인들, 특히 독일인들은 누군가에게 승리했다고 생각하면 한 번 더 짓밟는 경향이 있습니다. 상대방이 패배했다는 것을 깨닫도록 말이지요. 그러나 아시아에는 장구한 문화 전통에서 나온 하나의 훌륭한 행동 방식이 있습니다. 상대방이 체면을 잃지 않도록 배려하는 태도이지요. 이러한 태도가 서로 간에 존중된다면, 통일로 가는 긴 과정에서 큰 도움이 될 것입니다. 독일은 바로 이 점을 소홀히 했지요. 서독 사람들은 '너희들은 역사의 패배자다. 우리가 좋은 본보기이니 우리를 보고 배워라' 하는 식으로 동독 사람들을 대했던 겁니다. 이것은 잘못된 태도였습니다. 동독 사람들은 서독 사람들의 이런 잘난 체하는 태도를 견디기 어려웠던 것입니다.
　그러므로 상대방의 지난 삶에 대한 존중이 매우 중요합니다. 남한 사람들은 전혀 다른 조건하에서 사십 년 이상 독재를 경험해야 했던 북한 사람들의 삶의 이력을 존중해야 합니다. 그리고 또한 거꾸로 그동안 남한에서 생겨난 생활 방식을 존중해 줄 것을 북한 사람들에게 기대해야 합니다. 한 나라가 도덕적으로 다른 나라를 비판할 수는 없습니다. 북한의 독재 상황은 남한 사람들이 오랫동안 겪어야 했던 독재와 마찬가지입니다. 남북한 정권이 모두 사상이 다르다는 이유로 한 인간을 사형에 처할 정도로 똑같이 가혹한 정권이었습니다. 그러니까 한편이 다른 편에 비해 어떤 도덕적 우월성도 없다는 말입니다.

김　그렇습니다. 양쪽이 모두 나름의 잘못이 있지요.

그라스　그런데 독일에서는 사정이 달랐습니다. 서독 사람들은 자신들이 도덕적으로 옳은 편에 있다는 식으로 말할 수 있다고 생각했습니다. 서독에서는, 요즘 미국의 부시 대통령이 하듯이, 이쪽은 선이고 저쪽은 악이다 하는 식의 흑백논리가 횡행했습니다. 그러한 태도는 통일 과정에 방해가 될 뿐입니다.

김　이제 테마를 문학으로 옮겨보지요. 당신의 소설『양철북』은 당신에게 단번에 세계적인 명성을 가져다주었을 뿐 아니라 나중에는 노벨 문학상도 안겨주었습니다. 이 소설은 당신의 대표작이지만, 이 소설의 해석을 둘러싼 논쟁은 지금도 계속되는 실정입니다. 지은이로서 당신은 이 작품을 어떻게 평가하십니까?

그라스　첫 번째 책을 썼을 때 저는 무명 작가였지요. 그것은 시집이었습니다.『양철북』은 두 번째 작품이지요. 그 책은 1959년에 나왔습니다. 제 나이 서른둘이었지요. 그야말로 하룻밤 자고 나니 유명해져 있더군요. 처음에는 저도 기뻤습니다. 유명해졌다는 것, 그것은 전혀 새로운 체험이었으니까요. 그러나 조금 시간이 지나자 명성이라는 것이 얼마나 지루한 것인지 알게 되었습니다. 무엇보다도 사람들이 저에 대해서 언제나 똑같은 것을 떠올린다는 것이 그랬습니다. 그래서 저는 계속 작업을 했고, 계속 글을 썼습니다. 게다가 명성이란 것은 글을 쓰는 데 전혀 도움이 되지 않습니다. 글을 쓸 때는 명성을 잊어야 합니다. 종이는 끔찍스러울 정도로 하얗지요. 계속해서 새로 시작해야 했지요. 그리고 저는 제 첫 번째 직업인 조각가와 화가로서의 일도 계속했습니다. 제 말은 이런 일에 있어서 명성은 오히려 부담스러운 것이라는 거지요. 저는 명성을 문 밖에, 제 작업장 문 밖에 세워두고, 계속 일을 했습니다.

그리고 노벨상과 관련해서는 당신의 말을 조금 수정해야겠습니다. 저는 『양철북』으로 노벨상을 받은 것이 아니라, 전 작품에 대해 노벨상을 받은 것입니다. 이것은 저에게는 매우 중요한 문제입니다. 『양철북』과 같은 소설에 대해서 저는 오늘날 시간적인 거리감을 가지고 있습니다. 물론 저는 많은 독자들이 여전히 『양철북』을 읽고, 당시에 젊었던 『양철북』의 독자들이 저와 함께 나이를 먹어가면서 저의 새로운 책들을 읽어왔다는 것에 대해, 그리고 오늘날 젊은 세대들 또한 저의 책에 관심을 갖는다는 것에 대해 기쁘게 생각합니다. 이것은 작가에게는 대단히 황홀한 일이지요.

김 『양철북』만이 아니라, 예를 들면 당신의 최근 소설 『게걸음으로 가다』도 대단한 호평을 받고 있습니다. 노령임에도 이처럼 엄청난 정력을 가지고 글을 쓸 수 있다는 것이 놀라울 따름입니다.

그라스 그것은 아주 개인적인 이유 때문입니다. 더 이상 글을 쓸 수 없다면 저는 제 처에게 견딜 수 없는 사람이 되어버릴 것이고, 저도 무엇을 해야 할지 모를 겁니다. 그러니까 저는 끊임없이 무언가를 해야만 합니다. 이것은 제 친구들에게도 참을 수 없는 일일 테지요. 저는 불행한 사람입니다. 언제나 손에 무언가를 만지고 있어야 하니까요. 저에게는 언제나 비벼대고 작업하고 또한 그럼으로써 자신을 소진시킬 테마가 필요합니다. 그 다음엔 새로운 테마가 움터서 다시 새 책을 써야 할 때까지 조각을 하거나 진흙을 가지고 작업하는 시기가 시작되지요. 이렇게 언제나 분주하게 살다 보니, 늘 파이프를 피우면서도 건강한 편이지요.

김　결국 타고난 작가인 셈이군요.

그라스　저는 이런 작업 방식을 고수하고 있습니다.

김　당신은 전후 독일 작가로는 하인리히 뵐 이후 두 번째로 노벨 문학상을 수상하셨습니다. 노벨 문학상은 작가의 삶에 있어 하나의 절정을 의미한다고 생각하는데요. 당신의 경우도 그렇습니까? 또 노벨상을 받은 이후 당신의 삶에는 어떤 변화가 있었는지요?

그라스　저는 이십 년 이상이나 매년 노벨상 발표가 있는 가을이면 제가 유력한 후보라는 이야기를 들어왔습니다. 먼저 기자들의 전화가 오고, 그러면 제 비서는 신경이 곤두서지요. 마침내 제가 수상자가 되었다는 소식을 들었을 때 물론 기뻤습니다. 하지만 무엇보다도 기뻤던 것은 제가 이 상을 이렇게 늦게서야 받게 되었다는 것입니다. 마흔 살이나 마흔 다섯 살쯤에 이 상을 받았다면 저에게는 주변의 기대가 큰 부담이 되었을 겁니다. 일흔이 넘은 나이였기에 저는 이것을 좀 거리를 두고 볼 수 있었습니다.

노벨상 수상이 제 인생의 절정이었느냐고 물으셨지요. 아닙니다. 전혀 그렇지 않습니다. 저는 물론 노벨상을 받은 것을 기쁘게 생각합니다. 그것은 저에게는 영광이지요. 하지만 저에게는 예를 들어 1958년에 처음으로 받은 상인 '47그룹상'이나——저는 당시에『양철북』의 원고만을 읽은 상태에서 이 상을 받았지요.——1965년에 받은 뷔히너상이 제 자신의 존재를 위해서도, 또한 작가로서 인정을 받는 데에도 노벨상보다 훨씬 더 의미가 컸습니다.

노벨상은 물론 이런 상들과는 다르지요. 엄청난 기대가 한 사람에게 집중되고, 우편물은 쌓여갑니다. 저는 점차 작가라는 직업과 조각가, 화가라는 직업 이외에 세 번째 직업을 갖게 되었다는 것을 알게 되었습니다. 노벨상 수상자라는 직업 말입니다. 참 터무니없는 직업이지요. 그것에 익숙해졌다고는 말하지 않겠습니다만, 아무튼 그것을 어떻게 다루어야 할지는 알게 되었습니다. 저는 거절하는 기술을 배워야 했습니다. 저는 제가 구상했던 일, 즉 문학이나 회화 작업을 계속해 나갈 수 있는 시간을 확보하는 것을 가장 중요하게 생각했습니다. 제가 아니면 할 수 없는 일들, 다른 사람들이 대신할 수 없는 일들을 하기 위해서 시간이 필요한 겁니다. 저는 그런 일에 우선 순위를 두지요.

김 한국에는 아직 노벨 문학상을 받은 작가가 없습니다. 그것은 참으로 유감스러운 일입니다. 한국에는 세계적인 수준의 뛰어난 작가들이 많이 있고, 한국 사람들은 책 읽기를 좋아하고 문학을 사랑하기 때문입니다. 한국 문학이 세계적으로 수준에 걸맞은 인정을 받기 위해서는 어떤 노력이 필요할까요? 그리고 혹시 노벨상 작가의 조건 같은 것이 있다면 어떤 것이라고 생각하십니까?

그라스 두 번째 질문에 대해서는 대답하기가 어렵군요. 노벨상은 스웨덴 한림원에서 결정하는 것이니까요. 그들은 그때그때의 기준에 따라 결정하기 때문에 그 기준은 저도 모르지요.
노벨상과 상관없이 전체적으로 저는 한국 문학이 자국의 언어권을 넘어서 보다 널리 알려지기를 바랍니다. 그러자면 금방 문제에 부딪힙니다. 보다 많은 작품이 번역되어야 하고, 그러자면 번역에 보다 많은 지원을 해야 하고, 번역의 질 또한 최고 수준을 유지해야 합니다. 제 자신의 경험을 들어 한 말씀 드리지요. 제 책들은 비교적 일찍 번역되었습니다만 저는 나중에 다른 사람들이 하는 말을 통해서 얼마나 많은 오역이 있었는지를 알게 되었습니다. 그래서 즉시 바로 독일 출판사 측에 작가와 번역자가 만나는 자리를 만들어달라고 요구했습니다. 그때는 제가 소설 『넙치』를 막 끝낸 시기였으니까 1970년대 중반이었지요. 일주일 동안 우리는 『넙치』를 놓고 같이 모였습니다. 독일 출판사가 세미나 비용을 떠맡았고, 해당 외국 출판사들이 번역자의 여행 경비를 지원했지요. 우리는 700페이지가 넘는 이 소설을 한 장 한 장 읽어나갔습니다. 번역에 어려움이 있는 곳이나, 오역의 가능성이 있는 곳에서는 분명하게 이해할 수 있을 때까지 토론을 벌였습니다. 그것은 작가와 번역자 사이의 매우 활발한 의견 교환이었습니다. 그 후 저는 책을 낼 때마다 이런 모임을 가졌지요. 이번에 출판된 『게걸음으로 가다』나, 최근에 나온 『나의 세기』의 경우 한국 번역자들도 참석했습니다. 저는 이 모임이 그들의 번역 작업에 매우 중요했다는 것을 이 모임에 참석한 한국 번역자들이 확인해 줄 수 있으리라 믿습니다. 이것은 번역의 질을 향상시키기 위한 실제적인 사례를 말씀드리는 것입니다만, 이러한 모임은 출판되기 전에 이루어져야 합니다. 나중에 인쇄된 후에는 오역을 고칠 기회가 거의 없습니다. 새로 번역을 하거나 개정판을 낼 돈이 모자라기 때문이지요. 그래서 사전에 이런 모임을 가져야 합니다.

김   많은 비평가들이 당신의 소설 『양철북』을 토마스 만의 『마의 산』이나 프란츠 카프카의 『심판』과 함께 20세기 최고의 작품이라고 평가합니다. 당신의 문학이 다른 아류 문학과 구별되는 특성은 어디에 있습니까? 그리고 이러한 독특성의 원천은 무엇입니까?

그라스   먼저 『양철북』에 대한 평가와 관련하여 한마디 하고 싶습니다. 다른 작가들의 경우엔 어떤지 모르겠습니다만, 예를 들어 괴테는 『젊은 베르테르의 슬픔』으로 최고의 명성을 얻었습니다. 그렇지만 작가와 그의 전 작품을 첫 작품에 비추어 평가하는 것은 난센스입니다. 작가로서 저의 주관적인 시각에서 본다면 저는 초기 작품 중에서 『개들의 시절』을 『양철북』보다 높이 평가합니다. 그러나 누가 작가의 말에 귀를 기울이겠습니까? 독문학자들은 특히나 그렇지요. 저의 또 다른 작품들,

그러니까 『넙치』라든가, 독일 통일의 결과를 다룬 『광야』를 저는 『양철북』이나 『개들의 시절』만큼 높이 평가합니다.

두 번째 질문에 대한 답이 되겠는데요. 저는 훌륭한 문학의 조건은 작가가 자기 자신을 중요하다고 여기지 않는 데 있다고 생각합니다. 아무리 좋은 작품을 쓴다 해도, 작가들의 과장된 자아도취적 태도는 결국 독자를 지루하게 하기 마련입니다. 작가는 언제나 새로운 주제와 맞서야 하고, 그 주제와 치열하게 씨름해야 합니다. 그래야 작가의 재능과 가능성이 최대한 발휘될 수 있는 것이지요. 저는 이것이 글쓰기의 전제라고 생각합니다.

또한 저는 제 자신의 경험으로 상실이, 제 경우에는 예를 들면 고향인 단치히의 상실이 ─ 단치히는 전후에 폴란드에 귀속되었습니다 ─ 글쓰기에 도움이 되었다는 것을 알았습니다. 잃어버린 것을 문학이라는 수단을 통해 다시 한번 그려내야 한다는 것이 저에게는 하나의 강박관념 같은 것이었습니다. 이것이 오늘날까지도 제가 창조성을 유지하도록 해준 거지요.

김 당신의 창작 방식도 매우 독특한 걸로 알려져 있습니다.

그라스 그래요, 제가 매우 구식이라고 젊은 작가들이 말하지요.

김 그런 의미가 아니고요, 당신은 그림과 시와 소설을 결합하는 방식으로 작업하시지 않습니까.

그라스 그렇습니다. 저는 그림을 그리고 조각을 하기 때문에 사물을 구상적으로, 형상으로(bildhaft) 보는 성향이 있습니다. 저는 이러한 형상적 인식을 글쓰기에 적용하지요. 그저 추상적이어서는 안 된다는 것, 그저 무미건조할 뿐이어서는 안 된다는 것, 이것이 언제나 저의 고민거리였습니다. 이럴 때면 항상 그림 작업이 도움이 되었습니다. 정확한 컨트롤 도구로서 말이지요. 글로 쓴 메타포는 쉽게 종이에 옮길 수 있지요. 하지만 그것을 그림으로 그려놓고 검토해 보면 비로소 그것이 쓸 만한 것인지 아닌지를 알 수 있게 됩니다. 글쓰기와 그림 그리기의 이러한 상호 작용이 저에게는 언제나 아주 흥미로운 과정이었습니다.

김 문학과 회화·조각의 결합이 당신의 독특한 문학 세계를 특징짓는 중요한 요인이라고 생각합니다. 거기서 이를테면 오감의 혼돈 같은 세계가 나타나는 것이지요. 이러한 감각의 세계가 정신의 세계로 전이되는 것, 이것이 그라스 문학의 중요한 특성이 아닐까요.

그라스 그렇습니다. 그것은 또한 현실이라는 개념과 관계가 있지요. 저는 리얼리스트입니다. 그러나 저는 꿈이나 동화도 현실에 속한 것으로 봅니다. 우리의 머릿속에서 일어나는 환상 또한 현실의 일부입니다. 그리고 작가로서 거짓말을 할 때에는——작가란 본래 타고난 거짓말쟁이지요——그럴싸하게 해야 합니다. 오스카 마체라트는 목소리로 유리를 깰 수 있다고 누군가 주장한다면, 그것은 정말 터무니없는 것입니다. 그래서 독자가 그것을 받아들이도록 하려면 지극히 사실적으로 묘사해야 하는 것입니다. 동화의 경우처럼 말입니다.

김 당신의 '환상' 개념은 무척 마음에 듭니다. 보통 환상이라는 개념은 낭만주의자들에게는 현실로부터의 도피처였고, 소위 사회주의 리얼리즘 작가들에게는 배척해야 할 대상이었지요. 그렇기 때문에 당신의 유연한 환상 개념은……

그라스 그렇습니다. 환상은 어떤 현실을 초월한, 무중력 상태의 것이 아니라, 현실을 구성하는 것입니다.

김　문학 창작은 시대사와의 대결이고, 동시에 다른 작가들과의 대화이기도 합니다. 이런 의미에서 당신에게 가장 큰 영향을 준 작가는 누구인지 알고 싶습니다.

그라스　산문의 경우는 나치 시대에 망명했던 독일 작가 알프레드 되블린입니다. 되블린은 제1차 세계대전이 일어나기 전인 젊은 시절에 『왕룬의 세 가지 도약』이라는 최초의 미래파 소설을 썼지요. 당시 스물다섯 살이었던 되블린은 한번도 중국에 가본 적이 없었지만, 중국을 배경으로 한 소설을 쓴 거지요. 그는 대중의 움직임들, 동시적인 사건 등을 포착하는 기가 막힌 기법들을 최초로 사용했지요. 그러니까 토마스 만과 비교해 보면 그는 소설의 변혁자라 할 수 있습니다.

토마스 만은 19세기 소설을 계승·발전시켰지만, 여전히 그 시대의 소설 미학에 머물러 있었지요. 물론 그것 자체가 부정적인 것은 아니지만, 문제는 토마스 만으로부터 배울 것이 많지 않다는 것이지요. 토마스 만의 세계는 자체로 닫혀 있는 세계였습니다. 하지만 되블린에게서는 많은 것을 배울 수 있었습니다. 저는 되블린에 대한 두 편의 에세이를 썼습니다. 그중 하나는 제목이 「나의 스승 알프레드 되블린에 대하여」였지요. 되블린은 저에게는 현대문학의 지침서와 같은 존재였습니다.

그러나 전체적으로 보면——이것은 근본적으로는 되블린에게도 해당되는 얘기입니다만——글을 쓰는 방식에 있어서 저는 하나의 소설 형식, 이른바 악동 소설이라는 형식에 큰 신세를 지고 있습니다. 재미있는 것은 이 소설 형식이 스페인에서 발생했고, 세르반테스를 통해서 스페인적인 색채를 강하게 띤 것은 사실이지만, 그 기원은 마우라 족으로 거슬러 올라간다는 것입니다. 마우라 족이 스페인을 오랜 기간 점령한 것이 스페인 문화에 지대한 영향을 주었고, 결국 스페인 문화를 매우 풍요롭게 해주었지요. 그러니까 스페인적인 것과 마우라적인 것이 합쳐져서 악동 소설이라는 하나의 새로운 소설 형식이 탄생한 것이고, 이것이 그후 다른 유럽 국가의 문학에 영향을 준 것이지요. 예를 들면——독일 문학은 본래 바로크 시대가 되어서야 개화하기 시작했고, 비교적 연륜도 짧습니다만——독일 문학의 출발점이라고 할 수 있는 그림멜스하우젠의 소설 『심플리시시무스』는 스페인 악동 소설 없이는 생각할 수 없는 것이지요. 바로크 시대의 독일 작가들은 스페인 문학을 잘 알고 있었고 의식적으로 그 영향을 받아들였습니다. 이것이 계속 발전하여 현대에까지 이른 것이지요. 되블린의 소설 『베를린 알렉산더 광장』도 악동 소설이고 이러한 전통을 따르고 있습니다. 이런 의미에서 보면 『양철북』도 물론 하나의 악동 소설이라고 할 수 있습니다.

김 지극히 현대적인 기법으로 쓰인 악동 소설이지요.

그라스 그렇습니다. 악동 소설은 계속 발전되어 온 형식이지요. 그것은 매우 개방적인 형식이어서 어떤 다른 문학 형식보다도 유럽의 문학 발전에 큰 영향을 미쳤지요.

김 이러한 정신에서 알프레드 되블린 문학상을 만드신 건가요?

그라스 그렇습니다. 그것은 스승에 대한 감사의 표시지요. 그래서 저는 상금 받은 것들을 모아 이 문학상을 만들었습니다. 일 년 반마다 작가들에게 되블린 문학상이 수여됩니다. 특이한 것은 인쇄된 책이 아니라 원고 상태의 글에 상을 준다는 것이지요. 신청자는 원고를 제출해야 합니다. 이때 원고는 반드시 완성된 것일 필요는 없습니다. 그 원고가 '이거면 충분히 물건이 된다', '여기서 무언가가 이루어지고 있다' 혹은 '이것은 성공할 가망이 있다'라는 인상을 줄 수 있으면, 그 원고와 작가에게 상을 줄 이유가 되는 것이지요.

김　당신은 스승만 있는 것이 아니라, 또한 제자도 많지요. 예를 들면 샐먼 루시디라든가, 존 어빙이라든가······.

그라스　그렇습니다. 특이하게도 독일보다 외국에 더 많은 제자가 있습니다. 젊은 독일 작가들은 오히려 미국 문학이나 다른 것들에 영향을 받고 있습니다. 그러나 외국에는, 제가 되블린의 제자임을 자처하듯이, 저의 제자임을 공공연히 자처하는 작가들이 꽤 있습니다. 당신은 루시디와 어빙 두 작가를 언급하셨지만, 그 밖에도 여러 작가들이 있습니다.

김　오늘날 또다시 '문학의 죽음'이라는 말이 심심찮게 들려오고 있습니다. 이 말은 문학이 다른 매체들, 그러니까 인터넷이라든가, 텔레비전, 영화 등과의 경쟁에서 결국 몰락하고 있다는 의미에서 사용되고 있습니다. 문학은 과연 21세기에도 살아남을 수 있을까요?

그라스　저는 어느덧 오십 년이나 글을 써오고 있습니다. 그리고 그동안 내내 무언가가 죽었다고 선언되었지요. 문학이 통째로 죽었다거나, 소설이 종말을 고했다거나 하는 식으로 말입니다. 저는 그런 것에 전혀 개의치 않습니다. 그것은 대개 순전히 신문 문예란의 허풍이었고, 또 이삼 년 지나면 무언가 다른 것이 죽었다고 선언되었으니까요.
저는 문학이 대단히 강한 생존 능력을 지니고 있다고 생각합니다. 책을 손에 잡는 사람들은 언제나 소수일 것이고, 책을 읽는 사람들의 구성도 달라질 것이 분명합니다. 그러나 요즈음 저는, 텔레비전이나 인터넷과 더불어 성장한 젊은이들 중에서도 일부가 인터넷을 통한 '과잉 정보'가 아무런 지식도 전달하지 못하고 그저 정보만 줄 뿐이라는 것을 깨닫기 시작했다고 생각합니다. 정보는 계속 지워질 뿐이며, 텔레비전의 영상도 오래 남아 있지는 않는다는 것을 깨닫게 된 것이지요. 그래서 그들은 다시 책을 잡게 되는 것입니다.

독서는 능동적인 과정입니다. 책 속에는 추상적인 언어 비유가 잠들어 있습니다. 그것을 깨우는 것은 바로 독자의 몫이지요. 독자는 말하자면 함께 작업하는 것입니다. 텔레비전을 보는 것이 단지 수동적인 과정임에 반해 이처럼 독서는 능동적인 과정입니다. 독자가 책과 나누는 대화, 독자가 자신의 상상력과, 자기가 읽은 것에 대한 나름의 이해를 다시 책 속에 불어넣는 이러한 행위가 바로 독서의 독특한 특성입니다. 독일 조각가 바를라하가 만든 '책 읽는 어린 수도승'이라는 조각품이 있습니다. 그것은 펼쳐진 책 위에 완전히 몰두해 있는 한 젊은이를 묘사하고 있습니다. 그것은 인간에 대해서 만들어낼 수 있는 가장 아름다운 모습입니다. 우리 인간을 동물과 구별지어 주는 것들도 많고, 또 인간을 동물과 구별지을 수 없을 만큼 야만에 가까운 것들도 많습니다만, 독서는 무언가 특별한 것입니다. 저는 많은 것이 몰락한다 해도, 존재의 폐허 속에서 우리 자신을 지켜내기 위해서는 결국 다시 책을 찾게 될 것이라고 믿습니다.

김 요즘 한국의 젊은 작가들의 작품을 볼 때 가장 먼저 눈에 띄는 것은 자폐적인 성향이 매우 강하다는 점입니다. 대부분 신변적인 이야기, 자전적인 소재 일색입니다. 시대사의 복잡한 맥락을 읽어내고, 사회적 현실과 씨름하고, 이것을 넓은 서사적 폭으로 형상화하는 작가를 찾아보기가 점점 어렵습니다. 사적이고 자전적인 것에로 경도되는 이러한 현상의 원인은 어디에 있다고 보아야 할까요.

그라스 요즘 유행하는 신자유주의와 세계화의 환상 속에서 개인주의를 지나치게 강조한 것이 하나의 원인이라고 생각합니다. 젊은 작가들은 자기 자신으로부터 다른 곳으로 눈길을 돌릴 줄을 모릅니다. 그들은 도대체 살아보기도 전에 자서전부터 쓰기 시작하는 거지요. 그러다 보니 자연히 첫 번째 혹은 두 번째 지점에서 벌써 탈진해 버립니다. 다른 사람들에 대해서 쓰면서도 자기 자신을 도외시하지 않을 수 있다는 것, 다른 사람에 대해 쓰면서도 책 속에 비유적인 방식으로 '존재할' 수 있다는 것을 그들은 모릅니다. 저는 살아 있는 동안 결코 자서전을 쓰지 않을 겁니다. 왜냐하면 저는 수많은 저의 책 속에 이미 존재하고 있으니까요. 저를 알고자 하는 사람은 이 책들을 모두 읽으면 됩니다. 그러면 저에 대한 복합적인 상을 얻게 될 겁니다.

자서전은 제가 보기엔 부적절한 형식입니다. 자서전을 쓴다면, 저는 곧바로 거짓말을 하기 시작할 겁니다. 원시적인 형태로 말이지요. 저는 거짓말하기를 좋아합니다만, 그때 거짓말은 예술적이어야지 원시적이어서는 안 됩니다. 자서전은 별 쓸모 없는 수단입니다. 당신 말씀이 전적으로 옳습니다. 독일에서도 모든 작가가 다 그런 건 아니지만 아무튼 그런 경향이 있습니다.

한 가지 흥미로운 것은 동독 작가들의 경우 그렇게 개인주의적으로 자신을 과장하는 경향이 훨씬 덜하다는 점입니다. 그 이유는 틀림없이 그들이 이야기할 주제를 가지고 있기 때문일 겁니다. 그들은 상실을 그려내야만 하는 것입니다. 정체성의 상실을, 이력의 상실을 말입니다. 상실은 종종 가족을 휩쓸고 갔습니다. 아버지가 당원이었다거나, 어머니는 아니었다거나 하는 식이지요. 혹은 친구나 지인들 사이에서도 상실은 온통 널려 있지요. 그러니까 동독의 과거는 까다롭고도 거대한 테마인 것입니다. 이처럼 동독이 잘못 이해된 통일에 의해 겪어야 했던 그 모든 상실에도 불구하고 그들은 얻는 것도 있는 것입니다. 동독 출신 작가들이 더 좋은 책을 쓸 수 있다는 것은 역사의 과정 속에서 패배자가 거둔 작은 승리입니다. 승리자는, 그러니까 승리자로서 글을 쓰는 사람은 대개 아주 바보 같은 책을 쓰는 법입니다.

김 '패자의 작은 승리'라는 말은 참으로 적절한 표현이라고 생각합니다. 당신은 종종 '조각가와 작가라는 두 개의 직업을 가지고 있다'고 말씀하십니다. 그러나 그 밖에도 당신은 화가이고, 음악가이고, 게다가 빼어난 요리사이기도 합니다. 어디서 이렇게 다양한 예술적 재능이 생겨난 것입니까?

　　그라스　저는 감각적인 사물들을 다루기를 좋아합니다. 음악가라고 하셨는데, 그 말은 아주 제한적으로만 타당합니다. 제가 젊었을 때, 그러니까 미대를 다닐 때 저는 타악기를 만들었어요. 저는 딕시랜드 밴드에서 리듬 악기를 두들겼지요.

　　김　일종의 재즈 밴드지요?

　　그라스　그래요. 재즈 밴드입니다. 거기서 저는 제3주자였어요. 그것으로 호구했지요. 무척 가난한 학생이었거든요. 당신이 잊은 것이 하나 있어서 보태야겠습니다. 저는 또한 춤추기를 매우 좋아합니다. 그것은 물론 재즈 음악과 관련이 있습니다. 전쟁이 끝났을 때 저는 열일곱 살이었어요. 그때 미국에서 무엇보다도 아주 좋은 것이 넘어왔지요. 그게 바로 재즈 음악이었습니다. 우리는 허기를 잊기 위해 춤을 추었지요. 우리가 바로 전에 경험했던 것에 대한 기억들을, 전쟁과 죽음을 잊기 위해 춤을 추었지요. 폐허, 온 천지가 폐허였어요. 그 폐허 속에서, 폐허에 둘러싸여 우리는 춤을 추었어요. 저는 허기와 결핍과 곤궁으로 가득 찬 이 시절만큼 즐거웠던 시절을 제 인생에서 가져본 적이 없습니다. 너무 정신없이 춤을 추어대니 마지막 남은 신발마저 해져 버렸지요. 요즘에도 가끔 춤을 춥니다. 젊었을 때처럼 오래 춤출 만한 기력은 없습니다만 여전히 춤추기를 즐기지요. 예를 들면 부엌에서 아내와 함께 있는데 라디오에서 좋은 재즈 음악이 흘러나오기라도 하면 우리는 곧바로 춤을 추기 시작합니다. 아주 즐거운 일이에요.

　　김　참 멋지군요!

그라스   요리도 그렇습니다. 저는 직접 장보는 것을 좋아합니다. 물건들을 꺼내놓고, 준비하고, 대개는 그 전에 그 물건들을 그림으로 그리지요.

김   그러니까, 사온 물건들을 먼저 그리시는군요!

그라스   제가 생선을, 아주 예쁜 생선, 이를테면 넙치를 한 마리 사오면, 저는 그것을 우선 연필이나 물감으로 그리지요. 그러고 나서 요리를 합니다. 나중에 먹고 남은 생선의 뼈, 머리가 달린 가시들이 또한 기막힌 모티브라는 것을 알게 되면, 다시 이것을 그리지요.

김   삶 자체가 예술이군요. 참 멋진 삶입니다.

그라스   그렇다고 저는 그것을 어떤 원칙으로 삼지는 않습니다. 그저 저의 생활 방식일 뿐이지요.

김   이 질문은 교육열 높기로 소문난 한국의 어머니들이 특별히 관심을 가질 문제라고 생각하는데요. 어린 시절의 당신처럼 그렇게 다양한 재능을 가진 아이들의 잠재 능력을 최대한 키워주기 위해서 부모들이 어떻게 하는 것이 좋습니까?

그라스   저는 아주 어린 나이에 그림을 그리기 시작했습니다. 열 살 때였지요. 열두 살 때 저는 예술가가 되겠다고 결심했어요. 아버지는 저를 이해하지 못했습니다. 아버지는 안정된 직업을 갖기를 원했지요. 공무원이라든가 엔지니어라든가 뭐 그런 직업 말입니다. 저는 그런 데에는 전혀 관심이 없었습니다.
그런데 어머니는 제가 꾸며낸 이야기를 듣는 것을 좋아하셨어요. 어머니는 저를 피어 귄트라고 불렀어요. 피어 귄트는 입센의 연극에 나오는 인물이지요. 피어 귄트는 어머니에게 언제나 엄청난 약속을 하지요. 어머니와 함께 이런저런 여행을 하겠다 하는 따위의 약속 말입니다. 저는 언제나 어머니에게 그런 이야기를 해주었어요. 그런데 안타깝게도 어머니는 전쟁 직후에 돌아가셨습니다. 쉰일곱 살에 암으로 돌아가셨지요. 그래서 저는 이 약속을 제가 바란 만큼 지켜드릴 수 없었습니다.

그리고 또 한 가지 말씀드릴 게 있습니다. 저는 방이 두 개밖에 없는 작은 집에서 자랐습니다. 그래서 저 혼자만의 방을 가져본 적이 없었습니다.

김 언제까지 그랬나요?

그라스 생각해 봅시다. 그래요. 저는 군인이 되어 열다섯 살에 군복을 입었지요. 그 후 포로가 되었고, 전후에는 임시 구호소에서 살았어요. 그러니까 언제나 다른 사람들과 함께 살았던 거지요. 그때가 벌써 스물여섯은 되었을 겁니다. 그때 처음으로 나만의 방을 가질 수 있었습니다. 오늘날 가능한 많은 곳에 작업장을 가지려는, 나만의 공간을 가지려는 집착은 여기서 생겨난 것 같습니다. 제가 살고 있는 뤼벡 근교의 벨렌도르프에 작업장을 가지고 있고, 포르투갈과 덴마크에도 작은 작업장을 가지고 있습니다. 이것이 제가 움직이는 세 작업장이지요. 그러니까 이러한 집착은 필경 어린 시절의 곤궁에서 생겨난 것이지요.

그런데 행운도 있었습니다. 어머니가 독서회 회원이었다는 것이야말로 저에게는 큰 행운이었습니다. 그 작은 소시민의 거실에는 유리창이 달린 책장이 하나 있었어요. 거기엔 아마 사오십 권 정도의 책이 꽂혀 있었던 것으로 기억됩니다. 때때로 독서회에서 빌려온 새 책들이 꽂히기도 했지요. 물론 저는 이 책들을 금방 다 읽어버렸고, 이것을 계기로 시립 도서관에 드나들게 되었어요. 저는 그것을 아주 어린 나이에 시작했습니다. 이것이야말로 대단히 훌륭한 교육이었지요. 어머니는 또 연극을 좋아해서 저를 데리고 극장에 가곤 했어요. 어머니는 아주 일찍 저에게 이 세계를 열어주었지요.

김　당신은 고등학교를 졸업하지 못했습니다. 당신은 종종 '독학의 장점들'을 말씀하셨습니다. 고등학교를 졸업하지 않은 것이 어떤 점에서 당신에게 유익했습니까?

그라스　저는 고등학교를 마친 사람들이나 혹은 박사 학위를 한 사람들, 혹은 교수들이 자신의 학력에 만족하는 것을 보아왔습니다. 그들은 너무나 일찍 나태해지고, 너무나 자기 고집을 앞세우고, 또 허영심이 강하지요. 그에 반해 저와 같은 사람들은, 예를 들면 토마스 만도 저처럼 고등학교를 마치지 않았습니다만, 고등학교를 졸업하지 않아도 아주 잘 할 수 있다는 것을 언제나 자기 자신과 세상을 향해 증명해 보여야 합니다. 저는 모든 것을 스스로 이루어내야 했습니다. 이것은 학교에서 배우는 것과는 전혀 다른 지식이고, 인식이고 경험입니다. 저는 이것을 한 번도 불리한 것이라고 생각해 본 적이 없습니다. 오히려 지속적인 격려였지요. 당신의 박사 학위가 주는 격려만큼은 못하다 해도 아무튼 좋은 격려였어요. 그동안 저는 많은 명예박사 학위를 받았고, 있을 수 있는 거의 모든 명예학위를 받았습니다만 그것은 아무런 의미가 없어요. 자기 자신으로부터 스스로 만들어내는 것이 중요하지요. 이것은 물론 힘든 길이고, 때로는 많은 우회로를 거쳐야 하지요.

그렇다고 제 말이 고등학교를 졸업할 필요가 없다는 뜻은 물론 아닙니다. 고등학교를 졸업하면 좋지요. 그러나 거기에 만족해서는 안 됩니다. 그것은 인생의 여러 단계 중에 한 단계에 불과합니다.

김　당신의 말씀은 입시 지옥에 사는 한국 학생들에게 용기를 북돋워주는 말이라고 생각합니다. 다시 문학 이야기로 돌아가보지요. 당신은 독일의 전통적인 작가상에 대해서 대단히 비판적인 입장을 취해 왔습니다. 거기에 무슨 특별한 이유가 있습니까?

그라스 독일에서는 고전주의를 잘못 이해한 결과 작가를 사회 위에 존재하는 무언가로 보는 전통이 있습니다. 또한 낭만주의로부터는 천재 숭배 사상이 발전했지요. 저는 이러한 전통이 모두 부적절하다고 생각합니다. 저는 제 자신을 작가이자 예술가라고 생각하지만, 동시에 또한 독일 시민의 한 사람이라고 생각합니다. 이것은 전후의 체험에서 얻은 교훈입니다. 저는 자문해 보곤 했습니다. '어떻게 이런 일이 있을 수 있는가. 독일처럼 계몽된 나라에서 어떻게 히틀러 같은 자가 권력을 잡을 수 있었단 말인가. 독일의 첫 번째 공화국인 바이마르 공화국이 어떻게 아무런 저항도 없이 붕괴될 수 있었단 말인가' 하고 말이지요.

저는 바이마르 공화국에는 공화국을 지키기 위해서 몸을 던진 시민들이 너무나 적었다는 것을 알았습니다. 민주주의란 매일 매일 새롭게 정복해야 할 가치라는 것, 민주주의란 조용히 멈추어 있는 것이 아니라, 살아 움직이는 것이라는 것, 민주주의는 지속적인 과정이라는 것을 깨달은 시민들이 너무도 적었던 거지요. 이러한 역사적 사실에서 저는 나름의 결론을 이끌어낸 것입니다.

저는 한편으로는 예술가로서 미학적인 법칙을 따릅니다. 그것은 민주주의 이전의 이야기이지요. 저는 저의 책이나 시에 대한 판단을 다수결에 맡기고 싶지 않습니다. 다수결에서 나오는 결론이란 그저 평균 수준의 취향일 테니까요. 그러니까 예술의 영역에는 어떤 타협도 있을 수 없다는 말씀입니다. 그러나 사회적 삶은 다르지요. 여기서는 타협을 하려는 마음을 가져야 합니다. 그렇지 않으면 우리는 살아갈 수 없습니다. 저는 이러한 태도에 모순이 있다고 느껴본 적이 없습니다.

독일에서는 '전부 아니면 전무(全無)'라는 식의 생각이 널리 퍼져 있었습니다. 그러한 생각은 대개 '전무'로 결판이 났지요. 이러한 생각과 결별하는 것이 필요합니다. 아무튼 이것이 제가 젊은 시절에 얻은 교훈이었습니다. 이것이 한편으로는 작가와 예술가로서, 또 다른 한편으로는 시민으로서 저의 자기 인식에 결정적인 영향을 주었던 겁니다.

김 이 문제와 연결되는 질문을 하나 더 드려야겠습니다. 당신은 한국에서 독일의 대표적인 참여작가로 알려져 있습니다. 그러나 사실 당신은 '참여문학'이라는 개념에 대해 대단히 비판적입니다. 이것은 언뜻 모순처럼 보이는데요. 이 점을 조금 자세하게 설명해 주십시오. 또 문학과 정치의 바람직한 관계는 어떤 것이어야 한다고 생각하시는지요?

그라스 정치는 우리가 사는 현실의 일부입니다. 그러니까 정치는 현실에 속하는 거지요. 그렇지만 정치가 곧 현실은 아닙니다. 정치는 항상 '내가 곧 현실이다'라고 주장합니다. 정치는 정말이지 식욕이 아주 좋습니다. 작가는 이 점을 통찰해야 합니다. 어떤 문학이 오로지 정치 쪽으로만 향하고 있다면 그런 문학은 너무나 일방적입니다. 정치를 철저히 무시하고, 현실에서 정치를 떼어내 버리려는 작가들과 마찬가지로 일방적이지요. 정치와 문학의 관계는 동전의 양면과 같습니다.
저에게 중요한 것은 사회적 삶과 발전을, 역사적 과정을 총체적인 시각에서 바라보는 것입니다. 그러니까 거기에 속하는 모순과 균열들을, 겹치는 자리들을, 또한 발전이 지체된 단계들을, 또 정치에 영향을 받긴 하지만 정치 그 자체는 아닌 것들을 총체적으로 보는 거지요. 이렇게 매우 다층적인 사회관을 견지하려는 자세가 중요합니다. 글을 쓸 때도 마찬가지지요.
김 그렇다면 이렇게 정리할 수 있을까요? 당신은 참여작가이지만, 참여문학에는 반대한다고 말입니다.

그라스 저는 결코 제가 참여작가라고 말한 적이 없습니다. 저는 그냥 작가입니다. 저에게 참여작가라는 말은 '흰 백마'라는 말과 같습니다. 이런 말은 불필요한 것이지요. '정치'라는 말은 단 한번도 입에 담지 않고, 정치에 등을 돌리는 작가조차도 나름대로 '참여하고' 있는 것입니다. 그들도 정치에 반대하는 참여를 한다는 의미에서 참여작가이지요. 결국 그런 말은 별로 도움이 되지 않습니다. 저는 한편으로는 심미적인 충동에서 나온 시들을 쓰면서, 다른 한편으로는 선거전에 뛰어드는 것이 별로 불편하다고 느끼지 않습니다.

저는 정치적으로 사회민주주의자이고 사회민주주의자들을 위해 많은 선거 유세를 했습니다. 빌리 브란트가 수상 후보로 출마했을 때, 그리고 그 후 그가 수상 직에 있을 때의 일이지요. 저는 그 과정에서 아주 많은 것을 배웠습니다. 선거 유세를 위해 전국 각지를 돌아다녔고, 문학에 그다지 관심이 없는 많은 청중들과 대면할 기회를 가졌습니다. 저는 노동자들이나 조그만 회사의 사무원들과 만났습니다. 이것은 저에게는 소중한 경험이었습니다. 힘이 들긴 했지만 동시에 하나의 성과였지요.

김 문학과 정치의 관계라는 문제는 사실 문학 비평가들 사이에서도 여전히 논란이 많은 주제이지요. 아무튼 많은 비평가들이 당신에 대해 '이중생활' 운운합니다. 정치 저술에서는 낙관적이고 진보적인 신조가 강하게 나타나지만, 문학 작품에서는 비관적이고 우수에 싸여 있다는 것이지요.

그라스 아, 아닙니다. 웃음도 있어야지요. 아무튼 저는 삶을 즐기는 비관주의자입니다. 이렇게 생각하시면 됩니다. 이러한 이데올로기적인 구분을 저는 대수롭게 생각하지 않습니다. 좋아요, 이중생활일 수도 있지요. 어쩌면 정신분열적인 상태일 수도 있습니다. 그러나 이러한 정신분열적인 상황이 바로 우리의 삶이기도 하지요. 그러한 상황을 인식해야 합니다. 그래야 그것을 살아낼 수 있는 것이지요.

김 어쩌면 이런 모순을 안고 살아가는 것을 배워야 할지도 모르겠습니다.

그라스 이러한 모순과 함께 살아가야 하지요.

김 당신은 작년에 네 명의 다른 노벨상 수상자들과 함께 미국의 아프간 공격에 반대하는 성명을 발표하셨습니다. 당신은 이슬람 근본주의와 테러 문제의 핵심은 새뮤얼 헌팅턴이 말하는 식으로 '문명의 충돌'이라기보다는 '경제적 불평등'의 문제로 보고 계십니다. 이러한 입장의 근거를 좀 더 자세히 설명해 주십시오.

그라스 뉴욕과 워싱턴의 테러 공격은 물론 최악의 범죄입니다. 그러나 "이런 증오는 어디서 유래했는가?", "그것의 원인은 무엇인가?"라고 근본적인 질문을 제기하지 않으면 이러한 테러리즘과 맞서 싸울 수 없습니다. 미국인들은 테러의 원인에 대한 분석을 거부하고 있지만, 이런 행위의 원인을 깊이 있게 따져보면, 이른바 제3세계 국가를 부당하게 대해온 것이 주요 원인 중의 하나라는 것을 금방 알게 됩니다.

저는 다시 한번 빌리 브란트에게로 거슬러 올라가야겠습니다. 되블린이 저의 문학적 스승이라면 브란트는 저의 정치적 스승이니까요. 빌리 브란트는 수상에서 물러난 후 유엔 산하 '남북문제 위원회'의 의장으로서 1970년대에, 그러니까 아직도 동서 갈등이 첨예했던 시기에 이렇게 말했습니다. "미래의 문제는 남북문제다, 즉 부유한 나라와 가난한 나라 사이의 문제다." 그는 여러 가지 제안을 했습니다. "우리에게는 제3세계 국가들에게 동등한 권리를 가지고 행동할 수 있는 기회를 주는 새로운 세계 경제 질서가 필요하다"고도 말했지요. 그러나 지금도 여전히 그러한 질서는 만들어지지 않고 있습니다. 서방의 소위 자유주의적이고 시장 지향적인 경제는 제3세계 국가의 생산물의 수입을 막고 그들에게 시장을 개방하지 않으면서, 자신들의 독점적 권력을 이용하여 제3세계를 지배하고 있습니다. 그 결과 커다란 기대를 걸었던 이 국가들 내에서 먼저 실망감이 번지고, 나중에는 분노와 노여움이 번지게 된 것입니다. 그리고 마지막 단계에서는 테러 공격의 전제가 되는 증오가 나타나게 된 거지요. 이러한 구조가 근본적으로 변화하지 않는 한 테러 문제는 해결될 수 없습니다.

게다가 미국의 부시 대통령은 마치 계몽의 과정을 전혀 거치지 않은 사람처럼 세상을 단순히 선과 악으로 나누고 있습니다. 세상엔 깡패 국가와 선한 국가가 있고, 미국이 선한 국가의 으뜸이라는 식이지요. 이러한 용어 선택은 문제 해결을 더욱 어렵게 만듭니다. 저는 이데올로기적인 딱지를 붙이는 데 반대합니다. 오늘날 우리가 경험하고 있는 것은 이른바 '미국식 생활 방식'이 새로운 이데올로기로서——낡았지만 새로운 이데올로기로서——제시되고 있고, 그것이 오늘날 존재하는 유일한 길인 양 많은 사람들에게 강요되고 있는 현실입니다. 저는 이런 행태에 전적으로 반대합니다. 저는 미국인 친구들이 많고, 어떤 반미 감정도 가지고 있지 않습니다. 하지만 그렇다고 부시 대통령이 추진하는 이 위험한 정책을 비판할 권리가 없는 것은 아닙니다. 그렇기 때문에 저는 다른 노벨상 수상자들과 함께 서명을 한 것입니다. 물론 아프가니스탄에 있는 탈레반 정권은 끔찍스러운 정권입니다. 그러나 그렇다고 그것이 거기서 전쟁을 수행할 이유가 되지는 않습니다. 남한에도 끔찍스러운 정권이 있지 않았습니까? 그렇다고 미국이 남한의 독재자들을 폭격으로 몰아내겠다는 생각을 해본 적이 있습니까.

미국은, 독재자들이 자기에게 순종하고 자기 생각을 따르는 한, 독재자들을 지원해 왔습니다. 그리스의 군사 정권을 만든 것이나, 아옌데 정부를 무너뜨리기 위해 칠레에 어용 정권을 세운 것이나, 이 모두는 지난 수십 년간 CIA가 저지른 범죄들입니다. 테러 조직으로 말하자면 알 카에다뿐만 아니라 바로 CIA도 테러 조직이지요! CIA는 테러 조직입니다.

증명할 수도 있습니다. 그러니 미국은 자국 내에 있는 테러 조직부터 분쇄해야 할 것입니다.

김　당신은 탁월한 작가로도 유명하지만 또한 위대한 지식인으로도 명성이 높습니다. 어떤 이는 "노암 촘스키가 미국의 양심이라면, 귄터 그라스는 유럽의 정신이다"라고 말합니다. 적절한 표현이라고 생각합니다.

그라스　그러나 그런 말로 할 수 있는 일은 별로 없습니다.

김　당신은 1970년대부터 시대사의 중요한 고비마다 적극적으로 참여해 왔습니다. 항상 "침묵은 죄악"이라고 말하셨지요. 줄기찬 참여를 통해 당신은 불안하게 동요하던 독일 민주주의가 확고한 뿌리를 내리는데 결정적인 기여를 하셨습니다. 이런 의미에서 사람들이 당신을 "독일 민주주의의 교사", 혹은 "새로운 독일 정체성의 생산 공장"이라고 불렀던 것은 당연하다고 생각합니다. 이처럼 적극적으로 정치적 사건에 뛰어든 특별한 계기가 있었습니까?

그라스　당신이 그렇게 보아주시니 물론 기쁩니다. 그러나 독일에는 그렇게 생각하지 않는 사람들도 많이 있다는 것도 말씀드려야겠습니다. 제가 늘 비판을 하니까 저를 좋아하지 않는 사람들도 여전히 많지요. 예전에는 제가 동독으로 갔으면 좋겠다고 말하는 사람도 있었지요. 제가 동독에 가면 동독에선 저를 십자가에 매달 거라고 말입니다. 오늘날 그런 사람들은 대개 침묵하거나 뒷전에서 웅성거리지요.
앞서도 말씀드렸지만 저는 젊은 시절에 교훈을 얻었습니다. 계몽된 나라에서 선동이 활개치는 일은 더 이상 용납되어서는 안 되고, 1933년 독일에서 일어났던 일들이 결코 재연되어서는 안 된다고 말입니다. 히틀러가 권력을 잡은 기간은 십이 년밖에 되지 않습니다. 그런데 이 십이 년이 우리가 오늘날에도 여전히 되씹어 보아야 할 결과들을 낳았지요. 그런 일들은 되풀이되어서는 안 됩니다. 나치에 대한 체험이 저의 모든 정치적 행위를 결정지었습니다. 그것이 가장 중요한 이유입니다.

또한 저는 하인리히 뵐보다 열 살 아래입니다만, 뵐이 세상을 떠나자 그가 해왔던 일들이 저에게로 옮겨오고 있다는 것을 알았습니다. 그러니까 제가 그를 대신해서 제 나름의 방식으로 그의 역할을 떠맡아야 했던 것이지요. 물론 다른 작가들과 함께 말입니다. 제가 매우 안타깝게 생각하는 것은 오늘날 독일에는 저와 같은 늙은이에게서 이 일의 일부를 떠맡아 줄 젊은 작가들이 너무도 적다는 점입니다. 유감스럽게도 뵐과 저의 바통을 이어갈 젊은 작가들을 찾아보기 어렵습니다.

신문 문예란은 새로운 문학관을 퍼뜨리고 있습니다. 코카콜라 라이트가 있듯이 문학도 '라이트'가 있어야 한다는 식입니다. 가볍고, 편안하고, 재미있고, 누구에게도 거슬리지 않는 문학 말입니다. 유감스럽게도 다수의 작가들이 이러한 개념을 따르고 있습니다. 그들은 매우 겁이 많으면서도 천재연하는 데는 능하지요. 그러나 사회와의 관계에 있어서는 매우 소심하고 조심스럽습니다. 저는 이 점을 대단히 안타깝게 생각합니다.

김　이제 슬슬 종착역에 다가갑니다. 당신은 판문점을 방문했을 때 방명록에 "이번 방한은 많은 것을 생각하게 했다"고 쓰셨습니다. 언젠가 기회가 닿으면 북한을 방문할 계획이 있으신지요?

그라스　건강이 허락하고, 가능성이 있다면, 그리고 남북한 사이에 '접근을 통한 변화'라는 점진적인 과정이 진척된다면, 그래서 남북의 갈등을 논의하기 위해 가능하면 남측과 북측 인사와 함께 대화할 수 있는 자리가 마련된다면, 저는 기꺼이 제 경험을 통해 도움을 주고 싶습니다.

판문점 철책에서 떠올랐던 생각을 하나 말씀드리고 싶습니다. 우리들은 처음에 스웨덴과 스위스 군인들의 안내를 받았습니다. 거기서 제가 받은 느낌은 그들이 주변부로 밀려나 있다는 것, 그들이 활용되지 못하고 있다는 것이었습니다.

김 목가적 풍경 속에 갇혀 있다는 느낌을 주지요.

그라스 그렇습니다. 그에 반해 미국인들이 주도권을 쥐고 있습니다. 저는 남북한의 접근 과정에서 스웨덴과 스위스의 위상을 다시 제고시켜야 한다고 남북한 모두에게 권고하고 싶습니다. 중립적인 중재자인 그들은 항상 강대국의 이해를 염두에 두고 있는 미국보다 훨씬 많은 도움을 줄 수 있을 것입니다. 스웨덴과 스위스 측은——예전에 폴란드와 체코가 했던 역할을 떠맡을 두 나라를 보충해도 좋을 것입니다만——군사적 존재로서가 아니라 중립국의 경험을 통해서 이러한 과정에 도움을 줄 수 있을 것입니다. 결론적으로 스웨덴과 스위스의 위상을 높여서 통일 과정에 적극적으로 참여시키라고 권하고 싶습니다.

김 이제 마지막 질문이 되겠는데요. 독일인들에게 통일은 이제 역사적인 사건이 되었습니다만, 우리 한국인들에게는 어느 때보다도 절박한 현안입니다. 이제 막 통일의 길목에 들어선 우리 한국인들에게 마지막으로 꼭 당부하실 말씀이 있다면 해주시지요.

그라스 제가 빌리 브란트에게 배운 것을 하나 더 말씀드리지요. 모든 대화에서는 양자가 늘 추상적인 원칙에 매달리게 마련입니다. 그것은 어쩔 수 없는 측면이 있습니다. 그러나 중요한 것은 결국 인간입니다. 이 사실을 결코 간과해서는 안 됩니다. 빌리 브란트는 긴장완화 정책을 추진하기 시작했을 때 가능한 한 통일이라는 말을 쓰지 않았습니다. 그 대신 '작은 발걸음 정책'이라는 말을 썼지요. 이 정책은 동독과 서독의 사람들이 다시 접근하는 데 도움을 주었습니다. 브란트는 언제나 어려움을 겪고 있는 사람들, 난관에 처한 사람들을 돕는 것을 정책의 최우선으로 삼았습니다.

여기 남한에서도 그런 방식으로 해나간다면 좋겠습니다. 요즘처럼 북한 사람들이——홍수로 인한 것이든, 가뭄으로 인한 것이든, 아니면 자체 내의 경제 실정으로 인한 것이든——고통을 받고 있다는 것을 남한 사람들이 알고 있는 한, 거기서 꼬치꼬치 따지려고 해서는 안 됩니다. 지금 중요한 문제는 책임의 소재를 따지는 것이 아니라, 북한에서 사람들이 굶고 있고 식량이 부족하다는 사실입니다. 그것이 최우선적으로 고려되어야 합니다. 남한은 어떠한 조건도 붙이지 말고 사전 지원을 통해 북한을 도와야 합니다. 미국의 승낙을 기다리지 말고, 혹은 어느 누구의 눈치도 살피지 말고, 철저히 자기 책임하에서 그렇게 해야 합니다. 북한 사람들에 대해 인도적인 조치를 취해야 하고, 무언가 올바른 일을 해야 한다는 책임감을 가지고 북한을 도와야 합니다.

북한 사람들이 다시 안정적인 생활을 할 수 있도록 도와주어야만 그들은 자기 나라를 떠나려고 하지 않을 것입니다. 자기가 성장하고, 사투리를 쓰고, 많은 이웃이 있고, 조상의 묘지가 있는 고향을 좋아서 떠나는 사람은 없습니다. 북한 사람들이 고향을 떠나는 것을 보면 북한이 대단히 어려운 상태에 있음은 분명합니다. 남한이 북한을 돕는 일을 가장 시급한 과제로 삼고, 그래서 북한 사람들이 자기 고향에 머물 수 있도록 도와주면 도와줄수록 그것은 남한을 위해서도 그만큼 의미 있는 일이 될 것입니다. 만약 북한에서 대규모 난민이 발생한다면——그런 징조는 벌써 보이고 있지요——그 비용은 지금 북한을 지원하는 데 드는 비용보다 훨씬 더 클 것입니다.

김 그라스 씨, 당신이 예전에 한국의 민주화에 큰 도움을 주셨던 것과 마찬가지로, 이번 방한을 통해 한국의 통일에, 한국의 보다 인간 중심적인 통일을 위해 큰 도움을 주셨다고 생각합니다. 좋은 말씀 주셔서 감사합니다!

그라스: 좋은 질문을 해주셔서 감사합니다.

(≪문학사상≫, 2002년 7월)

귄터 그라스 연보

1927년 10월 16일 단치히(지금의 폴란드 그단스크)에서 식료품 가게를 경영하는 소시민의 아들로 태어남. 부친은 독일인, 모친은 슬라브계 폴란드인.
1933~44년 단치히에서 초등학교와 중고등학교(Gymnasium)를 다님.
1944~45년 공군 보조원으로 제2차 세계대전에 참전. 부상을 입고 바이에른의 미군 포로수용소에 수용됨.
1946년 칼리 광산에서 광부 생활.
1947년 뒤셀도르프에서 석공 및 석각 견습공 생활. 재즈 음악가로 활동.
1948~49년 뒤셀도르프 미술대학에서 조각 및 회화 공부.
1953년 베를린 미술대학에서 조각 공부.
1954년 스위스 출신의 무용가 안나 슈바르츠(Anna Margareta Schwarz)와 결혼.
1955년 47그룹(Gruppe 47)에서 첫 시 낭송회. 문예지 ≪악첸테(Akzente)≫에 시 발표.
1956년 첫 시집 『풍향계의 장점들(Die Vorzüge der Windhühner)』 발표.

1957년　프랑크푸르트에서 희곡「홍수(Hochwasser)」초연.

1958년　초고 상태의 소설『양철북(Die Blechtrommel)』으로 '47그룹상' 수상. 쾰른에서 희곡「아저씨, 아저씨(Onkel, Onkel)」초연.

1959년　『양철북』발표 브레멘 문학상 수상.

1960년　독일비평가협회 문학상 수상.

1961년　중편『고양이와 쥐(Katz und Maus)』발표. 총선에서 빌리 브란트 지원.

1962년　『양철북』으로 프랑스의 '외국 최고의 책' 문학상 수상.

1963년　소설『개들의 시절(Hundejahre)』발표. 베를린 예술원 회원이 됨.

1965년　사회민주당(SPD)을 위해 52회의 집회에서 선거 유세를 함. 뷔히너 문학상 수상.

1966년　희곡「민중들 반란을 연습하다(Die plebejer proben den Aufstand)」초연.『고양이와 쥐』영화화.

1967년　시집『질문공세가 끝나고(Ausgefragt)』발표. 베를린 국제인권연맹의 칼 폰 오시에스키 상 수상.

1968년　정치 에세이집『자명한 것에 대하여(Über das Selbstverständliche)』발표. 폰타네 문학상 수상.

1969년　소설『국부마취를 당하고(örtlich betäubt)』발표. 총선에서 190회 유세에 나섬.

1972년　소설『달팽이의 일기(Aus dem Tagebuch einer Schnecke)』발표. 총선에서 130회 유세에 나섬.

1973년　정치 연설 및 논문집『시민의 소리(Der Bürger und seine Stimme)』발표.

1977년　소설『넙치(Der Butt)』발표.

1978년　알프레드 되블린 문학상 제정.

1979년　소설『텔크테에서의 만남(Das Treffen in Telgte)』발표.『양철북』영화화되어 칸 영화제에서 금상 수상. 오르가니스트 우

	테 그루너트(Ute Grunert)와 재혼.
1980년	중편『두산(頭産), 독일인 멸종되다(Kopfgeburten oder die Deutschen sterben aus)』발표.
1983년	베를린 예술원 회장. 사회민주당 입당.
1984년	정치 평론집『저항을 배우다(Widerstand lernen)』발표.
1986년	소설『생쥐들(Die Rättin)』발표. 6개월간 인도 캘커타에 체류.
1987년	60회 생일 기념『그라스 전집』(전10권) 발간.
1992년	소설『무당개구리 울음(Unkenrufe)』발표.
1994년	바이에른 문학상 수상.
1995년	소설『광야(아직도 먼 길)(Ein weites Feld)』발표.
1996년	토마스 만 문학상 수상.
1997년	70회 생일 기념『그라스 전집』(전16권) 발간.
1999년	소설『나의 세기(Mein Jahrhundert)』발표. 노벨 문학상 수상.
2002년	2월 소설『게걸음으로 가다(Im Krebsgang)』발표. 5월 저자의 초청으로 중앙대학교 한독문화연구소 주최 국제 심포지엄 '통일과 문화' 참석차 내한.

참고문헌

1. 귄터 그라스의 저작

1.1. 전집

Werkausgabe in zehn Bänden. Hrsg. von Volker Neuhaus. Darmstadt/Neuwied 1987
Band I: Gedichte und Kurzprosa
Band II: *Die Blechtrommel*
Band III: *Katz und Maus. Hundejahre*
Band IV: *örtlich betäubt. Aus dem Tagebuch einer Schnecke*
Band V: *Der Butt*
Band VI: *Das Treffen in Telgte. Kopfgeburten oder Die Deutschen sterben aus*
Band VII: *Die Rättin*
Band VIII: Theaterspiele
Band IX: Essays, Reden, Briefe, Kommentare
Band X: Gespräche

Studienausgabe. Göttingen 1993/94
Band 1: *Die Blechtrommel*
Band 2: *Katz und Maus*
Band 3: *Hundejahre*
Band 4: *örtlich betäubt*
Band 5: *Aus dem Tagebuch einer Schnecke*
Band 6: *Der Butt*
Band 7: *Das Treffen in Telgte*
Band 8: *Kopfgeburten oder Die Deutschen sterben aus*
Band 9: *Die Rättin*
Band 10: *Unkenrufe*
Band 11: Gedichte und Kurzprosa
Band 12: Theaterspiele

Werkausgabe. Hrsg. von Volker Neuhaus und Daniela Hermes. Göttingen 1997
Band 1: Gedichte und Kurzprosa
Band 2: Theaterspiele
Band 3: *Die Blechtrommel*
Band 4: *Katz und Maus*
Band 5: *Hundejahre*
Band 6: *örtlich betäubt*
Band 7: *Aus dem Tagebuch einer Schnecke*
Band 8: *Der Butt*
Band 9: *Das Treffen in Telgte*
Band 10: *Kopfgeburten oder Die Deutschen sterben aus*
Band 11: *Die Rättin*
Band 12: *Unkenrufe*
Band 13: *Ein weites Feld*
Band 14: Essays und Reden I
Band 15: Essays und Reden II
Band 16: Essays und Reden III

1.2. 개별 저작

Die Vorzüge der Windhühner. Gedichte, Prosa, Zeichnungen. Neuwied/Berlin 1956

Die Blechtrommel. Roman. Neuwied/Berlin 1959
Gleisdreieck. Gedichte und Zeichnungen. Neuwied 1960
Stoffreste. Ballet. Berlin 1960
Katz und Maus. Novelle. Neuwied 1961
Die Ballerina. Berlin 1963
Hochwasser. Stück in zwei Akten. Frankfurt a.M. 1963
Hundejahre. Roman. Neuwied 1963
Dich singe ich Demokratie. Neuwied 1965
Onkel, Onkel. Spiel in vier Akten. Berlin 1965
Rede über das Selbstverständliche. Neuwied 1965
März. Gedicht. Neuwied 1966
Die Plebejer proben den Aufstand. Ein deutsches Trauerspiel. Neuwied 1966
Ausgefragt. Gedichte und Zeichnungen. Neuwied 1967
Der Fall Axel C. Springer am Beispiel Arnold Zweig. Eine Rede, ihr Anlaß und die Folgen. Berlin 1967
Günter Grass, Pavel Kohout: *Briefe über die Grenze. Versuch eines Ost-West Dialogs*. Hamburg 1968
Danach. Neuwied 1968
Grass unter dem Pseudonym Arthur Knoff: *Geschichten*. Berlin 1968
Über das Selbstverständliche. Reden, Aufsätze, Offene Briefe, Kommentare. Neuwied/Berlin 1968
Über meinen Lehrer Döblin und andere Vorträge. Berlin 1968
Günter Grass: *Freiheit. Ein Wort wie Löffelstiel*; Paul Schallück: *Gegen Gewalt und Unmenschlichkeit*. Zwei Reden zur Woche der Brüderlichkeit. Köln 1969
örtlich betäubt. Roman. Neuwied/Berlin 1969
Theaterspiele. Neuwied/Berlin 1970
Günter Grass, Hans Peter Tschudi, Arthur Schmid: *Demokratie und Sozialismus*. Bern 1971
Gesammelte Gedichte. Neuwied/Berlin 1971
Günter Grass. Dokumente zur politischen Wirkung. Hrsg. von Heinz Ludwig Arnold und Franz Josef Görtz. München 1971
Aus dem Tagebuch einer Schnecke. Roman. Darmstadt/Neuwied 1972
Mariazuehren. Hommageamarie. Inmarypraise. Mit Abbildungen von Maria Rama. München 1973
Der Schriftsteller als Bürger. Eine Siebenjahresbilanz. Wien 1973
Der Bürger und seine Stimme. Reden, Aufsätze, Kommentare. Darmstadt/Neuwied 1974
Der lesende Arbeiter und Bildungsurlaub. Zwei Reden vor Gewerkschaftern. Stuttgart 1974
Liebe geprüft. 7 Radierungen und Gedichte. Bremen 1974
Mit Sophie in die Pilze gegangen. Lithographien und Gedichte. Mailand 1976
Der Butt. Roman. Darmstadt/Neuwied 1977
Denkzettel. Politische Reden und Aufsätze 1965-1976. Darmstadt/Neuwied 1978
Volker Schlöndorff, Günter Grass: *Die Blechtrommel als Film*. Frankfurt a.M. 1979
Das Treffen in Telgte. Erzählung. Darmstadt 1979
Aufsätze zur Literatur. Darmstadt/Neuwied 1980
Kopfgeburten oder Die Deutschen sterben aus. Roman. Darmstadt/Neuwied 1980
Nachruf auf einen Handschuh. 7 Radierungen

und ein Gedicht. Berlin 1982
Zeichnungen und Texte 1954-1977. Zeichnen und Schreiben I. Hrsg. von Anselm Dreher. Darmstadt/Neuwied 1982
Ach Butt, dein Märchen geht böse aus. Gedichte und Radierungen. Darmstadt/Neuwied 1983
Die Vernichtung der Menschheit hat begonnen. Rede anläßlich der Verleihung des Feltrinelli-Preises am 25. November 1982. Hauzenberg 1983
Radierungen und Texte 1972-1982. Zeichnen und Schreiben II. Hrsg. von Anselm Dreher. Darmstadt/Neuwied 1984
Widerstand lernen. Politische Gegenreden 1980-1983. Darmstadt/Neuwied 1984
Die Rättin. 3 Radierungen und ein Gedicht. Homburg/Saar 1985
Die Rättin. Roman. Darmstadt/Neuwied 1986
Die Gedichte 1955-1986. Darmstadt 1988
Zunge zeigen. Darmstadt 1988
Meine grüne Wiese. Kurzprosa. Zürich 1989
Tschingis Aitmatow, Günter Grass: *Alptraum und Hoffnung.* Zwei Reden vor dem Club of Rome. Göttingen 1989
Francoise Giroud, Günter Grass: *Wenn wir von Europa sprechen.* Ein Dialog. Frankfurt a.M. 1989
Deutscher Lastenausgleich. Wider das dumpfe Einheitsgebot. Reden und Gespräche. Frankfurt a.M. 1990
Ein Schnäppchen namens DDR. Letzte Reden vorm Glockengeläut. Frankfurt a.M. 1990
Schreiben nach Auschwitz. Frankfurter Poetik-Vorlesung. Frankfurt a.M. 1990

Tierschutz. Gedichte. Ravensburg 1990
Totes Holz. Ein Nachruf. Göttingen 1990
Rudolf Augstein, Günter Grass: *Deutschland, einig Vaterland?* Ein Streitgespräch. Göttingen 1990
Brief aus Altdöbern. Remagen/Rolandseck 1991
Gegen die verstreichende Zeit. Reden, Aufsätze und Gespräche 1989-1991. Hamburg/Zürich 1991
Vier Jahrzehnte. Ein Werkstattbericht. Hrsg. von G. Fritz Margull. Göttingen 1991
Rede vom Verlust. Über den Niedergang der politischen Kultur im geeinten Deutschland. Göttingen 1992
Unkenrufe. Erzählung. Göttingen 1992
Novemberland. 13 Sonette. Göttingen 1993
Günter Grass, Regine Hildebrandt: *Schaden begrenzen oder auf die Füße treten.* Ein Gespräch. Berlin 1993
Angestiftet, Partei zu ergreifen. München 1994
Die Deutschen und ihre Dichter. München 1995
Ein weites Feld. Roman. Göttingen 1995
Günter Grass, Kenzaburo Oe: *Gestern, vor 50 Jahren.* Ein deutsch-japanischer Briefwechsel. Göttingen 1995
Die polinische Post. Göttingen 1996
Vatertag. Göttingen 1996
Der Autor als fragwürdiger Zeuge. München 1997
Fundsachen für Nichtleser. Gedichte und Aquarelle. Göttingen 1997
Rede über den Standort. Göttingen 1997
Mein Jahrhundert. Göttingen 1999
Fünf Jahrzehnte. Ein Werkstattbericht. Hrsg. von G. Fritz Margull. Göttingen 2001
Ich erinnere mich.... In: Günter Grass,

Czeslaw Milosz u.a.: *Die Zukunft der Erinnerung.* Göttingen 2001
Mit Wasserfarben. Göttingen 2001
Im Krebsgang. Novelle. Göttingen 2002

2. 귄터 그라스에 대한 연구서

2.1. 연구 논문집

Arnold, Heinz Ludwig (Hrsg.): Blech getrommelt. Günter Grass in der Kritik. Göttingen 1997.
Arnold, Heinz Ludwig (Hrsg.): Günter Grass. Text+Kritik. H. 1. (7. Aufl.). München 1997.
Arnold, Heinz Ludwig (Hrsg.): Günter Grass. Text+Kritik. H. 1. (5. Aufl.). München 1978.
Arnold, Heinz Ludwig und Buck, Theo (Hrsg.): Positionen des Erzählens. Analysen und Theorien zur Literatur der Bundesrepublik. München 1976.
Arnold, Heinz Ludwig und Buck, Theo (Hrsg.): Positionen im deutschen Roman der sechziger Jahre. München 1974.
Arnold, Heinz Ludwig und Görtz, Franz Josef (Hrsg.): Günter Grass. Dokumente zur politischen Wirkung. Stuttgart 1971.
Bauer Pickar, Gertrud (Hrsg.): Adventures of a Flounder. Critical Essays on Günter Grass' *Der Butt*. München 1982.
Brady, Philip, Mcfarland, Timothy und White, John J. (Hrsg.): Günter Grass' *Der Butt*. Sexual Politics and the Male Myth of History. Oxford 1990.

Brunkhorst-Hasenclever, Annegrit und Brunkhorst, Martin (Hrsg.): Materialien Günter Grass. *Die Blechtrommel, Katz und Maus*. 1981.
Durzak, Manfred (Hrsg.): Zu Günter Grass. Geschichte auf dem poetischen Prüfstand. Stuttgart 1985.
Geißler, Rolf (Hrsg.): Günter Grass. Ein Materialienbuch. Darmstadt/Neuwied 1976.
Görtz, Franz Josef, Jones, Randall L. und Keele, Alan F. (Hrsg.): Wortindex zur *Blechtrommel* von Günter Grass. Frankfurt a.M. 1990.
Görtz, Franz Josef (Hrsg.): *Die Blechtrommel*. Attraktion und Ärgernis. Ein Kapitel deutscher Literaturkritik. Darmstadt/ Neuwied 1984.
Görtz, Franz Josef (Hrsg.): Günter Grass. Auskunft für Leser. Darmstadt 1984.
Jurgensen, Manfred (Hrsg.): Grass. Kritik-Thesen-Analysen. Bern 1973.
Labroisse, Gerd und Stekelenburg, Dick van (Hrsg.): Günter Grass. Ein europäischer Autor? Amsterdamer Beiträge zur neueren Germanistik Bd. 35. Amsterdam 1992.
Loschütz, Gert (Hrsg.): Von Buch zu Buch. Günter Grass in der Kritik. Eine Dokumentation. Neuwied 1968.
Mews, Siegfried (Hrsg.): The fisherman and his wife. Günter Grass's *The flounder* in critical perspective. New York 1983.
Negt, Oskar (Hrsg.): Der Fall Fonty. *Ein weites Feld* von Günter Grass im Spiegel der Kritik. Göttingen 1996.
Neuhaus, Volker und Hermes, Daniela (Hrsg.): Die *Danziger Trilogie* von Günter Grass. Texte, Daten, Bilder. Frankfurt

a.M. 1991.

Neuhaus, Volker und Hermes, Daniela (Hrsg.): Günter Grass im Ausland. Texte, Daten, Bilder zur Rezeption. Frankfurt a.M. 1990.

Ritter, Alexander (Hrsg.): Erläuterungen und Dokumente zu Günter Grass' *Katz und Maus*. Stuttgart 1977.

Schmidt, Sabine und Dwertmann, Franz (Hrsg.): Oskar-Tulla-Mahlke. In Gdansk unterwegs mit Günter Grass. Danzig 1993.

Wilson, Leslie A. (Hrsg.): A Günter Grass Symposium. The University of Texas at Austin. Austin/London 1971.

Wolff, Rudolf (Hrsg.): Günter Grass. Werk und Wirkung. Bonn 1986.

2.2. 개별 연구서 및 연구 논문

Abbe, Derek van: Metamorphoses of 'Unbewältigte Vergangenheit' in *Die Blechtrommel*. In: German Life and Letters 23 (1969/70). S. 152-160.

Abbott, Scott H.: *Hundejahre*. A Realistic Novel About Myth. In: The German Quarterly 2 (1982) S. 212-220.

Anderson, Susan C.: Lies and more lies. Fact und Fiction in Günter Grass' *Die Rättin*. In: The Germanic Review 66 (1991). S. 106-112.

Anderson, Susan C.: Günter Grass as Historian. The Thirty Years War in Grass' Works. In: Monatshefte 85 (1993). S. 24-36.

Angenendt, Thomas: Wenn Wörter Schatten werfen. Untersuchungen zum Prosastil von Günter Grass. Frankfurt a.M./Bern/New York 1993.

Angress, R. K.: *Der Butt*. A Feminist Perspective. In: Gertrud Bauer Pickar (Hrsg.): Adventures of a Flounder (1982).

Arendt, Dieter: Die absurde Chiffre und die Chiffre des Absurden in Günter Grass' *Danziger Trilogie* oder „Was die Welt Übertage absurd nennt, schmeckt Untertage real". In: Orbis Litterarum 44 (1989). S. 341-372.

Arker, Dieter: 'Nichts ist vorbei, alles kommt wieder'. Untersuchungen zu Günter Grass' *Die Blechtrommel*. Heidelberg 1989.

Arnold, Arnim: La salade mixte du chef. Zu *Aus dem Tagebuch einer Schnecke* und *Kopfgeburten oder Die Deutschen sterben aus*. In: Manfred Durzak (Hrsg.): Zu Günter Grass. Geschichte auf dem poetischen Prüfstand (1985). S. 130-141.

Arnold, Heinz Ludwig: Großes Ja und kleines Nein. Fragen zur politischen Wirkung des Günter Grass. In: Manfred Jurgensen (Hrsg.): Grass. Kritik-Thesen-Analysen (1973). S. 87-96.

Arnold, Heinz Ludwig: Literaturkritik. Hinrichtungs- oder Erkenntnisinstrument. Günter Grass' *Rättin* und das Feuilleton. In: L '80 39 (1986). S. 115-126.

Arnold, Heinz Ludwig: Zeitroman mit Auslegern. Günter Grass' *örtlich betäubt*. In: Manfred Jurgensen (Hrsg.): Grass. Kritik-Thesen-Analysen (1973). S. 97-102.

Auffenberg, Christian: Vom Erzählen des Erzählens bei Günter Grass. Studien zur immanenten Poetik der Romane

Die Blechtrommel und *Die Rättin*. Univ. Diss. Münster/Harberg 1993.

Aust, Hugo: Die Ordnung des Erzählens oder Die Geburt der Geschichte aus dem Geist des Romans. In: Johann Holzner und Wolfgang Wiesmüller (Hrsg.): Ästhetik der Geschichte. Innsbruck 1995. S. 39-59.

Baker, Donna: Nazism and the Petit Bourgois Protagonist. The Novels of Grass, Böll and Mann. In: New German Critique 5 (1975). S. 77-105.

Bartl, Andrea: *Ein weites Feld* von Günter Grass und die Wende. In: Norbert Honsza (Hrsg.): Die Rezeption der deutschsprachigen Gegenwartsliteratur nach der Wende. Wroclaw 1989. S. 141-162.

Bastiansen, B.: Vom Roman zum Film. Eine Analyse von Volker Schlöndorffs *Blechtrommel*-Verfilmung. Bergen 1990.

Batt, Kurt: Groteske und Parabel. Anmerkungen zu *Hundejahre* von Günter Grass und *Herr Meister* von Walter Jens. In: Neue Deutsche Hefte 12 (1964). S. 57-66.

Bauer Pickar, Gertrud: Günter Grass' *örtlich betäubt*. The fiction of fact and fantasy. In: The Germanic Review 52 (1977). S. 289-303.

Bauer Pickar, Gertrud: Spielfreiheit und Selbstbefangenheit. Das Porträt eines Versagers. Zu Günter Grass' *örtlich betäubt*. In: Manfred Durzak (Hrsg.): Zu Günter Grass. Geschichte auf dem poetischen Prüfstand (1985). S. 96-114.

Bauer Pickar, Gertrud: Starusch im Felde mit den Frauen. Zum Frauenbild in Grass' *örtlich betäubt*. In: Colloquia Germanica 22 (1989). S. 260-282.

Bauer Pickar, Gertrud: The Aspect of Colour in Günter Grass' *Katz und Maus*. In: German Life and Letters 23 (1969/70). S. 304-309.

Bauer Pickar, Gertrud: International Ambiguity in Günter Grass' *Katz und Maus*. In: Orbis litterarum 26 (1971). S. 232-245.

Baumgart, Reinhard: Deutsche Gesellschaft in deutschen Romanen. In: Reinhard Baumgart: Literatur für Zeitgenossen. Essays. Frankfurt a.M. 1966. S. 373-397.

Baumgart, Reinhard: Kleinbürgertum und Realismus. Überlegungen zu Romanen von Böll, Grass und Johnson. In: Neue Rundschau 75 (1964). S. 650-664.

Becker, Hellmut: Lehrer und Schüler in Günter Grass' Roman *örtlich betäubt*. In: Neue Sammlung 9 (1969). S. 503-510.

Beherendt, Johanna E.: Die Auswegslosigkeit der menschlichen Natur. Eine Interpretation von Günter Grass' *Katz und Maus*. In: Rolf Geißler (Hrsg.): Günter Grass. Ein Materialienbuch (1976). S. 115-135.

Beherendt, Johanna E.: Auf der Suche nach dem Adamsapfel. Der Erzähler Pilenz in Günter Grass' Novelle *Katz und Maus*. In: Germanisch-Romanische Monatsschrift 19 (1969). S. 313-326.

Best, Otto F.: 'Doppelleben' zwischen Evolution und ewiger Wiederkehr. Überlegungen zum postgastropodischen Werk von Günter Grass. In: Colloquia Germanica 15 (1982). S. 111-121.

Beyersdorf, Hermann: The Narrator as Artful Deceiver. Aspects of narrative perspective in *Die Blechtrommel*. In: The Germanic Review 55 (1980). S. 129–138.

Beyersdorf, Hermann: "···den Osten verloren". Das Thema der Vertreibung in Romanen von Grass, Lenz und Surminski. In: Weimarer Beiträge 38 (1992). S. 46–67.

Blamberger, Günter: Anmerkungen zum Problem der Melancholie in Günter Grass' *Aus dem Tagebuch einer Schnecke*. In: Günter Blamberger: Versuch über den deutschen Gegenwartsroman. Krisenbewußtsein und Neubegründung im Zeichen der Melancholie. Stuttgart 1985. S. 135–141.

Blomster, Wesley V.: The Documentation of a Novel. Otto Weininger and *Hundejahre* by Günter Grass. In: Monatshefte 61 (1969). S. 122–138.

Boa, Elisabeth: Günter Grass and the German Gremlin. In: German Life and Letters 23 (1969/70). S. 144–152.

Böschenstein, Bernhard: Günter Grass als Nachfolger Jean Pauls and Döblins. In: Jahrbuch der Jean-Paul-Gesellschaft 6 (1971). S. 86–101.

Boßmann, Timm: Der Dichter im Schussfeld. Geschichte und Versagen der Literaturkritik am Beispiel Günter Grass. Marburg 1997.

Brandes, Ute: Günter Grass. Berlin 1998.

Braun, Michael: Grass, Walser, Enzensberger und die nationale Frage. "Kein Deutschland gekannt Zeit meines Lebens". In: Universitas 50 (1995). S. 1090–1101.

Brode, Hanspeter: „Daß du nicht enden kannst, das macht dich groß". Zur erzählerischen Kontinuität im Werk von Günter Grass. In: Franz Josef Görtz (Hrsg.): Auskunft für Leser (1984). S. 75–94.

Brode, Hanspeter: Die Zeitgeschichte im erzählenden Werk von Günter Grass. Versuch einer Deutung der *Blechtrommel* und der *Danziger Trilogie*. Frankfurt a.M./Bern 1977.

Brode, Hanspeter: Die Zeitgeschichte in der *Blechtrommel* von Günter Grass. Entwurf eines textinternen Kommunikationsmodells. In: Rolf Geißler (Hrsg.): Günter Grass. Ein Materialienbuch (1976). S. 86–114.

Brode, Hanspeter: Günter Grass. München 1979.

Brode, Hanspeter: Kommunikationsstruktur und Erzählerposition in den Romanen von Günter Grass. *Blechtrommel*, *Aus dem Tagebuch einer Schnecke*, *Der Butt*. In: Germanisch-Romanische Monatsschrift 61 (1980). S. 438–450.

Brode, Hanspeter: Reisebericht, Essay, Wahlkampf. Günter Grass plädiert in den *Kopfgeburten* für eine gemeinsame deutsche Literatur. In: literatur für leser 3 (1980). S. 254–259.

Brode, Hanspeter: Von Danzig zur Bundesrepublik. Günter Grass' Bücher *örtlich betäubt* und *Aus dem Tagebuch einer Schnecke*. In: Heinz Ludwig Arnold (Hrsg.): Günter Grass. Text + Kritik. H. 1. (1978). S. 74–87.

Bruce, James C.: The Motive of Failure and the Act of Narrating in Günter Grass' *örtlich betäubt*. In: Modern

Fiction Studies. XVII 1 (1971). S. 61-80.

Bruce, James C.: The equivocating narrator in Günter Grass' *Katz und Maus*. In: Monatshefte 58 (1968).

Brunssen, Frank: Das Absurde in Günter Grass' Literatur der achtziger Jahre. Univ. Diss. Würzburg 1997.

Bryneed, Linda: Ein Spiel mit Varianten. *Der Butt* und das Märchen *Von dem Fischer un syne Fru*. In: Germanistische Mitteilungen 17 (1983). S. 13-25.

Bullivant, Keith: The end of the dream of the other Germany. The „German Question" in West German Letters. In: Walter Pape (Hrsg.): 1870/71-1989/91. German Unifications and the Change of Literary Discourse. Berlin/New York 1993. S. 302-319.

Burkhardt, Anke, Tresch, Ursula und Voit, Friedrich: Geschichte zur Geschichte. Zum neuen Roman von Günter Grass *Der Butt*. In: Gertrud Bauer Pickar (Hrsg.): Adventures of a Flounder (1982). S. 81-90.

Büscher, Heiko: Günter Grass. In: Dietrich Weber (Hrsg.): Deutsche Literatur seit 1945 in Einzeldarstellungen. Stuttgart 1968. S. 455-483.

Butler, Geoffrey P.: A tall Story of some size. *Die Rättin* and *The Rat*. In: German Life and Letters 41 (1987/1988). S. 488-493.

Carlsson, Anni: Vom Narren bis zum Küchenmeister der Phantasie. Modellfiguren der Erzählkunst 1494-1977. In: Simpliciana. Schriften der Grimmelshausen-Gesellschaft 2 (1981). S. 53-69.

Cavelli, Alessandro: Die Rolle des Gedächtnis in der Moderne. In: Aleida Assmann und Dietrich Harth (Hrsg.): Kultur als Lebenswelt und Monument. Frankfurt a.M. 1991. S. 200-210.

Cepl-Kaufmann, Gertrude: Der Deutschen unauslösliche Vergangenheit. Günter Grass' Roman *Die Hundejahre*. In: Gerhard von Rupp (Hrsg.): Klassiker der deutschen Literatur. Würzburg 1999. S. 273-300.

Cepl-Kaufmann, Gertrude: Leiden an Deutschland. Günter Grass und die Deutschen. In: Gerd Labroisse u.a. (Hrsg.): Günter Grass. Ein europäischer Autor? (1992). S. 267-289.

Cepl-Kaufmann, Gertrude: Günter Grass. *Die Rättin*. In: Germanica Wratislaviensia 1990. S. 49-70.

Cepl-Kaufmann, Gertrude: Verlust oder poetische Rettung? Zum Begriff Heimat in Günter Grass' *Danziger Trilogie*. In: Hans Georg Pott (Hrsg.): Literatur und Provinz. Das Konzept 'Heimat' in der neueren Literatur. Paderborn 1986. S. 61-83.

Cepl-Kaufmann, Gertrude: Der Künstler als Bürger. Selbstverständnis und Ausdrucksform im literarischen, bildkünstlerischen und politischen Werk von Günter Grass. In: Rudolf Wolff (Hrsg.): Günter Grass. Werk und Wirkung (1986). S. 27-58.

Cepl-Kaufmann, Gertrude: Günter Grass. Eine Analyse des Gesamtwerks unter dem Aspekt von Literatur und Politik. Kronberg/Ts. 1975.

Cicora, Mary A.: Music, Myth, and Metaphysics. Wagner Reception in Günter Grass' *Hundejahre*. In: German Studies

Review 16 (1993). S. 49-60.

Clason, Synnöre: Uwe und Ilsebill. Zur Darstellung des anderen Geschlechts bei Morgner und Grass. In: Alte und neue Kontroversen 6 (1986). S. 104-107.

Cloonan, William: World War II in Three Contemporary Novels. In: South Atlantic Review 52/2 (1986). S. 65-75.

Cory, Mark E.: Sisyphus und the Snail. Metaphors for the political process in Günter Grass' *Aus dem Tagebuch einer Schnecke* and *Kopfgeburten oder die Deutschen sterben aus*. In: German Studies Review 6 (1983). S. 519-533.

Crick, Joyce: Future Imperfect. Time and the Flounder. In: Philip Brady u.a. (Hrsg.): Günter Grass' *Der Butt* (1990). S. 33-49.

Crimmann, Ralph P.: Günter Grass' *Das Treffen in Telgte*. Literaturdidaktische und literaturwissenschaftliche Beobachtungen. In: Der Deutschunterricht 38 (1986). S. 7-22.

Cunliffe, Gordon W.: Günter Grass. New York 1969.

Demetz, Peter: Die süße Anarchie. Deutsche Literatur seit 1945. Berlin/Frankfurt a.M./Wien 1970.

Diederichs, Rainer: Strukturen des Schelmischen im modernen deutschen Roman. Eine Untersuchung an den Romanen von Thomas Mann, *Bekenntnisse des Hochstaplers Felix Krull* und Günter Grass, *Die Blechtrommel*. Univ. Diss. Zürich 1971.

Dierks, Manfred: Zur Deutung philosophischer Konzepte für einen Autor und für die Beschaffenheit seiner Texte. In: Bjorn Ekmann, Borge Kristiansen und Friedrich Schmoe (Hrsg.): Literatur und Philosophie. Vorträge des Kolloquiums am 11./12.10.1982. Kopenhagen/München 1983. S. 9-39.

Diller, Edward: A Mythic Journey. Günter Grass's *Tin Drum*. Lexington 1974.

Dimler, G. Richard: Simplicius Simplicissimus and Oskar Matzerath as alienated heros. Comparison and contrast. In: Amsterdamer Beiträge zur neueren Germanistik 4 (1975). S. 113-134.

Donahue, Bruce: The Alternative to Goethe. Markus and Fajngold in *Die Blechtrommel*. In: The Germanic Review 58 (1983). S. 115-120.

Drux, Rudolf: Die Unteilbarkeit der deutschen Literatur. Utopie und Wirklichkeit bei Günter Grass und den Barockpoeten. In: Hiltrud Gnüg (Hrsg.): Literarische Utopie-Entwürfe. Frankfurt a.M. 1982. S. 117-126.

Durrani, Osman: "Here comes Everybody". An appraisal of narrative technique in Günter Grass's *Der Butt*. In: Modern Language Review 75 (1980). S. 810-822.

Durzak, Manfred: Harsdörffer-Variationen. Zur Barockrezeption in *Treffen in Telgte* von Günter Grass. In: Italo Michele Battofariono (Hrsg.): Georg Philipp Harsdörffer. Ein deutscher Dichter und europäischer Gelehrter. Bern 1991. S. 365-380.

Durzak, Manfred: Der Butt im Karpfenteich. Günter Grass und die Literaturkritik. In: Rudolf Wolff (Hrsg.): Günter Grass.

Werk und Wirkung (1986). S. 87-110.
Durzak, Manfred: Es war einmal. Zur Märchenstruktur des Erzählens bei Günter Grass. In: Manfred Durzak (Hrsg.): Zu Günter Grass. Geschichte auf dem poetischen Prüfstand (1985). S. 166-177.
Durzak, Manfred: Die Zirkelschlüsse der Literaturkritik. Überlegungen zur Rezeption von Günter Grass' Roman *Der Butt*. In: Gertrud Bauer Pickar (Hrsg.): Adventures of a Flounder (1982). S. 63-80.
Durzak, Manfred: Der deutsche Roman der Gegenwart. Entwicklungsvoraussetzungen und Tendenzen. Stuttgart 1979.
Durzak, Manfred: Ein märchenhafter Roman. Zum *Butt* von Günter Grass. In: Basis 9 (1979). S. 71-90.
Durzak, Manfred: Plädoyer für eine Rezeptionsästhetik. Anmerkungen zur deutschen und amerikanischen Literaturkritik am Beispiel von Günter Grass *örtlich betäubt*. In: Akzente 18 (1971). S. 487-504.
Emrich, Wihelm: Oskar Matzerath und die deutsche Politik. In: Wilhelm Emrich: Polemik. Streitschriften, Pressefehden und kritische Esssays um Prinzipien, Methoden und Maßstäbe der Literaturkritik. Frankfurt a.M. 1968. S. 89-93.
Enderstein, Carl O.: Zahlensymbolik und ihre Bedeutung in Günter Grass' Werken. In: Amsterdamer Beiträge zur neueren Germanistik 4 (1974/75). S. 135-155.
Enright, Dennis J.: Always new pain. Günter Grass's *Local Anaesthetic*. In: Dennis J.

Enright: Man is an onion. London 1972. S. 96-102.
Enzensberger, Hans Magnus: Wilhelm Meister, auf Blech getrommelt. Der 'verständige Anarchist'. In: Hans Magnus Enzensberger: Einzelheiten. Frankfurt a.M. 1962. S. 227-233.
Eroms, Hans-Werner: Ansätze zu einer linguistischen Analyse der *Unkenrufe* von Günter Grass. In: Hans Wellmann (Hrsg.): Germanistik, Wortschatz und Bauformen der Poesie in der stilistischen Analyse ausgewählter Texte. Heidelberg 1993. S. 25-41.
Ewert, Michael: Spaziergänge durch die deutsche Geschichte. *Ein Weites Feld* von Günter Grass. In: Sprache im technischen Zeitalter 37 (1999). S. 402-417.
Eykmann, Christoph: Absurde Mechanik. Die verunglimpfte Geschichte in den Romanen von Günter Grass. In: Christoph Eykmann: Geschichtspessimismus in der deutschen Literatur des zwanzigsten Jahrhunderts. Bern/München 1970. S. 112-124.
Eykmann, Christoph: The Literary Diary as a Witness of Man's Historicity. Heinrich Böll, Karl Krolow, Günter Grass and Peter Handke. In: Anna-Tresa Tymineiecka (Hrsg.): The Existential Coordinates of the Human Condition. Poetic-Epic-Tragic. Dordrecht 1984. S. 249-260.
Ferguson, Lore: *Die Blechtrommel* von Günter Grass. Versuch einer Interpretation. Frankfurt a.M./München 1976.
Fickert, Kurt J.: The Use of Ambiguity in *Cat and Mouse*. In: The German

Quarterly 44 (1971). S. 372–378.
Filz, Walter: Dann leben sie noch heute? Zur Rolle des Märchens in *Butt* und *Rättin*. In: Heinz Ludwig Arnold (Hrsg.): Günter Grass. Text + Kritik. H. 1 (1997).
Filz, Walter: Es war einmal? Elemente des Märchens in der deutschen Literatur der siebziger Jahre. Frankfurt a.M./New York/Paris 1989.
Finney, Gail: The Merging of German Unifications. Liminality in Günter Grass's *Ein weites Feld*. In: Nicholas Saul u.a. (Hrsg.): Schwellen. Germanistische Erkundungen einer Metapher. Würzburg 1999. S. 127–136.
Fischer, Andre: Inszenierte Naivität. Zur ästhetischen Simulation von Geschichte bei Günter Grass, Albert Drach und Walter Kempowski. München 1992.
Frank, Dirk: Zwischen Deliterarisierung und Polykontextualität. Günter Grass' *Ein weites Feld* im Literaturbetrieb. In: Andreas Erb (Hrsg.): Baustelle Gegenwartsliteratur. Die neunziger Jahre. Opladen/Wiesbaden 1998. S. 72–96.
Frey, Lawrence O.: Günter Grass. *Katz und Maus* and gastro-narratology. In: The Germanic Review 68 (1993). S. 176–184.
Friedrichsmeyer, Erhard M.: Aspect of Myth, Parody and Obscenity in Grass' *Katz und Maus*. In: The Germanic Review 40 (1965). S. 240–250.
Frizen, Werner: *Die Blechtrommel* – ein schwarzer Roman. Grass und die Literatur des Absurden. In: Arcadia 21 (1986). S. 166–189.
Frizen, Werner: Anna Bronskis Röcke. *Die Blechtrommel* in ursprünglicher Gestalt. In: Volker Neuhaus und Daniela Hermes (Hrsg.): Die *Danziger Trilogie* von Günter Grass (1991). S. 144–169.
Frizen, Werner: *Die Blechtrommel*. Oskar Matzeraths Erzählkunst. In: Etudes Germaniques 42 (1987). S. 25–46.
Frizen, Werner: Matzeraths Wohnung. Raum und Weltraum in Günter Grass' *Die Blechtrommel*. In: Text & Kontext 15 (1987). S. 145–174.
Frizen, Werner: „···weil wir Deutschen die Aufklärung verschleppten" – Metaphysikkritik in Günter Grass' früher Lyrik. In: Gerd Labroisse u.a. (Hrsg.): Günter Grass. Ein europäischer Autor? (1992). S. 3–44.
Frizen, Werner: Zur Entstehungsgeschichte von Günter Grass' Roman *Die Blechtrommel*. In: Monatshefte 9 (1987). S. 210–222.
Gabler, Wolfgang: Günter Grass und das Elend der Literaturkritik. In: Das Argument 39 (1997). S. 367–382.
Gaede, Friedrich: Grimmelshausen, Brecht, Grass. Zur Tradition des literarischen Realismus in Deutschland. In: Simpliciana. Schriften der Grimmelshausen-Gesellschaft I (1979). S. 54–66.
Ganeshan, Vridhagiri: Günter Grass und Indien. Ein Katz-und-Maus Spiel. In: Gerd Labroisse u.a. (Hrsg.): Günter Grass. Ein europäischer Autor? (1992). S. 229–244.
Garde, Barbara: "Selbst wenn die Welt unterginge, würden deine Weibergeschichten nicht aufhören." Zwischen *Butt* und *Rättin* – Frauen und

Frauenbewegung bei Günter Grass. Frankfurt/Bern/New York/Paris 1988.

Geißler, Rolf: Ein Ende des „weiten Feldes"? In: Weimarer Beiträge 45 (1999). S. 65-81.

Gerstenberg, Renate: Zur Erzähltechnik von Günter Grass. Heidelberg 1980.

Ghurye, Charlotte W.: The writer and society. Studies in the fiction of Günter Grass and Heinrich Böll. Bern 1976.

Goetze, Albrecht: Die Hundertdritte und Tiefunterste Materniade. Bemerkungen zum Roman *Hundejahre* von Günter Grass anhand des Schlußkapitels. In: Vergleichen und Verändern. Festschrift für Helmut Motekat zum 50. Geburtstag. München 1970. S. 273-277.

Goetzt, Albrecht: Pression und Deformation. Zehn Thesen zum Roman *Hundejahre* von Günter Grass. Göttingen 1972.

Görtz, Franz Josef: Eine Revision ist nicht zulässig. In: Jörg Dieter Kegel (Hrsg.): Schriftsteller vor Gericht. 1996. S. 254-265.

Görtz, Franz Josef: Der Provokateur als Wahlhelfer. Kritisches zur Grass-Kritik. In: Heinz Ludwig Arnold (Hrsg.): Günter Grass. Text + Kritik. H. 1. (1978). S. 162-174.

Görtz, Franz Josef: Apokalypse im Roman. Günter Grass' *Die Rättin*. In: The German Quarterly (1990). S. 462-470.

Graf, Andreas: „Ein leises 'dennoch'". Zum ironischen Wechselbezug von Literatur und Wirklichkeit in Günter Grass' Erzählung *Das Treffen in Telgte*. In: Deutsche Vierteljahrsschrift für Literaturwissenschaft und Geistesgeschichte 63 (1989). S. 282-294.

Grambow, Jürgen: Wo die Wörter versagen. In: Sinn und Form 38 (1986). S. 1292-1302.

Grambow, Günter: Literaturbriefe aus Rostock. Über Thomas Bernhard, Günter Grass, Uwe Johnson, Peter Rühmkorf, Arno Schmidt, Martin Walser und Christa Wolf. Frankfurt a.M. 1990.

Graml, Hermann: Reichskristallnacht. Antisemitismus und Judenverfolgung im Dritten Reich. München 1989.

Grathoff, Dirk: Schnittpunkte von Literatur und Politik. Günter Grass und die neuere deutsche Grass-Rezeption. In: Basis 1 (1970). S. 134-152.

Graves, Peter J.: Günter Grass's *Die Blechtrommel* and *örtlich betäubt*. The Pain of Polarities. In: Forum for Modern Language Studies 9 (1973). S. 132-142.

Gruner, Wolf D.: Die deutsche Frage in Europa 1800-1990. München/Zürich 1993.

Guidry, Gleen A.: Theoretical Reflections on the Ideological and Social Implications of Mythic Form in Grass's *Die Blechtrommel*. In: Monatshefte für den deutschen Unterricht 83 (1991). S. 127-146.

Haberkamm, Klaus: „Mit allen Weisheiten Saturns geschlagen". Glosse zu einem Aspekt der Gelnhausen-Figur in Günter Grass' *Treffen in Telgte*. In: Simpliciana, Schriften der Grimmelshausen-Gesellschaft I (1979). S. 67-78.

Haberkamm, Klaus: "Verspäteter Grimmelshausen aus der Kaschubei" - "Verspätete Utopie"? Simplicianisches in Grass' *Butt*. In: Simpiciana. Schriften der Grimmelshausen-Gesellschaft VI/VII (1985). S. 123-138.

Hage, Volker: Das tausendmalige Sterben. In: Der Spiegel 6 (2002).

Hage, Volker: Später Adel für das Wappentier. In: Der Spiegel 40 (1999).

Hanke, Helmut u.a.: *Deutscher Lastenausgleich. Wider das dumpfe Einheitsgebot von Günter Grass*. In: Weimarer Beiträge 36 (1990). S. 1381-1406.

Harscheidt, Michael: Günter Grass. Wort-Zahl-Gott bei Günter Grass. Der phantastische Realismus in den *Hundejahren*. Univ. Diss. Bonn 1976.

Haselbach, Dieter: "Soziale Marktwirtschaft" als Gründungsmythos. Zur Identitätsbilung im Nachkriegsdeutschland. In: Claudia Mayer-Iswandy (Hrsg.): Zwischen Traum und Trauma - Die Nation. Transatlantische Perpektiven zur Geschichte eines Problems. Tübingen 1994. S. 255-266.

Haslinger, Adolf: Günter Grass und das Barock. In: Rudolf Wolff (Hrsg.): Günter Grass. Werk und Wirkung (1985). S. 75-86.

Hasselbach, Ingrid: Günter Grass. *Katz und Maus*. Oldenburg 1990.

Hatfield, Henry: Günter Grass. The artist a satirist. In: Robert R. Heitner (Hrsg.): The Contemporary Novel in German. A Symposium. Austin, Texas 1967. S. 115-134.

Head, David: Volker Schlöndorff's *Die Blechtrommel* and the Literaturverfilmung debate. In: German Life and Letters 36 (1982/83). S. 347-367.

Heilmann, Iris: Günter Grass und John Irving. Eine transatlantische Studie. Frankfurt a.M. 1998.

Heissenbüttel, Helmut und Vormweg, Heinrich: Briefwechsel über den Roman. In: Akzente 16 (1969). S. 206-233.

Hensing, Dieter: Günter Grass und die Geschichte - Camus, Sisyphos und die Aufklärung. In: Gerd Labroisse u.a. (Hrsg.): Günter Grass. Ein europäischer Autor? (1992). S. 85-121.

Hermes, Daniela: „Was mit Katz und Maus begann" - ein Kabinettstück Grassscher Prosakunst. In: Volker Neuhaus und Daniela Hermes (Hrsg.): Die *Danziger Trilogie* von Günter Grass (1991). S. 170-180.

Hildesheimer, Wolfgang: Butt und die Welt. Geburtstagsbrief an Günter Grass. In: Merkur 353 (1977) S. 966-972.

Hille-Sandvoss, Angelika: Überlegungen zur Bildlichkeit im Werk von Günter Grass. Stuttgart 1987.

Hille-Sandvoss, Angelika: Zwischen Brokdorf und den Weiden im März. Günter Grass und der Fluß der Zeit. In: Alexander Ritter (Hrsg.): Literaten in der Provinz - Provinzielle Literatur. Schriftsteller einer norddetuschen Region. Heide 1991. S. 163-174.

Hillmann, Heinz: Günter Grass' *Die Blechtrommel*. Beispiele und Überlegungen zum Verfahren der Konfrontation von Literatur und Sozialwissenschaften.

In: Manfred Brauneck (Hrsg.): Der deutsche Roman im 20. Jahrhundert Bd. II. Bamberg 1976. S. 7-30.

Höck, Wilhelm: Der vorläufig abgerissene Faden. Günter Grass und das Dilemma des Erzählers. In: Hochland 61 (1969). S. 558-563.

Hoesterey, Ingeborg: Schrift und visuelle Differenz bei Günter Grass. In: Verschlungene Schriftzeichen. Intertextualität von Literatur und Kunst in der Moderne/Postmoderne. Frankfurt a.M. 1988. S. 71-100.

Hoesterey, Ingeborg: Aspekte einer Romanfigur. Der Butt im Butt. In: The German Quarterly 54 (1981). S. 461-472.

Hoffmeister, Werner: Dach, Distel und die Dichter. Günter Grass' *Das Treffen in Telgte*. In: Zeitschrift für deutsche Philologie 100 (1981). S. 274-287.

Höllerer, Walter: Unterm Floß. In: Franz Josef Görtz (Hrsg.): *Die Blechtrommel*. Attraktion und Ärgernis. (1984). S. 34-38.

Holthusen, Hans Egon: Günter Grass als politischer Autor. In: Plädoyer für den Einzelnen. München 1967. S. 40-67.

Honsza, Norbert: „Ich sag es immer, Polen sind begabt". Zur ästhetischen Motivation bei Günter Grass. In: Gerd Labroisse u.a. (Hrsg.): Günter Grass. Ein europäischer Autor? (1992). S. 71-83.

Honsza, Norbert: Der Mensch wird an seiner Dummheit sterben. In: Chloe 7 (1988). S. 353-360.

Honsza, Norbert: Günter Grass. Werk und Wirkung. Wroclaw 1987.

Hunt, Irmgard Elsner: Mütter und Müttermythos in Günter Grass' Roman *Der Butt*. Frankfurt a.M. 1983.

Hunt, Irmgard Elsner: Zur Ästhetik des Schwebens. Utopieentwurf und Utopievorwurf in Günter Grass' *Die Rättin*. In: Monatshefte 81 (1989). S. 286-297.

Hunt, Irmgard Elsner: Vom Märchenwald zum toten Wald. Ökologische Bewußtmachung aus global-ökonomischer Bewußtheit. Eine Übersicht über das Grass-Werk der siebziger und achtziger Jahre. In: Gerd Labroisse u.a. (Hrsg.): Günter Grass. Ein europäischer Autor? (1992). S. 141-168.

Ide, Heinz: Dialektisches Denken im Werk von Günter Grass. In: Studium Generale 21 (1968).

Ignee, Wolfgang: Apokalypse als Ergebnis eines Geschäftsberichtes. Günter Grass' Roman *Die Rättin*. In: Günter Grimm (Hrsg.): Apokalypse. Frankfurt a.M. 1980. S. 385-401.

Ireland, Kenneth R.: Doing very dangerous things. *Die Blechtrommel* and *Midnight's Children*. In: Comparative Literature 42 (1990). S. 335-361.

Ivanovic, Christine: Fonty trifft Johnson. Zur Fiktionalisierung Uwe Johnsons als Paradigma der Erzählstrategie in Günter Grass' *Ein weites Feld*. In: Johnson-Jahrbuch 3 (1996). S. 173-199.

Jäger, Manfred: Politischer Kleinkram? Günter Grass. Ein Publizist mit

Praxis. In: Heinz Ludwig Arnold (Hrsg.): Günter Grass. Text + Kritik. H. 1. (1978). S. 133-150.

Jäger, Manfred: Der politische Günter Grass. In: Rolf Geißler (Hrsg.): Günter Grass. Ein Materialienbuch (1976). S. 154-169.

Jäger, Wolfgang und Villinger, Ingeborg: Die Intellektuellen und die deutsche Einheit. Freiburg 1997.

Jahnke, Walter und Lindemann, Klaus: Günter Grass. Die Blechtrommel. Acht Kapitel zu ihrer Erschließung. Paderborn 1993.

Jendrowiak, Silke: Die sogenannte „Urtrommel". Unerwartete Einblicke in die Genese der Blechtrommel von Günter Grass. In: Monatshefte 71 (1979). S. 172-186.

Jendrowiak, Silke; Günter Grass und die „Hybris" des Kleinbürgers. Die Blechtrommel - Bruch mit der Tradition einer irrationalistischen Kunst- und Wirklichkeitsinterpretation. Heidelberg 1979.

Jenkison, David: Conceptions of History. In: Philip Brady u.a. (Hrsg.): Günter Grass' Der Butt (1990). S. 51-68.

Jensen, Jens Christian: Günter Grass als Bildkünstler. In: Hienz Ludwig Arnold (Hrsg.): Günter Grass. Text + Kritik (1997). S. 54-68.

Jung, Hans-Gernot: Lästerungen bei Günter Grass. In: Manfred Jurgensen (Hrsg.): Grass. Kritik-Thesen-Analysen (1973). S. 75-85.

Jurgensen, Manfred: Die gegenständliche Muse. Der Inhalt als Widerstand. In: Manfred Jurgensen (Hrsg.): Grass. Kritik-Thesen-Analysen (1973). S. 199-210.

Jurgensen, Manfred: Die Sprachpuppen des Günter Grass. In: Gerd Labroisse u.a. (Hrsg.): Günter Grass. Ein europäischer Autor? (1992). S. 45-69.

Jurgensen, Manfred: Erzählformen des fiktionalen Ich. Beiträge zum deutschen Gegenwartsroman. Bern/München 1980.

Jurgensen, Manfred: Über Günter Grass. Untersuchungen zur sprachbildlichen Rollenfunktion. Bern/München 1974.

Jurgensen, Manfred: Wesen und Funktion des Sprachbildes bei Günter Grass. In: Jahrbuch für Internationale Germanistik. Bd. 2. H. 2. S. 253-258.

Just, Georg: Darstellung und Appell in der Blechtrommel von Günter Grass. Darstellungsästhetik versus Wirkungsästhetik. Frunkfurt a.M. 1972.

Just, Georg: Die Appellstruktur der Blechtrommel. In: Manfred Jurgensen (Hrsg.): Grass. Kritik-Thesen-Analysen (1973). S. 31-44.

Kaiser, Gerhard: Günter Grass. Katz und Maus. München 1971.

Karthaus, Ulrich: Katz und Maus von Günter Grass. Eine politische Dichtung. In: Der Deutschunterricht 23 (1971). S. 74-85.

Kellermann, Rolf: Günter Grass und Alfred Döblin. In: Manfred Jurgensen (Hrsg.): Grass. Kritik-Thesen-Analysen (1973). S. 107-150.

Kiefer, Klaus H.: Günter Grass. Die Rättin - Struktur und Rezeption. In: Orbis litterarum 46 (1991). S. 364-382.

Kiesel, Helmuth: Drei Ansichten des Wiedervereinigungsprozesses. Die Intellektuellen und die nationale Frage. In: Gerd Langguth (Hrsg.): Autor, Macht, Staat. Literatur und Politik in Deutschland. Ein notwendiger Dialog. Düsseldorf 1994. S. 210-229

Kim, Nury: Allegorie oder Authentizität. Zwei ästhetische Modelle der Aufarbeitung der Vergangenheit. Günter Grass' *Die Blechtrommel* und Christa Wolfs *Kindheitsmuster*. Frankfurt a.M. 1995.

Kniesche, Thomas: Calcutta oder Die Dialektik der Kolonialisierung. Günter Grass' *Zunge zeigen*. In: Paul Michael Lützeler (Hrsg.): Schriftsteller und 'Dritte Welt'. Studien zum postkolonialen Blick. Tübingen 1998. S. 263-290.

Kniesche, Thomas: Grenzen und Grenzüberschreitungen. Die Problematik der deutschen Einheit bei Günter Grass. In: German Studies Review 16 (1993). S. 61-76.

Kniesche, Thomas: Die Genealogie der Post-Apokalypse. Günter Grass' *Die Rättin*. Wien 1991.

Koopmann, Helmut: Der Faschismus als Kleinbürgertum und was daraus wurde. In: Hans Wagener (Hrsg.): Gegenwartsliteratur und Drittes Reich. Deutsche Autoren in der Auseinandersetzung mit der Vergangenheit. Stuttgart 1997. S. 163-182.

Kremer, Manfred: Günter Grass' *Die Blechtrommel* und die pikarische Tradition. In: The German Quarterly 46 (1973). S. 381-392.

Krumbholz, Martin: Ironie im zeitgenössischen Ich-Roman. Grass-Walser-Böll. München 1980.

Krumme, Detlef: Der suspekte Erzähler und sein suspekter Held. Überlegungen zur Novelle *Katz und Maus*. In: Manfred Durzak (Hrsg.): Zu Günter Grass. Geschichte auf dem poetischen Prüfstand (1985). S. 65-79.

Krumme, Detlef: Die Lesemodelle der *Blechtrommel*. In: Detlef Krumme: Lesemodelle. Canetti, Grass, Höllerer. München/Wien 1983. S. 87-144.

Krumme, Detlef: Einer unserer Autoren. Arthur Knoff. Ein literarisches Spiel und seine Auflösung. In: Monatshefte 79 (1987). S. 223-231.

Krumme, Detlef: Günter Grass. *Die Blechtrommel*. München/Wien 1986.

Kube, Lutz: Intellektuelle Verantwortung und Schuld in Günter Grass' *Ein weites Feld*. In: Colloquia Germanica 30 (1997). S. 351-361.

Krüger, Hans: „In Deutschland ist keine Bleibe mehr". Fonty und die deutsche Einheit. Zur Zeitkritik und zur Fontanerezeption in Günter Grass' neuem Roman *Ein weites Feld*. In: Diskussion Deutsch 26 (1995). S. 301-304.

Kunst oder Pornographie? Der Prozeß Grass gegen Ziesel. Eine Dokumentation. München 1969.

Labroisse, Gerd: Zur Sprachbildlichkeit in Günter Grass' *Ein weites Feld*. In: Amsterdamer Beiträge zur neueren Germanistik 45 (1999). S. 347-379.

Labroisse, Gerd: Günter Grass' Konzept eines zweiteiligen Deutschland. Überlegungen in einem 'europäischen' Kontext? In: Gerd Labroisse u.a.

(Hrsg.): Günter Grass. Ein europäischer Autor? (1992). S. 291-314.

Lämmert, Eberhard: Gulag Europa. Aleksandr J. Solschenizyn: *Der Archipel Gulag*, Günter Grass: *Hundejahre*, Andrzej Szczypiorski: *Die schöne Frau Seidenmann*. In: Erberhard Lämmert und Barbara Naumann (Hrsg.): Wer sind wir? Europäische Phänotypen im Roman des zwanzigsten Jahrhunderts. München 1996. S. 265-284.

Lange, Susanne: Die reflektierte Wirklichkeit. Deutsche und lateinamerikanische Gegenwartsliteratur im Vergleich am Beispiel der Werke von Günter Grass und Fernando del Paso. Univ. Diss. Frankfurt a.M. 1992.

Larsen, Thor A.: "Das ist die Wahrheit, jedesmal anders erzäht". Zum Roman *Der Butt*. In: Manfred Durzak (Hrsg.): Zu Günter Grass. Geschichte auf dem poetischen Prüfstand (1985). S. 115-129.

Laufhütte, Hartmut: Gruppe 1647. Erinnerungen an Jüngstvergangenes im Spiegel der Historie. Günter Grass' *Das Treffen in Telgte*. In: Hartmut Laufhütte (Hrsg.): Literaturgeschichte als Profession. Festschrift für Dietrich Jöns. Tübingen 1993. S. 359-384.

Leonard, Irene: Günter Grass. Edinburgh 1974.

Letsch, Felicia: Auseinandersetzung mit der Vergangenheit als Moment der Gegenwartskritik. Die Romane *Biliard um halb zehn* von Heinrich Böll, *Hundejahre* von Günter Grass, *Der Tod in Rom* von Wolfgang Koeppen und *Deutschstunde* von Siegfried Lenz. Köln 1982.

Lilienthal, Volker: Nur verhaltener Beifall für die zahme Rättin. Ein Fall von politischer Gesinnungskritik? Zur literaturkritischen Rezeption von Günter Grass. In: Zeitschrift für Literaturwissenschaft und Linguistik 18 (1988). S. 103-113.

Lindquist, Wayne P.: The Materniads. Grass's Paradoxical Conclusion to the Danzig Trilogy. In: Critique. Studies in Contemporary Fiction 30 (1989). S. 179-192.

Lubich, Frederick Alfred: Günter Grass' *Kopfgeburten*. Deutsche Zukunftsbewältigung oder 'Wie wird sich Sisyphos in Orwells Jahrzehnt verhalten?' In: The German Quarterly 58 (1985). S. 394-408.

Lucke, Hans: Günter Grass' Novelle *Katz und Maus* im Unterricht. In: Der Deutschunterricht 21 (1969). S. 86-95.

Maier, Wolfgang: Moderne Novelle. Günter Grass' *Katz und Maus*. In: Sprache im technischen Zeitalter 1 (1961). S. 68-71.

McAnear, Michael: A Benjamin reading of Günter Grass's *Katz und Maus*. In: New German Review 5/6 (1989/90). S. 90-97.

Mannack, Eberhard: Die Auseinandersetzung mit literarischen Mustern. Günter Grass. *Die Blechtrommel*. In: Eberhard Mannack: Zwei deutsche Literaturen. Kronberg 1977. S. 66-83.

Mason, Ann L.: Günter Grass and the artist in history. In: Contemporary Literature 3 (1973). S. 347-362.

Mason, Ann L.: The Artist and Politics in

Günter Grass' *Aus dem Tagebuch einer Schnecke*. In: The Germanic Review 51 (1971). S. 105-120.

Mason, Ann L.: The Skeptical Muse. A Study of Günter Grass's Conception of the Artist. Bern/Frankfurt a.M. 1974.

Mayer, Claudia: Von „Unterbrechungen" und „Engführungen". Lyrik und Prosa in *Butt* und *Rättin*. In: Heinz Ludwig Arnold (Hrsg.): Günter Grass. Text+Kritik (1997). S. 86-94.

Mayer, Gerhard: Zum deutschen Antibildungsroman. In: Jahrbuch der Raabe-Gesellschaft (1974). S. 41-64.

Mayer, Hans: Günter Grass und seine Tiere. In: Heinz Ludwig Arnold (Hrsg.): Günter Grass. Text+Kritik (1988). S. 76-83.

Mayer, Hans: Oskar nach fünfundzwanzig Jahren. In: Günter Grass: *Die Blechtrommel*. Sonderausgabe. Darmstadt/Neuwied 1984. S. 713-718.

Mayer, Hans: Felix Krull und Oskar Matzerath. Aspekte eines Romans. In: Heinz Ludwig Arnold und Theo Buck (Hrsg.): Positionen des Erzählens (1976). S. 49-67.

Mayer, Sigrid: Rückblick und Ausblick. Fünfzig Jahre im Spiegel des bildnerischen und literarischen Werkes von Günter Grass. In: Amsterdamer Beiträge zur neueren Germanistik 38/39 (1995). S. 455-478.

Mayer, Sigrid: Günter Grass in Calcutta and the aesthetics of poverty. In: Ingeborg Hoesterey und Ulrich Weisstein (Hrsg.): Intertextuality. German Literature and visual Art from the Renaissance to the Twentieth Century. Columbia 1993. S. 143-158.

Mayer, Sigrid: Politische Aktualität nach 1989. Die Polnisch-Deutsch-Litauische Friedhofsgesellschaft oder *Unkenrufe* von Günter Grass. In: Amsterdamer Beiträge zur neueren Germanistik 36 (1993). S. 213-223.

Mayer, Sigrid: Günter Grass in Calcutta. Der intertextuelle Diskurs in *Zunge zeigen*. In: Gerd Labroisse u.a. (Hrsg.): Günter Grass. Ein europäischer Autor? (1992). S. 245-266.

Mayer, Sigrid: Zwischen Utopie und Apokalypse. Der Schriftsteller als 'Seher' im neueren Werk von Günter Grass. In: Amsterdamer Beiträge zur neueren Germanistik 24 (1988). S. 79-116.

Mayer, Sigrid: Graphische und lyrische Quellen zum *Butt*. In: Getrud Bauer Pickar (Hrsg.): Adventures of a Flounder (1982). S. 16-23.

Mayer, Sigrid: Grüne Jahre für Grass. Die Rezeption in den Vereinigten Staaten. In: Heinz Ludwig Arnold (Hrsg.): Günter Grass. Text+Kritik (1978). S. 151-161.

Mayer-Iswandy, Claudia: Weiße Schimmel gibt's nicht mehr. Zum Problem der literarischen Ästhetik. Kommentar. In: Claudia Mayer-Iswandy (Hrsg.): Zwischen Traum und Trauma. Die Nation. Tübingen 1994. S. 147-163.

Mayer-Iswandy, Claudia: „Vom Glück der Zwitter". Geschlechterrolle und Geschlechterverhältnis bei Günter Grass. Frankfurt a.M. 1991.

Mayor, Elfriede M.: Social Criticism in

Günter Grass's *Die Blechtrommel*. Univ. Diss. Californien 1975.

Mazzari, Marcus Vinicius: Die *Danziger Trilogie* von Günter Grass. Erzählen gegen die Dämonisierung deutscher Geschichte. Univ. Diss. Berlin 1994.

Mcfarland, Thimothy: The Transformation of Historical Material. The Case of Dorothea von Montau. In: Philip Brady u.a. (Hrsg.): Günter Grass' *Der Butt* (1990). S. 69-96.

Menne-Haritz, Angelika: Der Westfälische Friede und die Gruppe 47. Elemente zu einer Interpretation von Günter Grass. *Das Treffen in Telgte.* In: literatur für leser 4 (1981). S. 237-245.

Mews, Siegfried: Der Butt als Germanist. Zur Rolle der Literatur in Günter Grass' Roman. In: Gertrud Bauer Pickar (Hrsg.): Adventures of a Flounder (1982). S. 24-31.

Mews, Siegfried: Grass' *Kopfgeburten.* The Writer in Orwell's Decade. In: German Studies Review 6 (1983). S. 501-517.

Mews, Siegfried: Günter Grass und das Problem der deutschen Nation. In: Claudia Mayer-Iswandy (Hrsg.): Zwischen Traum und Trauma. Die Nation. Tübingen 1994. S. 111-127.

Meyer-Gosau, Frauke: Ende der Geschichte. Günter Grass' Roman *Ein weites Feld* - drei Lehrstücke. In: Heinz Ludwig Arnold (Hrsg.): Günter Grass. Text+Kritik (1997). S. 3-18.

Michelsen, Peter: Oskar oder das Monstrum. Reflexionen über *Die Blechtrommel* von Günter Grass. In:

Peter Michelsen: Zeit und Bindung. Studien zur deutschen Literatur der Moderne. 1976. S. 174-192.

Miles, David H.: Kafka's hapless Pilgrims and Grass's scurrilous Dwarf. Notes on representative Figures in the Anti-Bildungsroman. In: Monatshefte 65 (1973). S. 341-350.

Miles, Keith: Günter Grass. A critical study. London 1975.

Minden, Michael: Implications of the Narrative Technique in *Der Butt.* In: Philip Brady u.a. (Hrsg.): Günter Grass' *Der Butt* (1990). S. 187-202.

Minden, Michael: A post-realistic aesthetic. Günter Grass' *Die Blechtrommel.* In: David Midgley (Hrsg.): The German novel in the twentieth century. Edinburgh 1993.

Misch, Manfred: „ ... eine Fülle von Zitaten auf Abruf". Anspielungen und Zitate in Günter Grass' *Ein weites Feld.* In: Hans-Jörg Knoblauch und Helmut Koopmann (Hrsg.): Deutschsprachige Gegenwartsliteratur. Tübingen 1997. S. 153-166.

Mizinski, Jan: Geschichte, Gegenwart, Zukunft. Zum Prosaschaffen von Günter Grass. 1987.

Moser, Sabine: Günter Grass. Romane und Erzählungen, Berlin 2000.

Mouton, Janice: Gnomes, fairy-tale heroes and Oskar Matzerath. In: The Germanic Review 56 (1981). S. 28-33.

Mueller, Helmut L.: Die literarische Republik. Westdeutsche Schriftsteller und die Politik. Weinheim/Basel 1982.

Müller, Ulrich: Frauen aus dem Mittelalter, Frauen im mittleren Alter.

Günter Grass: *Der Butt*. In: Rudolf Wolff (Hrsg.): Günter Grass. Werk und Wirkung (1986). S. 111-132.

Müller-Schwefe, Hans-Rudolf: Sprachgrenzen. Das sogenannte Obszöne, Blasphemische und Revolutionäre bei Günter Grass und Heinrich Böll. München 1978.

Mundt, Hannelore: *Doktor Faustus* und die Folgen. Kunstkritik als Gesellschaftskritik im deutschen Roman seit 1947. Bonn 1989.

Neubert, Brigitte: Der Außenseiter im deutschen Roman nach 1945. Bonn 1977.

Neuhaus, Volker: Das Motiv der Ratte in den Werken von Günter Grass. In: Dorothee Römhild (Hrsg.): Die Zoologie der Träume. Obladen/Wiesbaden 1999. S. 170-184.

Neuhaus, Volker: Das christliche Erbe bei Günter Grass. In: Heinz Ludwig Arnold (Hrsg.): Günter Grass. Text + Kritik (1997). S. 110-121.

Neuhaus, Volker: Schreiben gegen die verstreichende Zeit. Zu Leben und Werk von Günter Grass. München 1997.

Neuhaus, Volker: Gewalt und Schuld bei Günter Grass. Deutschland 1945 als historisches Paradigma. In: Amsterdamer Beiträge zur neueren Germanistik 38/39 (1995). S. 57-63.

Neuhaus, Volker: Günter Grass. In: Hartmut Steinecke (Hrsg.): Deutsche Dichter des 20. Jahrhunderts. Berlin 1994. S. 715-725.

Neuhaus, Volker: Günter Grass. *Die Blechtrommel*. Stuttgart 1993. S. 120-142.

Neuhaus, Volker: The Rat-Motif in the Works of Günter Grass. In: H. Schulte und D. Richards (Hrsg.): Krisenbewußtsein und deutsche Kultur von der Goethezeit bis zur Gegenwart. Festschrift für Peter Heller. 1993.

Neuhaus, Volker: Günter Grass' *Die Rättin* und die jüdisch-christliche Gattung der Apokalypse. In: Gerd Labroisse u.a. (Hrsg.): Günter Grass. Ein europäischer Autor? (1992). S. 123-139.

Neuhaus, Volker: Günter Grass. Stuttgart 1992.

Neuhaus, Volker: Das dichterische Selbstverständnis und seine Entwicklung bei Günter Grass. In: Günter E. Grimm (Hrsg.): Metamorphosen des Dichters. Das Rollenverständnis deutscher Dichter vom Barock bis zur Gegenwart. Frankfurt a.M. 1992. S. 274-285.

Neuhaus, Volker: „Das biedermeierliche Babel". Günter Gass und Düsseldorf. In: Volker Neuhaus und Daniela Hermes (Hrsg.): Die *Danziger Trilogie* von Günter Grass (1991).

Neuhaus, Volker: „Bücher, die Türen aufstoßen". Vorwort. In: Volker Neuhaus und Daniela Hermes (Hrsg.): Günter Grass im Ausland (1990). S. 7-17.

Neuhaus, Volker: „Floskellosestes Trommeln". Nachwort zu *Die Blechtrommel*. In: Günter Grass: Werkausgabe in zehn Bänden (1987). Bd. II. S. 734-746.

Neuhaus, Volker: Ich, das bin ich jederzeit. Grass' Variationen der Ich-Erzählung in den siebziger Jahren. In: Zeitschrift für Kulturaustausch 2 (1984). S. 179-185.

Neuhaus, Volker: Günter Grass. *Die Blechtrommel*. Oldenburg 1982.

Neumann, Bernd: Konturen ästhetischer Opposition in den 50er Jahren. Zu Günter Grass' *Die Blechtrommel*. In: Manfred Durzak (Hrsg.): Zu Günter Grass. Geschichte auf dem poetischen Prüfstand (1985). S. 46-64.

Nöhbauer, Hans: Der Trommler. Günter Grass. In: Franz Josef Görtz (Hrsg.): Auskunft für Leser (1984). S. 49-55.

Osterle, Heinz D.: An Orwellian Decade? Günter Grass between Despair and Hope. In: German Studies 8 (1985). S. 481-507.

Pakendorf, Günter: Aufklärung ohne Dialektik. Zu Günter Grass' *Blechtrommel*. In: Ott Brück (Hrsg.): Sprache und Kulturvermittlung. Durban 1977. S. 75-87.

Parkes, Stuart: 'Leiden an Deutschland'. Some Writer's view of Germany and Germans since 1945. In: Arthur Williams, Stuart Parkes und Roland Smith (Hrsg.): German literature at a time of change 1989-1991. German Unity and German Identity in Literary Perspective. Frankfurt a.M. 1994. S. 187-206.

Patty, Idris: Apspects of Günter Grass's Narrative Technique. In: Forum for Modern Language Studies 3 (1967). S. 99-114.

Peitsch, Helmut: 'Antipoden' im 'Gewissen der Nation'? Günter Grass und Martin Walsers 'deutsche Frage'. In: Helmut Scheuer (Hrsg.): Dichter und ihre Nation. Frankfurt a.M. 1993. S. 459-489.

Pereles, Christoph und Schmid Noerr, Gunzelin: Über den *Butt*. In: Heinz Ludwig Arnold (Hrsg.): Günter Grass. Text+Kritik (1978). S. 88-93.

Phelan, Anthony: Rabelais's Sister. Food, Writing and Power. In: Philip Brady u.a. (Hrsg.): Günter Grass' *Der Butt* (1990). S. 133-152.

Pirainen, Ilpo Tapani: Textbezogene Untersuchungen über *Katz und Maus* und *Hundejahre* von Günter Grass. 1968.

Plagwitz, Frank F.: Die Crux des Heldentums. Zur Deutung des Ritterkreuzes in Günter Grass' *Katz und Maus*. In: Seminar 32 (1996). S. 1-14.

Plard, Henri: Über die *Blechtrommel*. In: Heinz Ludwig Arnold (Hrsg.): Günter Grass. Text+Kritik (1971). S. 38-51.

Platen, Edgar: Hat die Menschheit eine Zukunft? Die literarische Antwort des Günter Grass. In: Moderne Sparche 89 (1995). S. 44-54.

Platen, Edgar: Das „Elend der Aufklärung". Zum Zusammenhang von Humanität und Vernunft in der *Rättin* von Günter Grass. In: literatur für leser 1 (1997). S. 20-36.

Preece, Julian: Günter Grass. In: Simpliciana 16 (1994). S. 311-322.

Preece, Julian: 1968. Literary Perspectives in political novels from East and West. In: Arthur Williams u.a. (Hrsg.): German literature at a time of change 1989-1991 (1994). S. 299-320.

Preisendanz, Wolfgang: Zum Vorgang des Komischen bei der Geschichtserfahrung in deutschen Romanen unserer Zeit. In: Wolfgang Prisendanz und Rainer Warning (Hrsg.): Das Komische. München 1976. S. 153-164.

Prochnik, P.: Male and Female Violence in *Der Butt*. In: Philip Brady u.a. (Hrsg.): Günter Grass' *Der Butt* (1990).

Raddatz, Fritz J.: „Wirklich bin ich nur in meinen Geschichten". *Der Butt* des Günter Grass. Erste Annäherung. In: Merkur 31 (1977). S. 892-901.

Raddatz, Fritz J.: Der Weltgeist als berittene Schnecke. Günter Grass' kleine Hoffnung – aus großer Menlancholie. In: Manfred Jurgensen (Hrsg.): Grass. Kritik-Thesen-Analysen (1973). S. 191-197.

Reddick, John: Günter Grass' *Der Butt* and the *Vatertag* chapter. In: Oxford German Studies 14 (1983). S. 143-158.

Reddick, John: Vergangenheit und Gegenwart in Günter Grass' *Die Blechtrommel*. In: Bernd Hüppauf (Hrsg.): „Die Mühen der Ebenen". Kontinuität und Wandel in der deutschen Literatur und Gesellschaft 1945-1949. Heidelberg 1981. S. 373-397.

Reddick, John: Eine epische Trilogie des Leidens? *Die Blechtrommel*, *Katz und Maus*, *Hundejahre*. In: Heinz Ludwig Arnold (Hrsg.): Günter Grass. Text + Kritik (1978). S. 60-73.

Reddick, John: The *Danzig Trilogy* of Günter Grass. London 1975.

Reddick, John: Vom Pferdekopf zur Schnecke. Die Prosawerke von Günter Grass zwischen Beinahe-Verzweiflung und zweifelnder Hoffnung. In: Heinz Ludwig Arnold u.a. (Hrsg.): Positionen des deutschen Romans der 60er Jahre. München 1974. S. 39-54.

Reddick, John: Action and Impotence. Günter Grass's *örtlich betäubt*. In: The Modern Language Review 67 (1972). S. 563-578.

Reich-Ranicki, Marcel: Günter Grass. Aufsätze. Zürich 1992.

Reinhold, Ursula: Günter Grass. *Die Blechtrommel*. Eine literarische Provokation. In: Weimarer Beiträge 32 (1986). S. 1667-1686.

Rempe-Thiemann, Norbert: Günter Grass und seine Erzählweise. Zum Verhältnis von Mythos und literarischer Struktur. Univ. Diss. Bochum 1992.

Reuffer, Petra: Die unwahrscheinlichen Gewänder der anderen Wahrheit. Zur Wiederentdeckung des Wunderbaren bei Günter Grass und Irmtraud Morgner. Essen 1988.

Richter, Frank-Raymund: Günter Grass. Die Vergangenheitsbewältigung in der *Danzig-Trilogie*. Bonn 1979.

Richter, Frank-Raymund: Die zerschlagene Wirklichkeit. Überlegungen zur Form der *Danzig-Trilogie* von Günter Grass, Stuttgart 1977.

Rickels, Laurence A.: *Die Blechtrommel* zwischen Schelmen- und Bildungsroman. In: Amsterdamer Beiträge zur neueren Germanistik 20 (1986). S. 109-132.

Rieks, Rudolf: Günter Grass in der epischen Gattungstradition. In: Poetica 11 (1979). S. 427-464.

Ritter, Alexander: Günter Grass' *Katz und Maus*. In: Erzähler des 20. Jahrhunderts 2 (1996). S. 117–133.

Roberts, David: Aspects of Psychology and Mythology in *Die Blechtrommel*. In: Manfred Jurgensen (Hrsg.): Grass. Kritik–Thesen–Analysen (1973). S. 45–73.

Roberts, David: Gesinnungsästhetik? Günter Grass' *Schreiben nach Auschwitz* (1900). In: Paul Michael Lützeler (Hrsg.): Poetik der Autoren. Beiträge zur deutschsprachigen Gegenwartsliteratur. Frankfurt a.M. 1994. S. 235–261.

Roberts, David: The cult of the hero. An interpretation of *Katz und Maus*. In: German Life and Letters 29 (1975/76). S. 307–321.

Roehm, Klaus Jürgen: Polyphonie und Improvisation. Zur offenen Form in Günter Grass' *Die Rättin*. New York 1992.

Rohlfs, Jochen W.: Erzählen aus unzuverlässiger Sicht. Zur Erzählstruktur bei Günter Grass. In: Heinz Ludwig Arnold (Hrsg.): Günter Grass. Text+Kritik (1978). S. 51–59.

Rölleke, Heinz: Der wahre Butt. Die wundersamen Wandlungen des Märchens vom Fischer und seiner Frau. Düsseldorf 1978.

Rothenberg, Jürgen: Anpassung oder Widerstand? Über den Blechtrommler Günter Grass und sein Verhältnis zur Zeitgeschichte. In: Germanisch-Romanische Monatschrift 56 (1975). S. 176–198.

Rothenberg, Jürgen: Großes 'Nein' und kleines 'Ja'. *Aus dem Tagebuch einer Schnecke*. In: Rolf Geißler (Hrsg.): Günter Grass. Ein Materialienbuch (1976). S. 136–153.

Rothenberg, Jürgen: Günter Grass. Das Chaos in verbesserter Ausführung. Zeitgeschichte als Thema und Aufgabe des Prosawerks. Heidelberg 1976.

Rudolph, Ekkehart (Hrsg.): Protokoll zur Person. Autoren über sich und ihr Werk. München 1971.

Ruhleder, Karl H.: A Pattern of Messianic Thought in Günter Grass' *Cat and Mouse*. In: The German Quarterly 39 (1966). S. 599–612.

Russel, Peter: Floundering in feminism. The Meaning of Günter Grass's *Der Butt*. In: German Life and Letters 33 (1979/80). S. 245–256.

Ryan, Judith: Resistance and resignation. A reinterpretation of Günter Grass' *Katz und Maus*. In: The Germanic Review 52 (1977). S. 148–165.

Sandford, John: Men, Women and the 'Third Way'. In: Philip Brady u.a. (Hrsg.): Günter Grass' *Der Butt* (1990). 149–186.

Schade, Richar Erich: Poet and Artist – Iconography in Grass' *Treffen in Telgte*. In: The German Quarterly 55 (1982). S. 200–211.

Scherf, Rainer: Günter Grass. *Die Rättin* und der Tod der Literatur. In: Wirkendes Wort 37 (1987). S. 382–398.

Scherf, Rainer: *Katz und Maus* von Günter Grass. Literarische Ironie nach Auschwitz und der unausgesprochene Appell zu politischem Engagement.

Marburg 1995.

Schmidt, Josef: Parodistisches Schreiben und Utopie in *Das Treffen in Telgte*. In: Manfred Durzak (Hrsg.): Zu Günter Grass. Geschichte auf dem poetischen Prüfstand (1985). S. 142-154.

Schneider, Irmela: Kritische Rezeption. *Die Blechtrommel* als Modell. Bern/Frankfurt a.M. 1975.

Schneider, Ronald: Ästhetische Opposition gegen die 'Restaurationsgesellschaft'. Günter Grass' *Die Blechtrommel* und Martin Walsers *Halbzeit* als Paradigmen Westdeutscher Nachkriegsliteratur. In: Der Deutschunterricht 33 (1981). S. 82-95.

Schnell, Josef: Irritation der Wirklichkeitserfahrung. Die Funktion des Erzählens in Günter Grass' *Die Blechtrommel*. In: Der Deutschunterricht 27 (1975). S. 33-43.

Scholl, Joachim: In der Gemeinschaft des Erzählers. Studien zur Restitution des Epischen im deutschen Gegenwartsroman. Heidelberg 1990.

Schönau, Walter: Zur Wirkung der *Blechtrommel* von Günter Grass. In: Psyche 28 (1974). S. 573-599.

Schonauer, Franz: Der fünfzigjährige Günter Grass. In: Neue Deutsche Hefte 24 (1977). S. 507-532.

Schröder, Susanne: Erzählfiguren and Erzählperspektive in Günter Grass' *Danziger Trilogie*. Frankfurt a.M. 1986.

Schütte, Wolfram: „Wie aus der Zeit gefallen: zwei alte Männer". Günter Grass und sein *Weites Feld* oder Archivberichte aus der Gründerzeit der Berliner Republik. In: Oskar Negt (Hrsg.): Der Fall Fonty. *Ein weites Feld* von Günter Grass im Spiegel der Kritik (1996). S. 128-133.

Schwan, Werner: Günter Grass. *Ein weites Feld* - Mit Neugier und Geduld erkundet. In: Poetica 28 (1996). S. 432-465.

Schwarz, Wilhelm Johannes: Der Erzähler Günter Grass. Bern 1969.

Schwarz, Wilhelm Johannes: Günter Grass. In: Benno von Wiese (Hrsg.): Deutsche Dichter der Gegenwart. Berlin 1973. S. 560-572.

Schweizer, Blanche-Marie: Sprachspiel mit Idiomen. Eine Untersuchung am Prosawerk von Günter Grass. Zürich 1978.

Sebald, Winfried Georg: Konstruktionen der Trauer. Zu Günter Grass *Tagebuch einer Schnecke* und Wolfgang Hildesheimer *Tynset*. In: Der Deutschunterricht 35 (1983). S. 32-46.

Sera, Manfred: Der Erzähler als Verfolger und Verfolgter in der Novelle *Katz und Maus* von Günter Grass. In: Zeitschrift für deutsche Philologie 96 (1977). S. 586-604.

Shafi, Monika: „Dir hat es die Sprache verschlagen." Günter Grass' *Zunge zeigen* als postmoderner Reisebericht. In: The German Quarterly 66 (1993). S. 339-349.

Sieger, Christoph: „Gestern wird sein, was morgen gewesen ist." Nachwort zu *Das Treffen in Telgte*. In: Günter Grass: Werkausgabe in zehn Bänden Bd. VI. (1987). S. 272-278.

Silbermann, Marc: Schreiben als öffentliche Angelegenheit. Lesestrategien des Romans *Hundejahre*. In: Manfred Durzak (Hrsg.): Zu Günter Grass. Geschichte auf dem poetischen Prüfstand (1985). S. 80–95.

Slaymaker, William: Who cooks, winds up. The Dilemma of Freedom in Grass' *Die Blechtrommel* and *Hundejahre*. In: Colloquia Germanica 14 (1981). S. 48–68.

Spaethling, Robert H.: Günter Grass. *Cat and Mouse*. In: Monatshefte 62 (1970). S. 141–153.

Speirs, Ronald: The Dualist Unity of *Der Butt*. In: Philip Brady u.a. (Hrsg.): Günter Grass' *Der Butt* (1990). S. 11–32.

Stallbaum, Klaus: Kunst und Künstlerexistenz im Frühwerk von Günter Grass. Univ. Diss. Köln 1988.

Stallbaum, Klaus: Literatur als Stellungnahme. *Die Blechtrommel* oder ein aufgeräumter Schreibtisch. In: Heinz Ludwig Arnold (Hrsg.): Günter Grass. Text + Kritik (1997). S. 33–44.

Steiner, George: Anmerkung zu Günter Grass. In: George Steiner: Sprache und Schweigen. Essay über Sprache, Literatur und das Unmögliche. Frankfurt a.M. 1969. S. 147–155.

Stekelenburg, Dick van: Der Ritt auf dem Jaguar. Günter Grass im Kontext der Revolution. In: Gerd Labroisse u.a. (Hrsg.): Günter Grass. Ein europäischer Autor? (1992). S. 169–203.

Stern, Guy: *Der Butt* as an experiment in the structure of the novel. In: Getrud Bauer Pickar (Hrsg.): Adventures of a Flounder (1982). S. 51–55.

Stolz, Dieter: Günter Grass zur Einführung. Hamburg 1999.

Stolz, Dieter: „Deutschland – ein literarischer Begriff". Günter Grass and the German Question. In: Arthur Williams u.a. (Hrsg.): German literature at a time of change 1989–1991 (1994). S. 207–224.

Stolz, Dieter: Nomen est omen. *Ein weites Feld* von Günter Grass. In: Zeitschrift für Germanistik. Neue Folge 2 (1997). S. 321–335.

Stolz, Dieter: Vom privaten Motivkomplex zum poetischen Weltentwurf. Konstanten und Entwicklungen im literarischen Werk von Günter Grass (1959–1986). Univ. Diss. Würzburg 1994.

Stombs, Victor Otto: Menschenjahre–Hundejahre. In: Heinz Ludwig Arnold (Hrsg.): Günter Grass. Text + Kritik (1978). S. 9–12.

Stutz, Elfriede: Studien über Herr und Hund. In: Ute Schwab (Hrsg.): Das Tier in der Dichtung. Heidelberg 1970. S. 200–243.

Swietlowski, Zbigniew: Der Polenbezug im Werk von Günter Grass. In: Rudolf Wolff (Hrsg.): Günter Grass. Werk und Wirkung (1985). S. 9–26.

Tank, Kurt Lothar: Der Blechtrommler schrieb Memoiren. In: Franz Josef Görtz (Hrsg.): *Die Blechtrommel*. Attraktion und Ärgernis (1984). S. 39–42.

Tank, Kurt Lothar: Günter Grass. Berlin 1974.

Tank, Kurt Lothar: Deutsche Politik im literarischen Werk von Günter Grass. In: Manfred Jurgensen (Hrsg.): Grass.

Kritik-Thesen-Analysen (1973). S. 167-189.

Thomas, Noel L.: Food Poisoning, Cooking and Historiography in the Works of Günter Grass. In: David Bean (Hrsg.): Literary Gastronomy. Amsterdam 1988. S. 7-17.

Thomas, Noel L.: Günter Grass. In: Keith Bullivant (Hrsg.): The modern German Novel. New York 1978. S. 140-154.

Thomas, Noel L.: The Narrative Works of Günter Grass. A critical interpretation. Amsterdam/Philadelphia 1982.

Thomas, Noel L.: Simon Dach and Günter Grass' *Das Treffen in Telgte*. In: New German Studies 8 (1980). S. 91-108.

Thomas, Noel L.: Günter Grass's *Der Butt*. A history and the significance of the eighth chapter (*Vatertag*). In: German Life and Letters 1 (1979/80). S. 75-86.

Thomas, Noel L.: An Analysis of Günter Grass's *Katz und Maus* with particular Reference to the Religious Themes. In: German Life and Letters 26 (1972/73). S. 227-238.

Tiesler, Ingrid: Günter Grass' *Katz und Maus*. Interpretation. München 1971.

Tudor, J. M.: Soups and Snails and Political Tales. Günter Grass and the Revisionist Debate in *Was Erfurt außerdem bedeutet* and *Der Butt*. In: Oxford German Studies 17 (1988). S. 132-150.

Ulfers, Friedrich: Myth and History in Günter Grass' *Der Butt*. In: Gertrud Bauer Pickar (Hrsg.): Adventures of a Flounder (1982). S. 32-42.

Verweyen, Theodor: Witting Gunther. Polyhistors neues Glück. Zu Günter Grass' Erzählung *Das Treffen in Telgte* und ihrer Kritik. In: Germanisch-Romanische Monatsschrift 61 (1980). S. 451-465.

Vogt, Jochen: Erinnerung ist unsere Aufgabe. Über Literatur, Moral und Politik 1945-1990. Opladen 1991.

Vormweg, Heinrich: Günter Grass mit Selbstzeugnissen und Bilddokumenten. Hamburg 1993.

Vormweg, Heinrich: Blechtrommler for ever. Das Bild des politischen Menschen Günter Grass. In: Heinz Ludwig Arnold (Hrsg.): Günter Grass. Text + Kritik (1988).

Vormweg, Heinrich: Günter Grass. Hamburg 1986.

Vormweg, Heinrich: Das Werk von Günter Grass. In: Rudolf Wolff (Hrsg.): Günter Grass. Werk und Wirkung (1986). S. 59-74.

Vormweg, Heinrich: Eine phantastische Totale. Nachtrag zur *Butt*-Kritik. In: Heinz Ludwig Arnold (Hrsg.): Günter Grass. Text + Kritik (1978). S. 94-100.

Wagenbach, Klaus: Günter Grass. In: Klaus Nonnenmann (Hrsg.): Schriftsteller der Gegenwart, Olten/Freiburg 1963

Weber, Werner: *örtlich betäubt*. In: Werner Weber: Forderungen. Bemerkungen und Aufsätze zur Literatur. 1970. S. 179-185.

Weinrich, Harald: Semantik der kühnen Metapher. In : Deutsche Vierteljahrsschrift für Literaturwissenschaft und Geistesgeschichte 37 (1963). S. 325-344.

Wetzel, Heinz: Günter Grass. Annäherungen an Calcutta. In: Weimarer Beiträge 44 (1998). S. 5–26.

White, John J.: „Wir hängen nicht vom Gehänge ab". The Body as Battleground in *Der Butt*. In: Philip Brady u.a. (Hrsg.): Günter Grass' *Der Butt* (1990). S. 109–131.

Wierlacher, Alois: Vom Essen in der deutschen Literatur. Mahlzeiten in Erzähltexten von Goethe bis Grass. Stuttgart 1987.

Will, Wilfried van der: Pikaro heute. Metamorphosen des Schelm bei Thomas Mann, Döblin, Brecht, Grass. Stuttgart 1967.

Williams, Anthony: „Aber wo befinde ich mich?" The Narrator's Location and Historical Perspective in Works bei Siegfried Lenz, Günter Grass and Johannes Bobrowski. In: Arthur Williams u.a. (Hrsg.): German Literature at a time of change 1989– 1990 (1994).

Williams, Arthur, Parkes, Stuart und Smith, Roland (Hrsg.): German literature at a time of change 1989–1990. German Unity and German Identity in Literary Perspective. Frankfurt a.M. 1994.

Williams, Gerhild S.: Es war einmal, ist und wird einmal sein. Geschichte und Geschichten in Günter Grass' *Der Butt*. In: Pauls Michael Lützeler und Egon Schwarz (Hrsg.): Deutsche Literatur in der Bundesrepublik seit 1965. Königstein 1980. S. 182–194.

Wilpert, Gero von: Von Lübeck nach Danzig. *Buddenbrooks* und *Die Blechtrommel*. In: Literatur und Geschichte 1788–1988. 1990. S. 219–240.

Wilson, Leslie A.: The Grotesque Everyman in Günter Grass's *Die Blechtrommel*. In: Monatshefte 58 (1966). S. 131–138.

Wimmer, Ruprecht: „Ich jederzeit". Zur Gestaltung der Perspektiven in Günter Grass' *Treffen in Telgte*. In: Simpliciana, Schriften der Grimmelshausen-Gesellschaft 6/7 (1985). S. 139–150.

Wittek, Bernd: Der Literaturstreit im sich vereinigenden Deutschland. Eine Analyse des Streits um Christa Wolf und die deutsch-deutsche Gegenwartsliteratur in Zeitungen und Zeitschriften. Marburg 1997.

Wittmann, Jochen: The GDR and Günter Grass. East German Reception of the Works and Public Persona. In: Arthur Williams u.a. (Hrsg.): German Literature at a Time of Change 1989–1990 (1994).

Zimmermann, Hans Dieter: *Die Blechtrommel*. In: Paul Michael Lützeler (Hrsg.): Deutsche Romane des 20. Jahrhunderts. Königstein 1983. S. 324–339.

Zimmermann, Hans Dieter: Der Butt und der Weltgeist. Zu dem Roman *Der Butt* von Günter Grass. In: Diskussion Deutsch 13 (1982). S. 460–469.

Zimmermann, Hans Dieter: Spielzeughändler Markus, Lehrer Zweifel und die Vogelscheuchen. Die Verfolgung der Juden im Werk von Günter Grass. In: Herbert. A. Strauss und Christhard Hoffmann (Hrsg.): Juden und Judentum in der Literatur. München 1985. S. 295–306.

Zimmermann, Werner: Günter Grass. *Katz und Maus*. In: Deutsche Prosadichtungen unseres Jahrhunderts. Interpretationen für Lehrende und Lernende. Bd. 2. Düsseldorf 1989. S. 256-289.

2.3. 서지 목록

Everett, George A.: A selected bibliography of Günter Grass (From 1956-1973). Including the works, editions, translations and critical literature. New York 1974.

Görtz, Franz Josef: Günter Grass. Zur Pathogenese eines Markenbildes. Meisenheim am Glan 1978. S. 321-351: Verzeichnis aller deutschsprachigen Rezensionen: *Blechtrommel, Katz und Maus, Hundejahre, örtlich betäubt*.

Görtz, Franz Josef: Kommentierte Auswahl-Bibliographie. In: Heinz Ludwig Arnold (Hrsg.): Günter Grass. Text+Kritik (1978). S. 175-199.

Hermes, Daniela: Auswahlbibliographie. In: Heinz Ludwig Arnold (Hrsg.): Günter Grass. Text+Kritik (1988). S. 139-161.

Hermes, Daniela : Auswahlbibliographie. In: Kritisches Lexikon der Gegenwartsliteratur, Neufassung 1992.

O'Neill, Partick: Günter Grass. A Bibliography 1955-1975. Toronto/Buffalo 1976.

3. 귄터 그라스 관련 국내 번역서와 연구서

3.1 번역 작품

김누리 역:「터널에서」,「아버지가 재혼을 원했을 때」, 현대문학 제539호, 1999년 11월, 32-37쪽.

김윤섭 역:「왼손잡이들」. 독일단편문학대계 현대편 II, 일지사, 1971, 522-529쪽.

김재혁 역:『넙치』 1. 2., 세계문학전집 63/64, 민음사, 2002.

김창활 역:『민중들 반란을 연습하다』, 서문당문고, 1975.

김창활·이경수 공역:『개들의 시절』, 삼성세계문학 54, 1979.

김형기·한성자 공역:『나의 세기2』, 민음사, 1999.

박환덕 역:『양철북』, 을유문화사, 1974.

박환덕 역:『국부마취를 당하고』, 삼중당, 1977.

박환덕 역:『넙치』, 주우세계문학, 학원사, 1983.

박환덕 역:『양철북』, 범우사, 1985.

박환덕 역:『고양이와 쥐』, 세계문학전집 36, 교육문화사, 1989, 203-313쪽.

박찬일 역:「나의 푸른 뜰」,「다섯 마리의 새」,「왼손잡이들」, 작가세계 제1권 3호, 세계사, 1989, 446-465쪽.

안삼환 역:『텔크테에서의 만남』, 오늘의 세계문학 13, 중앙일보사, 1982, 192-306쪽.

안삼환·장희창 공역:『나의 세기 1』, 민음사, 1999.

이용숙 역:「나는 에스컬레이터에 서 있는 것을 좋아한다」, 독일대표단편선, 고려원, 1995, 30-34쪽.

장희창 역:『양철북』, 세계문학전집 32, 민음사, 1999.

장희창 역:『게걸음으로 가다』, 민음사, 2002.

최정호 역:「성년식사. 어른과 헛어른에 대하여」, 펜선집, 분도출판사, 1975, 236-248쪽.

홍윤기 역:『무당개구리 울음』, 풀빛, 1993.

3.2. 연구 논문·서평·대담

강두식: 귄터 그라스의 소설. 도이치 소설의

새로운 시도, 신세계 3/3, 1964, 270-275쪽.
곽복록: 귄터 그라스의 현실참여, 상황, 1972, 54-61쪽.
권진숙: 권터 그라스 작 『광야』의 신문서평에 관하여, 독일어문학 제14집, 2001, 31-62쪽.
권진숙: 귄터 그라스의 소설 『넙치』에 나타난 여성의 우월성, 효성여대 연구논문집 57, 1998, 31-49쪽.
권진숙: 귄터 그라스의 소설에서 사물이 갖는 역할과 기능, 독일문학 제58집, 1995, 91-112쪽.
권진숙: 난장이 오스카의 정신적 불구성. 귄터 그라스의 『양철북』 연구, 효성여대 연구논문집 28, 1984, 119-148쪽.
권진숙: 독일에서의 피카로문학 전통과 귄터 그라스의 『양철북』, 효성여대 연구논문집 31, 1985, 129-150쪽.
권진숙: 귄터 그라스의 소설 『넙치』 연구. 모계사회의 신화를 중심으로, 어문학연구 제5집, 1992, 271-298쪽.
권진숙: 귄터 그라스의 『양철북』 연구. 불구적 세계를 중심으로, 한국외국어대 박사학위논문, 1987.
권진숙: 귄터 그라스의 소설 『넙치』의 동화형식, 독일문학 34권 51집, 1993, 671-695쪽.
김누리: 역사적 터부의 문학적 형상화. 귄터 그라스의 소설 『게걸음으로 가다』의 서사구조 연구, 독일문학 85집, 2003, 256-281쪽.
김누리: Die deutsche Wiedervereinigung in der Sicht von Günter Grass, 독어교육 제24집, 2002, 229-251쪽.
김누리: "정치와 문학은 동전의 양면과 같다". 노벨문학상 수상작가 귄터 그라스와의 대화, 문학사상, 2002년 7월, 62-101쪽.
김누리: 귄터 그라스와의 대담, 현대문학 제562호, 2001년 10월, 245-268쪽.
김누리: 귄터 그라스의 참여문학론, 독일어문학 제13집, 2000년, 1-29쪽.
김누리: 변증법적 알레고리 소설의 가능성. 귄터 그라스의 소설 『국부마취를 당하고』 연구, 독일문학 제75집, 2000년, 233-263쪽.
김누리: Konstruierte Provokation. Versuch einer rezeptionsästhetischen Analyse der Blechtrommel, 독어교육 제19집, 2000년, 319-345쪽.
김누리: 알레고리로 짜인 시시포스의 세계, 현대문학 제539호, 1999년 11월, 38-57쪽.
김누리: 알레고리와 역사. 『양철북』의 오스카 마체라트의 시대사적 함의에 대하여, 독일문학 제65집, 1998년, 185-207쪽.
김누리: 동서독 문학의 통일성에 대하여. 귄터 그라스와 크리스타 볼프를 중심으로, 독일어문학 제4집, 1996년, 53-85쪽.
김래현: 채팅룸 속에서의 독일 과거. 귄터 그라스의 소설 『게걸음으로 가다』, 독일어문학 제20집, 2003년, 63-86쪽.
김윤소: 귄터 그라스의 『양철북』에 대한 해설 시도, 유희와 현실의 문제를 중심으로, 중앙대학교 석사학위논문 1988.
김창활: 문학 속의 소년상. 귄터 그라스 - 어른이 되기를 거부한 난쟁이, 문학사상 제52호, 1977년, 241-244쪽.
문은미: 귄터 그라스의 소설 『넙치』의 포스트모더니즘적 접근, 이화여자대학교 교육대학원 석사학위논문 1995.
박병덕: 귄터 그라스의 문학세계, 다섯수레, 2001.
박병덕: 귄터 그라스의 소설 『넙치』에 삽입된 시의 기능, 독일언어문학 제14집, 2000년, 157-182쪽.
박병덕: 귄터 그라스의 『넙치』에 나타난 반

어적인 서술태도, 전북대학교 논문집 제39집, 1995년, 65-75쪽.

박병덕: 귄터 그라스의 『넙치』에 나타난 불의 신화, 독일언어문학 제6집, 1996년, 240-255쪽.

박병덕: 귄터 그라스의 『넙치』에 나타난 서술기법, 서울대학교 박사학위논문 1992.

박병덕: 귄터 그라스의 『넙치』에 나타난 서술자의 기능, 독일언어문학 제9집, 1998년, 259-274쪽.

박병덕: 귄터 그라스의 소설 『넙치』에 나타난 민중동화「어부와 그의 아내」의 생산적 수용, 독일문학 제39권, 1998년, 133-152쪽.

박병덕: 귄터 그라스의 소설에 나타난 환상적 리얼리즘, 독일언어문학 제4집, 1995년, 146-169쪽.

박병덕: 그라스의 역사개념과 『넙치』에 나타난 동시성의 기법, 독일언어문학 제10집, 1988년, 199-214쪽.

박상화: 귄터 그라스의 소설 『넙치』에 나타나는 포스트모더니즘적 경향, 서강대학교대학원 석사학위논문 1994.

박상화: 통일 독일과 귄터 그라스의 신작 소설 『광야』, 외국문학 제45호, 1995년 12월, 94-117쪽.

박상화: 포스트모더니즘과 귄터 그라스의 『넙치』, 온누리 1994.

박의춘: 귄터 그라스의 『광야』. 동시대 사회상황과 문학 행위에 대한 이중적 비판구조, 숙명여대 독일문화 제5집, 1998년, 137-157쪽.

박종철: 귄터 그라스의 『무당개구리 울음』 연구. 내용과 형식에 있어서의 현실 모색, 연세대학교 대학원 석사학위논문 1996.

박환덕: 『양철북』에 나타난 귄터 그라스의 세계관, 외국문학 제16호, 1988년, 12-30쪽.

박환덕: 문학의 보편성과 특수성. 귄터 그라스의 경우. 문학과 소외, 범우사, 1981년, 97-103쪽.

석선미: 귄터 그라스의 『고양이와 쥐』 연구. 주인공의 신체적 특징으로 인한 갈등을 중심으로, 효성여자대학교 대학원 석사학위논문 1987.

송미희: 포스트모더니즘적 시각에서의 귄터 그라스의 작품 『넙치』 해설 시도, 이화여자대학교 대학원 연구논문집 23, 1992년, 208-220쪽.

심흥만: 귄터 그라스의 『고양이와 쥐』에 나타난 서술자의 문제, 독일언어문학 제6집, 1996년, 302-321쪽.

심흥만: 귄터 그라스의 『양철북』에 나타난 성의 문제, 뷔히너와 현대문학 제6집, 1993년, 81-107쪽.

안삼환: 귄터 그라스 오욕의 역사를 거울에 투영, 문예중앙 12, 1978년, 310-311쪽.

안삼환: 『넙치』. 금잉어 그리고 여자, 문예중앙 10, 1978년, 316-321쪽.

안인길: 귄터 그라스, 사상계 12/3, 1964년, 316-319쪽.

양유미: 귄터 그라스의 소설 『양철북』에 나타난 소시민사회 비판, 숙명여자대학교 교육대학원 1998.

양태규: 귄터 그라스와 고향, 기억, 그리고 정체성, 독어교육 제23집, 2002년, 447-475쪽.

양태규: 귄터 그라스와 제3세계의 만남, 독일학연구 제10집, 2001년, 119-140쪽.

양태규: 문학과 정치의 생산적 긴장. 귄터 그라스의 『텔크테에서의 만남』과 문화민족, 독어교육 제26집, 2003년, 413-437쪽.

양혜지: 귄터 그라스의 소설 『넙치』에 나타난 여성관, 서울대학교 석사학위논문 1992.

오보영: 귄터 그라스의 『고양이와 쥐』, 육사

논문집 25, 1983년, 41-47쪽.
오산정: 귄터 그라스의 『양철북』에 나타난 서술기법을 통해 본 과거청산의 문제, 전북대학교 교육대학원 석사학위논문 2001.
윤인섭: 귄터 그라스의 『양철북』에 나타난 악한소설 요소 분석. 오스카의 악한적 특징을 중심으로, 독어교육 제14집, 1996년, 353-381쪽.
윤용연: 귄터 그라스의 소설 『양철북』에 나타난 과거청산의 문제, 연세대학교 석사학위논문 1986.
은정윤: 귄터 그라스의 소설 『양철북』에서의 죽음의 모티브, 독일어문학 제8집, 1998년, 343-366쪽.
이성만: 귄터 그라스의 『양철북』에 나타난 건달적 요소, 한국외국어대학교 석사학위논문 1986.
이수한: 귄터 그라스의 『고양이와 쥐』 연구. 몰락의 문제를 중심으로, 부산대학교 대학원 석사학위논문 1988.
이용숙: 귄터 그라스의 『넙치』에 나타난 역사해석의 문제, 이화여자대학교 석사학위논문 1987.
이인웅: 재판받는 넙치, 소설문학 66, 1981년, 44-45쪽.
이재영: 귄터 그라스의 『달팽이의 일기』에 나타난 달팽이 비유, 독일어문학 제12집, 2000년, 173-194쪽.
이재희: 귄터 그라스의 『양철북』에 나타난 소시민의 유형과 죄의 문제, 한국외국어대학교 대학원 석사학위논문 1990.
임정택: 귄터 그라스의 장편 『넙치』의 동화적 분석, 연세독문학 제2집, 1981년, 193-221쪽.
장순란: 페미니즘 비평에 입각한 귄터 그라스의 소설 『넙치』 연구, 뷔히너와 현대문학 제18집, 2002년, 153-188쪽.
전병천: 귄터 그라스의 『고양이와 쥐』 소고.

인간성 상실과 정치사회적 우의성을 중심으로, 독어교육 제5집, 1984년, 183-198쪽.
정규화: 귄터 그라스의 『국부마취를 당하고』에 나타난 현실개념의 문제, 독일문학 제35집, 1985년, 324-345쪽.
정규화: 귄터 그라스의 『양철북』. 소설의 주인공은 있을 수 없다, 문학사상 10, 1981년, 204-214쪽.
정인회: 귄터 그라스의 『국부마취를 당하고』 연구. 등장인물들의 상호관계를 중심으로, 서울대학교 석사학위논문 1986.
조현천: 노벨 문학상 수상작가 귄터 그라스의 문학세계, 오늘의 문예비평 35, 1999년 12월, 212-230쪽.
최은아: 귄터 그라스의 『고양이와 쥐』에 나타난 화자의 서술기법, 서울대학교 대학원 석사학위논문 1995.
최창희: 독일과 한국 전후소설에 나타난 '불구적 인물'의 의미 탐구. 귄터 그라스의 『양철북』과 손창섭의 소설을 중심으로, 고려대학교 대학원 석사학위논문 2002.
한일섭: 동화로 이야기한 세계사. 귄터 그라스의 『넙치』, 세계의 문학 3/2, 1978년, 135-142쪽
허영재: 독일문학에 나타난 통일과 재통일. 테오도르 폰타네와 귄터 그라스를 중심으로, 독일언어문학 제10집, 1998년, 335-366쪽.
홍경호: 귄터 그라스, 안토니오 펠드리넬리상을 수상하다, 한국문학 11/4, 1983년, 357쪽
홍기윤: 귄터 그라스의 『고양이와 .생쥐』 연구. 소시민사회 비판을 중심으로, 경원대학교 대학원 석사학위논문 1996.

알레고리와 역사
귄터 그라스의 문학과 사상

1판 1쇄 찍음 2003년 11월 5일
1판 1쇄 펴냄 2003년 11월 15일

지은이 김누리
펴낸이 박맹호
펴낸곳 (주) 민음사

출판등록 1966. 5. 19. (제16-490호)
서울시 강남구 신사동 506 강남출판문화센터 5층(135-887)
대표전화 515-2000 / 팩시밀리 515-2007
www.minumsa.com

값 13,000원

ⓒ 김누리, 2003. Printed in Seoul, Korea
ISBN 89-374-1180-6 03850